E

医药行业涉税风险管控与稽查案例

庞金伟　冯鹤　刘帅　刘顺利 ◎ 主编

上海财经大学出版社

上海学术·经济出版中心

图书在版编目(CIP)数据

医药行业涉税风险管控与稽查案例 / 庞金伟等主编.
上海：上海财经大学出版社, 2025.8. -- ISBN 978-7
-5642-4702-7
Ⅰ. F812.423
中国国家版本馆 CIP 数据核字第 2025EJ2000 号

□ 策划编辑　王永长
□ 责任编辑　顾丹凤
□ 封面设计　贺加贝

医药行业涉税风险管控与稽查案例

庞金伟　冯　鹤　刘　帅　刘顺利　主编

上海财经大学出版社出版发行
（上海市中山北一路 369 号　邮编 200083）
网　　址：http://www.sufep.com
电子邮箱：webmaster@sufep.com
全国新华书店经销
上海锦佳印刷有限公司印刷装订
2025 年 8 月第 1 版　2025 年 8 月第 1 次印刷

787mm×1092mm　1/16　32.25 印张(插页:2)　470 千字
印数:0 001—5 000　定价:98.00 元

本书编委员会

主 编
庞金伟

冯 鹤　刘 帅　刘顺利

编委会成员
（按姓氏笔画排序）

王双彦	王怀芳	王泽钰	冯 鹤	史欣格
刘 帅	刘顺利	李昕凝	李 静	杨鹏晖
张 帆	张祎萌	张 晨	陈嵋斐	庞金伟
贺 卓	赵 芹	赵 强	姚 奕	顾燕萍
	栾秀斌	黄怡婷		

前　言

　　2024年年底，我国实施的18个税种已完成了14个税种的立法工作。随着我国税收法律制度的不断完善和改进，税收的征收管理制度也得到巨大的改革和进步，尤其是"金税四期"的上线运行，表明我国的税收征管方式取得了巨大进展。新的征收管理系统重点围绕智慧税务建设，以发票电子化改革为突破口，以税收大数据为驱动，推动构建全量税费数据多维度、实时化归集、连接和聚合。这一改革推动了税收征管模式的转型，从传统的"收税"到"报税"，再到如今的"算税"；税收征管的流程也从"上机"到"上网"，再到"上云"进行全面升级；税收征管的效能由"经验管税"转变为"以票控税"，最终实现"以数治税"。企业的财务数据将更加透明，税务部门对企业的监管将更加严密。金税三期通过以票控税的方式监控，而金税四期则通过大数据、人工智能等现代信息技术全面提升了监管水平，实行全方位、全业务、全流程、全智能的监管模式。

　　医药行业的健康发展既关系到国民福祉，也关系到国家战略行业发展的布局，随着"两票制"的实施，以及我国医保药品"集采"制度的实施；同时，随着"金税四期"和"数电票"的全面推广，对医药行业的财务核算、涉税业务处理、纳税申报的合法合规要求越来越高。本书就医药行业的涉税业务处理的合法合规性、企业涉税风险管控展开全面论述，并对近年来税务机关对医药企业的税务稽查案例进行系统展示，帮助医药行业合法经营的过程中能够尽量减少不必要的涉税风险，并做到依法纳税。

　　本书从医药企业生产经营的角度，分章节分别按照企业登记设立阶段、企业采购环节、企业生产(经营)环节、企业销售环节、并购重组环节、企业清算环节、企业经营中的涉税风险指标体系以及企业涉税税务争议、税务诉讼,阐述不同阶段、不同环节所遇到的主要涉税风险点,并提供相应的解决思路和解决方案。

本书采取"以案说税"的方式,通过130多个案例,形象、真实、全面地展示企业在各个阶段、各个税种所可能存在的涉税风险。这些案例既有基于知识点的理解性案例,也有引导读者深度思考的观点性案例,还有大量的医药企业在纳税过程中所发生的涉税案例,能方便读者通过针对性很强的案例审查自己企业是否有类似涉税风险,便于及时纠正,避免不必要的损失。

本书的最后一章是近年来税务部门真实的税务稽查案例,我们选取了一家医药生产企业的详细稽查案例和一家医药零售企业的税务稽查案例,以方便读者借助真实的稽查案例提高自己的专业财税水平。

本书的编写团队既有高校的专家、教授,又有医药企业第一线的财务总监、税务经理,还有税务部门的征管干部和税务稽查局的稽查专家。今后我们可能根据本书的市场反馈情况,拟再组织编写一本专门的案例集,做到以案例说税法。

目 录

第一章 税务风险管理概述 / 001
 第一节 企业税务风险分析 / 001
 第二节 企业税务风险管理的目标 / 016
 第三节 企业税务风险管理的框架 / 024

第二章 医药企业设立阶段的税务风险管理 / 040
 第一节 医药企业设立的税务风险管理 / 040
 第二节 医药企业筹办期间的税务风险管理 / 049
 第三节 医药企业不同商业模式的税务风险管理 / 059

第三章 医药企业采购业务的税务风险管理 / 065
 第一节 供应商选择与合同管理 / 065
 第二节 采购环节各税种的涉税事项分析 / 088
 第三节 采购环节的税务风险管理 / 103
 第四节 采购凭证的税务风险管理 / 128

第四章 生产(经营)期间的税务风险管理 / 140
 第一节 生产(经营)期间的涉税分析 / 140
 第二节 资产的税务处理风险管理 / 147

第三节　费用扣除的税务风险管理 / 163

第四节　研发费用的税务风险管理 / 177

第五节　资产损失的税务风险管理 / 190

第五章　医药企业销售环节的税务风险管理 / 200

第一节　结算方式与客户的税务风险管理 / 200

第二节　合同管理 / 215

第三节　收入确认与计量的税务风险管理 / 221

第四节　特定业务的税务风险管理 / 244

第六章　医药企业并购重组的税务风险管理 / 248

第一节　并购重组的涉税分析 / 248

第二节　债务重组的税务风险管理 / 256

第三节　资产收购的税务风险管理 / 265

第四节　股权（产权）收购的税务风险 / 273

第七章　医药企业清算的税务风险管理 / 281

第一节　医药企业清算的税务风险分析 / 281

第二节　企业注销税务登记的风险分析 / 305

第三节　医药企业清算的税务风险控制 / 310

第八章　医药企业税务风险控制指标 / 332

第一节　税务风险控制指标体系 / 332

第二节　风险控制指标的设计 / 344

第三节　增值税风险控制指标 / 355

第四节　企业所得税风险控制指标 / 387

第九章　税务争议的税务风险管理 / **415**

第一节　税务争议的税务风险分析 / 415

第二节　税务争议的税务风险控制 / 464

第十章　医药行业典型税务稽查案例 / **496**

案例一　Q 制药有限公司违规适用税收优惠案 / 496

案例二　ZC 药业有限公司违规适用增值税优惠政策偷税案 / 501

案例三　医药代表刘某某少缴税款案 / 505

第一章　税务风险管理概述

本章主要介绍税务风险管理的基础知识,分别就税务风险的概念、引发税务风险的内外部因素、税务风险造成的影响及药企建立税务风险管理框架与制度展开介绍和论述,旨在帮助读者了解医药企业税务风险管理的重要性和必要性以及税务风险管理所涉相关工作。

第一节　企业税务风险分析

一、税务风险的概念

(一)风险的概念

"风险"一词的由来,最为普遍的一种说法是,在远古时期,以打鱼捕捞为生的渔民们,每次出海前都要祈祷并祈求神灵保佑自己能够平安归来,其中主要的祈祷内容就是让神灵保佑自己在出海时能够风平浪静、满载而归;他们在长期的捕捞实践中,深深地体会到"风"给他们带来的无法预测、无法确定的危险,他们认识到,在出海捕捞的生活中,"风"即意味着"险",因此有了"风险"一词的由来。① 这种说法实际上有两种含义:有风,渔民遇到危险的可能性就大,不但可能无法收获成果,还不一定能平安回来,使得经济乃至生命都会遭受损失;风平浪静,渔民平安回来的可能性就大,不但身体无损还能有收获。这就说明风险表现的是两种不确定性,即收益的不确定性(好的风险)和损失的不确定性(坏的风险),这被认为是广义的风险。但

---

① 百度百科:风险,https://baike.baidu.com/item/%E9%A3%8E%E9%99%A9/2833020?fr=aladdin。

在日常生活中，我们常常只认为风险是未来可能遇到的不幸事件的可能性，这种不幸事件会给我们带来损失或者不利的影响。例如，面对我国公民的境外游，有关部门网站就会出具"境外风险"的提示，提醒我国公民在境外如何进行安全防范，在这里风险就是指某种特定的危险事件（事故或意外事件）发生的可能性与其产生的后果的组合。这被认为是狭义的风险。

企业在实现其目标的经营活动中，会遇到各种各样的不确定性事件，这些事件发生的概率及其影响程度是无法事先预知的，这些事件将对经营活动产生影响，进而影响企业经济目标实现的程度。这种在一定环境下和一定限期内客观存在的、影响企业目标实现的各种不确定性事件就是风险。而这种不确定性事件既包括给企业带来收益的可能事件，也包括给企业带来损失或代价的可能事件。风险也表示未来不确定性事件的概率。某一期望的不确定性事件发生的概率越大，则风险越小；某一期望的不确定性事件发生的概率越小，则风险越大。人们在进行某项投资时，往往持风险和收益成正比的观点，而此时的风险即是指期望事件发生的概率。

我国的《管理会计应用指引第700号——风险管理》（财会22号）认为：企业风险，是指对企业的战略与经营目标实现产生影响的不确定性。2006年国务院国有资产监督管理委员会印发的《中央企业全面风险管理指引》认为："企业风险，指未来的不确定性对企业实现其经营目标的影响。企业风险一般可分为战略风险、财务风险、市场风险、运营风险、法律风险等；也可以是否为企业带来盈利等机会为标志，将风险分为纯粹风险（只有带来损失一种可能性）和机会风险（带来损失和盈利的可能性并存）。"这说明我国政府部门对于企业风险所应用的是广义的风险概念。美国反虚假财务报告委员会下属的发起人委员会（简称COSO）发布的《2017年企业风险管理—整合框架》对风险的定义为：事项发生并影响战略和商业目标实现的可能性。这个定义基本与《中央企业全面风险管理指引》中的含义一致，认为风险具有正负两面的不确定性。

（二）税务风险的概念

税务风险作为企业风险之一，是企业在遵从税法时的实际表现与应该达到的实际标准之间存在的差异,进而导致损失的不确定性。税务风险更强调的是企业风险的负面性。财务风险和税务风险均是企业面临的常见风险,税务风险一直都被认为是财务风险的一个分支,但随着税务风险对企业的影响越来越大,人们对税务风险的重视程度也日益上升,这使得税务风险的研究呈现出一个崭新的趋势,正在逐渐从财务风险中独立出来,成为一个具有显著特征和体系的单独风险。企业税务风险主要包括两方面:一方面是企业的纳税行为不符合税收法律法规的规定,应纳税而未纳税、少纳税,所面临的补税、罚款、加收滞纳金、刑罚处罚以及声誉损害等风险;另一方面是企业经营行为适用税法不准确,没有用足有关优惠政策,多缴纳了税款,承担了不必要的税收负担。[①] 由此可见,税务风险一旦发生会导致企业经济利益的直接流出,严重者甚至会上升至法律风险,受到法律制裁。

二、引发税务风险的因素

(一)外部因素

经济环境的变化、监管环境的变化、税收政策的变化、税会差异、税收征管信息化程度等诸多因素都会引发企业税务风险。

经济环境直接对企业的经营管理产生重大影响,是引发税务风险的因素之一。2020年全球蔓延的新冠疫情,对全球经济运行产生巨大影响,住宿和餐饮业遭受重创,旅游业、航空运输业、影院展会、线下培训、进出口加工企业等各行业均受到不同程度的波及。企业订单减少,就会通过裁员来降低成本,有的企业甚至面临停产或倒闭。上述情况的出现,企业就要为被裁员工支付赔偿金,停产就导致采购和销售合同的违约,倒闭就面临着清算。疫情也使一部分企业在危机中看到了机遇,据央视财经报道,疫情防控之下,日本不少行业生意惨淡,但高级假发、生发类精油等与头顶形象相关的产品及服务却"逆势而上",生意火爆。调查显示,在疫情防控期间,运动量减少、压力变大等多重因素下,近六成日本民众出现"头顶焦虑"。假发厂商

[①] 百度百科,https://baike.baidu.com/item/%E7%A8%8E%E5%8A%A1%E9%A3%8E%E9%99%A9/8876604。

也借机推行头皮按摩仪、生发精华、密发纤维粉等周边产品,这类需要长期使用的产品成了商家的新支柱。据专家预测,与头发有关的产品未来市场规模可达1.2万亿日元,约合人民币719亿元。行业的迅猛发展,也会促使企业扩大规模,加大资金投入,扩招员工,拓展营销渠道。无论企业面临何种情况,均与税息息相关,如果处理不当,就会面临税务风险。

自2001年中国加入世界贸易组织以来,跨国企业对华投资大幅增加;而随着我国"一带一路"倡议的实施,越来越多的中国企业走出国门。被投资企业所在国家的政治法律环境、经济环境、社会文化环境对跨国投资来说至关重要。跨国税收政策是投资企业要关注的重点之一,投资企业在做战略规划时要充分考虑跨国税务风险。因世界各国在税制结构、税收管辖权和纳税义务标准、税基、税率、税收优惠政策和征管水平等方面存在较大差异,如果缺乏对被投资企业所在国的税收环境和税收政策的了解,跨国企业将面临较大的税务风险。另外,跨国企业还应关注税收协定内容,避免经济性重复征税给企业造成额外的税收负担。据《中国税务报》报道,中国企业在海外投资实践中,大多会选择借道低税率的中间控股公司间接向投资目的地国或地区投资,其中既有优化整体税负的考虑(更优化的税收协定优惠),也有诸如信息保密、融资或上市便利、方便对不同国家或地区的投资分别管理、未来海外进一步扩展等方面的需要。对于采用中间控股架构的"走出去"企业而言,必须谨慎防范潜在的反避税调查的风险。

税收政策的变化也会给企业带来税务风险。2017年1月,国务院医改办会同国家卫生和计划生育委员会等8个部门下发通知,在医药行业推行"两票制"。"两票制"要求药品生产、流通企业必须依法开具增值税专用发票或增值税普通发票,医药制造企业到流通企业开一次发票,流通企业到医疗机构开一次发票。"两票制"减少了药品流通环节。药品流通环节的减少,使得医药企业以往的一些避税手段失去了生存空间,倒逼医药企业注重税务处理的合规性。具体到业务环节,要求企业在采购环节应主动索要发票,核实发票信息是否准确,入库时检验,保证账实相符;销售环节要求企业开具的发票要保证物流、资金流、票据流向三者一致。总之,企业在发票的使用管理上更加严格，生产的各个环节也更加注重合规性。另外，税收政策往往具有时滞性，即政府从认识问题到制定税收政策并实施会存在时间差。税收政策如果规定得不完善、不明晰，可能会导致纳税人和税务机关对政策存在不同理解，那么企业在执行税收政策的过程中就可能会与税务机关要求的标准出现偏差，从而导致企业税务风险的产生。例如 2016 年 5 月 1 日起，营业税改征增值税试点全面推开，原来缴纳营业税的企业全部改为缴纳增值税。这使原为营业税纳税人的企业和地税机关的税务人员都面临新政策学习的挑战。增值税和营业税是两个完全不同的税种，在税款的计算和征收方式上存在较大差异，尤其是增值税存在着进项税额抵扣和不得抵扣的情况，计算征收更为复杂。为让政策有效落地实施，国家税务总局税收数据库显示 2016 年全年出台税收法规 256 个。此后我国每年出台的税收政策法规数量也均超过 100 个政策文件，包括增值税简并税率和降低税率、疫情相关优惠政策的规定，政策的变化、调整给企业实务工作中的发票开具和税款计算带来较大影响。新的税收政策法规出台就要求企业财务人员和税收执法人员不断学习和掌握新政策的有关内容，否则难以应对日常工作。近年来我国税收体系逐渐完善，税收立法工作全面推进，在现行 18 个税种中，已有 14 个税种完成了立法程序。对企业影响较大的增值税和消费税也进入了公开征求意见的阶段。一般来说，某税种通过立法程序之后还将会有一系列指导政策落地的规章和制度文件陆续颁布，企业的财务人员必须不断学习、更新税收知识，并加强与企业的业务人员及税务机关的信息沟通才能尽量减少违规的税务风险。企业还必须根据税收政策变化及时更新、调整、修订企业自身的内部控制制度，已具有线上办公、购销、财税等管理系统的大中型企业还应及时按新的税收法规、政策和制度的要求调整相应的系统设置，减少潜在税务风险的发生。

税收执法自由裁量权的滥用也会引发企业的税务风险。自由裁量权是税务机关或其他行政机关及其工作人员在法律事实要件确定的情况下，在法律授权范围内，依据立法目的和公正、合理原则，自行判断行为条件、自行选择行为方式和自由做出行政决定的权力，其实质是行政机关依据一定的制度标准和价值取向进行行为选择的一个过程。① 在税收法律法规中,一般都会赋予税务机关在执行税收政策中有一定的自由裁量权。如《中华人民共和国税收征管法实施细则》(国务院令第362号)第九十条规定:"纳税人未按照规定办理税务登记证件验证或者换证手续的,由税务机关责令限期改正,可以处 2 000 元以下的罚款;情节严重的,处 2 000 元以上 1 万元以下的罚款。"在税务机关执法过程中发现未按照规定办理税务登记证件验证或者换证手续的纳税人,税务机关就有权对违规情节的轻重进行判别、判定,并有权在罚款的金额范围内对纳税人处以相应的罚款。但税收执法自由裁量权使用不当,就会给企业造成税务风险。实际税收执法过程中所遇情况都不尽相同,拥有自由裁量权的税收执法人员,就可以在执法过程中有足够的工作弹性,这虽然提高了税务行政效率,但由于执法人员的专业水平、个人品德的个体差异会导致不同执法人员因职业判断不同而"同案不同罚",甚至造成自由裁量权被滥用和执法人员权力寻租行为,给国家带来税收损失或者给纳税人造成额外的税收负担。

　　税收政策与会计政策对于同一业务涉税事项的处理也存在差异(俗称税收与会计的差异或税会差异),如果处理不当也会给企业带来税务风险。企业按照会计政策法规对企业的经济活动进行核算和监督,而在纳税申报时则要按照税收政策法规在财务报表的基础上调整编制纳税申报表。如税收政策规定企业在 2018 年 1 月 1 日至 2020 年 12 月 31 日新购进的设备、器具,单位价值不超过 500 万元的,允许一次性计入当期成本费用,在计算应纳税所得额时扣除,不再分年度计算折旧;而企业会计准则关于固定资产的规定是:企业应当对所有固定资产计提折旧(已提足折旧仍继续使用的固定资产和单独计价入账的土地除外)。企业应在固定资产使用寿命内,按照确定的方法对应计折旧额进行系统分摊折旧。由于税收政策和会计政策规定的差异就会造成企业在此固定资产折旧期内按照税法口径计算的年度利润和按照会计口径核算的年度利润存在差异,企业在申报年度企业所得税纳税时就要在会计数据的基础上按照税收政策规定进行相应调整。税会差异不只体现在成本费用

---

　　① 百度百科:自由裁量权,https://baike.baidu.com/item/%E8%87%AA%E7%94%B1%E8%A3%81%E9%87%8F%E6%9D%83/5186263? fr=aladdin.

扣除的差异,还体现在收入确认的差异。如用自产产品进行公益救济性捐赠,会计上作为营业外支出;而税法上不但要视同销售确认收入和成本,对于这部分支出当年度也只允许在年度利润总额12%的比例内在企业所得税前据实扣除,超过年度利润总额12%的部分,准予结转以后三年内在计算应纳税所得额时扣除。目前我国税收政策和会计政策存在诸多这样差异性的规定,如果企业的财务人员对税会政策差异不能精准掌握和正确处理,就会造成税款的多缴和少缴,这都会给企业造成税务风险。

随着互联网科技的发展,税收征管信息系统的日趋完善也会给企业带来税务风险。金税四期税收征管平台上线以来,我国有效遏止了不法分子利用伪造、倒卖、盗窃、虚开专用发票等手段偷、骗、逃国家税款的违法犯罪活动。不仅减少了供应商虚开发票的造假行为,还助力合法合规经营企业在一定程度上规避了因收取虚开发票而导致的税款损失。借助金税四期国家税务总局与各省自治区和直辖市的税务局的网站都提供增值税发票查验的功能,但并不能完全阻止真票虚开行为。真票虚开是指增值税发票为合法领用而发票开具内容造假的行为。每年政府各部门都会联合协作开展"打骗打虚"专项行动,即打击骗税和虚开增值税专用发票专项行动。结果显示,医药企业在"打骗打虚"典型案例中占了很大比例,使其被列为"打骗打虚"的重点行业。医药行业面临严峻的外部税收监管环境。企业善意取得虚开(指交易真实,但不知道销售方为虚开)的增值税专用发票,如能重新取得合法、有效的专用发票,进项税款准许抵扣;如不能重新取得合法、有效的专用发票,进项税款不准抵扣或被追缴已抵扣的进项税款,这无疑会给企业带来资金损失。借助金税四期信息系统,税务部门通过大数据分析可以从企业的收入、成本、利润、库存、银行账户和应纳税额等多个维度来检验并判断出企业纳税数据的异常,这也为企业控制合规风险和财务人员对政策掌握提出了更高要求。

(二)内部因素

引发企业税务风险的因素主要来自企业文化与领导层、业务人员和财务人员纳税知识的掌握程度、企业内部控制制度和流程对税务风险的控制程度、企业内部及企业与税务部门信息沟通程度等方面。

企业文化,是指企业在生产经营实践中逐步形成的、为整体团队所认同并遵守的价值观、经营理念和企业精神,以及在此基础上形成的行为规范的总称。企业的领导者在企业文化建设中发挥主导和垂范作用,其自身的品格和工作作风会带动影响整个团队。企业领导层的价值观对企业文化的影响至关重要。一个企业的领导层缺乏诚信、法治意识淡薄,会直接影响下属的履职行为,如果员工遵从企业领导层不诚信守法的价值观,势必会加大企业经营中的税务风险。如近几年企业销售假药、违法购进药品、违反药品生产质量管理规范生产药品的行为及医药领域常见的商业贿赂行为背后都存在企业领导层价值观扭曲、唯利是图、缺乏诚信和社会责任感的问题,一旦被税务机关立案稽查,就会面临巨额补税、罚款和滞纳金的税务行政处罚,情况严重的,企业的相关领导层人员还会受到刑事处罚以及终身禁止从事药品生产经营活动的行政处罚。企业缺乏诚实守信的经营理念,必然导致舞弊事件的发生。

企业业务人员和财务人员的职业操守和专业胜任能力对企业的税务风险有着直接影响。税务风险贯穿于企业整个生产经营的业务的全过程。企业的业务人员在日常业务中缺乏对相关涉税知识的了解,就可能给企业带来潜在的税务风险。业务人员如果在签订采购合同结算条款时仅仅笼统地约定合同总金额,未明确约定合同金额是否含税,就可能因双方在交易结算时对结算金额的理解有异议而产生不必要的合同纠纷,就会造成其中一方增值税损失的风险。自2019年4月1日起,我国降低增值税税率,原适用16%税率的降为13%,原适用10%税率的降为9%,以及2020年新冠疫情暴发后,对部分行业和纳税人的税收优惠,就有很多企业因购销合同结算条款约定不明晰而导致话语权较弱的一方享受不到税收优惠而受到进项税额或收入的损失。如果审核疏忽,接受备注栏为空白的运输费专用发票,并将运费的进项税额进行了抵扣处理,就会给企业带来补缴税款和滞纳金的税务风险。企业的财务人员如果对税收政策和纳税流程掌握不全面,工作缺乏责任感,将会使企业面临较大的税务风险。

如果企业的内部控制制度不完善,控制流程缺失有效的控制节点和控制手段,就会带来税务风险。一个企业的内部控制制度流程简单且缺少必要的控制环节,过于依赖人际间信任关系,因舞弊成本过低会诱发管理层和员工利用制度和流程缺陷通过舞弊获取私利,从而为企业带来经济和声誉损失。

企业的业务人员和财务人员、财务人员和领导层以及财务人员和税务机关缺少有效的信息沟通同样会给企业带来税务风险。各种岗位的工作人员和机构之间的信息往往是不对称的。业务人员在业务活动与供应商或者采购方串通虚构交易或虚开发票而财务人员不知情,或者财务人员发现了虚开发票的税务风险,顾及同事友情选择不向领导层汇报,或者财务人员没有从税务机关及时了解新的税收政策而做纳税调整等的内部控制环节的缺失,都会给企业带来税务风险。

三、税务风险损失及其影响

(一)经济损失及影响

企业税务风险行为包括两方面,一方面是企业的纳税行为不符合税收法律法规的规定,应纳税而未纳税、少纳税,将会直接面临补税、罚款、加收滞纳金、刑罚处罚以及声誉损害等风险;另一方面是企业经营行为适用税法不准确,没有用足有关优惠政策,多缴纳了税款,承担了不必要的税收负担。

按照税收征管法的有关规定,企业应纳税而未纳税、少纳税的行为属于违法行为;虽然新的行政处罚法有"首违不罚"的例外规定,但仅限于税务行政处罚"首违不罚"涉税事项清单中的事项,超过清单的违法事项以及非初次违法事项企业均要面临不同程度的处罚。企业应纳税、少纳税的原因源于企业会计记录或资料违法,企业和企业的会计人员还会被按照会计法的规定进行相应的处罚。

税收征管法的法律责任内容中对于纳税义务人和扣缴义务人违反税收征管法的行为的法律责任,以及会计法的法律责任内容中对违反会计法的法律责任都有明确的规定,根据情节轻重对违法的企业和人员适用不同金额范围的罚款以及其他相应的处罚措施;构成犯罪的,依法追究刑事责任。

案例 1

2016年10月至2017年4月,安徽某医药有限公司通过安徽某中药材有限公司虚开17%税率增值税专用发票129份,金额为12 377 718.06元,税额为2 104 211.94元,价税合计为14 481 930元,经税务局查证,这129份增值税专用发票是购买的增值税专用发票,是以抵扣销项税金为目的、没有真实货物交易的虚开行为,且上述专用发票已全部认证并于当月增值税申报抵扣。另外,自2019年6月起,安徽某医药有限公司主管税局陆续收到各地税务局出具的"已证实虚开通知单",证实相关公司为你公司虚开增值税专用发票168份,金额为15 739 892.05元,税额为2 675 781.74元,价税合计为18 415 673.79元,上述168份专用发票已全部认证并申报抵扣完毕。税务机关认为该企业取得的增值税扣税凭证不符合法律规定,不得从销项税额中抵扣,不得作为企业所得税税前扣除凭证。

本案中安徽某医药有限公司采用了隐匿收入、虚列支出两类手法偷漏税,蕴含着极大的法律风险。医药企业通过隐匿销售收入,如私设个人账户收款、现金收款、隐匿销售收入或者虚假列支广告费、服务费,以咨询费、会议费、住宿费等名目发票套取大额现金,被税务机关查处后,这些本来可以抵扣增值税和作为企业所得税税前列支的成本,也不能再抵扣、扣除,徒增税收负担,还可能遭受巨额的罚款。通过上述两种方式虚抵增值税或虚列支出少缴企业所得税,属于偷税,除追缴税款,加收滞纳金外,处不缴少缴税款0.5倍以上5倍以下的罚款。除行政风险之外,纳税人还有可能会被追究刑事责任。

案例来源:刘天永税务律师。

(二)社会信用损失及其影响

2020年国家医疗保障局发布了《关于建立医药价格和招采信用评价制度的指导意见》(医保发〔2020〕34号),规定国家医疗保障局建立信用评价目录清单。信用评价目录清单,将医药商业贿赂、涉税违法、实施垄断行为、不正当价格行为、扰乱集中采购秩序、恶意违反合同约定等有悖诚实信用的行为纳入医药价格和招采信用评价范围。

省级集中采购机构依据法院判决或行政处罚决定认定事实开展信用评级,根据失信行为性质、情节、时效、影响确定医药企业在本地招标采购市场的信用等级,动态更新。省级集中采购机构根据医药企业信用评级,分别采取书面提醒告诫、依托集中采购平台向采购方提示风险信息、限制或中止相关药品或医用耗材投标挂网、向社会公开披露失信信息等处置措施。情节特别严重时,失信企业将面临丧失集中采购市场的风险。

将企业涉税违法行为纳入医药价格和招采信用评价制度范围,企业的涉税违法行为成为企业信用评价的重要指标,实际上对医药企业的税务合规提出了更高要求。

为规范纳税信用管理,促进纳税人诚信自律,提高税法遵从度,推进社会信用体系建设,国家税务总局根据《中华人民共和国税收征收管理法》及其实施细则、《国务院关于促进市场公平竞争维护市场正常秩序的若干意见》(国发〔2014〕20号)和《国务院关于印发社会信用体系建设规划纲要(2014—2020年)的通知》(国发〔2014〕21号),制定了《纳税信用管理办法(试行)》(国家税务总局公告2014年第40号)。该办法适用于已办理税务登记,从事生产、经营并适用查账征收的企业纳税人。省以下税务机关负责所辖地区纳税信用管理工作的组织和实施。纳税信用管理遵循客观公正、标准统一、分级分类、动态调整的原则。国家税务总局推行纳税信用管理工作的信息化,规范统一纳税信用管理。税务机关积极参与社会信用体系建设,与相关部门建立信用信息共建共享机制,推动纳税信用与其他社会信用联动管理。

税务机关对纳税人纳税信用信息进行记录和收集。纳税信用信息包括纳税人信用历史信息、税务内部信息、税务外部信息。纳税人信用历史信息包括基本信息和评价年度之前的纳税信用记录,以及相关部门评定的优良信用记录和不良信用记录。税务内部信息包括经常性指标信息和非经常性指标信息。经常性指标信息是指涉税申报信息、税(费)款缴纳信息、发票与税控器具信息、登记与账簿信息等纳税人在评价年度内经常产生的指标信息;非经常性指标信息是指税务检查信息等纳税人在评价年度内不经常产生的指标信息。税务外部信息包括外部参考信息和外部评价信息。外部参考信息包括评价年度相关部门评定的优良信用记录和不良信用记录;外部评价信息是指从相关部门取得的影响纳税人纳税信用评价的指标信息。纳税信用信息采集工作由国家税务总局和省税务机关组织实施,按月采集。纳税人信用历史信息中的基本信息由税务机关从税务管理系统中采集,税务管理系统中暂缺的信息由税务机关通过纳税人申报采集;评价年度之前的纳税信用记录,以及相关部门评定的优良信用记录和不良信用记录,从税收管理记录、国家统一信用信息平台等渠道中采集。税务内部信息从税务管理系统中采集,外部信息主要通过税务管理系统、国家统一信用信息平台、相关部门官方网站、新闻媒体或者媒介等渠道采集。通过新闻媒体或者媒介采集的信息应核实后使用。

纳税信用评价采取年度评价指标得分和直接判级方式。评价指标包括税务内部信息和外部评价信息。年度评价指标得分采取扣分方式。纳税人评价年度内经常性指标和非经常性指标信息齐全的,从 100 分起评;非经常性指标缺失的,从 90 分起评。直接判级适用于有严重失信行为的纳税人。纳税信用评价指标由国家税务总局另行规定。外部参考信息在年度纳税信用评价结果中记录,与纳税信用评价信息形成联动机制。纳税信用级别设 A、B、C、D 四级。A 级纳税信用为年度评价指标得分 90 分以上的;B 级纳税信用为年度评价指标得分 70 分以上不满 90 分的;C 级纳税信用为年度评价指标得分 40 分以上不满 70 分的;D 级纳税信用为年度评价指标得分不满 40 分或者直接判级确定的。

关于纳税信用评价结果的应用,税务机关按照守信激励,失信惩戒的原则,对不同信用级别的纳税人实施分类服务和管理。对纳税信用评价为 A 级的纳税人,税务机关予以下列激励措施:(1)主动向社会公告年度 A 级纳税人名单;(2)一般纳税人可单次领取 3 个月的增值税发票用量,需要调整增值税发票用量时即时办理;(3)普通发票按需领用;(4)连续 3 年被评为 A 级信用级别(简称 3 连 A)的纳税人,除享受以上措施外,还可以由税务机关提供绿色通道或专门人员帮助办理涉税事项;(5)税务机关与相关部门实施的联合激励措施,以及结合当地实际情况采取的其他激励措施。对纳税信用评价为 B 级的纳税人,税务机关实施正常管理,适时进行税收政策和管理规定的辅导,并视信用评价状态变化趋势选择性地提供纳税信用评价为 A 级纳税人的激励措施。对纳税信用评价为 C 级的纳税人,税务机关应依法从严管理,并视信用评价状态变化趋势选择性地采取本办法对纳税评价为 D 级的纳税人的管理措施。对纳税信用评价为 D 级的纳税人,税务机关应采取以下措施:(1)按照本办法关于纳税信用评价结果的确定和发布的规定,公开 D 级纳税人及其直接责任人员名单,对直接责任人员注册登记或者负责经营的其他纳税人纳税信用直接判为 D 级;(2)增值税专用发票领用按辅导期一般纳税人政策办理,普通发票的领用实行交(验)旧供新、严格限量供应;(3)加强出口退税审核;(4)加强纳税评估,严格审核其报送的各种资料;(5)列入重点监控对象,提高监督检查频次,发现税收违法违规行为的,不得适用规定处罚幅度内的最低标准;(6)将纳税信用评价结果通报相关部门,建议在经营、投融资、取得政府供应土地、进出口、出入境、注册新公司、工程招投标、政府采购、获得荣誉、安全许可、生产许可、从业任职资格、资质审核等方面予以限制或禁止;(7)D 级评价保留 2 年,第三年纳税信用不得评价为 A 级;(8)税务机关与相关部门实施的联合惩戒措施,以及结合实际情况依法采取的其他严格管理措施。

查询人在各省税务局网站可以通过输入企业名称和纳税人识别号(统一社会信用代码)来查询企业的相关信息,包括企业在税务机关的登记信息、是否非正常户、是否有未申报及欠税信息、是否有丢失被盗发票情况以及重大违法信息。

"信用中国"(https://www.creditchina.gov.cn)网站自 2015 年 6 月 1 日正式上线。企业或个人的信用是否良好,只要登录"信用中国"网站一查便知。"信用中国"网站除提供重大税收违法案件当事人、守信激励对象、失信惩戒对象、失信被执行人、重点关注名单、政府采购不良行为记录查询外,还提供重点领域信息查询、信用修复、异议申诉、投诉举报等多项服务。全国各省市也陆续出台了社会信用条例,着手建立本行政区的社会信用体系建设的基础平台,提供公共信用信息共享、发布和服务工作,承担信用信息互联互通的枢纽作用,对接国家信用信息共享平台和其他省(自治区、直辖市)信用信息平台。

"互联网+监管"及大数据支撑下的社会信用公开机制,使企业的信用信息一览无余,企业通过信息查询就可以了解到即将与其交易的另一方企业的信用信息,从而防患于未然,让企业风险损失止步于交易前。而企业的失信或违法信息不仅仅是被曝光给公众,守信联合激励和失信联合惩戒制度将会使企业的经营受到重大影响,严重者还会被逐出市场。

《关于建立完善守信联合激励和失信联合惩戒制度加快推进社会诚信建设的指导意见》(国发〔2016〕33号)规定:

(1)加强对失信行为的行政性约束和惩戒。对严重失信主体,各地区、各有关部门应将其列为重点监管对象,依法依规采取行政性约束和惩戒措施。从严审核行政许可审批项目,从严控制生产许可证发放,限制新增项目审批、核准,限制股票发行上市融资或发行债券,限制在全国股份转让系统挂牌、融资,限制发起设立或参股金融机构以及小额贷款公司、融资担保公司、创业投资公司、互联网融资平台等机构,限制从事互联网信息服务等。严格限制申请财政性资金项目,限制参与有关公共资源交易活动,限制参与基础设施和公用事业特许经营。对严重失信企业及其法定代表人、主要负责人和对失信行为负有直接责任的注册执业人员等实施市场和行业禁入措施。及时撤销严重失信企业及其法定代表人、负责人、高级管理人员和对失信行为负有直接责任的董事、股东等人员的荣誉称号,取消参加评先评优资格。

(2)加强对失信行为的市场性约束和惩戒。对严重失信主体,有关部门和机构应以统一社会信用代码为索引,及时公开披露相关信息,便于市场识别失信行为,防范信用风险。督促有关企业和个人履行法定义务,对有履行能力但拒不履行的严重失信主体实施限制出境和限制购买不动产、乘坐飞机、乘坐高等级列车和席次、旅游度假、入住星级以上宾馆及其他高消费行为等措施。支持征信机构采集严重失信行为信息,纳入信用记录和信用报告。引导商业银行、证券期货经营机构、保险公司等金融机构按照风险定价原则,对严重失信主体提高贷款利率和财产保险费率,或者限制向其提供贷款、保荐、承销、保险等服务。

(3)加强对失信行为的行业性约束和惩戒。建立健全行业自律公约和职业道德准则,推动行业信用建设。引导行业协/商会完善行业内部信用信息采集、共享机制,将严重失信行为记入会员信用档案。鼓励行业协/商会与有资质的第三方信用服务机构合作,开展会员企业信用等级评价。支持行业协/商会按照行业标准、行规、行约等,视情节轻重对失信会员实行警告、行业内通报批评、公开谴责、不予接纳、劝退等惩戒措施。

(4)加强对失信行为的社会性约束和惩戒。充分发挥各类社会组织作用,引导社会力量广泛参与失信联合惩戒。建立完善失信举报制度,鼓励公众举报企业严重失信行为,对举报人信息严格保密。支持有关社会组织依法对污染环境、侵害消费者或公众投资者合法权益等群体性侵权行为提起公益诉讼。鼓励公正、独立、有条件的社会机构开展失信行为大数据舆情监测,编制发布地区、行业信用分析报告。

(5)完善个人信用记录,推动联合惩戒措施落实到人。对企事业单位严重失信行为,在记入企事业单位信用记录的同时,记入其法定代表人、主要负责人和其他负有直接责任人员的个人信用记录。在对失信企事业单位进行联合惩戒的同时,依照法律法规和政策规定对相关责任人员采取相应的联合惩戒措施。建立完整的个人信用记录数据库及联合惩戒机制,使失信惩戒措施落实到人。

企业的失信行为可能会为其自身经营和相关责任人带来诸多限制,减少了商业机会、限制了享受税收优惠、申请财政资金等政策机会,同时也在诸多方面增加了其经营、融资、投资等成本。严重信用缺失的企业将会在市场上举步维艰,甚至会被逐出市场。

作为我国首个签署失信联合惩戒备忘录的领域,税收失信监管格局日渐成熟。2014年7月,国家税务总局发布《重大税收违法案件信息公布办法(试行)》,建立了我国税收违法"黑名单"公布制度。同年12月,国家税务总局等21个部门联合签署《关于对重大税收违法案件当事人实施联合惩戒措施的合作备忘录》,标志着税收违法联合惩戒机制开始建立,税务领域也由此成为首个签署失信联合惩戒备忘录的领域。

为加大对税收征管过程中发现的税收违法失信问题的监管力度,国家税务总局对税收违法"黑名单"制度和多部门联合惩戒制度进行了完善。国家税务总局先后于2016年和2018年分别对税收违法"黑名单"公布制度进行了修订,其中,2016年对税收违法联合惩戒机制进行了"提档升级",参与联合惩戒的部门由21个增加到34个,惩戒措施由18项增加到28项。当前,以税收违法"黑名单"和多部门联合惩戒制度为主体的税收失信监管,已成为税务部门净化税收秩序、推进社会信用体系建设、改善营商环境的重要工作内容,也逐步发展成为国家和社会治理层面的一项基础工程。随着税收违法"黑名单"和多部门联合惩戒制度的逐步落地和不断升级,税收失信监管威力日益显现。

第二节 企业税务风险管理的目标

一、税务风险管理的概念

(一)税务风险管理的含义

企业的税务风险管理是指企业为实现税务风险管理目标,对企业税务风险进行有效识别、评估、预警和应对等管理活动的过程。它由企业的董事会、管理层和其他人员实施,并贯穿于企业之中,旨在识别可能会影响企业的潜在事项,管理涉税风险以使其在该企业可接受的风险水平之内,并为企业经营目标的实现提供合理保证。它是一个计划、组织、领导、控制企业的涉税生产经营活动的过程,其目的是与企业其他风险管理共同作用,使企业的资产及所受的风险影响减为最小。企业的税务风险管理不是一个按部就班的过程,而是一个动态的、耦合的控制过程。企业的税务风险管理不是独立的控制过程,而是与其他风险管理相结合,使企业整体利益最大化。企业的税务风险管理为企业的经营管理决策提供有效的信息支持,在企业价值创造的各个生产经营环节发挥支持和促进作用。税务风险管理是企业的全面风险管理的一个方面,受人为影响较大,它不仅仅是政策手册和图表,而且贯穿企业业务活动的全过程,涉及企业各层次的人员,它只能向企业董事会和经理层提供合理的承诺,而非绝对的保证。

从理论发展以及社会实践角度看,企业的风险管理与内部控制越来越趋于融合。内部控制是以风险为导向的控制,是企业风险管理的最重要的手段。我国国家税务总局印发的《大企业税收服务和管理规程(试行)》和《大企业税务风险管理指引(试行)》也说明企业内控制度及其运行情况对企业控制税务风险至关重要。

(二)税务风险管理的要素

按照《企业内部控制基本规范》(财会〔2008〕7号)及其企业内部控制配套指引的要求,我国上市公司及非上市大中型企业均应建立其包含内部环境、风险评估、控制活动、信息与沟通和内部监督五个要素的内部控制制度,内部控制制度的核心之一就是财务风险控制。同时,这些企业还应根据《大企业税务风险管理指引(试行)》(国税发〔2009〕90号)的要求,建立有效的税务风险管理制度。

1. 内部环境

内部环境是企业实施税务风险管理的基础,一般包括治理结构、机构设置及权责分配、内部审计、人力资源政策、企业文化等。

企业应当根据国家有关法律法规和企业章程,建立规范的公司治理结构和议事规则,明确决策、执行、监督等方面的职责权限,形成科学有效的职责分工和制衡机制。企业可以结合自身经营情况、税务风险特征和已有的内部风险控制体系,建立相应的税务风险管理制度。企业应倡导遵纪守法、诚信纳税的税务风险管理理念,增强员工的税务风险管理意识,并将其作为企业文化建设的一个重要组成部分。

税务风险管理由企业董事会负责督导并参与决策。董事会和管理层应将防范和控制税务风险作为企业经营的一项重要内容,促进企业内部管理与外部监管的有效互动。企业应建立有效的激励约束机制,将税务风险管理的工作成效与相关人员的业绩考核相结合。企业应把税务风险管理制度与企业的其他内部风险控制和管理制度结合起来,形成全面有效的内部风险管理体系。

2. 风险评估

风险评估是企业及时识别、系统分析经营活动中与实现税务风险管理目标相关的风险,合理确定风险应对策略。

企业应当根据设定的控制目标,全面系统持续地收集相关信息,结合实际情况,及时进行风险评估。企业开展风险评估,应当准确识别与实现控制目标相关的内部风险和外部风险,确定相应的风险承受度。风险承受度是企业能够承担的风险限度,包括整体风险承受能力和业务层面的可接受风险水平。

企业应当采用定性与定量相结合的方法,按照税务风险发生的可能性及其影响程度等,对识别的税务风险进行分析和排序,确定关注重点和优先控制的涉税风险。企业进行税务风险分析,应当充分吸收专业人员,组成专职的风险分析团队,按照规范的程序开展工作,确保企业涉税风险分析结果的准确性。企业应当根据税务风险分析的结果,结合自身的风险承受度,权衡风险与收益,确定税务风险应对策略。

企业应当合理分析、准确掌握董事、经理及其他高级管理人员、关键岗位员工的风险偏好,采取适当的控制措施,避免因个人风险偏好给企业经营带来重大损失。企业应当综合运用风险规避、风险降低、风险分担和风险承受等风险应对策略,实现对税务风险的有效控制。税务风险规避是企业对超出风险承受度的偷税、虚开发票等违法违规涉税风险,采取放弃或者停止与该风险相关的业务活动、合同的签署等措施,以避免和减轻损失的策略。

税务风险降低是企业在权衡成本效益之后,准备采取适当的控制措施降低涉税风险或者减轻损失,将税务风险控制在风险承受度之内的策略。税务风险分担是企业准备借助他人力量,采取业务外包、总包或分包;约定风险责任承担等方式和适当的控制措施,将风险控制在风险承受度之内的策略。税务风险承受是企业对风险承受度之内的风险,在权衡成本效益之后,不准备采取控制措施降低风险或者减轻损失的策略。

企业应当结合不同发展阶段和业务拓展情况,持续收集与税务风险变化相关的信息，进行风险识别和风险分析，及时调整企业的税务风险应对策略。企业应全面、系统、持续地收集内部和外部相关信息，结合实际情况，通过风险识别、风险分析、风险评价等步骤，查找企业经营活动及其业务流程中的税务风险，分析和描述涉税风险发生的可能性和条件，评价风险对企业实现税务管理目标的影响程度，从而确定风险管理的优先顺序和策略。企业应结合自身税务风险管理机制和实际经营情况，重点识别下列税务风险因素：董事会、监事会等企业治理层以及管理层的税收遵从意识和对待税务风险的态度；涉税员工的职业操守和专业胜任能力；组织机构、经营方式和业务流程；技术投入和信息技术的运用；财务状况、纳税评估及现金流情况；相关内部控制制度的设计和执行；经济形势、产业政策、市场竞争及行业惯例；税收法律法规的调整及变化情况，金税工程和税收征收管理手段变化所导致的新的监管要求；其他与涉税的有关风险因素。

企业应定期进行税务风险评估。税务风险评估由企业税务部门协同相关职能部门独立实施，或聘请具有相关资质和专业能力的中介机构协助实施。企业应对税务风险实行动态管理，及时识别和评估原有风险的变化情况以及新产生的税务风险。

3. 控制活动

控制活动是企业根据纳税风险评估结果，采用相应的控制措施，将风险控制在可承受度之内。

企业应当结合纳税风险评估结果，通过手工控制与自动控制、预防性控制与发现性控制相结合的方法，运用相应的控制措施，将税务风险控制在可承受度之内。企业应根据税务风险评估的结果，考虑风险管理的成本和效益，在整体管理控制体系内，制定税务风险应对策略，建立有效的内部控制机制，合理设计税务管理的流程及控制方法，全面控制税务风险。企业应根据风险产生的原因和条件从组织机构、职权分配、业务流程、信息沟通和检查监督等多方面建立税务风险控制点，根据风险的不同特征采取相应的人工控制机制或自动化控制机制，根据风险发生的规律和重大程度建立预防性控制和发现性控制机制。企业应针对重大税务风险所涉及的管理职责和业务流程,制定覆盖各个环节的全流程控制措施;对其他风险所涉及的业务流程,合理设置关键控制环节,采取相应的控制措施。企业因内部组织架构、经营模式或外部环境发生重大变化,以及受行业惯例和监管的约束而产生的重大税务风险,及时向税务机关报告,以寻求税务机关的辅导和帮助。

企业税务部门应参与企业战略规划和重大经营决策的制定,并跟踪和监控相关税务风险。企业战略规划包括全局性组织结构规划、产品和市场战略规划、竞争和发展战略规划等。企业重大经营决策包括重大对外投资、重大并购或重组、经营模式的改变以及重要合同或协议的签订等。企业税务部门应参与企业重要经营活动,并跟踪和监控相关税务风险。参与关联交易价格的制定,并跟踪定价原则的执行情况。参与跨国经营业务的策略制定和执行,以保证符合税法规定。企业税务部门应协同相关职能部门,管理日常经营活动中的税务风险:参与制定或审核企业日常经营业务中涉税事项的政策和规范;制定各项涉税会计事务的处理流程,明确各自的职责和权限,保证对税务事项的会计处理符合相关法律法规;完善纳税申报表编制、复核和审批以及税款缴纳的程序,明确相关的职责和权限,保证纳税申报和税款缴纳符合税法规定;按照税法规定,真实、完整、准确地准备和保存有关涉税业务资料,并按相关规定报备。企业应对发生频率较高的税务风险建立监控机制,评估其累计影响,并采取相应的应对措施。

4. 信息与沟通

信息与沟通是企业及时、准确地收集、传递与税务风险相关的信息,确保信息在企业内部、企业与外部之间有效沟通。企业应当建立信息与沟通制度,明确内部控制相关信息的收集、处理和传递程序,确保信息及时沟通,促进内部控制有效运行。企业应当对收集的各种内部信息和外部信息进行合理筛选、核对、整合,提高信息的有用性。

企业可以通过财务会计资料、经营管理资料、调研报告、专项信息、内部刊物、办公网络等渠道,获取内部信息。企业可以通过行业协会组织、社会中介机构、业务往来单位、市场调查、来信来访、网络媒体以及有关监管部门等渠道,获取外部信息。

企业应当将内部控制相关信息在企业内部各管理级次、责任单位、业务环节之间,以及企业与外部投资者、债权人、客户、供应商、中介机构和监管部门等有关方面之间沟通和反馈。信息沟通过程中发现的问题,应当及时报告并加以解决。企业应建立税务风险管理的信息与沟通制度,明确税务相关信息的收集、处理和传递程序,确保企业税务部门内部、企业税务部门与其他部门、企业税务部门与董事会、监事会等企业治理层以及管理层的沟通和反馈,发现问题应及时报告并采取应对措施。企业应与税务机关和其他相关单位保持有效的沟通,及时收集和反馈相关信息。建立和完善税法的收集和更新系统,及时汇编企业适用的税法并定期更新;建立和完善其他相关法律法规的收集和更新系统,确保企业财务会计系统的设置和更改与法律法规的要求同步,合理保证会计信息的输出能够反映法律法规的最新变化。

企业应根据业务特点和成本效益原则,将信息技术应用于税务风险管理的各项工作,建立涵盖风险管理基本流程和内部控制系统各环节的风险管理信息系统。利用计算机系统和网络技术,对具有重复性、规律性的涉税事项进行自动控制;将税务申报纳入计算机系统管理,利用有关报表软件提高税务申报的准确性;建立年度税务日历,自动提醒相关责任人完成涉税业务,并跟踪和监控工作完成情况;建立税务文档管理数据库,采用合理的流程和可靠的技术,安全存储涉税信息资料;利用信息管理系统,提高法律法规的收集、处理及传递的效率和效果,动态监控法律法规的执行。企业税务风险管理信息系统数据的记录、收集、处理、传递和保存应符合税法和税务风险控制的要求。

5. 内部监督

内部监督是企业对税务风险管理建立与实施情况进行监督检查,评价税务风险管理的有效性,发现税务风险管理缺陷,应当及时加以改进。

企业税务部门应定期评估审核企业税务风险管理机制的有效性,不断改进和优化税务风险管理制度和流程。企业内部控制评价机构应根据企业的整体控制目标,评价税务风险管理机制的有效性。大企业可以委托符合资质要求的中介机构,根据《大企业税务风险管理指引(试行)》(国税发〔2009〕90号)和相关执业准则的要求,评估企业税务风险管理相关的内部控制有效性,并向税务机关出具评估报告。

(三)税务风险管理的基本流程

企业建立与实施税务风险管理,应当遵循下列原则:

1. 全面性原则

企业的税务风险管理应当贯穿决策、执行和监督全过程,覆盖企业及其所属单位的各种涉税业务和事项。

2. 重要性原则

企业的税务风险管理应当在全面控制的基础上,关注重要业务事项和高风险领域。

3. 制衡性原则

企业的税务风险管理应当在治理结构、机构设置及权责分配、业务流程等方面形成相互制约、相互监督,同时兼顾运营效率。

4. 适应性原则

企业的税务风险管理应当与企业经营规模、业务范围、竞争状况和风险水平等相适应,并随着情况的变化及时加以调整。

5. 成本效益原则

企业的税务风险管理应当权衡实施成本与预期效益,以适当的成本实现有效控制。

二、税务风险管理的目标

《管理会计应用指引第 700 号——风险管理》(财会〔2018〕22 号)认为:风险管理目标是在确定企业风险偏好的基础上,将企业的总体风险和主要风险控制在企业风险容忍度之内。风险偏好,是指企业愿意承担的风险及相应的风险水平;风险容忍度,是指企业在风险偏好的基础上,设定的风险管理目标值的可容忍波动范围。企业税务风险管理的目标就是将税务风险控制在企业对税务风险容忍度之内。企业的税务风险管理目标要服务于合规目标、经营目标和报告目标,最终服务于企业的战略和绩效的实现,是为企业整体的价值提升提供的保障之一。

(一)合规目标

企业的税务风险管理要符合国家法律法规特别是税收相关政策法规的规定。我国《税收征收管理法实施细则》(国务院令第362号)规定:"纳税人应当依照税收法律、行政法规的规定履行纳税义务;其签订的合同、协议等与税收法律、行政法规相抵触的,一律无效。"因此企业要在合规的前提下进行税务风险管理,如果企业税务风险管理偏离法律规定的轨道,企业不但会受到财务和信用损失,还会影响企业经营目标甚至战略目标的实现。

企业的税务风险管理合规性主要包括:税务规划具有合理的商业目的,并符合税法规定;经营决策和日常经营活动考虑税收因素的影响,符合税法规定;对税务事项的会计处理符合相关会计制度或准则以及相关法律法规;纳税申报和税款缴纳符合税法规定;税务登记、账簿凭证管理、税务档案管理以及税务资料的准备和报备等涉税事项符合税法规定。

医药行业关系到国计民生,主要由国务院下辖的有关部门在各自的职权范围内,负责有关的监督、管理工作。2024年12月30日市场监管总局第32次局务会议通过《医药企业防范商业贿赂风险合规指引》并已发布实施。该指引对在中华人民共和国境内从事医药产品研发、生产、流通等活动的医药企业及相关第三方在防范商业贿赂风险合规管理体系建设、医药企业商业贿赂风险识别与防范和医药企业商业贿赂风险处置三方面提出了指引措施。医药企业在产品研发、生产、流通等环节均为涉税环节,因此其商业贿赂风险也伴着税务风险。《医药企业防范商业贿赂风险合规指引》也为企业税务风险管理的合规性提供了指引。

在当前医药反腐浪潮下,税务部门始终保持严查狠打涉税违法犯罪行为的高压态势,聚焦重点行业和重点领域涉税违法风险;并且,税务部门已经实现"精准"稽查,很多案件的线索来源都是"精准线索分析"。医药企业务必要加强合规意识,完善内部管理制度,确保财税行为的合法性和合规性。

(二)经营目标

企业的税务风险管理要与企业的经营目标保持一致。企业应该在可接受风险水平下合理设定业务目标。企业经营目标,是在一定时期企业生产经营活动预期要达到的成果。如某企业的经营目标是以利润最大化为目标,正处于企业所得税的免税优惠期,在企业已实现利润的情况下,其本年度购买的金额不超过500万元的固定资产,就不应该选择税前一次性扣除的优惠政策;企业身处免税期,贸然选择一次性税前扣除的优惠政策的结果是面临免税期满后无折旧扣除的尴尬局面,反而增加了企业的税收负担。

(三)报告目标

企业的税务管理还要满足向使用者提供与企业涉税情况有关的信息需求,避免因信息沟通不畅导致的税务风险。按照征收管理的要求,企业要向税务机关定期进行纳税申报,提供财务报告、纳税申报表和涉税相关证明材料,以满足外部使用者的需求。对内则要满足企业管理层对企业涉税信息的相关需求,如提供企业内部所需的各分支机构的税金缴纳统计表、企业战略规划和重大经营决策的税务影响分析报告等。因此,企业的涉税相关报告要具有可靠性、及时性、透明度,以满足报告使用者的需求。

第三节 企业税务风险管理的框架

一、税务风险管理组织架构

组织架构,是指企业按照国家有关法律法规、股东(大)会决议和企业章程,结合本企业实际,明确股东(大)会、董事会、监事会、经理层和企业内部各层级机构设置、职责权限、人员编制、工作程序和相关要求的制度安排。企业至少应当关注组织架构设计与运行中的下列风险:(1)治理结构形同虚设,缺乏科学决策、良性运行机制和执行力,可能导致企业经营失败,难以实现发展战略。(2)内部机构设计不科学,权责分配不合理,可能导致机构重叠、职能交叉或缺失、推诿扯皮,运行效率低下。

(一)组织架构的设计

企业应当根据国家有关法律法规的规定,明确董事会、监事会和经理层的职责权限、任职条件、议事规则和工作程序,确保决策、执行和监督相互分离,形成制衡。企业的重大决策、重大事项、重要人事任免及大额资金支付业务等,应当按照规定的权限和程序实行集体决策审批或者联签制度。任何个人不得单独决策或者擅自改变集体决策意见。重大决策、重大事项、重要人事任免及大额资金支付业务的具体标准由企业自行确定。

企业应当按照科学、精简、高效、透明、制衡的原则,综合考虑企业性质、发展战略、文化理念和管理要求等因素,合理设置内部职能机构,明确各机构的职责权限,避免职能交叉、缺失或权责过于集中,形成各司其职、各负其责、相互制约、相互协调的工作机制。企业应当对各机构的职能进行科学合理的分解,确定具体岗位的名称、职责和工作要求等,明确各个岗位的权限和相互关系。企业在确定职权和岗位分工过程中,应当体现不相容职务相互分离的要求。不相容职务通常包括:可行性研究与决策审批;决策审批与执行;执行与监督检查等。企业应当制定组织结构图、业务流程图、岗(职)位说明书和权限指引等内部管理制度或相关文件,使员工了解和掌握组织架构设计及权责分配情况,正确履行职责。

(二)组织架构的运行

企业应当根据组织架构的设计规范,对现有治理结构和内部机构设置进行全面梳理,确保本企业治理结构、内部机构设置和运行机制等符合现代企业制度要求。

企业可结合生产经营特点和内部税务风险管理的要求设立税务管理机构和岗位,明确岗位的职责和权限。组织结构复杂的企业,可根据需要设立税务管理部门或岗位;总分机构,在分支机构设立税务部门或者税务管理岗位;集团型企业,在地区性总部、产品事业部或下属企业内部分别设立税务部门或者税务管理岗位。

企业税务管理机构主要履行以下职责:制订和完善企业税务风险管理制度和其他涉税规章制度;参与企业战略规划和重大经营决策的税务影响分析,提供税务风险管理建议;组织实施企业税务风险的识别、评估,监测日常税务风险并采取应对措施;指导和监督有关职能部门、各业务单位以及全资、控股企业开展税务风险管理工作;建立税务风险管理的信息和沟通机制;组织税务培训,并向本企业其他部门提供税务咨询;承担或协助相关职能部门开展纳税申报、税款缴纳、账簿凭证和其他涉税资料的准备和保管工作;其他税务风险管理职责。

企业应建立科学有效的职责分工和制衡机制,确保税务管理的不相容岗位相互分离、制约和监督。税务管理的不相容职责包括:税务规划的起草与审批;税务资料的准备与审查;纳税申报表的填报与审批;税款缴纳划拨凭证的填报与审批;发票购买、保管与财务印章保管;税务风险事项的处置与事后检查;其他应分离的税务管理职责。

企业涉税业务人员应具备必要的专业资质、良好的业务素质和职业操守,遵纪守法。企业应定期对涉税业务人员进行培训,不断提高其业务素质和职业道德水平。

案例 2

贵州茅台酒厂(集团)有限责任公司(以下简称"茅台集团")在财务处下设了税收政策研究室。该机构的主要职责是及时学习、研究税收政策,研判集团开展经济业务的涉税问题,提前化解不必要的税务风险。基于此,茅台集团基本建立了涵盖决策、管理、操作各层次,采购、生产、销售各环节,事前、事中、事后全过程的税务风险管理体系。

1. 事前参谋:重大事项充分考虑税收因素

目前,茅台集团在进行重大资产重组、重要投资决策时,都需要税收政策研究室就项目可行性研究报告中财务分析、风险评估等模块的涉税内容,深入调查、科学分析,帮助管理层正确决策。

2018年,为缩短营销链条、减少交易环节、提高运行效率,茅台集团启动了所属销售公司、营销公司以及电子商务公司的合并工作。在这项重大重组业务中,税收政策研究室深入其中,进行了大量的研究:例如,采取何种重组方式?重组后如何安排新公司的组织架构?能否更大程度地享受增值税和企业所得税优惠?考虑到重组事项涉及的政策和后续管理较为复杂,茅台集团税收政策研究室负责人带领团队分析后,带着较难理解的部分问题,积极与主管税务机关沟通,最后就重组日期的确定、被吸收方重组资料的申报以及注销时间等问题达成一致,为集团管理层提供了可靠的决策参考。

2019年,因业务发展和规范管理需要,集团先后决定注销九家全资及控股子公司,牵涉若干复杂的涉税事项。其中,集团公司所属遵义迎宾馆划转给酒店集团事项,鉴于双方没有股权关系,系国有资产的调配,与其他企业重组事项相比,涉及的税种更多、情况更复杂。税收政策研究室涉税业务管理员回忆,他们通过调研,了解待划转的资产类型,可能涉及的划转方式,权证过户、房产增值、合同协议签订等具体情况,并将调研的结果与集团的税务顾问、主管税务机关工作人员沟通,厘清了此次划转中涉及的税种,提出了"新设子公司再划转"的思路,采取新设划转的方式,将遵义迎宾馆的资产、负债和劳动力全部划转到新设公司,再将新设公司股权划出,争取享受增值税、土地增值税、契税优惠;对整个过程中较为复杂的企业所得税、印花税等问题,积极与税务机关沟通,弄清申报时点和缴纳方式等内容。许浪说:在深入分析后,此次无偿划转顺利过会,并为公司节约1.5亿元成本。

2. 事中纠偏:借助指标模型化解税务风险

据悉,在日常税务处理中,及时根据国家税收法规纠偏,确保及时足额缴纳税款,实时化解税务风险,也是税收政策研究室的重要职责。为此,税收政策研究室建立了集团税务风险分析指标模型,包括生产、财务、税收三个层次20多个指标,通过计算公司投入产出率、营业收入成本费用变动率、综合税负率和单一税种税负率等,不定期对其产生的风险进行扫描识别,并跟踪分析,适时提供涉税风险预警提示服务,让"红灯"警示在申报之前,把问题消除于萌芽状态。

2018年,他们通过模型中的税负率异常指标,分析出成员单位20余个不规范涉税问题,包括不动产一次性抵扣、自用酒不视同销售等,并及时整改,对不动产一次性抵扣问题,调回多抵部分,对自用酒按当期同类产品价格调整计税收入,有效防范了税务风险。

茅台集团还积极与税务部门开展合作,将"事中纠偏"不断引向深入。据了解,自2018年起,税收政策研究室与其主管税务机关建立了一项合作机制——税收"健康检查",即在企业所得税年度汇算清缴前,对集团旗下公司梳理及推送风险防控建议,清理排查税收重大遗漏风险事项。通过税收"健康体检",集团在年度企业所得税汇算清缴前调增应纳税所得额为8 318万元、应纳所得税额为2 080万元,维护了企业诚信纳税的形象。

3. 事后自查:及时完善相关税务管理制度

他们每年都要开展子公司税后税务风险评估工作,并在此基础上完善相关税务管理制度。

2019年,茅台集团就根据税收研究室的建议,在集团范围内开展全面自查,当年全集团共自查补税1 600余万元。2020年,集团对下属保健酒业、财务公司、龙狮瓶盖公司、上海实业公司、置业投资发展公司等子公司组织开展了税务风险评估工作,涉及生产、贸易、金融、房地产等多个领域。通过审查子公司提供的账目、税费明细表、资产合同台账及各税种申报表,整理出子公司税务风险疑点问题,形成税务风险评估报告,引导子公司自行调账和纠错。

为提高风险防控能力,税收政策研究室每年都借助涉税专业服务机构的力量开展税务检查,并对检查出的问题进行专题研究,分析问题产生原因,从体制、制度、机制层面解决问题。对茅台集团旗下所有生产企业来说,其通过九次蒸煮、八次发酵、七次取酒后形成的酒糟,已再无利用价值,雇用车辆处理这些酒糟还需要支付运费,于是,有需要的人可以从厂里自行运走酒糟,减少公司的运费支出。但是,涉税专业服务机构检查后认为,其产生的酒糟对于其他企业来说可用来生产翻砂酒和碎砂酒,还可用于生产饲料等,应按视同销售处理。

税收政策研究室通过分析研判认为,该风险的产生主要是公司对酒糟处置认识不到位,导致涉税处理不规范。于是,茅台集团针对类似问题,与涉税专业服务机构和税务机关共同制定了涉及12个税种、62个风险点的《白酒行业税收风险分析应对工作指引》，并详细描述每个风险点的基本特征、政策依据和应对措施等，避免同类问题再次发生。

资料来源：周挺、李涛：《茅台集团有个"税收政策研究室"》，《中国税务报》，2020年10月30日，B1版。

二、税务风险管理制度

（一）制度依据

企业可以结合自身情况参照国内风险管理和内部控制相关法规，制定企业税务风险管理的制度，如《大企业税务风险管理指引（试行）》（国税发〔2009〕90号）、《中央企业全面风险管理指引》（国资发改革〔2006〕108号）、《管理会计应用指引第700号——风险管理》（财会〔2018〕22号）、《管理会计应用指引第701号——风险矩阵》（财会〔2018〕22号）、《管理会计应用指引第702号——风险清单》（财会〔2018〕38号）、《企业内部控制基本规范》（财会〔2008〕7号）及其配套应用指引（财会〔2010〕11号，包括《企业内部控制应用指引》《企业内部控制评价指引》和《企业内部控制审计指引》，以下简称企业内部控制配套指引）和《小企业内部控制规范（试行）》（财会〔2017〕21号）以及美国全国虚假财务报告委员会下属的发起人委员会（The Committee of Sponsoring Organizations of The National Commission of Fraudulent Financial Reporting，COSO）的《企业风险管理框架》。

（二）制度内容

企业应当结合自身经营情况、税务风险特征和已有的内部风险控制体系，建立相应的税务风险管理制度。税务风险管理制度主要包括：税务风险管理组织机构、岗位和职责；税务风险识别和评估的机制和方法；税务风险控制和应对的机制和措施；税务信息管理体系和沟通机制；税务风险管理的监督和改进机制。

按照风险管理的要求，企业应科学配置管理机构和资源，构建事前风险防范、事中风险控制、事后风险处理的风险防控体系，形成覆盖风险分析识别、等级排序、应对处理、绩效评价的全流程闭环系统。

三、税务风险管理的指标体系

(一)税务风险管理指标体系的构建原则

税务风险管理指标体系是用来考察企业税务风险状况的具有相互联系的统计数据或指标的集合,用以提醒企业注意税务风险的可能变化,及时采取应对措施。企业应在风险评价的基础上,针对需重点关注的风险,设置风险预警指标体系对税务风险的状况进行监测,并通过将指标值与预警临界值的比较,识别预警信号,实行预警分级。企业在构建税务风险管理指标体系时要坚持以下原则:

1. 目标一致性原则

指标体系的设计是为战略目标服务的,指标体系的运用是为了更有效地控制员工个人行为,为企业创造更大的价值。因此企业在规划税务风险管理指标体系时,不能违背企业的战略目标,首先要根据企业的战略目标确定税务风险管理的几个关键绩效指标(KPI),再根据关键性指标逐级分解到员工执行层面。

2. 整体性原则

企业应综合考虑所处的外部环境、企业内部的财务和业务情况,以及企业风险管理目标、风险偏好、风险容忍度、风险管理能力等因素设定风险管理指标。在设定指标之前应根据其自身战略、业务特点和风险管理要求,全面梳理企业的税务风险,从整体上了解自身风险概况和存在的重大风险,明晰各相关部门的风险管理责任,规范风险管理流程,并为企业构建风险预警和风险考评机制奠定基础。

3. 科学性原则

企业的风险指标设计要科学合理、具有可操作性,在结构上要全面严谨且具有针对性、可比性,同层次指标相互独立。指标体系过大或过小都不利于风险评价。太多的指标会干扰管理层的决策,而太少的指标则可能导致重要信息缺失使管理层做出错误的决策。指标应该容易获取,并能够及时更新,便于企业实时了解税务风险状况,及时做出管理决策。指标要与企业历年同期可比,以及与企业所处行业相关指标可比，便于企业及时发现差距与风险点。

4. 动态性原则

风险管理部门应会同各责任主体定期或不定期地根据企业内外部环境变化，分析风险管理指标，及时修正或调整风险指标。

(二)税务风险管理指标体系设计要点

企业构建税务风险管理指标体系，参照但不限于税务机关的税收风险测评指标，可以有针对性地及时了解纳税遵从风险，便于企业自查自纠；同时企业还可以根据企业实际情况，设置税务机关的税收风险测评指标之外的税务风险管理指标，用于企业日常经营管理和决策需要。

2005年我国国家税务总局下发的《纳税评估管理办法(试行)》，对部分纳税评估指标进行了明确。该办法将纳税评估指标分为通用分析指标和分税种特定分析指标。通用分析指标包括收入类、成本类、费用类、利润类和资产类分析指标；分税种特定分析指标包括增值税、企业所得税、印花税和资源税分析指标。随着税收政策的变化和税务机关征管水平的日益精细化以及信息技术的飞速发展，纳税评估指标也一直处于不断变化和增加的状态。

目前税务部门采集的主要涉税数据有申报数据、财务数据、发票数据、第三方交换数据以及互联网数据等，并通过上述数据对纳税人的历年同期数据及所处行业数据进行分析比较来判断纳税人是否存在税收风险。伴随着人工智能时代的来临，企业可以通过信息系统收集自身的申报数据、财务数据、发票数据以及购买第三方数据和互联网数据对比分析企业是否存在税务风险，而这些对比分析都是建立在指标数据的基础之上。企业在构建税务风险管理指标体系时应着重关注以下几点：

1. 关键绩效指标设定

企业在设计税务风险管理指标体系时，需要对众多指标进行筛选，最终确定KPI。如对税务风险管理部门的绩效考核指标有税收政策执行合规性和业务部门员工满意度两个指标。对于企业来说可能控制税务合规性风险比业务部门员工满意度要重要得多，且会对企业的战略目标产生更重要的影响。经过筛选，对税收政策执行合规性指标就为税务风险管理部门的KPI。

2. 关键绩效指标分解

税务风险管理部门的KPI确定之后,企业根据业务运营情况将KPI指标分解到二级指标,再通过梳理业务流程将二级指标分解到三级指标,直至分解到业务人员可操作层面。如税务风险管理部门的KPI指标为对税收政策执行合规性为100%,而合规性包括纳税申报的准确率和税务资料保管的完备率,那么纳税申报的准确率、税务资料保管的完备率即为二级指标。而衡量纳税申报的准确率则包括原始凭证验证的准确率、企业财务核算的准确率、税会差异的准确率、纳税申报的及时率等;税务资料保管的完备率则可能包括税前扣除凭证的准确率和购销合同等证明材料的完备率等。而财务核算的准确率包括各项财务指标互相验证的无差错率,例如通过对主营业务收入变动率与主营业务利润变动率两个指标配比分析可以验证企业是否存在多列成本费用、扩大税前扣除范围问题。指标经过层层分解最终成为明确的可量化、可执行的一系列指标的集合,最终形成指标体系。

3. 指标体系的维护与更新

指标应规范命名、正确归类且应有明确的注释,便于使用者正确理解。指标体系在投入应用之后,应定期对指标进行分析评价,对不适用的指标应及时清理,对未纳入指标体系的适用指标及时补充,以保证指标体系持续优化。

四、税务风险管理的信息系统

税务风险管理信息系统,是指以财务和业务信息为基础,借助计算机、网络通信等现代信息技术手段,对税务信息进行收集、整理、加工、分析和报告等操作处理,为企业有效开展税务风险管理活动提供全面、及时、准确信息支持的各功能模块的有机集合。

(一)建设和应用税务风险管理信息系统的原则

企业建设和应用税务风险管理信息系统,一般应遵循以下原则:

1. 系统集成原则

税务风险管理信息系统各功能模块应集成在企业整体信息系统中,与财务和业务信息系统紧密结合,实现信息的集中统一管理及财务和业务信息到税务信息的自动生成。

2. 数据共享原则

企业建设税务风险管理信息系统应实现系统间的无缝对接,通过统一的规则和标准,实现数据的一次采集,全程共享,避免产生"信息孤岛"。

3. 规则可配原则

税务风险管理信息系统各功能模块应提供规则配置功能,实现其他信息系统与税务风险管理信息系统相关内容的映射和自定义配置。

4. 灵活扩展原则

税务风险管理信息系统应具备灵活扩展性,通过及时补充有关参数或功能模块,对环境、业务、产品、组织和流程等的变化及时做出响应,满足企业内部管理需要。

5. 安全可靠原则

应充分保障税务风险管理信息系统的设备、网络、应用及数据安全,严格权限授权,做好数据灾备建设,具备良好的抵御外部攻击能力,保证系统的正常运行并确保信息的安全、保密、完整。

(二)构建和完善税务风险管理信息系统要点

1. 要求与功能

企业应建立税务风险管理的信息与沟通制度,明确税务相关信息的收集、处理和传递程序,确保企业税务部门内部、企业税务部门与其他部门、企业税务部门与董事会和监事会等企业治理层以及管理层的沟通和反馈,发现问题应及时报告并采取应对措施。

企业应与税务机关和其他相关单位保持有效的沟通,及时收集和反馈相关信息。建立和完善税法的收集和更新系统,及时汇编企业适用的税法并定期更新;建立和完善其他相关法律法规的收集和更新系统,确保企业财务会计系统的设置和更改与法律法规的要求同步,合理保证会计信息的输出能够反映法律法规的最新变化。

企业应根据业务特点和成本效益原则,将信息技术应用于税务风险管理的各项工作,建立涵盖风险管理基本流程和内部控制系统各环节的风险管理信息系统。

利用计算机系统和网络技术,对具有重复性、规律性的涉税事项进行自动控制;将税务申报纳入计算机系统管理,利用有关报表软件提高税务申报的准确性;建立年度税务日历,自动提醒相关责任人完成涉税业务,并跟踪和监控工作完成情况;建立税务文档管理数据库,采用合理的流程和可靠的技术对涉税信息资料安全存储;利用信息管理系统,提高法律法规的收集、处理及传递的效率和效果,动态监控法律法规的执行。企业税务风险管理信息系统数据的记录、收集、处理、传递和保存应符合税法和税务风险控制的要求。

2. 实施与运行

企业建设风险管理信息系统,一般应具备以下条件:对企业战略、组织结构、业务流程、责任中心等有清晰定义;设有具备风险管理职能的相关部门或岗位,具有一定的风险管理方法的应用基础以及相对清晰的风险管理应用流程;具备一定的财务和业务信息系统应用基础,包括已经实现了相对成熟的财务会计系统的应用,并在一定程度上实现了经营计划管理、采购管理、销售管理、库存管理等基础业务管理职能的信息化。

税务风险管理信息系统的建设和应用程序既包括系统的规划和建设过程,也包括系统的应用过程,即输入、处理和输出过程。

税务风险管理信息系统规划和建设过程一般包括系统规划、系统实施和系统维护等环节。

在税务风险管理信息系统的规划环节,企业应将税务风险管理信息系统规划纳入企业信息系统建设的整体规划中,遵循整体规划、分步实施的原则,根据企业的战略目标和税务风险管理应用目标,形成清晰的税务风险管理应用需求,因地制宜逐步推进。

在税务风险管理信息系统实施环节，企业应制定详尽的实施计划，清晰划分实施的主要阶段、有关活动和详细任务的时间进度。实施阶段一般包括项目准备、系统设计、系统实现、测试和上线、运维及支持等过程。

在项目准备阶段，企业主要应完成系统建设前的基础工作，一般包括确定实施目标、实施组织范围和业务范围，调研信息系统需求，进行可行性分析，制定项目计划、资源安排和项目管理标准，开展项目动员及初始培训等。在系统设计阶段，企业主要应对组织现有的信息系统应用情况、税务风险管理工作现状和信息系统需求进行调查，梳理税务风险管理应用模块和应用流程，据此设计税务风险管理信息系统的实施方案。在系统实现阶段，企业主要应完成税务风险管理信息系统的数据标准化建设、系统配置、功能和接口开发及单元测试等工作。在测试和上线阶段，企业主要应实现税务风险管理信息系统的整体测试、权限设置、系统部署、数据导入、最终用户培训和上线切换过程。必要时，企业还应根据实际情况进行预上线演练。

企业应做好税务风险管理信息系统的运维和支持，实现日常运行维护支持及上线后持续培训和系统优化。

税务风险管理信息系统的应用程序一般包括输入、处理和输出三个环节。输入环节，是指税务风险管理信息系统采集或输入数据的过程。税务风险管理信息系统需提供已定义清楚数据规则的数据接口，以自动采集财务和业务数据。同时，系统还应支持本系统其他数据的手工录入，以利于相关业务调整和补充信息的需要。处理环节，是指进行数据加工处理的过程。税务风险管理信息系统可以充分利用数据挖掘、在线分析处理等商业智能技术，借助相关工具对数据进行综合查询、分析统计，挖掘出有助于企业管理活动的信息。输出环节，是指提供丰富的人机交互工具、集成通用的办公软件等成熟工具，自动生成或导出数据报告的过程。数据报告的展示形式应注重易读性和可视化。最终的系统输出结果不仅可以采用独立报表或报告的形式展示给用户，也可以输出或嵌入其他信息系统，为各级管理部门提供管理所需的相关、及时的信息。

税务风险管理信息系统的模块包括票据(凭证)管理、进项税管理、销项税管理、计税申报、风险预警、税务信息统计以及其他管理功能模块。

五、税务风险管理的有效性评价

(一)税务风险管理有效性评价的概念和原则

税务风险管理有效性评价是指企业董事会或类似权力机构对税务风险管理的有效性进行全面评价、形成评价结论、出具评价报告的过程。

企业实施税务风险管理评价至少应当遵循下列原则：

1. 全面性原则

评价工作应当包括税务风险管理的设计与运行,涵盖企业及其所属单位的各种涉税业务和事项。

2. 重要性原则

评价工作应当在全面评价的基础上,关注重要业务单位、重大业务事项和高风险领域。

3. 客观性原则

评价工作应当准确地揭示税务管理的风险状况,如实反映税务风险管理的设计与运行的有效性。

企业应当结合税务风险管理设计与运行的实际情况,制定具体的税务风险管理评价办法,规定评价的原则、内容、程序、方法和报告形式等,明确相关机构或岗位的职责权限,落实责任制,按照规定的办法、程序和要求,有序开展税务风险管理评价工作。

(二)税务风险管理有效性评价的内容

企业应当根据《企业内部控制基本规范》、应用指引以及本企业的内部控制制度及税务风险管理制度,围绕内部环境、风险评估、控制活动、信息与沟通、内部监督等要素,确定内部控制评价的具体内容,对内部控制设计与运行情况进行全面评价。

企业组织开展内部环境评价,应当以组织架构、发展战略、人力资源、企业文化、社会责任等应用指引为依据,结合本企业的内部控制制度,对内部环境的设计及实际运行情况进行认定和评价。

企业组织开展风险评估机制评价,应当以《企业内部控制基本规范》有关风险评估的要求,以及各项应用指引中所列主要风险为依据,结合本企业的内部控制制度及税务风险管理制度,对日常经营管理过程中的涉税风险识别、风险分析、应对策略等进行认定和评价。

企业组织开展控制活动评价,应当以《企业内部控制基本规范》和各项应用指引中的控制措施为依据,结合本企业的内部控制制度及税务风险管理制度,对相关控制措施的设计和运行情况进行认定和评价。

企业组织开展信息与沟通评价,应当以内部信息传递、财务报告、信息系统等相关应用指引为依据,结合本企业的内部控制制度及税务风险管理制度,对信息收集、处理和传递的及时性、反舞弊机制的健全性、财务报告的真实性、信息系统的安全性,以及利用信息系统实施税务风险管理的有效性等进行认定和评价。

企业组织开展内部监督评价,应当以《企业内部控制基本规范》有关内部监督的要求,以及各项应用指引中有关日常管控的规定为依据,结合本企业的内部控制制度和税务风险管理制度,对内部监督机制的有效性进行认定和评价,重点关注监事会、审计委员会、内部审计机构等是否在税务风险管理设计和运行中有效发挥监督作用。

税务风险管理评价工作应当形成工作底稿,详细记录企业执行评价工作的内容,包括评价要素、主要风险点、采取的控制措施、有关证据资料以及认定结果等。评价工作底稿应当设计合理、证据充分、简便易行、便于操作。

(三)税务风险管理有效性评价的程序

企业应当按照规定程序,有序开展税务风险管理评价工作。税务风险管理评价程序一般包括:制定评价工作方案、组成评价工作组、实施现场测试、认定控制缺陷、汇总评价结果、编报评价报告等环节。

企业可以授权内部审计部门或专门机构负责税务风险管理评价的具体组织实

施工作。企业税务风险管理评价部门应当拟订评价工作方案,明确评价范围、工作任务、人员组织、进度安排和费用预算等相关内容,报经董事会或其授权机构审批后实施。企业税务风险管理评价部门应当根据经批准的评价方案,组成税务风险管理评价工作组,具体实施税务风险管理评价工作。评价工作组应当吸收企业内部相关机构熟悉情况的业务骨干参加。

评价工作组成员对本部门的税务风险管理评价工作应当实行回避制度。企业可以委托中介机构实施税务风险管理评价。为企业提供税务风险管理审计服务的会计师事务所,不得同时为同一企业提供税务风险管理评价服务。税务风险管理评价工作组应当对被评价单位进行现场测试,综合运用个别访谈、调查问卷、专题讨论、穿行测试、实地查验、抽样和比较分析等方法,充分收集被评价单位税务风险管理设计和运行是否有效的证据,按照评价的具体内容,如实填写评价工作底稿,研究分析税务风险管理缺陷。

(四)税务风险管理的缺陷认定

税务风险管理缺陷包括设计缺陷和运行缺陷。企业对税务风险管理缺陷的认定,应当以日常监督和专项监督为基础,结合年度税务风险管理评价,由税务风险管理评价部门综合分析后提出认定意见,按照规定的权限和程序审核后予以最终认定。

企业在日常监督、专项监督和年度评价工作中,应当充分发挥税务风险管理评价工作组的作用。税务风险管理评价工作组应当根据现场测试获取的证据,对税务风险管理缺陷进行初步认定,并按其影响程度分为重大缺陷、重要缺陷和一般缺陷。重大缺陷,是指一个或多个控制缺陷的组合,可能导致企业严重偏离控制目标。重要缺陷,是指一个或多个控制缺陷的组合,其严重程度和经济后果低于重大缺陷,但仍有可能导致企业偏离控制目标。一般缺陷,是指除重大缺陷、重要缺陷之外的其他缺陷。重大缺陷、重要缺陷和一般缺陷的具体认定标准,由企业根据上述要求自行确定。

企业税务风险管理评价工作组应当建立评价质量交叉复核制度,评价工作组负责人应当对评价工作底稿进行严格审核,并对所认定的评价结果签字确认后,提交企业税务风险管理评价部门。企业税务风险管理评价部门应当编制税务风险管理缺陷认定汇总表,结合日常监督和专项监督发现的税务风险管理缺陷及其持续改进情况,对税务风险管理缺陷及其成因、表现形式和影响程度进行综合分析和全面复核,提出认定意见,并以适当的形式向董事会、监事会或者经理层报告。重大缺陷应当由董事会予以最终认定。企业对于认定的重大缺陷,应当及时采取应对策略,切实有效控制风险,并追究有关部门或相关人员的责任。

(五)税务风险管理评价报告

企业可以根据《企业内部控制基本规范》、应用指引和《企业内部控制评价指引》以及企业的税务风险管理制度,设计税务风险管理评价报告的种类、格式和内容,明确税务风险管理评价报告编制程序和要求,按照规定的权限报经批准后对外报出。

税务风险管理评价报告应当分别按照内部环境、风险评估、控制活动、信息与沟通、内部监督等要素设计,对税务风险管理评价过程、税务风险控制缺陷认定及整改情况、税务风险管理有效性的结论等相关内容做出披露。税务风险管理评价报告至少应当披露下列内容:(1)董事会对税务风险管理报告真实性的声明。(2)税务风险管理评价工作的总体情况。(3)税务风险管理评价的依据。(4)税务风险管理评价的范围。(5)税务风险管理评价的程序和方法。(6)税务风险管理缺陷及其认定情况。(7)税务风险管理缺陷的整改情况及重大缺陷拟采取的整改措施。(8)税务风险管理有效性的结论。

企业应当根据年度税务风险管理评价结果,结合税务风险管理评价工作底稿和税务风险控制缺陷汇总表等资料,按照规定的程序和要求,及时编制税务风险管理评价报告。税务风险管理评价报告应当报经董事会或类似权力机构批准后对外披露或报送相关部门。企业税务风险管理评价部门应当关注自税务风险管理评价报告基准日至税务风险管理评价报告发出日之间是否发生影响税务风险管理有效性的因素,并根据其性质和影响程度对评价结论相应调整。税务风险管理评价的有关文件资料、工作底稿和证明材料等应当妥善保管。

第二章 医药企业设立阶段的税务风险管理

随着税收制度的不断改革和变化,特别是"金税四期"的上线运行,"金税四期"作为金税工程的最新阶段,重点围绕智慧税务建设,以发票电子化改革为突破口,以税收大数据为驱动,推动构建全量税费数据多维度、实时化归集、连接和聚合。这一改革推动了税收征管模式的转型,从传统的"收税"到"报税",再到如今的"算税";税收征管的流程也从"上机"到"上网",再到"上云"全面升级;税收征管的效能由"经验管税"转变为"以票控税",最终实现"以数治税"。企业的财务数据将更加透明,税务部门对企业的监管将更加严密。"金税三期"通过以票控税的方式监控,而"金税四期"则通过大数据、人工智能等现代信息技术全面提升了监管水平,实行全方位、全业务、全流程、全智能的监管模式。在目前的情况下,医药企业的特殊性,更需要识别、规避设立阶段的各项税务风险,确保医药企业在设立、筹办初期、商业模式构建和建账建制等方面的合规、合法,做到有效避免税务风险。

第一节 医药企业设立的税务风险管理

一、医药企业组织形式的税收分析

(一)医药企业的组织形式

企业组织形式是指企业存在的形态和类型,最典型的企业组织形式有三种,分别是公司制企业、个人独资企业和合伙企业。无论企业采用何种组织形式,都应具有两种基本的经济权利,即所有权和经营权,它们是企业从事经济运作和财务运作的基础。正确地选择企业组织形式可以更好地帮助企业规避风险、提高效率,并且实现经营目标。

医药企业目前存在的组织形式主要是公司制医药企业,本章主要围绕公司制医药企业的组织形式在设立阶段的税务风险管理分析和控制,杜绝和避免各类税务风险。

1. 公司制医药企业

公司制医药企业是企业法人,有独立的法人财产,享有法人财产权。公司以其全部财产对公司的债务承担责任。医药公司制企业是依照《中华人民共和国公司法》(2023年修订)(以下简称新《公司法》)设立的,分为有限责任公司和股份有限公司,是现代企业制度的主要组织形式。一是有限责任公司,又称有限公司,是指股东以其出资额为限对公司承担责任,公司以其全部财产对公司债务承担责任的企业法人。二是股份有限公司,是指股东以其认购的股份为限对公司承担责任,公司以其全部资产对公司的债务承担责任的企业法人。股份有限公司又分为上市公司和非上市公司两种。

2. 个人独资医药企业

个人独资企业也称业主制企业,这一企业制度的物质载体是小规模的企业组织,是指依照《中华人民共和国个人独资企业法》在中国境内设立,由一个自然人投资,财产为投资人个人所有,投资人以其个人财产对企业债务承担无限责任的经营实体。由个人出资经营的企业,企业主就是企业的出资者,掌握企业的全部业务经营权力,独享企业的全部利润和独自承担所有风险,并对企业的债务负无限责任。它不是法人,全凭企业主的个人资信对外进行业务往来。

在业主制企业中,出资人既是财产的唯一所有者,又是经营者。企业主可以按照自己的意志经营,并独自获得全部经营收益。这种企业形式一般规模小,经营灵活。正是这些优点,使得业主制这一古老的企业制度一直延续至今。但业主制也有其缺陷,如资本来源有限,企业发展受限制;企业主要对企业的全部债务承担无限责任,经营风险大;企业的存在与解散完全取决于企业主,企业存续期限短等。因此,业主制难以适应社会化商品经济发展和企业规模不断扩大的要求。

3. 合伙医药企业

合伙企业，是指自然人、法人和其他组织依照《中华人民共和国合伙企业法》在中国境内设立的普通合伙企业和有限合伙企业。普通合伙企业由普通合伙人组成，合伙人对合伙企业债务承担无限连带责任。本法对普通合伙人承担责任的形式有特别规定的，从其规定。有限合伙企业由普通合伙人和有限合伙人组成，普通合伙人对合伙企业债务承担无限连带责任，有限合伙人以其认缴的出资额为限对合伙企业债务承担责任。

这是一种由两个或两个以上的人共同投资，并分享剩余、共同监督和管理的企业制度。合伙企业的资本由合伙人共同筹集，扩大了资金来源；合伙人共同对企业承担无限责任，可以分散投资风险；合伙人共同管理企业，有助于提高决策能力。但是合伙人在经营决策上也容易产生意见分歧，合伙人之间可能出现偷懒的道德风险。所以合伙制企业一般都局限于较小的合伙范围，以小规模企业居多。

（二）医药企业组织形式的税收分析

1. 公司制医药企业税收政策分析

目前，公司制医药企业主要为医药制造企业和医药经营企业，税收政策涉及我国18个税种的大部分税种及缴纳的费种，主要包括增值税、企业所得税、个人所得税、城市维护建设税及附加、契税、印花税、土地增值税、关税（进口关税和出口关税）、房产税、城镇土地使用税、耕地占用税等。

医药企业的增值税优惠政策主要有：

（1）增值税一般纳税人生产销售和批发、零售罕见病药品，可选择按照简易办法依照3%征收率计算缴纳增值税。上述纳税人选择简易办法计算缴纳增值税后，36个月内不得变更。对进口罕见病药品，减按3%征收进口环节增值税。纳税人应单独核算抗癌药品的销售额。未单独核算的，不得适用简易征收政策。

（2）增值税一般纳税人的药品经营企业销售生物制品，可以选择简易办法按照生物制品销售额和3%的征收率计算缴纳增值税。增值税一般纳税人的药品经营企业销售生物制品，选择简易办法计算缴纳增值税的，36个月内不得变更计税方法。

(3)利用药用植物加工制成的片、丝、块、段等中药饮片属于食用农产品的范围，中成药不属于食用农产品范围。

(4)对国产抗艾滋病病毒药品免征生产环节和流通环节增值税；抗艾滋病病毒药品的生产企业和流通企业应分别核算免税药品和其他货物的销售额；未分别核算的，不得享受增值税免税政策；执行至 2027 年 12 月 31 日。

(5)自 2015 年 1 月 1 日起，药品生产企业销售自产创新药的销售额，为向购买方收取的全部价款和价外费用，其提供给患者后续免费使用的相同创新药，不属于增值税视同销售范围。其中，创新药是指经国家食品药品监督管理部门批准注册、获批前未曾在中国境内外上市销售，通过合成或者半合成方法制得的原料药及其制剂。需要注意的是，药品生产企业免费提供创新药，应提供创新药的实施流程；还应提供第三方(创新药代保管的医院、药品经销单位等)出具免费用药确认证明，以及患者在第三方登记、领取创新药的记录等资料，以备税务机关查验。

2. 个人独资企业和合伙企业个人所得税税收政策

个人独资企业和合伙企业除依法缴纳增值税等税收外，分别依据《中华人民共和国个人独资企业法》《中华人民共和国合伙企业法》及有关税收文件规定，依法缴纳个人所得税或企业所得税。个人独资企业的出资人为自然人，属于非法人组织，无须缴纳企业所得税，按照规定缴纳个人所得税。合伙企业的合伙人以合伙企业的生产经营所得和其他所得，按照合伙协议约定的分配比例确定应纳税所得额，实行"先分后税"的原则。合伙企业以每一个合伙人为纳税义务人，合伙人是自然人的，依法缴纳个人所得税；合伙人是法人和其他组织的，依法缴纳企业所得税。

医药企业是一个特殊行业，目前我国的医药企业多为公司制医药企业。根据《中华人民共和国药品管理法》(以下简称《药品管理法》)和《中华人民共和国药品管理法实施条例》(2024 年修订，以下简称《药品管理法实施条例》)有关规定，医药企业又分为药品生产企业和药品经营企业，药品经营企业包括药品批发企业和药品零售企业。下面就公司制医药生产企业和医药经营企业为主体的两个类型，进行设立、筹办期、不同商业模式和建账建制等税务风险管理分析。

二、医药企业设立时的涉税事项

(一)印花税

医药企业成立公司时,根据新《公司法》的规定,设立为有限责任公司和股份有限公司。

医药企业为有限责任公司的,收到投资者投入的货币资金,应在工商登记手续办理完毕后,需要把出资人的出资先转入临时账户,待公司成立后开立基本存款账户,按投入资本在注册资本中所占的份额,借记"银行存款",贷记"实收资本"科目,按其差额,贷记"资本公积——资本溢价"。

医药企业为股份有限公司的,发行股票收到现金等资产时,按股票面值和核定的股份总额的乘积计算的金额确定股本,按实际收到的金额与该股本之间的差额确认资本公积。借记"银行存款",贷记"股本"科目,按其差额,贷记"资本公积——股本溢价"。

根据《中华人民共和国印花税法》(以下简称《印花税法》,自2022年7月1日起施行)规定,应税营业账簿的计税依据,为账簿记载的实收资本(股本)、资本公积合计金额,税率为万分之二点五。

根据《国家税务总局关于实施〈中华人民共和国印花税法〉等有关事项的公告》(国家税务总局公告2022年第14号)第一条第三款规定,印花税按季、按年或者按次计征。应税合同、产权转移书据印花税可以按季或者按次申报缴纳,应税营业账簿印花税可以按年或者按次申报缴纳,具体纳税期限由各省、自治区、直辖市、计划单列市税务局结合征管实际确定。

医药企业接受投资者以土地使用权出让书据、土地使用权、房屋等建筑物和构筑物所有权转让书据(不包括土地承包经营权和土地经营权转移)、股权转让书据(不包括应缴纳证券交易印花税的)的计税依据为价款的万分之五;商标专用权、著作权、专利权、专有技术使用权转让书据的计税依据为价款的万分之三。

（二）契税

医药企业如果接受出资人的土地使用权等不动产出资，根据《中华人民共和国契税法》（以下简称《契税法》）第二条规定，接受出资的医药企业应当以土地使用权出让、土地使用权转让、房屋买卖、赠与、互换等按照转移土地、房屋权属计算缴纳契税，契税税率为百分之三至百分之五。契税的具体适用税率，由省、自治区、直辖市人民政府在前款规定的税率幅度内提出，报同级人民代表大会常务委员会决定，并报全国人民代表大会常务委员会和国务院备案。

（三）增值税

医药企业如果接受出资人的存货、无形资产、不动产等投资入股，按照增值税有关规定取得增值税专用发票，可以抵扣进项税额。

（四）不同出资方式的税务风险分析

医药企业的具体出资方式与涉税分析情况见表2—1。

表2—1　　　　　　　　　　不同出资方式涉税分析

出资方式	出资方涉及税种		接受出资涉及税种
货币	印花税		印花税
房产	企业所得税	土地增值税	印花税
	增值税	印花税	契税
固定资产	企业所得税	增值税	印花税
	印花税	城市维护建设税及附加	
存货	企业所得税	增值税	印花税
		城市维护建设税及附加	
	增值税	印花税	
知识产权	企业所得税	增值税	印花税
	印花税	城市维护建设税及附加	
股权	企业所得税	印花税	印花税
债券	企业所得税	印花税	企业所得税、印花税
债转股	企业所得税	印花税	企业所得税、印花税

三、医药企业设立时的涉税风险分析

(一)未按照规定办理税务登记的风险分析

(1)《税务登记管理办法》第四十条、第四十一条和第四十二条规定,纳税人不办理税务登记的,税务机关应当自发现之日起3日内责令其限期改正;逾期不改正的,依照《税收征管法》第六十条第一款的规定处罚。纳税人通过提供虚假的证明资料等手段,骗取税务登记证的,处二千元以下的罚款;情节严重的,处二千元以上一万元以下的罚款。纳税人涉嫌其他违法行为的,按有关法律、行政法规的规定处理。扣缴义务人未按照规定办理扣缴税款登记的,税务机关应当自发现之日起3日内责令其限期改正,并可处以一千元以下的罚款。

(2)《税收征管法》第六十条规定,纳税人未按照规定的期限申报办理税务登记、变更或者注销登记的,由税务机关责令限期改正,可以处二千元以下的罚款;情节严重的,处二千元以上一万元以下的罚款。纳税人不办理税务登记的,由税务机关责令限期改正;逾期不改正的,经税务机关提请,由工商行政管理机关吊销其营业执照。

纳税人未按照规定使用税务登记证件,或者转借、涂改、损毁、买卖、伪造税务登记证件的,处二千元以上一万元以下的罚款;情节严重的,处一万元以上五万元以下的罚款。

(3)《税收征管法》第三十七条规定,对未按照规定办理税务登记的从事生产、经营的纳税人以及临时从事经营的纳税人,由税务机关核定其应纳税额,责令缴纳;不缴纳的,税务机关可以扣押其价值相当于应纳税款的商品、货物。扣押后缴纳应纳税款的,税务机关必须立即解除扣押,并归还所扣押的商品、货物;扣押后仍不缴纳应纳税款的,经县以上税务局(分局)局长批准,依法拍卖或者变卖所扣押的商品、货物,以拍卖或者变卖所得抵缴税款。

(二)未建立账簿的风险分析

《税收征管法》第六十条规定,纳税人未按照规定设置、保管账簿或者保管记账

凭证和有关资料的,未按照规定将财务、会计制度或者财务、会计处理办法和会计核算软件报送税务机关备查的,由税务机关责令限期改正,可以处二千元以下的罚款;情节严重的,处二千元以上一万元以下的罚款。

(三)未按照规定报告银行账户的风险分析

《税收征管法》第六十条规定,纳税人未按照规定将其全部银行账号向税务机关报告的,由税务机关责令限期改正,可以处二千元以下的罚款;情节严重的,处二千元以上一万元以下的罚款。

(四)分支机构设立的税务分析

子公司与分公司是现代大公司企业经营组织的重要形式,新《公司法》第十三条规定,公司可以设立子公司。子公司具有法人资格,依法独立承担民事责任。公司可以设立分公司。分公司不具有法人资格,其民事责任由公司承担。

在市场竞争日趋激烈的形势下,一切合法的有利于提高企业经济效益的措施均是企业考虑的重点,选择有利于纳税优惠的组织形式,正是达到这一目标的重要途径之一。子公司和分公司的税收利益存在较大差异,公司企业在选择组织形式时应仔细比较、统筹考虑、正确筹划。

税法规定,公司的下属分支机构缴纳企业所得税有两种形式:一是独立申报纳税;二是合并到总公司汇总纳税。而采用哪种形式缴税则取决于公司下属分支机构的性质——是否为企业所得税独立的纳税义务人。

需要注意的是,由于分公司不是独立法人,它实现的盈亏要同总公司合税,而子公司是独立法人,母、子公司应分别纳税,而且子公司只有在税后才能按占有的股份进行利润分配;跨地区的开发项目的税收管辖权,除企业所得税外均在当地。具体到组织形式的选择,重点应考虑以下因素:

(1)一般情况下,分支机构设立初期,因为只有支出没有收入,容易发生经营亏损,如果此时设立的是分公司,能够与总公司"合并报表",由总公司汇总缴纳企业所得税,可以合理减轻总公司企业所得税负担。经过两三年的经营,分公司开始转亏为盈时,再把分公司变更注册为子公司,这样可以降低分支机构对总机构的法律影响。

（2）如果预知分支机构在设立后能够很快取得收入并实现盈利，那么设立子公司较为合适。一是子公司作为独立法人经营，较为便利，在子公司盈利的情况下，可享受到当地政府提供的各种税收优惠和财政返还；二是母公司收到子公司的利润分配可享受所得税免税待遇。

（3）总机构享有税收优惠的，设立分公司也可以享受总机构的税收优惠；分支机构所在区域享有税收优惠的，可考虑设立子公司享受税收优惠。除了在开办初期要对分支机构的组织形式精心选择外，在企业的经营、运作过程中，随着整个集团或下属企业的业务发展，盈亏情况的变化，总公司仍有必要通过资产的转移、兼并等方式，对下属分支机构进行调整，以获得更多的税收利益。

子公司与分公司的区别见表2—2。

表2—2　　　　　　　　　　　　　子公司与分公司的对比分析

	子公司	分公司
法律地位	有独立法人资格，以独立的财产、独立的名义从事经营活动，独立承担责任	无独立法人资格，与总公司在法律上为一体
涉诉风险	有诉讼主体资格，一旦涉入债权债务纠纷（如成为债务人），则独立承担法律责任，与母公司并无关联。母公司涉诉风险较小	虽有诉讼主体资格，但其财产不足以偿付债务时，总公司必须承担偿付责任。总公司涉诉的风险较大
设立方式	成立一个新的公司，在公司名称预审核、出资验资、办理工商税务登记等方面严格	属于设立分支机构，在公司名称、办理税务登记等方面程序较为简便，设立成本较低
股权结构	在控股子公司的形式下，可以采用员工持股方式，能够吸收其他社会资金	与总公司相同，原结构不会发生改变，无员工持股激励之效
管控方式	通过子公司股东大会管理；通过子公司董事会管理；通过母公司董事会管理；业绩指导与考核；向子公司派遣高层管理人员。适合经营领域跨度较大的业务	授权控制；预算管理；会计核算；审计监督。适合经营同类业务或者强相关业务
业务权限	无须任何授权，业务权限较大，独立性强、自主性高	只能在总公司的业务授权范围内经营，容易出现无权代理、表见代理等法律风险

续表

	子公司	分公司
财务管理	独立财务核算机构；编制资产负债表、利润表、现金流量表。成本相对较高	无对外的独立财务核算机构；可以在内部编制各类财务报表，但对外由总公司统一核算。成本相对较低
税收成本	是一个独立税务核算单位，负担完全的居民企业赋税。税收成本较高，但可享受递延纳税之惠	以总公司为单位，一并进行税务申报核算，不涉及资产所有权的变动，故分公司税负成本较低

四、医药企业设立的涉税风险控制

（一）风险表现

(1)企业账务不健全、财务体系不完善。

(2)企业财务人员水平有限，财务核算不到位。

(3)企业接受不同出资方式，涉及印花税、契税、企业所得税等风险。

（二）控制措施

(1)财务管理是医药企业管理中重要的组成部分，是整个医药企业管理的核心所在，为推动企业自身发展壮大提供了强有力的保障。

(2)建立健全医药企业会计核算体系，根据职责分工，培养高水平的财务、会计人员，不断提升业务水平。

(3)加强企业财会人员的税收法律法规等政策的学习，做到合规合法经营，避免税务风险。

第二节 医药企业筹办期间的税务风险管理

一、医药企业筹办期间的涉税事项

（一）筹建期的确定

筹建期：企业在取得营业执照后，尚未正式开展生产经营活动的阶段。此阶段的费用通常作为开办费处理，可以在开始经营之日的当年一次性扣除，也可以按照长期待摊费用的处理规定处理。

经营期：企业开始正式生产经营活动（包括试生产、试营业）的阶段，自企业各项资产投入使用或对外经营活动开始之日起计算。

新办企业认定：以工商营业执照登记日期为准，同时需满足出资比例等条件。

在企业筹建期间，还需要对筹建期内所发生的费用进行界定和核算，以确保会计记录和企业经营状况的真实性和合法性，更重要的是避免涉税风险。

（二）开办费

开办费是指企业在批准筹建之日起，到开始生产、经营（包括试生产、试营业）之日止的期间（即筹建期间）发生的费用支出。

1. 执行《企业会计制度》的企业

《企业会计制度》中的开办费是指在企业批准筹建之日起至开始生产、经营（包括试生产、试营业）之日止期间发生的费用支出。这些费用包括筹建期人员工资、办公费、培训费、差旅费、印刷费、注册登记费以及不计入固定资产和无形资产购建成本的汇兑损益和利息支出。先在"长期待摊费用"中归集，待企业开始生产经营当月起一次计入开始生产经营当月的损益。

2. 执行《企业会计准则》和《小企业会计准则》的企业

开办费不再通过"长期待摊费用"核算，而直接计入管理费用。《企业会计准则——应用指南》中对管理费用科目会计处理规定，企业在筹建期间发生的开办费，包括筹建人员工资（含保险、初始生产经营当月起一次计入开始生产经营当月的损益、福利费等）、筹建机构办公费（含通信费、会议费）、差旅费（含市内交通费）、培训费、印刷费、咨询费、可行性研究费、注册登记费、开业典礼费以及不计入固定资产成本的借款费用等在实际发生时，借记"管理费用（开办费）"科目，贷记"银行存款"等科目。发生的业务招待费，借记"管理费用（业务招待费）"科目，贷记"银行存款"等科目。可见，开办费与业务招待费为"管理费用"的两个不同明细科目，筹建期间发生的业务招待费不属于开办费范畴，应在"管理费用（业务招待费）"科目列支。

(三)不属于筹建期的费用

企业发生的下列费用,不得计入筹建费用:

(1)取得各项资产所发生的费用,包括为购建固定资产和无形资产而支付的运输费、安装费、保险费和购建时所发生的相关人工费用等。

(2)规定应由投资者各方负担的费用,如投资各方为了筹建企业调查、洽谈发生的差旅费、咨询费、招待费等支出。

(3)筹建期应计入固定资产和无形资产价值的汇兑损益和利息支出等。

二、医药企业筹办期间的涉税风险分析

医药企业作为一种特殊的行业,筹办期时间较长,发生的业务较复杂,因此正确区分筹建期费用和经营期费用,避免涉税风险尤为重要。医药企业的筹办期风险,既包括办理工商营业执照之前涉税风险,又包括办理税务登记之前涉税风险,主要包括增值税风险和企业所得税风险。

(一)企业筹建期间未认定或登记为一般纳税人的增值税风险分析

根据《国家税务总局关于纳税人认定或登记为一般纳税人前进项税额抵扣问题的公告》(国家税务总局公告2015年第59号)的规定,纳税人在办理税务登记至认定或登记为一般纳税人期间,如果未取得生产经营收入,且未按照销售额和征收率简易计算应纳税额申报缴纳增值税,其在此期间取得的增值税扣税凭证,可以在认定或登记为一般纳税人后抵扣进项税额。

新设立的企业,从办理税务登记,到开始生产经营,往往要经过一定的筹建期,进行基础建设、购买办公和生产设备、建账建制、招聘员工、联系进销渠道等。在此期间,企业也会取得一定数量的增值税扣税凭证。有些情况下,企业在筹建期间未能及时认定为一般纳税人,在税务机关的征管系统中存在一段时期的小规模纳税人状态,但在此期间并未开展生产经营取得收入,并且未按照简易方法缴纳过增值税的纳税人。

《国家税务总局关于调整增值税一般纳税人管理有关事项的公告》(国家税务总

局公告 2015 年第 18 号)规定,纳税人自其选择的一般纳税人资格生效之日起,按照增值税一般计税方法计算应纳税额,并按照规定领用增值税专用发票。同时,国家税务总局公告 2015 年第 18 号公告附件《增值税一般纳税人资格登记表》中的"一般纳税人资格生效之日"有两种选择,一是当月 1 日生效,二是次月 1 日生效。显然,选择不同,企业的纳税情况也随之不同。

案例 3

某医药企业,2024 年 1 月办理税务登记,为小规模纳税人,1—8 月为筹建期,建设厂房取得建筑业服务增值税专用发票一张,金额为 1 000 万元,税额为 90 万元,9 月 1 日开始生产经营,10 月取得销售收入 100 万元(不含税),申报缴纳增值税 3 万元。2025 年 1 月 1 日,认定为增值税一般纳税人,该医药企业建设厂房取得的增值税专用发票能否抵扣?

税务处理分析:不能抵扣。根据《国家税务总局关于纳税人认定或登记为一般纳税人前进项税额抵扣问题的公告》(国家税务总局公告 2015 年第 59 号)的规定,该医药企业未认定增值税一般纳税人前,已经按照小规模纳税人申报缴纳增值税,在认定为增值税一般纳税人后,建设厂房取得的增值税专用发票的进项税额不能抵扣。如果该医药企业在 2024 年小规模纳税人期间未取得生产经营收入,且未按照销售额和征收率简易计算应纳税额申报缴纳增值税,其在此期间取得的增值税扣税凭证,可以在 2025 年 1 月认定或登记为一般纳税人后抵扣进项税额。

(二)企业筹建期间试运行收入增值税、企业所得税的风险分析

《企业会计准则》规定,工程达到预定可使用状态前因试运转所发生的净支出,计入工程成本。企业在建工程项目达到预定可使用状态前所取得的试运转过程中形成的、能够对外销售的产品,其发生的成本,计入在建工程成本,销售时按实际销售收入冲减工程成本。

税务处理分析:税法规定,在建工程试运行过程中产生的销售商品收入,应作为销售商品,计征增值税和消费税,试运行收入应并入总收入计征企业所得税,不能直接冲减在建工程成本。在建工程试运行的收入可以作为广告费、业务招待费的计提基数。

会计处理是按会计的规定冲减在建工程成本,但是在计算所得税时按税法的规定确认收入,这里属于税会差异,属于调表不调账的情形,允许税前扣除的折旧按照税法的规定执行。

案例 4

某制药企业,2024年度在建工程成本100万元,试运行取得收入10万元(不含税),发生成本5万元,该医药为增值税一般纳税人。

税务处理分析:

1. 增值税分析:计算增值税销项税额＝10×13％＝1.3(万元)。

2. 企业所得税分析:在计算企业所得税时,应调增收入10万元,冲减工程成本5万元(10－5),调增应纳税所得额5万元。

(三)开办(筹办)费税前扣除的风险分析

《国家税务总局关于企业所得税若干税务事项衔接问题的通知》(国税函〔2009〕98号)规定,新税法中开(筹)办费未明确列作长期待摊费用,企业可以在开始经营之日的当年一次性扣除,也可按照新税法有关长期待摊费用的处理规定处理,一经选定,不得改变。开办费在开始经营之前不是税前扣除项目,税前扣除的扣除日期为开始经营之后的当年,开始经营之前的年份不能税前扣除,只能归集。具体又分为以下三种情况:

1. 当年仅为单纯的筹建期的情况

选择适用企业会计准则和小企业准则的企业在财务报表上必然是要体现损益

的;而税务方面,根据国税发〔2009〕79 号、国税函〔2010〕79 号的规定,企业筹建期间是不计算当期损益的。企业税务登记后,必然会在税务管理系统要求按时申报并汇算企业所得税。企业应该按时申报,但是不能按照财务报表直接申报,而要调整财务报表中"管理费用"等开办费:"账载金额"按财务报表数填列,"税收金额"全部调整为 0。

如果选择适用的是企业会计制度,发生的开办费计入"长期待摊费用",如果财务报表没有体现损益,当年企业所得税直接全部按 0 申报即可。

2. 企业已经进入单纯经营年度了,但又涉及前期的开办费的情况

企业在以前年度已经进入经营年度了,但是基于各种考虑企业可能选择了分期摊销的税务处理办法(比如担心前期有较大亏损在 5 年内不能有效弥补)。企业会计制度的会计处理办法要求在企业投入生产经营当月一次性将开办费的"长期待摊费用"转入"管理费用",而其他两个会计准则均要求在发生时就计入损益。因此,无论选择什么会计处理办法,此时都会涉及纳税调整,而不会涉及"长期待摊费用"的摊销。由于会计上前期均进入了损益,因此此时税务上都应调增相关费用。金额按税法规定的不得低于 3 年计算得出。

3. 企业当年既有筹建期,又有经营期的情况

如果出现这种情况,根据国税函〔2010〕79 号的规定,当年是要计算为税务上的损益年度的,但是可以划分为筹建和经营两个时间段,然后按照国税函〔2009〕98 号第九条规定执行,也就是说企业还是存在选择的问题,要么一次性,要么按照不低于 3 年摊销。此时只要按照这两种方式处理即可。

(四)企业筹建期间开办费计入当期亏损的风险分析

《国家税务总局关于贯彻落实企业所得税法若干税收问题的通知》(国税函〔2010〕79 号)明确,企业自开始生产经营的年度,为开始计算企业损益的年度。企业从事生产经营之前筹建活动期间发生筹建费用支出,不得计算为当期的亏损,应按照国税函〔2009〕98 号文件第九条规定执行。所以,该企业从事生产经营之前筹建活动期间发生筹建费用支出,不得计算为当期的亏损。这里"企业自开始生产经

营的年度",应是指企业的各项资产投入使用开始的年度,或者对外经营活动开始的年度。

根据亏损弥补原则:先亏先补,从亏损次年连续计算补亏年度,最长补亏年度不超过 5 年,超过 5 年仍未弥补完的税前不再予以弥补。企业从事生产经营之前筹办活动期间发生筹办费用支出,不得计算为当期的亏损,这条税务规定,能合理延后亏损可弥补时间。

企业可以在开始经营之日的当年一次性扣除,也可以按照新税法有关长期待摊费用的处理规定,自支出发生月份的次月起,分期摊销,摊销年限不得低于 3 年。但一经选定,不得改变。

由于企业筹办期间发生的支出,不得计算为当期的亏损,采取直接一次性扣除的账务处理方法,需要在汇算清缴(企业所得税年报)时做纳税调增处理。

但是,根据《国家税务总局关于印发〈企业所得税汇算清缴管理办法〉的通知》(国税发〔2009〕79 号)第三条规定,凡在纳税年度内从事生产、经营(包括试生产、试经营),或在纳税年度中间终止经营活动的纳税人,无论是否在减税、免税期间,也无论盈利或亏损,均应按照《企业所得税法》及其实施条例和本办法的有关规定汇算清缴企业所得税。

案例 5

某医药制造企业适用《企业会计准则》,2024 年 1 月开始筹建,到了 2024 年 12 月还处于筹建期,该医药企业在 2024 年发生的筹办费用在"管理费用——开办费"列支 100 万元,"利润表"反映利润总额为 -100 万元。

税务处理分析:2025 年汇算清缴时,该医药企业 100 万元的开办费,不能税前扣除,应做纳税调增处理。在调整后的应纳所得额为 0,所以在调整后,就刚好对上了所说的筹办期间不计入亏损的这一规定。

（五）企业筹建期间业务招待费税前扣除的风险分析

按照《关于企业所得税应纳税所得额若干税务处理问题的公告》（国家税务总局公告2012年第15号）第五条规定，企业在筹建期间，发生的与筹办活动有关的业务招待费支出，可按实际发生额的60%计入企业筹办费，并按有关规定在税前扣除；发生的广告费和业务宣传费，可按实际发生额计入企业筹办费，并按有关规定在税前扣除。按照《国家税务总局关于企业所得税若干税务事项衔接问题的通知》（国税函〔2009〕98号）第九条规定的筹办费税务处理办法进行税前扣除。

案例 6

某公司2023年为筹办期，2025年正式经营。2023年发生资本化支出5 000万元，分别计入无形资产、固定资产、在建工程；发生非资本化支出350万元，其中业务招待费40万元，分别计入管理费用——开办费的明细科目。2023年处置物料收入100万元，计入营业外收入；则2024年会计利润为－250万元。假如2024年产生收入10 000万元，成本费用8 000万元，其中业务招待费60万元，会计税前利润2 000万元，假如没有其他差异项目。

税务处理分析：

1.2023年度税会差异分析

(1)业务招待费，税前扣除限额为24万元（40×60%），所以应该调增16万元。

(2)会计利润为亏损250万元，而所得税不予计算。对业务招待费调增后，应纳税所得额－234万元（－250+16）应全额调增。所以企业所得税汇缴进行零申报。

(3)对调增的234万元和24万元业务招待费，进行备查记录，因为它们会影响2024年的所得税。

2.2024年度税会差异分析

(1)业务招待费扣除限额：60×60%＝36万元，扣除限额为36万元，应调增24万元（60－36）。2023、2024年合计业务招待费＝24＋36＝60万元。2023、2024年招待费限额=10 000×0.5‰=50 万元。

(2)2024 年业务招待费应再调增 10 万元,合计调增 34 万元。同时还应对 2023 年纳税调整进行反向调减 234 万元。这样 2024 年应纳税所得额为 1 800 万元(2 000+34-234)。

(六)企业筹建期间广告费和业务宣传费税前扣除的风险分析

《关于企业所得税应纳税所得额若干税务处理问题的公告》(国家税务总局公告 2012 年第 15 号)第五条规定,企业在筹建期间发生的广告费和业务宣传费,可按实际发生额计入企业筹办费,并按有关规定在税前扣除。按照《国家税务总局关于企业所得税若干税务事项衔接问题的通知》(国税函〔2009〕98 号)第九条规定的筹办费税务处理办法进行税前扣除。

三、医药企业筹办期间的税收风险控制

医药企业的筹建期,涉及各方面的业务,主要任务包括进行工商注册和税务登记、厂房建设、设备采购、药品前期的研发等,涉及增值税、企业所得税、个人所得税、环境保护税、印花税、契税、耕地占用税和房产税等税费,因此,需制定一套完善的系统管理策略,加强税收风险控制。

(一)医药企业筹办期间涉税事项的系统管理

医药企业筹办期间涉税事项管理是一项复杂的系统工程,处于企业生产运行的前端,企业财务人员需要系统地梳理筹办期涉及的各个税种,分析可能的风险点,建立一套完整的筹办期财务和税收管理系统,并结合医药行业的特殊性,给出全面的控制措施,同时兼顾合规和优化。

1. 主体登记与税种认定

(1)工商注册与税务登记。确保经营范围、注册地址等信息与后续实际业务一致(如药品生产/销售资质),取得营业执照后 30 日内完成税务登记。

(2)税种核定。医药企业可能涉及不同税率的增值税、企业所得税、印花税、环

保税(如涉及污染处理)等,需准确核定。

2. 一般纳税人资格

确认增值税纳税人类型,若筹办期采购大型设备,应尽早申请一般纳税人以抵扣进项税额。

3. 筹办期间的税务处理

(1)开办费处理。会计上可一次性计入费用,但税法允许按不低于3年在企业所得税前扣除,需注意税金差异。

(2)资本性支出。设备采购、厂房建设等需资本化,会计折旧年限与税法要求的折旧年限可能存在差异,注意纳税调整问题。

(3)研发费用。若筹办期已启动药品研发,需单独归集费用,为后续加计扣除留存依据。

(4)增值税进项税额管理。筹建期无销项税;采购设备、接受服务的进项税可以抵扣,需在税务系统确认"筹建期"状态,避免出现无法抵扣税务争议。如采购用于研发的仪器,需注意兼营免税项目时的进项税分摊问题。

(5)跨境支付管理。进口设备或支付境外技术服务费时,需代扣代缴增值税及预提所得税。

(6)环保与安全生产投入管理。环保设备投资可按10%抵减企业所得税,安全生产专用设备亦有类似优惠,需在采购时确认目录范围。

(7)发放工资管理。做好工人工资的个税申报系统管理,做好个人所得税的预扣代缴等。

(二)做好筹办期各业务流程有效衔接

(1)做好医药企业的工程设计、招投标、施工阶段价格、质量、安全、工期、款项支付等流程控制。严格工程设计变更流程,避免施工过程中设计变更频繁,增加造价和投资;工程按阶段付款手续是否符合相关法规、制度和合同的规定,避免总投资超过预算范围。

(2)规范合同签订内容,在合同中清楚表述货物销售价格、合同经营方式的确定以及货款结算方式。区分含税价格与不含税价格、离岸价与到岸价、出厂价与目的地价等对企业税收成本的影响;从税收角度分析折扣销售、买一赠一、返还利润等经营方式;以及现销、赊销、分期收款等结算方式的利弊。

(3)规范账务核算,财务人员与各业务环节的人员要进行整套业务流的有效衔接,做到业务熟悉、财务核算严谨,做到财务和税收的合规合法。

(三)做好筹办期各环节人员培训

建议医药企业设立风险防控工作领导小组,由财务部、工程部、综合办公室、营销部、人事部、研发部等部门抽调人员组成,负责涉税分析、合同签订、票据结算等工作。加强各环节人员的税收政策培训,做到人人懂税收政策,在办理业务时避免不懂税法造成的各种税收风险。

第三节 医药企业不同商业模式的税务风险管理

药品从原材料到成型,再到患者手中,这是一个复杂过程,涉及医药制造和医药流通两大领域。医药制造这个过程包含药材种植、原材料加工、早期研发、临床前研究、临床研究、医药研发企业、医药生产企业,同时还需要药品研究所、医药研发企业、CRO 企业、CMO 企业以及 CSO 企业提供支持服务等。医药流通是药品批量生产后,从药企到用药群体的过程,涉及医药商业、医药营销、医药服务三大环节。作为药品从药企流向市场的关键阶段,医药流通的整个过程包含药品运输、药品监管、分销、流通渠道、市场营销、医生服务、行医问诊、用药咨询、用药管理等诸多步骤,涉及主体包括各级经销商、平台类企业、医院、医生、各类药店、医药电商及最终用药全体。

本节主要就医药生产企业和医药经营企业的不同商业模式类型及涉税事项进行风险分析,做到有效的税务风险控制,避免各类税收风险,实现医药企业的利益最大化。

一、医药企业不同商业模式分析

医药企业从原材料的供应,到药品生产企业的生产,销售给医疗机构、药品批发企业和药品零售企业,各环节又通过第三方物流企业提供服务等,我国医药产业商业模式是一个复杂、综合的产业链商业运作模式。根据最新的行业分析和研究,医药企业目前最主流的商业模式主要包括以下几种:

(1)研发驱动型商业模式。以新药研发为核心,企业投入大量资金和技术力量,开展创新药物的研发。这种模式的优势在于能够形成技术壁垒,提升产品附加值和市场竞争力,但同时也面临研发周期长、风险高、投入大的挑战。

(2)仿制药转型商业模式。在仿制药市场占据较大份额的背景下,部分企业通过提升仿制药质量、优化生产工艺等方式,向高端仿制药市场转型。这种模式注重质量控制和成本控制,通过提高生产效率和降低成本来提升竞争力。

(3)医药流通商业模式。医药流通是连接上游医药生产企业和下游终端消费者的重要环节。主要模式包括:①医药批发模式。通过采购药品并销售给医疗机构或零售药店,主要盈利来源为购销差价和分销返利。②医药零售模式。包括单体药店、连锁药店及网络药店,以 OTC 药品为主,营利性优于批发模式。③DTP 药房模式。以患者为中心,提供药品销售及增值服务,连接医院、患者和药企。④医药电商模式。通过互联网平台实现药品的采购、存储和配送,具有成本低、效率高的特点。

(4)合作研发与创新商业模式。企业通过与高校、科研机构或其他企业合作,共同开展新药研发或技术转让,降低研发成本和风险,同时借助合作伙伴的技术和资源优势。

(5)国际化与出海商业模式。部分龙头企业通过国际化战略拓展海外市场,包括创新药的国际合作与海外授权,以及医疗器械的技术输出和市场拓展。

(6)新兴技术驱动模式。随着科技的进步,基于大数据、人工智能的精准医疗、远程医疗等新模式逐渐兴起,为医药行业带来新的发展机遇。

在这些商业模式中,研发驱动型、仿制药转型、医药流通商业模式是当前医药行业的核心商业模式,而国际化、合作研发和新兴技术驱动模式则代表了行业未来的发展趋势。

二、医药企业不同商业模式的涉税事项风险分析

"两票制"实施后,国家纠正医药购销领域和医疗服务中不正之风的力度不断加大,监管广度不断拓展,监管深度不断加强,多部门联合执法下的情报交换、数据共享、联合惩戒也将成为趋势。无论是医药生产企业还是医药批发、零售企业,涉税事项都要重视税务风险,账外经营不计收入、虚开增值税专用发票和普通发票、取得虚开的增值税专用发票和普通发票抵扣进项税额、成立"空壳公司"虚开各类费用发票等违法行为都可能给企业带来生存危机。

(一)研发驱动型商业模式涉税风险

(1)研发费用加计扣除风险。企业可能因研发费用的归集不准确、研发项目不符合规定,导致研发费用加计扣除不合规。

(2)关联交易定价风险。在与关联方开展研发合作或技术转让时,转让定价不合理,可能面临税务机关的转让定价调整风险。

(二)仿制药转型商业模式

(1)成本核算风险。仿制药企业可能因生产工艺优化或成本控制措施不到位,导致成本核算不准确,影响企业所得税的准确申报。

(2)增值税风险。部分仿制药可能涉及简易计税政策,企业可能因适用范围把握不清或未单独核算相关产品,导致增值税政策执行错误。

(三)医药流通商业模式

(1)增值税简易计税风险。流通企业可能因对抗癌药、罕见病药等适用简易计税政策的药品范围把握不清,或未及时更新药品目录,导致政策适用错误。

(2)进项税额转出风险。企业经营的商品既涉及一般计税商品,也涉及简易计税及免税商品,但未合理转出进项税额,会导致税务风险。

(3)预付账款及存货风险。预付账款余额异常变化或存货长期挂账,可能涉及

未及时确认收入等问题,引发税务机关的关注。

(4)营销费用风险。营销费用支出种类繁多且金额庞大,若缺乏真实业务支持或发票不合规,可能影响税前扣除。

(四)合作研发商业模式

(1)技术转让风险。在技术授权或转让过程中,企业可能因合同条款不明确或定价不合理,导致税务风险。

(2)研发费用分摊风险。合作研发项目中,研发费用的分摊和归集可能不符合税法规定,影响研发费用加计扣除。

(五)国际化与出海商业模式

(1)转让定价风险。企业与海外关联企业之间的交易定价不合理,可能面临转让定价调整风险。

(2)跨境税收政策风险。企业可能因对国际税收政策理解不足,导致在跨境交易中未充分享受税收优惠或出现税务合规问题。

(六)新兴技术驱动商业模式

(1)政策适用风险。新兴技术驱动的企业可能因政策更新较快,对相关税收优惠政策的适用范围和条件把握不清,导致政策适用错误。

(2)研发费用归集风险。大数据、AI等新兴技术研发费用的归集和核算复杂,可能影响研发费用加计扣除。

三、医药企业不同商业模式税务风险控制

医药企业的商业模式多样且复杂,不同模式下的税务风险点及控制策略存在显著差异。下面就不同商业模式的税务风险控制进行概括的介绍。

(一)研发驱动型商业模式税务风险控制

(1)研发费用加计扣除风险防控。严格区分研发费用与日常运营费用,确保研发费用归集的准确性。定期对研发项目进行合规性评估,确保符合国家政策要求。建立研发费用台账,详细记录研发项目的时间、人员、资金投入等信息。

(2)关联交易定价风险防控。制定合理的转让定价政策,确保关联交易定价符合独立交易原则。定期与税务机关沟通,确保关联交易的合规性。

(二)仿制药转型商业模式税务风险控制

(1)成本核算风险防控。优化生产工艺,确保成本核算的准确性。建立成本监控体系,定期分析成本变化情况。

(2)增值税风险防控。准确把握简易计税政策的适用范围,确保符合政策要求。单独核算适用简易计税政策的产品,避免政策适用错误。

(三)医药流通商业模式税务风险控制

(1)增值税简易计税风险防控。建立药品目录管理台账,及时更新适用简易计税政策的药品范围。单独核算抗癌药、罕见病药等适用简易计税政策的产品。

(2)进项税额转出风险防控。按照简易计税商品销售额与全部销售额的占比,合理计算进项税额转出。利用信息化手段,实现进项税额的精准管控。

(3)预付账款及存货风险防控。监控预付账款和存货的金额及期限变化,避免异常波动。定期对存货进行盘点,确保账实相符。

(4)营销费用风险防控。建立完善的营销费用审批和报销制度,确保费用支出的真实性。保留完整的营销活动支持性证据,避免费用扣除风险。

(四)新兴技术驱动商业模式税务风险控制

(1)政策适用风险防控。关注国家对新兴技术的税收优惠政策,确保正确适用。定期与税务机关沟通,获取政策解读和指导。

(2)研发费用归集风险防控。建立研发费用归集制度,确保研发费用核算的准确性。对研发项目进行全流程监控,确保研发费用符合加计扣除要求。

(五)国际化与出海商业模式税务风险控制

(1)转让定价风险防控。制定合理的转让定价策略,确保跨境交易定价符合独立交易原则。定期进行转让定价审计,确保合规性。

(2)跨境税收政策风险防控。关注国际税收政策变化,合理利用税收协定。建立跨境税务筹划机制,优化税务安排。

(六)合作研发商业模式税务风险控制

(1)技术转让风险防控。明确技术转让合同条款,确保交易定价合理。定期评估技术转让的税务影响,确保合规。

(2)研发费用分摊风险防控。建立研发费用分摊机制,确保费用归集符合税法要求。定期对合作研发项目进行审计,确保费用分摊的合理性。

第三章　医药企业采购业务的税务风险管理

第一节　供应商选择与合同管理

一、供应商选择

医药行业的供应商选择对于确保药品生产的稳定性和产品质量的合规性是至关重要的。根据相关法律法规要求，医药企业从供应商采购的原料、辅料及药品包装材料必须符合国家规定的质量标准。由于医药行业的特殊性，供应商的选择与管理需要具有高度的合规性、可靠性和灵活性，这一方面能够规避和降低产品质量风险问题，另一方面能降低医药企业整体税负率以及涉税违法风险问题。

医药企业需根据实际采购场景，通过量化分析如增值税税负率、综合成本在一般纳税人供应商和小规模供应商间权衡。通常一般纳税人供应商较小规模纳税人的财务更规范，合作稳定性更高。一般而言，一般纳税人供应商更适合大宗、高附加值采购，而小规模供应商可能在小额、低价采购中具备优势，小规模供应商的报价需足够低以弥补税负劣势，但无论如何选择都需确保税务合规性。医药企业需综合测算采购价格、可抵扣进项税、所得税成本，同时要结合企业资质、信用、规模等综合考量选择供应商类型。一般纳税人供应商和小规模纳税人供应商对医药企业税负的影响主要体现在增值税和企业所得税两个方面，具体如下：

(一)增值税影响

若医药企业为一般纳税人，从一般纳税人供应商采购商品，一般可取得13%(货物)或6%(服务)的增值税专用发票，进项税额可全额抵扣销项税额，直接降低增值税税负；小规模纳税人供应商通常开具3%的增值税普通发票或放弃优惠开专票，取得3%的专票仅能按3%抵扣，税负节省有限；若取得普票则无法抵扣。

如一般纳税人医药企业从一般纳税人供应商处采购100万元药品原料（税率13%），可抵扣进项税13万元，实际成本87万元。而从小规模纳税人处采购同等价值原料取得3%增值税专用发票，可抵扣进项税3万元，实际成本97万元，相比一般纳税人供应商，增值税多缴10万元。

一般纳税人供应商通常报价较高，但可抵扣进项税，小规模供应商可能报价更低，但需测算价格优惠能否覆盖无法全额抵扣的损失。小规模纳税人还可能享受阶段性优惠政策，如税率3%减按1%征收，企业需关注政策时效性。另外医药行业特殊政策，如创新药税收优惠也会影响整体税负结构。

案例 7

甲医药企业需要采购一批货物，现有2个供应商可供选择：

(1)选择乙公司，乙公司为增值税一般纳税人，可以向甲医药企业开具税率为13%的增值税专用发票；

(2)选择丙公司，丙公司为小规模纳税人，仅可以向甲医药企业开具税率为3%的增值税专用发票。

甲医药企业该如何选择？

对于增值税一般纳税人而言，选择采购对象对其缴纳的增值税税负有直接影响。在同等条件下，由于增值税一般纳税人可提供税率为13%的专用发票，小规模纳税人仅能提供税率为3%的专用发票，二者税率相差高达10%，因此，在通常情况下，医药企业采购货物一般应选择一般纳税人，以此可以取得增值税税率为13%的增值税专用发票。但是，医药企业也可以选择小规模纳税人，通过谈判压低价格，以补偿无法取得增值税专用发票带来的损失，尤其是医药企业采用简易计税方式缴纳增值税更为有利。

案例 8

甲医药生产企业为增值税一般纳税人，因生产经营需要，甲医药生产企业现需要购买一批生产原料，现有合作意向方乙公司与丙公司。经了解乙公司为增值税一般纳税人，丙公司为小规模纳税人，那么，从增值税税负率角度考虑，甲医药生产企业该如何选择合作方？

涉税事项解析：

乙公司为增值税一般纳税人，适用增值税税率为13%，即甲医药生产企业可以取得税率为13%的专用发票抵扣进项税额。丙公司为小规模纳税人，按照现行政策规定，丙公司仅能开具税率为3%的增值税专用发票。为了便于直观对比分析，假设当月甲医药生产企业增值税销项税额为500万元，所采购的原料不含税金额为2 000万元。

方案1 选择一般纳税人乙公司需要缴纳增值税：

500－2 000×13%＝240(万元)

方案2 选择小规模纳税人乙公司需要缴纳增值税：

500－2 000×3%＝440(万元)

方案2比方案1需要多缴纳增值税200万元(440－240)。因此，当甲医药生产企业为增值税一般纳税人时，选择的供应商为一般纳税人时更有利于降低税负。

(二)企业所得税影响

一般纳税人供应商通常能规范开具发票，医药企业可凭票税前扣除成本费用，降低应纳税所得额。小规模纳税人若无法提供合规发票，医药企业可能面临成本无法税前扣除的风险，导致企业所得税增加。同样采购价格若选择小规模供应商且无法取得专票，医药企业采购成本需全额计入成本，而一般纳税人供应商采购成本可能更低，导致利润更高、所得税增加。

二、供应商相关涉税风险

(一)因供应商提供假冒劣质生产原料产生的涉税风险

药品生产企业因供应商提供不合格材料或内部管理问题引发的质量事件,可能衍生以下税务风险,需结合税法规定及实务操作进行针对性防控:

1. 增值税处理风险

不合格原料导致产品报废或召回,若认定为"非正常损失"(如管理不善),需转出相应进项税额。如企业误将非正常损失按正常损耗处理,导致少缴增值税,面临补税、滞纳金及罚款。在实际操作中要明确损失性质,区分"正常生产损耗"与"管理不善",保存第三方鉴定报告等证据链。处理不合格成品时,处理方式不当可能引发税务稽查争议,若税务机关认为属于"无偿赠送"或"非正常损失",可能要求按视同销售或进项税转出缴纳增值税。在处理不合格品时需提前与税务机关沟通,提供销毁记录、质检报告等证明业务真实性。

2. 企业所得税风险

因质量问题支付的罚款、赔偿金、召回费用等,若被认定为"行政罚款"或"与取得收入无关的支出",不得在企业所得税前扣除。如企业错误列支不可扣除项目,会导致应纳税所得额调增及补税。在业务处理时,要严格区分"合规赔偿"与"行政处罚",保留合同、判决书等支持性文件,报废的存货、设备等资产损失需按《企业资产损失所得税税前扣除管理办法》进行专项申报。未按规定申报或证据不足,可能导致损失无法税前扣除,增加税收负担。企业应建立完善的资产损失台账,留存质检报告、处置协议等资料,及时完成税务备案。

3. 出口退税风险

如出口药品因质量问题被退回,需补缴已退税款。如未及时申报退运或补税,涉嫌以假报出口或者其他欺骗手段骗取国家出口退税款,可能面临退税、追缴滞纳金及1倍至5倍罚款,构成犯罪的,会被依法追究刑事责任。企业应建立出口退运预警机制,主动向税务机关报告并办理补税手续。

4. 环保税与资源税风险

不合格原料导致污染物排放超标（如化学废料增加），未如实申报排放量，税务机关联合环保部门核查时，可能按照《中华人民共和国环境保护税法》认定企业少缴环保税，需补税并处罚。在日常工作中企业需加强污染物监测，动态更新排放数据，确保申报准确性。

5. 税务稽查与信用评级风险

因质量问题被市场监管部门处罚后，可能触发税务机关对增值税、企业所得税等税种的全面稽查。稽查中可能发现历史期间的其他税务漏洞，如隐瞒收入、虚开发票等。如因此纳税信用评级被下调，会导致融资成本上升、享受优惠政策受限。企业应建立质量事件与税务处理的联动机制，确保财务、生产、法务部门协同应对。定期开展税务风险评估，重点关注进项税转出、资产损失申报等高风险环节。留存质检报告、召回公告、销毁记录、赔偿协议等原始凭证，以备税务核查。涉及复杂税务争议时，应及时咨询税务律师或专业机构获取专业支持。同时需密切关注税务机关对医药行业的专项检查动向，提前做好税务风险自查，及时处理税务风险问题。

案例 9

药品监管部门在对甲医药生产企业检查中，发现其采购的原料中存在部分批次为假冒伪劣产品，药品监管部门按照相关法律法规依法对其给予没收销毁处理。甲医药生产企业经自查核实，上述假冒劣质产品是从供应商乙公司处采购，因本公司质量审核部门工作疏忽未能及时发现。针对假冒劣质产品对应的增值税进项税额，财务人员在取得供应商乙公司开具的增值税专用发票当期已做认证抵扣处理。

涉税风险事项：

根据财政部、国家税务总局《关于全面推开营业税改征增值税试点的通知》（财税〔2016〕36号）附件1《营业税改征增值税试点实施办法》第二十七条、第二十八条相关规定，"非正常损失，是指因管理不善造成货物被盗、丢失、霉烂变质，以及因违反法律法规造成货物或者不动产被依法没收、销毁、拆除的情形。非正常损失项目的进项税额不得从销项税额中抵扣"。

在本案例中,甲医药生产企业因采购的假冒伪劣产品被药品监管部门依法没收销毁产生的损失属于非正常损失,因此,采购该批货物对应的增值税进项税额不得从销项税额中抵扣,甲医药生产企业承担被税务机关补征税款与滞纳金的涉税风险。

(二)因供应商给予采购人员商业贿赂等产生的涉税风险

当医药企业的采购人员收受供应商贿赂时,其所在企业可能面临以下直接税务风险,需重点关注企业与员工行为的关联性及财务处理中的合规漏洞:

1. 企业成本虚增导致所得税风险

采购人员收受贿赂后,可能抬高采购价格或接受劣质产品,企业将虚高的采购成本入账。虚增成本会减少应纳税所得额,构成偷逃企业所得税,会面临被税务机关追缴税款、滞纳金和罚款,严重的甚至会构成偷税罪。

2. 贿赂资金与企业账户混同引发税前扣除风险

供应商通过虚开发票或虚构服务合同,将贿赂款以"咨询费""推广费"名义支付至企业账户,再通过员工个人账户回流。企业若将此类费用计入成本费用并税前扣除,属于非法支出,需进行纳税调增,否则将面临补税、滞纳金和罚款;若涉及洗钱或虚开发票,还可能要承担刑事责任。

3. 增值税进项抵扣风险

供应商为支付贿赂款,可能向企业虚开增值税专用发票,企业若抵扣进项税,需补缴税款和滞纳金;若企业明知或参与虚开,责任人可能构成虚开增值税专用发票罪的刑事处罚。

4. 账外资金与收入隐匿风险

若企业默许采购人员通过"小金库"收受贿赂,或通过关联方转移资金,从而隐匿收入逃避增值税、企业所得税,会面临补缴税款和滞纳金及罚款的处罚;构成犯罪的,会追究企业及负责人刑事责任。

5. 税务稽查连带风险

一旦贿赂行为被查处,税务机关就可能对企业展开深度稽查,会重点核查:(1)关联交易定价:是否通过高价采购转移利润至关联方。(2)费用真实性:大额咨询费、会议费是否与业务相关。(3)发票合规性:是否存在接受虚开发票、重复列支费用。

此外,被税务稽查还可能暴露历史税务问题,导致多税种补税和罚款。

6. 行业专项检查风险(医药领域高发)

医药企业常通过CSO(合同销售组织)支付推广费用,若采购环节贿赂与CSO费用混杂,CSO费用可能被税务机关认定为虚假交易,要求进项转出、成本调增。企业将面临补缴税款和滞纳金及罚款,还可能面临行业性处罚,如被纳入税收违法"黑名单"。

案例 10

张某为甲医药生产企业采购人员,在张某的努力撮合下,甲医药生产企业与乙供应商签署了一项大额原材料采购合同。为表示对张某的感谢,乙供应商在取得甲医药生产企业支付的价款后,按照合同总额的3%支付给张某作为"好处费",张某欣然接受。后期,张某离职,甲医药生产企业无法与其取得联系。乙供应商经营情况日渐萧条,最后成为非正常企业。

涉税风险事项:

假设后期乙供应商因虚开发票被税务机关立案检查,由于甲医药生产企业、乙供应商以及甲医药生产企业采购人员张某三者存在资金回流异常情况,甲医药生产企业存在取得虚开增值税专用发票的嫌疑。由于张某已离职,甲医药生产企业不能与其取得联系,无法还原当时业务真实情况,导致甲医药生产企业无法自证清白,该企业很可能承担被税务机关依法补征税款与滞纳金等涉税风险。

(三)因向供应商超产能采购原料产生的涉税风险

医药企业因超过自身实际产能采购大宗商品如原料药、化工原料等,可能引发税务机关对交易真实性、合理性的质疑,进而产生涉税风险,企业需通过业务证据链和税务合规管理证明合理性,否则可能面临补税、罚款甚至刑事责任。

1. 增值税风险

若供应商为满足超产能采购需求虚开发票,如"产能不足却开票"或虚构交易,企业接受此类发票可能被认定为"恶意取得虚开"。企业会面临进项税额转出、补缴税款和滞纳金、罚款的风险,金额巨大或涉及虚开增值税专用发票罪刑事责任。税务机关会核查供应商实际产能如设备规模、工人数量、物流记录(如大宗商品运输)是否匹配采购量、资金是否存在回流;若采购量远超企业产能,税务机关可能以"无实际生产需求"为由,认定进项税与应税收入无关,要求企业做进项税转出。

2. 关税及进口环节税风险

超量进口原料时,海关可能质疑申报价格(如关联交易定价偏低),启动价格磋商程序,按"相同/类似货物成交价格"重新核定完税价格,补征关税、增值税及滞纳金。

3. 企业所得税风险

超产能采购的原料未实际投入生产,相关成本费用可能被认定为"与取得收入无关的支出",不得税前扣除。超量采购易导致原料过期、变质,若未按《企业资产损失所得税税前扣除管理办法》备案或留存质检报告、市场价下跌证明等证据,存货减值损失无法税前扣除。

若供应商为关联方,超量采购可能通过"高价采购"或"虚增采购量"转移利润。税务机关可按《特别纳税调整实施办法》核定合理采购价格,要求补缴企业所得税和利息。

案例 11

甲医药生产企业为增值税一般纳税人,因生产经营需要,甲企业向供应商采购一批原料。为了获得采购价格优惠,甲企业在远超出企业产能的情况下采购了大批量原料,并将取得的进项税额在当期认证抵扣。那么,上述事项会产生哪些影响呢?

涉税事项解析:

因向供应商超产能采购原料除了会产生提高资金占用成本、仓储保管成本等情况之外,在税务方面也会产生一定的不利影响。具体表现为企业短期内产生大量的增值税留抵税额,造成增值税税负发生较大的变动;存货金额长期居高不下,存货金额/收入指标异常,容易引发税务风险指标预警。企业很容易被税务机关开展风险预警指标核查,即便核查后无问题,也带来了行政机关资源浪费、企业因配合税务检查增加额外的工作量等问题。

三、供应商的税务风险控制

医药企业在选择供应商时应按照如下原则选择:

(1)合法合规原则。供应商必须是经过国家相关部门注册批准、具有相应的生产或经营批文的合法企业。

(2)功能完善原则。供应商应具有相应产品的生产、检测设施设备条件和较完善的质量保证系统,产品满足相应的质量标准要求,售后服务完善。

(3)备用原则。在选择供应商时,对重要的物料提供方最好有备用的合格供应商,物料的供应商应保持相对的稳定,不应经常变动,一般同一品种的物料选择一至两个供应商作为主要供应商,主要供应商能够保证公司绝大部分的产品需求。

对医药企业而言,建立药品生产所使用物料及规定的辅助物料的供应商选择程序及对其进行质量管理的程序,对确保药品使用物料质量的稳定尤其重要。因此,企业应建立并动态维护供应商客户档案,制定合格供应商名单并及时更新,跟踪监督合格供应商的供货质量情况,制定供应商定期审计计划,组织开展供应商定期质量评估及年度综合评估,以确保对供应商供货质量的把控。

此外,在采购环节医药企业还需要从以下方面开展对供应商的税务风险控制。具体为:

1. 供应商资质审核

建立供应商资质审查机制。在选择供应商时,需对其经营范围、纳税状态、纳税信用评级等进行严格审查,确保其具备合法的经营资质。评估供应商的实际经营能力,包括其雇员信息、经营场所、经营规模等,防止与"空壳公司"发生业务往来。医药企业需将供应商纳税人身份管理纳入内控体系,结合行业监管要求(如两票制、CSO合规),通过"资质审核+合同约束+证据链管理"三位一体的方式,防范税务风险,确保供应链全流程合规。对高风险供应商(如推广服务商)进行实地考察,确保业务真实性。

2. 合同管理

在合同中详细约定发票类型、项目名称、税率、开票时间、税款承担主体等条款,避免因合同约定不清导致的税务风险。确保合同约定的服务内容真实履行,保存相关服务实施的证据,如运输单证、验收单等,以备税务核查。

3. 发票管理

严格审核发票。检查发票开具方与合同签署主体、服务提供方和收款方是否一致,确认发票所载服务的真实性和合规性。利用数字化工具对发票进行实时监控,及时发现并处理风险发票。

4. 资金支付管理

规范支付方式,原则上要求所有采购费用通过银行转账支付,避免现金支付带来的税务风险。监控资金流向,确保资金流向与合同约定一致,防止出现资金回流或异常支付。

5. 动态风险预警

建立风险预警机制。利用数字化工具对供应商的经营状态、纳税信用、负面风险等进行实时监控,及时发现潜在风险。定期对供应商进行评估,重点关注其经营能力是否与业务需求匹配,是否存在异常经营行为。

6. 员工培训与合规意识

对采购人员和财务人员进行定期税务合规培训,使其熟悉采购流程、发票管理及相关税务法规,增强合规意识。建立内部举报机制,鼓励员工举报内部违规行为,防止商业贿赂导致的税务风险。

7. 税务自查与合规建设

定期开展税务自查。对采购环节的发票、合同、资金流等进行全面自查,及时发现并纠正潜在的税务问题。必要时可引入第三方专业机构协助自查,确保税务合规。

四、采购合同的涉税事项分析

合同是承载商业经济最主要的载体形式,在订立销售合同时,合同双方往往更注意合同的条款内容,从法律角度对合同条款进行设置,以防止在合同中出现一些不必要的风险和损失。但是很少有企业会注意到合同与税收的关系,没有结合税务角度进行成本分析。在实践中,因为合同原因导致垫付或多缴税款的事情常有发生,有时数额不菲,使企业徒增成本。只有加强业务过程的纳税管理,关注合同的节税价值,事前综合考虑法律风险及税务筹划,才能真正规避纳税风险,既不偷税漏税,也少缴一些"冤枉税"。

结合医药企业采购合同中的常见涉税事项分析如下:

(一)医药企业发生现货采购交易不签订合同的涉税风险

医药企业在现货采购交易中不签订合同可能面临以下涉税风险:

1. 增值税风险

主要包括:(1)发票问题,即无合同可能导致发票开具不规范,影响增值税抵扣。(2)税务稽查风险,税务机关可能质疑交易真实性,要求提供合同等证明文件。

2. 企业所得税风险

根据《国家税务总局关于发布〈企业所得税税前扣除凭证管理办法〉的公告》（国家税务总局公告2018年第28号）第十四条规定："企业在补开、换开发票、其他外部凭证过程中，因对方注销、撤销、依法被吊销营业执照、被税务机关认定为非正常户等特殊原因无法补开、换开发票、其他外部凭证的，可凭以下资料证实支出真实性后，其支出允许税前扣除：（一）无法补开、换开发票、其他外部凭证原因的证明资料（包括工商注销、机构撤销、列入非正常经营户、破产公告等证明资料）；（二）相关业务活动的合同或者协议；（三）采用非现金方式支付的付款凭证；（四）货物运输的证明资料；（五）货物入库、出库内部凭证；（六）企业会计核算记录以及其他资料。前款第一项至第三项为必备资料。"

如果采购方不开发票，或因对方注销、撤销、依法被吊销营业执照、被税务机关认定为非正常户等特殊原因无法补开、换开发票、其他外部凭证的，因没有签订采购合同，无法证实交易的真实性，相关采购支出无法税前扣除。

3. 印花税风险

采购合同通常需缴纳印花税，无合同可能导致未缴或少缴，面临补税、滞纳金和罚款的涉税风险。

（二）采购合同中是否列明增值税涉税分析

医药企业在与供应商签订采购合同时，必须在合同中明确采购价格中是否包含增值税，因为该结果会对增值税抵扣造成直接影响。

案例 12

甲医药企业与增值税一般纳税人乙材料供应商签订货物采购合同，合同仅约定总额为100万元，未明确该总额是否包含增值税。供货完成后，双方在如何开具增值税专用发票时产生了争议：

1. 甲医药企业认为，合同约定的总额为不含税金额，因此，乙材料供应商应签订金额为 100 万元,税额为 13 万元的增值税专用发票。

2. 乙材料供应商则认为,100 万元为价税合计额,乙材料供应商向甲医药企业开具的增值税专用发票金额为 88.50 万元[100/(1+13%)],税额为 11.5 万元。

通过上述对比分析,我们可以看出二者相差进项税额为 1.5 万元(13−11.5)。

因此,医药企业在与供应商签订采购合同时,必须在合同中明确采购价格中是否包含增值税。

(三)签订电子合同是否存在法律效力

根据《民法典》第四百六十九条和第四百九十一条的规定,当事人订立合同可以采用书面形式、口头形式或者其他形式。采用电子数据交换、电子邮件等方式能够有形地表现所载内容,并可以随时调取查用的数据电文,视为书面形式。因此,电子合同在符合法律规定的条件下,与书面合同具有同等法律效力。

此外,《电子签名法》也明确规定了电子签名的法律效力,使得经过电子签名的电子数据在具备必要的技术保障下,符合传统法律中书面签名与书面原件的要求,起到与"经签署的文书"和"经签署的原件"同等法律效力。在任何法律诉讼中,电子数据具有与其他传统证据形式相同的可接受性,不因为其是电子数据的形式而不被接受或影响其证据力。

因此,电子合同在符合一定技术条件和法律规定的情况下具有法律效力,也会得到税务机关的认可。电子合同仍需要按照《印花税法》缴纳印花税。

(四)签订或协助签订阴阳合同的涉税风险

阴阳合同,顾名思义针对一个事由,当事人双方签订有两份内容不一样的合同,该不同主要体现在合同金额、履行时间、数量等方面,实践中,常见的阴阳合同常常出现在不动产交易、股权转让、演艺服务等成交金额较大的行业和领域。

根据《中华人民共和国民法典》第一百四十六条规定,行为人与相对人以虚假的意思表示实施的民事法律行为无效。以虚假的意思表示隐藏的民事法律行为的效力,依照有关法律规定处理。

根据《中华人民共和国税收征收管理法》第六十三条规定："纳税人伪造、变造、隐匿、擅自销毁账簿、记账凭证，或者在账簿上多列支出或者不列、少列收入，或者经税务机关通知申报而拒不申报或者进行虚假的纳税申报，不缴或者少缴应纳税款的，是偷税。对纳税人偷税的，由税务机关追缴其不缴或者少缴的税款、滞纳金，并处不缴或者少缴的税款百分之五十以上五倍以下的罚款；构成犯罪的，依法追究刑事责任。"

对于协助偷税行为，根据《中华人民共和国税收征收管理法实施细则》第九十三条规定："为纳税人、扣缴义务人非法提供银行账户、发票、证明或者其他方便，导致未缴、少缴税款或者骗取国家出口退税款的，税务机关除没收其违法所得外，可以处未缴、少缴或者骗取的税款1倍以下的罚款。"

（五）采购合同中的违约金条款涉税问题

医药企业在采购合同中设置违约金条款时，需注意增值税、企业所得税、印花税等涉税问题，确保税务处理合规，避免税务风险。

1. 增值税处理

如果合同未履行，违约金不缴纳增值税。如果合同已履行，违约金是因买方违约支付给卖方的补偿，通常视为价外费用，需缴纳增值税，卖方需按规定开具发票；如果违约金是因卖方违约支付给买方的赔偿，无需缴纳增值税。

2. 企业所得税处理

违约金作为收入或支出：卖方收到的违约金通常作为应税收入，计入企业所得税应纳税所得额。买方支付的违约金通常可作为税前扣除的费用，但需符合税法规定的扣除条件。违约金支出需有合法凭证（如合同、付款凭证等），才能在税前扣除。

3. 印花税处理

违约金通常不直接影响印花税计算，但若因违约金调整合同金额，可能影响印花税计税依据。

4. 税务稽查风险

税务机关可能核查违约金的真实性和合理性，防止利用违约金避税。若违约金涉及关联方,税务机关可能特别关注其合理性和公允性。

5. 跨境交易中的涉税问题

若违约金涉及跨境支付,可能需扣缴预提所得税。跨境违约金可能涉及增值税和关税问题,需遵守相关规定。

案例 13

甲医药企业与乙公司签订原料采购合同,合同金额为 1 000 万元。合同中的违约金条款约定"任何一方违反本协议导致本协议无法继续履行的,违约方需赔偿守约方违约金人民币 150 万元,该违约金不足以弥补守约方实际损失的,违约方应赔偿守约方所有实际损失"。

情形 1　假设合同签订后,因乙公司原因导致合同不能履约,甲医药企业取得对方支付违约金 150 万元。

情形 2　假设合同签订后,因甲医药企业原因导致合同不能履约,甲医药企业支付对方违约金 150 万元。

发生上述情形,涉及的增值税问题该如何处理?

涉税事项解析:

从《民法典·合同编》的角度,违约金有两种:一种是合同完全不能履行而由违约方支付的违约金,另一种是合同已经履行但未按照规定的时间或其他部分违约而支付的违约金。

第一种完全不履行支付的违约金,根据《增值税暂行条例》第一条规定,"在中华人民共和国境内销售货物或者加工、修理修配劳务(以下简称劳务),销售服务、无形资产、不动产以及进口货物的单位和个人,为增值税的纳税人。"因此,在采购合同完全不履行的情形下,支付的违约金不属于增值税的征税范围,不缴纳增值税。

第二种在合同已经履行的情况下收取的违约金,如果是卖方(乙公司)收取的违约金(也称正向违约金),因为卖方(乙公司)收了甲医药企业支付的主货款,又收了违约金,根据《中华人民共和国增值税暂行条例实施细则》(财政部 国家税务总局令第50号)第十二条规定:"价外费用,包括价外向购买方收取的手续费、补贴、基金、集资费、返还利润、奖励费、违约金、滞纳金、延期付款利息、赔偿金、代收款项、代垫款项、包装费、包装物租金、储备费、优质费、运输装卸费以及其他各种性质的价外收费。"因此,乙公司收取的该笔违约金属于价外费用,需要缴纳增值税;但如果是买方(甲医药企业)收取的违约金(也称反向违约金),买方并没有销售货物、服务或不动产,因此买方收取了违约金既不属于价外费用,也不属于应征增值税的项目,这种反向违约金不涉及增值税。所以对于违约金条款,要注意区分违约金是否涉及增值税的情况,才能避免税收风险。

(六)采购合同中的发票开具条款涉税问题

在签订采购合同时,针对发票条款应明确如下要点:

1. 明确按规定提供发票的义务

《中华人民共和国发票管理办法》规定:"销售商品、提供服务以及从事其他经营活动的单位和个人,对外发生经营业务收取款项,收款方应当向付款方开具发票;特殊情况下,由付款方向收款方开具发票。"

基于此规定,医药企业向原料供应商采购货物或提供劳务,必须在合同中明确供应商按规定提供发票的义务。医药企业选择供应商应考虑发票因素,选择供应商时,对能提供规定发票的供应商优先考虑。

2. 明确供应商提供发票的时间

购买、销售货物或提供劳务,有不同的结算方式,医药企业在采购接受时,必须结合自身的情况,在合同中明确结算方式,并明确供应商提供发票的时间。同时,医药企业可在合同中明确供应商在开具发票时必须通知企业,企业在验证发票符合规定后付款。

3. 明确供应商提供发票的类型

不同税种间存在税率差,而同一税种又可能存在多种税目,各税目的税率差别可能更大。供应商在开具发票时,为了减轻自己的税负,可能会开具低税率的发票,或者提供与实际业务不符的发票。根据《中华人民共和国发票管理办法》及其实施细则的规定,开具发票要如实开具,不能变更项目与价格等,否则所开具的属于不符合规定的发票。因此,在交易合同中,必须明确发票的开具要求、开具发票的类型。例如,增值税一般纳税人在采购货物时,在采购合同中必须明确有"供应商必须提供增值税专用发票"的条款,避免取得增值税普通发票,相关的进项税额不能抵扣的税收风险。

4. 明确不符合规定发票所导致的赔偿责任

医药企业采购时因供应商原因不能取得发票,或者取得的发票不符合规定,如发票抬头与企业名称不符等,都会导致医药企业发生进项税额不能抵扣、成本费用无法税前列支扣除的损失。为防止发票问题所导致的损失,医药企业在采购合同中应当明确供应商对发票问题的赔偿责任,明确以下内容:(1)供应商提供的发票出现税务问题时,供应商应承担民事赔偿责任,但不得包括税款、滞纳金、罚款等行政损失。(2)明确供应商与供应商的业务涉及税务调查,供应商必须履行通知义务;企业与供应商的业务涉及税务调查,供应商有义务配合。(3)双方财务部门及时沟通,供应商有义务提供当地的税务法规。(4)明确供应商对退货退款、返利、折让等事项,应提供证明和开具红字专用发票的义务。

实践中经常会出现这样的情况:让对方开增值税专用发票,对方却开了普通发票;想让对方开13%税率发票,对方却开了3%税率的发票;让合同对方当事人开发票,结果拿来的却是第三方的发票。采购合同的发票条款还要特别注意防范虚开发票的风险,要确保物流、合同流、票流和资金流一致或者清晰。

五、采购合同的税务风险控制

对于医药企业而言,合同行为是公司存续期间重要的商事活动。合同审查应尽量做到"防患于未然"。医药企业通过法律来规范企业经营行为,合理规避涉税风险,也能赢得可观的效益。

经济合同中的税务风险主要有：

(1) 税务转嫁带来的风险；

(2) 递延纳税带来的风险；

(3) 未取得合法有效凭证带来的风险；

(4) 关联交易转移利润带来的风险；

(5) 人为调控税收成本带来的风险。

采购合同中的税务风险控制要点主要归纳如下：

(1) 要核对当事人相关信息，审核当事人名称与签章是否一致。

(2) 要确认合同名称、标的描述是否清晰，是否在符合合同法名称的基础上考虑了相关税法的税目。

(3) 要确认合同价款是否准确明晰。合同中的金额计算是否准确，单价、总价、含税价是否与合同附件资料一致，合同金额与结算金额是否一致，是否有价外费用。

(4) 要确认合同金额是否单独列明增值税税款。在合同签订过程中需要将含税价款分列为价款和增值税税款。以印花税的缴纳为例，应税合同的计税依据，为合同所列的金额，不包括列明的增值税税款。如果合同中仅注明了增值税税率和含税金额，未将增值税税款单独列明，则需要以合同列明的含税金额作为印花税计税依据，增加了税负。

(5) 确认履行地点、付款方式和明确的付款时间、分期付款的金额是否明确，分析何时产生纳税义务。

(6) 确认货物运费支出由谁承担，明确货物指定的交付送达地点。

(7) 确认是否需要供应商提供增值税专用发票，明确开具发票的类型、税率、开票时间以及发票不符合规定导致的赔偿责任等事项。其中，采购合同增值税发票涉税风险防范条款如下：①供货方应按规定及时向采购方开具和提交增值税专用发票。在分次收付款过程中的任何结算时点，供货方开具并提交采购方的增值税专用发票的价税合计金额不得低于采购方已经支付的价税合计款项。②关注违约金条款。对于违约金涉及增值税的，需要说明发票如何开具；对于不涉及增值税的，要说明收据如何开具。③关注合同中出现虚开发票责任承担问题条款。医药企业作为发票接受方,一旦取得的对方开具的发票被认定为虚开发票,则会造成被补缴税款、滞纳金,甚至对企业的纳税信用等级都会造成一系列负面影响。因此,在购销合同条款中,一定要明确关于取得虚开发票涉及追究赔偿责任。

六、中草药采购的税务风险控制

(一)中草药采购的税务风险

对于从事中药、中成药生产的医药企业而言,往往需要采购大量的中药材作为制药原料,为了降低采购成本,取得第一手中药材货源,许多医药企业会选择从农户或农业合作社等处购入。

在医药制造领域,尤其是涉及中药材种植和动物药原料生产的企业,"公司＋农户"模式被广泛应用。"公司＋农户"模式是指企业(公司)与农户签订合作协议,由公司提供生产资料(如种子、种苗、饲料、兽药等)、技术支持和管理指导,农户按照公司的要求种植或养殖,最终产品由公司统一回收和销售。这种模式结合了公司的资金、技术和市场优势以及农户的土地和劳动力资源,实现了互利共赢。

"公司＋农户"模式虽然可以享受一定的税收优惠政策,但也存在诸多风险,企业需谨慎适用。以下是具体的风险分析及应对措施:

1. 增值税风险

(1)不符合免税条件。根据《中华人民共和国增值税暂行条例》第十六条和《增值税暂行条例实施细则》的规定,只有直接从事植物种植、收割和动物饲养、捕捞的单位和个人销售的自产农业产品才能免征增值税。如果企业提供的畜禽苗、饲料、兽药及疫苗等生产资料的所有权不属于企业,或者养殖过程中出现的风险由农户承担,那么企业将无法享受增值税免税优惠。

(2)发票开具问题。企业与农户签订的合同中,如果未明确生产资料的所有权和风险承担,可能导致税务机关认定不符合免税条件,进而要求企业补缴增值税。

2. 企业所得税风险

(1)不符合免税条件。根据《中华人民共和国企业所得税法》第二十七条和《企业所得税法实施条例》第八十六条的规定,只有从事农、林、牧、渔业项目的所得才能免征或减征企业所得税。如果企业不能被认定为农业生产者,或者不符合农产品初加工范围,将无法享受企业所得税优惠。

(2)税务机关认定问题。税务机关在实际操作中,可能会对"公司＋农户"模式的认定存在差异,导致企业无法享受优惠。

3. 发票风险

(1)发票开具不规范。公司与农户合作时,支付给农户的劳务费无法取得合法票据,导致企业无法将费用计入成本,计征所得税时不允许扣除。

(2)发票管理不善。如果发票开具不规范或丢失,可能导致税务机关认定企业存在税务违规行为。

4. 经营风险

(1)合同执行问题。农户可能无法按照合同约定完成养殖任务,导致企业无法按时获得成品畜禽,影响企业的生产经营。

(2)市场波动风险。农产品市场价格波动较大,可能导致企业收购成本增加,影响企业的经济效益。

其他模式采购中药材,医药企业在采购中草药时也可能涉及以下税务风险:

(1)虚开农产品收购发票风险。医药企业在采购中草药时,尤其是直接从农户手中采购,可能会面临虚开农产品收购发票的风险。例如,企业可能通过虚构农户身份信息、夸大采购数量或金额等方式,虚开农产品收购发票以增加进项税额,从而减少应纳税额。这种行为不仅违反了税法规定,严重的还可能被认定为虚开增值税专用发票罪,面临刑事责任。

(2)进项税额抵扣风险。由于中草药采购的特殊性,企业在取得进项发票时可能存在合规性问题。例如,如果企业取得的发票不符合规定(如发票信息不真实、发票类型错误等),则无法正常抵扣进项税额,导致企业多缴增值税。

（3）上游供应商虚开发票风险。如果医药企业的上游中草药供应商存在虚开发票行为，下游的医药企业可能会受到牵连。税务机关在查处上游供应商虚开发票行为时，会顺藤摸瓜调查下游企业的发票使用情况，一旦发现异常，医药企业就可能面临税务稽查，甚至被认定为接受虚开发票。

（4）成本列支不实风险。医药企业可能通过虚列中草药采购成本的方式，增加企业成本，减少利润，从而达到少缴企业所得税的目的。例如，企业可能通过虚构采购合同、入库单等方式，虚增中草药采购成本。

（5）发票管理不规范风险。在采购中草药时，企业可能因发票管理不规范而面临税务风险。例如，未妥善保存发票、合同、入库单等凭证，导致无法证明交易的真实性；或者在发票开具过程中，未准确记录农户信息、采购金额等细节，这些都可能被税务机关认定为发票使用不规范，面临被处罚的风险。

（6）纳税信用受损风险。如果医药企业在中草药采购中涉及虚开、虚列成本等违规行为，一旦被税务机关查处，其纳税信用等级就可能被降为D级。这将导致企业在融资、政府采购、参与招投标等方面受到限制，甚至可能被公开曝光，影响企业声誉。

（7）税务稽查风险。随着"金税四期"系统的上线，税务机关对医药行业的税收监管更加严格。医药企业在采购中草药时，如果存在发票虚开、成本列支不实等问题，就很容易被税务大数据监测到，从而引发税务稽查。

案例 14

四川省绵阳市警税联合依法查处一起医药企业虚开增值税发票案件。

国家税务总局绵阳市税务局第三稽查局依据精准分析线索，联合公安经侦部门依法查处四川云亳堂药业有限公司虚开增值税专用发票案件。

经查，犯罪团伙控制四川云亳堂药业有限公司，通过编造虚假中药材购进业务、支付"开票费"等方式，在没有真实业务交易的情况下，从上游医药行业公司和农业专业合作社取得虚开的增值税专用发票和农产品收购发票1 300余份并违规抵扣。

四川云亳堂药业有限公司因犯虚开增值税专用发票、用于抵扣税款发票罪,被判处罚金40万元,夏某、魏某龙、张某、谢某堂4名犯罪分子因犯虚开增值税专用发票、用于抵扣税款发票罪,分别被判处3至11年不等有期徒刑,并处罚金合计10万元,没收违法所得50万元。对上游虚开发票违法行为,税务部门已另案处理。

通过上述案例可以看出,中药材属于农产品范畴,按照现行税法政策规定,由于收购发票由收购单位医药企业自行填开,自行申报抵扣,没有购销双方的约束机制。有的医药企业就将农产品收购凭证当成调节税款的工具,以此来虚增进项税额多抵扣税款、虚列成本费用等,把其当成偷税的手段,涉案企业以及相关人员也为此付出了极为惨痛的代价,令人警醒。

资料来源:国家税务总局官网2024年10月17日公布的典型案例。

(二)中草药采购的税务风险防控

1. 医药企业应规范中药材采(收)购合同管理

在与农户签订的合同中,明确企业提供的畜禽苗、饲料、兽药及疫苗等生产资料的所有权归企业所有,且养殖过程中出现的风险由企业承担。采用"公司+农民专业合作社"模式,可以通过农民专业合作社与农户签订合同,由合作社开具发票,减少发票风险。

2. 医药企业应建立中药原材料收购台账制度

医药企业针对采购的中药原材料业务应提取并保留农产品经营者及加工企业的相关信息,包括不限于在中药原材料采购台账中登记农产品经营者的姓名、身份证号码、联系电话和地址等基本信息。在每一次采购业务完成后,内控审核部门应主动联系农产品经营者,核实业务的真实性以及相关数量、类别的准确性。

3. 医药企业应建立中药原材料领用保管制度

中药原材料采购入库后,医药企业应当安排专人对中药原材料的购进和出库领用等各环节做好记录、签字。

4. 加强内部人员培训，降低涉税风险

医药企业应树立业财法税合规意识，杜绝虚开发票、偷逃税款行为发生，在公司内部应加强对采购人员及财务人员的培训，做到熟悉农产品的采购流程和发票使用、索取和开具等相关知识，着重强调虚开发票行为所带来的严重违法后果，从而规避企业虚开发票、虚增成本的税务风险。

5. 做好中药材采购业务资料留存备查工作

采购业务完成后，医药企业应积极做好业务相关材料留存备查工作，包括不限于农产品经营者个人信息、中药材采购合同、运费合同、运费发票及物流信息，付款证明包括银行转账记录、微信转账记录、现金支付收款收据及开具的农产品收购发票等。财务部门应加强医药中药材的合同、发票、货物流程等方面的审查，妥善留存业务真实性材料，以备税务机关检查。加强合同管理，确保农户按照合同约定完成养殖任务，定期对农户进行技术指导和监督。

6. 对收购中药材的供应商做好合规管理

对于采购环节风险较高的中药材农业生产者，医药企业可以优先选择具有增值税一般纳税人资格的收购企业，获得收购企业开具的合法有效的增值税专用发票，以此来规避涉税风险。

7. 做好发票管理

确保农户在交付成品畜禽时，按照免税农产品开具发票，发票上注明"免税"字样。建立发票审核机制，确保发票的票面信息完整、准确，包括开票日期、货物名称、规格型号、数量、单价、金额、税率、税额等。

8. 合理利用税收优惠政策

"公司＋农户"模式可以将部分农产品的生产或简单加工业务前移给农户，通过其手工作坊进行加工制作成农业初级产品，然后公司再以收购的方式将农业初级产品收购过来，进行初加工。

第二节　采购环节各税种的涉税事项分析

涉税事项分析是通过对企业的日常经营中的税务活动、税务政策、税务筹划等进行深入研究,用以评估企业的税务合规性、税务负担及税务风险,并为企业税务决策提供数据支持和建议的过程。对于医药企业而言,往往会涉及企业所得税、增值税、消费税、印花税、房产税等各类税种的计算、缴纳及筹划,做好涉税事项分析工作,有助于企业了解自身的税务合规情况,及时发现并解决潜在的税务问题,避免因税务违规而带来的法律风险和声誉损失,为财务决策提供更有力的支持。

一、采购环节主要税种的涉税事项

(一)增值税相关事项

增值税是医药企业采购环节涉及的主要税种之一,贯穿于采购活动的各个环节。根据采购对象的不同,增值税的涉税事项及税务处理方式也有所差异。以下是按采购场景分类的详细分析。

1. 采购原材料(化学原料、中药材等)、包装材料、固定资产

企业根据增值税专用发票上的税额确认进项税额,并在纳税申报时抵扣。进项税额的抵扣需确保发票的真实性和合规性,同时需符合增值税相关规定。

如果采购的中药材属于农产品,可能适用农产品收购发票或销售发票抵扣政策。根据《财政部 税务总局关于简并增值税税率有关政策的通知》(财税〔2017〕37号),纳税人购进农产品,取得一般纳税人开具的增值税专用发票或海关进口增值税专用缴款书的,以增值税专用发票或海关进口增值税专用缴款书上注明的增值税额为进项税额;取得(开具)农产品销售发票或收购发票的,以农产品销售发票或收购发票上注明的农产品买价和9%的扣除率计算进项税额。

2. 采购研发用材料或试剂

企业根据发票上的税额确认进项税额,并在纳税申报时抵扣。研发用材料或试

剂的进项税额抵扣需确保发票的合规性，且研发活动需符合国家相关政策规定。

3.采购技术服务或研发服务

企业根据发票上的税额确认进项税额，并在纳税申报时抵扣。技术服务或研发服务的进项税额抵扣需确保发票的真实性和合规性，同时需符合增值税暂行条例及相关规定。此外，服务内容需与企业的生产经营活动相关，否则进项税额不得抵扣。

4.采购用于免税药品生产的原材料

进项税额不得抵扣，应计入原材料采购成本。免税药品的生产需符合国家相关政策规定，企业需妥善保存相关证明文件，以备税务机关检查。

5.采购进口药品或医疗器械

企业根据海关开具进口增值税专用缴款书上的税额确认进项税额，并在纳税申报时抵扣。进口药品或医疗器械的进项税额抵扣需确保缴款书的真实性和合规性，同时需符合海关及税务部门的相关规定。

6.采购运输服务或仓储服务

企业根据增值税专用发票上的税额确认进项税额，并在纳税申报时抵扣。运输服务或仓储服务的进项税额抵扣需确保发票的真实性和合规性，且服务内容需与企业的生产经营活动相关，否则进项税额不得抵扣。

7.采购用于捐赠的药品或医疗器械

企业根据增值税专用发票上的税额确认进项税额，并在纳税申报时抵扣。捐赠活动需符合国家相关政策规定，企业需妥善保存相关证明文件，以备税务机关检查。

8.采购用于员工福利的药品或医疗器械

进项税额不得抵扣，应计入相关成本或费用科目。员工福利的采购需符合企业内部管理制度，企业需妥善保存相关证明文件，以备税务机关检查。

9.采购用于市场推广的样品或赠品

企业根据增值税专用发票上的税额确认进项税额，并在纳税申报时抵扣。市场推广活动需符合国家相关政策规定，企业需妥善保存相关证明文件，以备税务机关检查。

10. 采购用于环保处理的材料或服务

企业根据增值税专用发票上的税额确认进项税额，并在纳税申报时抵扣。环保处理活动需符合国家相关政策规定，企业需妥善保存相关证明文件，以备税务机关检查。

(二)关税相关事项

关税是医药企业在进口采购环节必须面对的重要税种。其征收主要基于海关的完税凭证，涉及进口原材料、药品或医疗器械等。以下是按采购场景分类的详细分析。

1. 采购进口原材料

(1)关税计入原材料采购成本。关税作为进口原材料的采购成本的一部分，需在会计核算中准确记录。企业在计算原材料的采购成本时，应将关税金额纳入总成本，以便后续的成本核算和定价策略的制定。

(2)合规申报与缴纳。企业需按照海关规定，准确申报进口原材料的完税价格、税则号列等信息，确保关税的计算和缴纳符合海关法规。同时，企业应妥善保存海关完税凭证，以备税务机关检查。

(3)关税调整与退税。如果海关对进口原材料的关税税率进行调整，企业应及时调整采购成本核算。在某些情况下，如因海关误征或政策变化，企业可能有权申请退税。企业应密切关注海关政策动态，及时办理相关退税手续。

2. 采购进口药品或医疗器械

(1)关税计入采购成本。关税作为进口药品或医疗器械的采购成本的一部分，需在会计核算中准确记录。企业在计算采购成本时，应将关税金额纳入总成本，以便后续的成本核算和定价策略的制定。

(2)合规申报与缴纳。企业需按照海关规定，准确申报进口药品或医疗器械的完税价格、税则号列等信息，确保关税的计算和缴纳符合海关法规。同时，企业应妥善保存海关完税凭证，以备税务机关检查。

(3)特殊规定与优惠。某些进口药品或医疗器械可能享受关税减免政策,如用于特定疾病治疗的药品、科研用途的医疗器械等。企业应了解并申请适用的关税减免政策,以降低采购成本。

(4)关税调整与退税。如果海关对进口药品或医疗器械的关税税率进行调整,企业应及时调整采购成本核算。在某些情况下,如因海关误征或政策变化,企业可能有权申请退税。企业应密切关注海关政策动态,及时办理相关退税手续。

(三)企业所得税相关事项

企业所得税是医药企业在采购环节中需要重点关注的税种之一,其主要涉及采购成本的税前扣除及相关的优惠政策。以下是按采购场景分类的详细分析。

1. 采购生产用原材料、包装材料、固定资产等

(1)税前扣除。采购原材料、包装材料等直接用于生产的成本,可在企业所得税前扣除。固定资产的采购成本需计入资产价值,并按规定计提折旧,折旧费用可在企业所得税前扣除。

(2)合规记录。企业需妥善保存采购发票、合同等证明文件,以确保采购成本的合规性和可追溯性。同时,固定资产的折旧计算需符合税法规定的方法和年限。

(3)特殊规定。对于某些特定行业或项目,如环保设备、节能设备等,其采购成本可能享受加速折旧等优惠政策。企业应关注相关政策并合理利用。

2. 采购研发用材料或试剂、技术服务或研发服务

(1)加计扣除。采购成本计入研发费用,研发费用可享受企业所得税的加计扣除政策。自2023年1月1日起,企业开展研发活动中实际发生的研发费用,未形成无形资产计入当期损益的,在按规定据实扣除的基础上,按照本年度实际发生额的100%,从本年度应纳税所得额中扣除;形成无形资产的,按照无形资产成本的200%在税前摊销。

(2)合规记录。企业需妥善保存研发费用的相关证明文件,包括采购发票、研发项目合同、研发费用明细账等,以确保研发费用的合规性和可追溯性。

3. 采购用于捐赠的药品或医疗器械

（1）税前扣除。符合公益性捐赠条件的支出，可在企业所得税前扣除。根据《中华人民共和国企业所得税法》及其实施条例，企业发生的公益性捐赠支出，在年度利润总额12%以内的部分，准予在计算应纳税所得额时扣除；超过年度利润总额12%的部分，准予结转以后三年内在计算应纳税所得额时扣除。

（2）合规记录。企业需妥善保存捐赠合同、发票、捐赠证明等文件，以确保捐赠支出的合规性和可追溯性。

（3）特殊规定。对于特定的公益项目或受赠对象，如疫情防控捐赠、扶贫捐赠等，其捐赠支出可能享受全额扣除政策。企业应关注相关政策并合理利用。

4. 采购用于市场推广的样品或赠品

（1）税前扣除。市场推广费用可在企业所得税前扣除。企业需确保市场推广活动的合理性和必要性，并妥善保存相关证明文件，包括采购发票、市场推广合同、活动报告等。

（2）合规记录。企业需妥善保存市场推广费用的相关证明文件，以确保费用的合规性和可追溯性。

5. 采购用于环保处理的材料或服务

（1）税前扣除。环保支出可在企业所得税前扣除。企业需确保环保处理活动的合理性和必要性，并妥善保存相关证明文件，包括采购发票、环保处理合同、环保验收报告等。

（2）合规记录。企业需妥善保存环保支出的相关证明文件，以确保费用的合规性和可追溯性。

（3）特殊规定。对于符合国家环保政策的环保处理项目，其环保支出可能享受特定的税收优惠政策，如税收减免、加速折旧等。企业应关注相关政策并合理利用。

（四）其他税（费）种相关事项

医药企业在采购环节除了涉及增值税、关税和企业所得税等主要税种外，还可能涉及一些小税（费）种，如印花税、城市维护建设税、教育费附加等。以下是这些小税(费)种的具体涉税事项及税务处理方法。

1. 印花税

(1)涉税事项:采购合同的签订。

(2)税务处理:

①税率。印花税的税率一般为合同金额的万分之三。

②计税依据。印花税的计税依据为合同所载金额,但不包括增值税额。根据《中华人民共和国印花税法》规定,应税合同的计税依据为合同所列的金额,不包括列明的增值税税款。

③缴纳方式。企业应在合同签订时,按照规定计算应纳税额,并在合同书上粘贴印花税票。对于电子合同,企业应通过电子税务局申报缴纳,并保存相关凭证。

2. 城市维护建设税

(1)涉税事项:增值税和消费税的缴纳。

(2)税务处理:

①税率。城市维护建设税的税率根据地区不同,一般为增值税和消费税的7%、5%或1%。

②计税依据。城市维护建设税的计税依据为实际缴纳的增值税和消费税税额。

③缴纳方式。企业在缴纳增值税和消费税时,应同时计算并缴纳城市维护建设税。

3. 教育费附加

(1)涉税事项:增值税和消费税的缴纳。

(2)税务处理:

①税率。教育费附加的税率为增值税和消费税的3%。

②计税依据。教育费附加的计税依据为实际缴纳的增值税和消费税税额。

③缴纳方式。企业在缴纳增值税和消费税时,应同时计算并缴纳教育费附加。

4. 地方教育附加

(1)涉税事项:增值税和消费税的缴纳。

(2)税务处理：

①税率。地方教育附加的税率为增值税和消费税的2%。

②计税依据。地方教育附加的计税依据为实际缴纳的增值税和消费税税额。

③缴纳方式。企业在缴纳增值税和消费税时，应同时计算并缴纳地方教育附加。

5．车辆购置税

(1)涉税事项：采购车辆。

(2)税务处理：

①税率。车辆购置税的税率为10%。

②计税依据。车辆购置税的计税依据为车辆的计税价格，即纳税人实际支付给销售者的全部价款（不包括增值税）。

③缴纳方式。企业在购置车辆后，应向税务机关申报缴纳车辆购置税，并取得完税凭证。

6．个人所得税

(1)涉税事项：采购用于员工福利的药品或医疗器械。

(2)税务处理：

①税率。个人所得税的税率根据所得类型和金额不同，适用不同的税率。

②计税依据。个人所得税的计税依据为员工实际取得的福利金额。

③缴纳方式。企业应在发放福利时，按照规定代扣代缴个人所得税，并向税务机关申报缴纳。

7．契税

(1)涉税事项：土地使用权出让、房屋买卖、土地使用权转让、房屋赠与、房屋交换等。

(2)税务处理：

①缴纳主体。契税由承受土地、房屋权属的单位和个人缴纳。

②计税依据。契税的计税依据为不动产的价格，不包括增值税。具体包括：国有土地使用权出让、土地使用权出售、房屋买卖，以成交价格为计税依据；土地使用

权赠与、房屋赠与,由征收机关参照土地使用权出售、房屋买卖的市场价格核定;土地使用权交换、房屋交换,为所交换的土地使用权、房屋的价格差额。

③税率。契税实行3%～5%的幅度比例税率,具体适用税率由省、自治区、直辖市人民政府在规定的幅度内确定。

④缴纳方式。纳税人应当自纳税义务发生之日起10日内,向土地、房屋所在地的契税征收机关办理纳税申报,并在规定的期限内缴纳税款。

8. 耕地占用税

(1)涉税事项:占用耕地建设建筑物、构筑物或者从事非农业建设。

(2)税务处理:

①缴纳主体。耕地占用税由占用耕地的单位和个人缴纳。

②计税依据。耕地占用税以纳税人实际占用的应税土地面积为计税依据,包括经批准占用的耕地面积和未经批准占用的耕地面积。

③税率。耕地占用税实行四级地区差别幅度定额税率,人均耕地面积越少,单位税额越高。具体税率由省、自治区、直辖市人民政府根据当地实际情况确定。

④缴纳方式。耕地占用税应在占用耕地时一次性缴纳。纳税人需在收到占用耕地批准文件或自然资源主管部门认定占用耕地的当日,向税务机关申报并缴纳耕地占用税。

⑤特殊规定。占用基本农田的,耕地占用税按照适用税额加按150%征收。

二、采购环节小税种常见问题分析

(一)印花税常见问题分析

对于医药企业而言,采购环节需要缴纳印花税的常见情形会涉及因采购货物签订的购销合同、运输合同、仓储合同、财产保险合同等,为了筹集购货资金,医药企业如果从银行等金融机构借款则签订的借款合同需要缴纳印花税。针对印花税税种特点而言,医药企业常见的问题多为漏缴印花税、错误适用印花税税率以及计税依据使用错误等问题。接下来,我们将对具体问题做相关分析:

1. 签订电子合同是否需要缴纳印花税

案例 15

甲医药企业与材料供应商达成合作意向,双方以电子形式签订了采购合同。纳税人以电子形式签订的各类应税凭证是否需要缴纳印花税呢?

电子合同又称电子商务合同,其主要是指在网络条件下当事人为了实现一定的目的,通过数据电文、电子邮件等形式签订的明确双方权利义务关系的一种电子协议。

根据《财政部 国家税务总局关于印花税若干政策的通知》(财税〔2006〕162号)第一条规定,"对纳税人以电子形式签订的各类应税凭证按规定征收印花税"。

2. 印花税的计税依据是否包含增值税

案例 16

甲医药企业签订了2份原材料采购合同,其中针对合同金额条款表述如下:

合同1 采购合同约定的不含税金额为1 000万元,增值税税额130万元,价税合计1 130万元。

合同2 采购合同约定的总额为1 130万元。

上述2份合同在计算缴纳印花税方面有何不同呢?

根据《中华人民共和国印花税法》第五条规定,"应税合同的计税依据,为合同所列的金额,不包括列明的增值税税款"。合同1中,单独列明了增值税税额为130万元,因此,甲医药企业仅需要以不含税金额1 000万元按万分之三的税率计算缴纳印花税;合同2中,由于没有单独列明增值税税额,因此,需要以总额1 130万元作为计税依据缴纳印花税。

3. 货物运输合同计税依据是否包含所运输货物的价值

案例 17

甲医药企业采购一批原材料,该批材料价格为 500 万元。为运输该批材料,甲医药企业与乙运输公司签订货物运输合同,合同约定运费金额为 10 万元、税额为 0.9 万元,所运输货物价值为 500 万元,若因乙运输公司责任造成货物毁损,乙公司需赔偿相应损失。上述运输合同的印花税计税依据该如何确定呢?

根据《中华人民共和国印花税法》规定,运输合同是指货运合同和多式联运合同(不包括管道运输合同)。应税合同的计税依据,为合同所列的金额,不包括列明的增值税税款。运输合同的适用税率为运输费用的万分之三。印花税计税依据不包含所运输货物的价值。

因此,甲医药企业仅需以运费金额 10 万元适用万分之三的税率计算缴纳印花税。

4. 签订借款合同是否都需要缴纳印花税

案例 18

甲医药企业需采购一批原材料,为了缓解流动资金压力,甲医药企业与乙银行签订总额为 1 500 万元的借款合同,又与关联公司丙医药企业签订 500 万元的借款合同。上述两份借款合同,甲医药企业是否均需要缴纳印花税?

根据《中华人民共和国印花税法》规定,借款合同是指银行业金融机构、经国务院银行业监督管理机构批准设立的其他金融机构与借款人(不包括同业拆借)的借款合同。借款合同的印花税按照借款金额的万分之零点五计算缴纳。因此,在本案例中,甲医药企业仅需将其与乙银行签订的借款合同计算缴纳印花税,与关联公司丙医药企业签订的借款合同不需要缴纳印花税。

5. 采购合同金额未明确或发生变更涉及的印花税处理

案例 19

甲医药企业因采购原料签订如下合同：

情形 1　与乙企业签订的合同未列明金额，双方约定按照实际结算金额确定最终款项。

情形 2　与丙企业签订的合同约定金额为 100 万元，实际结算金额为 104 万元。双方对合同所列的金额未发生变更。

上述业务涉及的印花税的计税依据该如何确定？

根据《中华人民共和国印花税法》第六条规定，应税合同、产权转移书据未列明金额的，印花税的计税依据按照实际结算的金额确定。计税依据按照前款规定仍不能确定的，按照书立合同、产权转移书据时的市场价格确定；依法应当执行政府定价或者政府指导价的，按照国家有关规定确定。

因此，情形 1 中印花税的计税依据按照实际结算的金额确定。

根据《财政部 国家税务总局关于印花税若干事项政策执行口径的公告》（财政部 国家税务总局公告 2022 年第 22 号）第三条规定，应税合同、应税产权转移书据所列的金额与实际结算金额不一致，不变更应税凭证所列金额的，以所列金额为计税依据；变更应税凭证所列金额的，以变更后的所列金额为计税依据。已缴纳印花税的应税凭证，变更后所列金额增加的，纳税人应当就增加部分的金额补缴印花税；变更后所列金额减少的，纳税人可以就减少部分的金额向税务机关申请退还或者抵缴印花税。

因此，情形 2 中，实际结算金额虽然大于合同金额，但因为双方未对合同金额做变更，因此，印花税的计税依据以合同所列金额为计税依据。

(二)车辆购置税常见问题分析

医药企业在采购环节出于降低运输成本考虑,通常会选择自行购买运输车辆,这就会涉及车辆购置税的相关问题。接下来,我们通过案例剖析具体分析相关问题。

1. 车辆购置税的计税依据是否包含增值税

案例 20

为降低运输成本,甲医药企业购置一辆运输货车,取得汽车销售公司开具的机动车销售统一发票(不含税金额 30 万元、税额 3.9 万元,价税合计 33.9 万元)。假设不考虑其他条件,甲医药企业该如何计算缴纳车辆购置税?

根据《中华人民共和国车辆购置税法》相关规定,在中华人民共和国境内购置汽车、有轨电车、汽车挂车、排气量超过一百五十毫升的摩托车(以下统称应税车辆)的单位和个人,为车辆购置税的纳税人,应当依照本法规定缴纳车辆购置税。车辆购置税的税率为百分之十。车辆购置税的应纳税额按照应税车辆的计税价格乘以税率计算。纳税人购买自用应税车辆的计税价格,为纳税人实际支付给销售者的全部价款,不包括增值税税款。

因此,甲医药企业应缴纳车辆购置税为 3 万元(30×10%)。

2. 购置新能源汽车税收优惠适用问题

案例 21

甲医药企业采购一辆新能源汽车用来运输采购货物,购置该辆车共计支付价款 40 万元。假设不考虑其他条件,甲医药企业该如何计算缴纳车辆购置税?

《财政部 国家税务总局 工业和信息化部关于延续和优化新能源汽车车辆购置

税减免政策的公告》(财政部 国家税务总局 工业和信息化部公告2023年第10号)规定,对购置日期在2024年1月1日至2025年12月31日期间的新能源汽车免征车辆购置税,其中,每辆新能源乘用车免税额不超过3万元;对购置日期在2026年1月1日至2027年12月31日期间的新能源汽车减半征收车辆购置税,其中,每辆新能源乘用车减税额不超过1.5万元。

因此,甲医药企业采购的新能源汽车可按照上述规定享受车辆购置税减免优惠政策。

3. 配合车辆销售方低开发票是否存在涉税风险

案例 22

因运输业务需要,甲医药企业拟从乙汽车销售公司采购一辆货车,实际采购价格为50万元。乙汽车销售公司提议,若甲医药企业能够通过对公账户支付车款40万元,剩余款项以现金方式支付,乙汽车销售公司则给予1万元的价格优惠。在开具发票时,乙汽车销售公司仅开具40万元的发票,其余9万元现金开具收款收据。在缴纳车辆购置税时,甲医药企业仅以发票不含税金额作为计税依据,是否存在涉税风险?

在本案例中,甲医药企业与乙汽车销售公司均属于偷税行为。

根据《中华人民共和国税收征管法》的规定,偷税是指纳税人采取伪造、变造、隐匿、擅自销毁账簿、记账凭证,或者在账簿上多列支出或者不列、少列收入,或者经税务机关通知申报而拒不申报,或者进行虚假的纳税申报,不缴或者少缴应纳税款的行为。

对于偷税行为,税务机关会采取以下措施:

(1)追缴不缴或者少缴的税款及滞纳金。

(2)处以不缴或者少缴的税款百分之五十以上五倍以下的罚款。

(3)构成犯罪的,依法追究刑事责任。

此外,根据《中华人民共和国刑法》第二百零一条的规定,纳税人偷税数额占应纳税额的10%以上且偷税数额在1万元以上的,构成偷税罪,可处三年以下有期徒刑或者拘役,并处罚金;数额巨大并且占应纳税额百分之三十以上的,处三年以上七年以下有期徒刑,并处罚金。

(三)契税常见问题分析

契税是指以所有权发生转移变动的不动产为征税对象,向产权承受人征收的一种财产税。应缴税范围包括:土地使用权出售、赠与和交换,房屋买卖,房屋赠与,房屋交换等。在中国境内取得土地、房屋权属的企业和个人,应当依法缴纳契税。

契税税率为百分之三至百分之五。契税的具体适用税率,由省、自治区、直辖市人民政府在前款规定的税率幅度内提出,报同级人民代表大会常务委员会决定,并报全国人民代表大会常务委员会和国务院备案。

1. 契税计税依据是否包含增值税问题

案例 23

甲医药企业主要从事药品零售业务,因生产经营需要,甲医药企业从乙房地产企业购入一套房产作为经营场所,取得对方开具的增值税专用发票(不含税金额100万元、税额9万元,价税合计109万元)。甲医药企业在计算缴纳契税时,其计税依据是否包括增值税?

根据《国家税务总局关于契税纳税服务与征收管理若干事项的公告》(国家税务总局公告2021年第25号)第三条规定,契税计税依据不包括增值税,具体情形为:

(1)土地使用权出售、房屋买卖,承受方计征契税的成交价格不含增值税;实际取得增值税发票的,成交价格以发票上注明的不含税价格确定。

(2)土地使用权互换、房屋互换,契税计税依据为不含增值税价格的差额。

(3)税务机关核定的契税计税价格为不含增值税价格。

因此,甲医药企业在计算缴纳契税时,其计税依据为100万元,不包括9万元的增值税。

2. 因法院判决生效取得房屋权属是否需要缴纳契税问题

案例 24

甲医药企业主要从事药品批发销售业务,乙企业因欠甲医药企业债务到期无法偿还,经法院判决,甲医药企业取得了乙企业所拥有的一处房产。甲医药企业是否需要缴纳契税呢?

根据《财政部 国家税务总局关于贯彻实施契税法若干事项执行口径的公告》(财政部 国家税务总局公告2021年第23号)的规定,下列情形发生土地、房屋权属转移的,承受方应当依法缴纳契税:

(1)因共有不动产份额变化的;

(2)因共有人增加或者减少的;

(3)因人民法院、仲裁委员会的生效法律文书或者监察机关出具的监察文书等因素,发生土地、房屋权属转移的。

因此,本案例中,甲医药企业因人民法院的生效法律文书而取得房产权属,需要缴纳契税。

3. 减免土地出让金能否减免契税

案例 25

甲医药企业为了在A市新建生产厂区而与A市政府签订土地使用权出让合

同。根据约定甲医药企业应支付土地出让金 1 亿元,为了鼓励甲医药企业投资,A 市政府减免了土地出让金 2 000 万元。甲医药企业在缴纳契税时该如何确定计税依据?

根据《国家税务总局关于免征土地出让金出让国有土地使用权征收契税的批复》(国税函〔2005〕436 号)规定,对承受国有土地使用权所应支付的土地出让金,要计征契税。不得因减免土地出让金而减免契税。

因此,甲医药企业应以 1 亿元作为契税的计税依据。

第三节 采购环节的税务风险管理

一、增值税进项税额的风险管理

对于医药生产企业与医药批发零售企业而言,在采购环节,增值税的风险主要存在两个方面的问题,一是未能准确识别出可抵扣增值税凭证种类造成少抵扣增值税问题,二是未能准确掌握不得抵扣增值税的情形造成多抵扣增值税问题。接下来,本书将上述问题做如下归纳梳理:

(一)准确识别可抵扣增值税凭证种类

实务中,可抵扣增值税的凭证主要包括以下种类,财务人员需要重点掌握:

1. 增值税专用发票

从销售方取得的增值税专用发票上注明的增值税额,准予从销项税额中抵扣。

政策依据:《财政部 国家税务总局关于全面推开营业税改征增值税试点的通知》(财税〔2016〕36 号)附件 1《营业税改征增值税试点实施办法》第二十五条。

2. 数电发票(电子发票)

数电发票是《中华人民共和国发票管理办法》中"电子发票"的一种,是将发票的票面要素全面数字化、号码全国统一赋予、开票额度智能授予、信息通过税务数字账户等方式在征纳主体之间自动流转的新型发票。数电发票与纸质发票具有同等法受票方取得数电发票后,如需用于申报抵扣增值税进项税额、成品油消费税或申请出口退税、代办退税、勾选成品油库存的,应当通过税务数字账户确认用途。

政策依据:《国家税务总局关于推广应用全面数字化电子发票的公告》(国家税务总局公告2024年第11号)。

3. 海关进口增值税专用缴款书

从海关取得的海关进口增值税专用缴款书上注明的增值税额,准予从销项税额中抵扣。

政策依据:《财政部 国家税务总局关于全面推开营业税改征增值税试点的通知》(财税〔2016〕36号)附件1《营业税改征增值税试点实施办法》第二十五条。

4. 农产品收购发票或销售发票

购进农产品,除取得增值税专用发票或者海关进口增值税专用缴款书外,按照农产品收购发票或者销售发票上注明的农产品买价和扣除率计算的进项税额。计算公式为:

$$进项税额 = 买价 \times 扣除率$$

购进农产品,按照《农产品增值税进项税额核定扣除试点实施办法》抵扣进项税额的除外。

案例 26

甲医药生产企业属于增值税一般纳税人,因生产经营需要其购进一批农产品(中草药),假设其取得(开具)农产品销售发票或收购发票,则进项税额以农产品销售发票或收购发票上注明的农产品买价和9%的扣除率来计算。

注意事项:纳税人购进用于生产或者委托加工13%税率货物的农产品,按照10%的扣除率计算进项税额。纳税人购进农产品,在购入当期,按照9%扣除率计算抵扣进项税额;用于生产或者委托加工13%税率货物的,在领用当期加计扣除1%

的进项税额，填写在《增值税申报表附列资料（二）》第 8a 栏加计扣除农产品进项税额。

政策依据：《财政部 国家税务总局关于全面推开营业税改征增值税试点的通知》（财税〔2016〕36 号）附件 1《营业税改征增值税试点实施办法》第二十五条；《财政部 国家税务总局 海关总署关于深化增值税改革有关政策的公告》（财政部 国家税务总局 海关总署公告 2019 年第 39 号）。

5. 解缴税款完税凭证

从境外单位或者个人购进服务、无形资产或者不动产，自税务机关或者扣缴义务人取得的解缴税款的完税凭证上注明的增值税额，准予从销项税额中抵扣。

纳税人凭完税凭证抵扣进项税额的，应当具备书面合同、付款证明和境外单位的对账单或者发票。资料不全的，其进项税额不得从销项税额中抵扣。

政策依据：《财政部 国家税务总局关于全面推开营业税改征增值税试点的通知》（财税〔2016〕36 号）附件 1《营业税改征增值税试点实施办法》第二十五条、第二十六条。

6. 机动车销售统一发票

从销售方取得的税控机动车销售统一发票上注明的增值税额，准予从销项税额中抵扣。

注意事项：机动车销售统一发票的"纳税人识别号/统一社会信用代码/身份证明号码"栏，销售方根据消费者实际情况填写。如消费者需要抵扣增值税，则该栏必须填写消费者的统一社会信用代码或纳税人识别号，如消费者为个人则应填写个人身份证明号码。

政策依据：《财政部 国家税务总局关于全面推开营业税改征增值税试点的通知》（财税〔2016〕36 号）附件 1《营业税改征增值税试点实施办法》第二十五条；《国家税务总局 工业和信息化部 公安部关于发布〈机动车发票使用办法〉的公告》（国家税务总局 工业和信息化部 公安部公告 2020 年第 23 号）第九条。

7. 道路、桥、闸通行费

通行费,是指有关单位依法或者依规设立并收取的过路、过桥和过闸费用。

自 2018 年 1 月 1 日起,纳税人支付的道路、桥、闸通行费,按照以下规定抵扣进项税额:

(1)纳税人支付的道路通行费,按照收费公路通行费增值税电子普通发票上注明的增值税额抵扣进项税额。

(2)纳税人支付的桥、闸通行费,暂凭取得的通行费发票上注明的收费金额按照下列公式计算可抵扣的进项税额:

$$桥、闸通行费可抵扣进项税额＝桥、闸通行费发票上注明的金额÷(1+5\%)×5\%$$

注意事项:客户通行经营性收费公路,由经营管理者开具征税发票,可按规定用于增值税进项抵扣;客户采取充值方式预存通行费,可由 ETC 客户服务机构开具不征税发票,不可用于增值税进项抵扣。

政策依据:《财政部 国家税务总局关于租入固定资产进项税额抵扣等增值税政策的通知》(财税〔2017〕90 号)第七条;《交通运输部 财政部 国家税务总局 国家档案局关于收费公路通行费电子票据开具汇总等有关事项的公告》(交通运输部公告 2020 年第 24 号)第二条。

8. 旅客运输凭证

纳税人购进国内旅客运输服务,其进项税额允许从销项税额中抵扣。纳税人未取得增值税专用发票的,暂按照以下规定确定进项税额:

(1)取得增值税电子普通发票的,为发票上注明的税额。

(2)取得注明旅客身份信息的航空运输电子客票行程单的,为按照下列公式计算进项税额:

$$航空旅客运输进项税额＝(票价+燃油附加费)÷(1+9\%)×9\%$$

案例 27

甲医药企业主要从事药品批发零售业务,该企业采购人员因出差取得航空运输电子客票行程单,该行程单上注明的机票票价为 2 000 元,民航发展基金 120 元,燃油附加费 250 元,则该笔业务涉及的进项税额为 185.78 元[(2 000+250)÷(1+9%)×9%]。

(3)取得注明旅客身份信息的铁路车票的,为按照下列公式计算的进项税额:

铁路旅客运输进项税额＝票面金额÷(1+9%)×9%

(4)取得注明旅客身份信息的公路、水路等其他客票的,按照下列公式计算进项税额:

公路、水路等其他旅客运输进项税额＝票面金额÷(1+3%)×3%

政策依据:《财政部 国家税务总局 海关总署关于深化增值税改革有关政策的公告》(财政部 国家税务总局 海关总署公告2019年第39号)第六条。

(二)准确掌握不得抵扣增值税的情形

医药企业财务人员由于对不得抵扣增值税的情形把握不准确,造成多抵扣增值税进项税额,从而给企业带来涉税风险的情形较为常见,实务中,不得抵扣增值税的情形主要如下:

1. 未办理一般纳税人资格登记等情形

根据税收政策规定,有下列情形之一者,应当按照销售额和增值税税率计算应纳税额,不得抵扣进项税额,也不得使用增值税专用发票:

(1)一般纳税人会计核算不健全,或者不能够提供准确税务资料的。

(2)应当办理一般纳税人资格登记而未办理的。

政策依据:《财政部 国家税务总局关于全面推开营业税改征增值税试点的通知》(财税〔2016〕36号)附件1《营业税改征增值税试点实施办法》第三十三条。

2. 用于简易计税方法计税等项目

用于简易计税方法计税项目、免征增值税项目、集体福利或者个人消费的购进货物、加工修理修配劳务、服务、无形资产和不动产项目的进项税额不得从销项税额中抵扣。

注意事项：上述涉及的固定资产、无形资产、不动产，仅指专用于上述项目的固定资产、无形资产（不包括其他权益性无形资产）、不动产。

纳税人的交际应酬消费属于个人消费。

案例 28

甲医药生产企业因采购原材料取得了对方开具的增值税专用发票，由于该批原材料用于生产简易计税项目，因此，即便甲医药生产企业取得的是专用发票，对应的进项税额也不得从销项税额中抵扣。

政策依据：《财政部 国家税务总局关于全面推开营业税改征增值税试点的通知》（财税〔2016〕36号）附件1《营业税改征增值税试点实施办法》第二十七条。

3. 发生非正常损失的项目

非正常损失，是指因管理不善造成货物被盗、丢失、霉烂变质，以及因违反法律法规造成货物或者不动产被依法没收、销毁、拆除的情形。

非正常损失项目的进项税额不得从销项税额中抵扣，具体如下：

(1)非正常损失的购进货物，以及相关的加工修理修配劳务和交通运输服务。

(2)非正常损失的在产品、产成品所耗用的购进货物（不包括固定资产）、加工修理修配劳务和交通运输服务。

(3)非正常损失的不动产，以及该不动产所耗用的购进货物、设计服务和建筑服务。

(4)非正常损失的不动产在建工程所耗用的购进货物、设计服务和建筑服务。

纳税人新建、改建、扩建、修缮、装饰不动产,均属于不动产在建工程。

注意事项:上述第(3)项、第(4)项所称货物,是指构成不动产实体的材料和设备,包括建筑装饰材料和给排水、采暖、卫生、通风、照明、通讯、煤气、消防、中央空调、电梯、电气、智能化楼宇设备及配套设施。

案例 29

甲医药企业主要从事药品批发零售业务,甲企业从乙医药生产企业购进的一批药物涉及的进项税额为 100 万元,因采购上述货物发生的运费支出对应的进项税额为 7 万元,甲企业将上述进项税额 107 万元在取得发票的当期做了认证抵扣处理。之后,因甲企业管理不善导致该批药品霉烂变质,则甲企业需要将上述已抵扣的进项税额 107 万元做进项税额转出处理。

政策依据:《财政部 国家税务总局关于全面推开营业税改征增值税试点的通知》(财税〔2016〕36 号)附件 1《营业税改征增值税试点实施办法》第二十七条、第二十八条。

4. 购进的特定服务项目

购进的贷款服务、餐饮服务、居民日常服务和娱乐服务的进项税额不得从销项税额中抵扣。

政策依据:《财政部 国家税务总局关于全面推开营业税改征增值税试点的通知》(财税〔2016〕36 号)附件 1《营业税改征增值税试点实施办法》第二十七条。

5. 兼营简易计税、免税项目而无法划分进项税额的情形

适用一般计税方法的纳税人,兼营简易计税方法计税项目、免征增值税项目而无法划分不得抵扣的进项税额,按照下列公式计算不得抵扣的进项税额:

不得抵扣的进项税额＝当期无法划分的全部进项税额×(当期简易计税方法计税项目销售额＋免征增值税项目销售额)÷当期全部销售额

特别提醒:主管税务机关可以按照上述公式依据年度数据对不得抵扣的进项税额进行清算。

案例 30

甲医药企业主要从事药品研发生产业务,属于增值税一般纳税人。甲企业因购进一批原料在当月取得的进项税额为 50 万元,该批原料既用于一般计税药品的生产项目也用于简易计税药品的生产项目,甲企业无法划分不得抵扣的进项税额。当月,甲企业全部销售额为 400 万元,其中简易计税药品的销售额为 150 万元。

当期甲企业不得抵扣的进项税额为 18.75 万元(50×150/400)。

政策依据:《财政部 国家税务总局关于全面推开营业税改征增值税试点的通知》(财税〔2016〕36 号)附件 1《营业税改征增值税试点实施办法》第二十九条。

6. 凭证明资料不全的完税凭证抵扣进项税额

纳税人凭完税凭证抵扣进项税额的,应当具备书面合同、付款证明和境外单位的对账单或者发票。资料不全的,其进项税额不得从销项税额中抵扣。

政策依据:《财政部 国家税务总局关于全面推开营业税改征增值税试点的通知》(财税〔2016〕36 号)附件 1《营业税改征增值税试点实施办法》第二十六条。

7. 取得不合规的增值税扣税凭证

根据《中华人民共和国增值税暂行条例》第九条规定,纳税人购进货物、劳务、服务、无形资产、不动产,取得的增值税扣税凭证不符合法律、行政法规或者国务院税务主管部门有关规定的,其进项税额不得从销项税额中抵扣。不合规的增值税扣税凭证典型问题为未按照要求开具发票,具体如下:

(1)货物运输服务发票。增值税一般纳税人提供货物运输服务,使用增值税专用发票和增值税普通发票,开具发票时应将起运地、到达地、车种车号以及运输货物信息等内容填写在发票备注栏中,如内容较多可另附清单。

政策依据:《国家税务总局关于停止使用货物运输业增值税专用发票有关问题的公告》(国家税务总局公告 2015 年第 99 号)第一条。

(2)建筑服务发票。提供建筑服务,纳税人自行开具增值税发票时,应在发票的备注栏注明建筑服务发生地县(市、区)名称及项目名称。

政策依据:《国家税务总局关于全面推开营业税改征增值税试点有关税收征收管理事项的公告》(国家税务总局公告 2016 年第 23 号)第四条。

(3)销售、出租不动产发票。销售不动产,纳税人自行开具或者税务机关代开增值税发票时,应在发票"货物或应税劳务、服务名称"栏填写不动产名称及房屋产权证书号码(无房屋产权证书的可不填写),"单位"栏填写面积单位,备注栏注明不动产的详细地址。

出租不动产,纳税人自行开具或者税务机关代开增值税发票时,应在备注栏注明不动产的详细地址。

政策依据:《国家税务总局关于全面推开营业税改征增值税试点有关税收征收管理事项的公告》(国家税务总局公告 2016 年第 23 号)第四条。

(4)差额征税发票。纳税人自行开具增值税发票时,通过新系统中差额征税开票功能,录入含税销售额(或含税评估额)和扣除额,系统自动计算税额和不含税金额,备注栏自动打印"差额征税"字样,发票开具不应与其他应税行为混开。

政策依据:《国家税务总局关于全面推开营业税改征增值税试点有关税收征收管理事项的公告》(国家税务总局公告 2016 年第 23 号)第四条。

(5)销售机动车开具增值税专用发票。销售机动车开具增值税专用发票时,应遵循以下规则:

①正确选择机动车的商品和服务税收分类编码。

②增值税专用发票"规格型号"栏应填写机动车车辆识别代号/车架号,"单位"栏应选择"辆","单价"栏应填写对应机动车的不含增值税价格。汇总开具增值税专用发票,应通过机动车发票开具模块开具《销售货物或应税劳务、服务清单》,其中的规格型号、单位、单价等栏次也应按照上述增值税专用发票的填写要求填开。国内

机动车生产企业若不能按上述规定填写"规格型号"栏的,应当在增值税专用发票(包括销售货物或应税劳务、服务清单)上,将相同车辆配置序列号、相同单价的机动车,按照同一行次汇总填列的规则开具发票。

政策依据:《国家税务总局 工业和信息化部 公安部关于发布〈机动车发票使用办法〉的公告》(国家税务总局 工业和信息化部 公安部公告 2020 年第 23 号)第八条。

(6)销售机动车开具机动车销售统一发票。销售机动车开具机动车销售统一发票时,应遵循以下规则:

①按照"一车一票"原则开具机动车销售统一发票,即一辆机动车只能开具一张机动车销售统一发票,一张机动车销售统一发票只能填写一辆机动车的车辆识别代号/车架号。

②机动车销售统一发票的"纳税人识别号/统一社会信用代码/身份证明号码"栏,销售方根据消费者实际情况填写。如消费者需要抵扣增值税,则该栏必须填写消费者的统一社会信用代码或纳税人识别号,如消费者为个人则应填写个人身份证明号码。

政策依据:《国家税务总局 工业和信息化部 公安部关于发布〈机动车发票使用办法〉的公告》(国家税务总局 工业和信息化部 公安部公告 2020 年第 23 号)第九条。

8. 取得增值税异常凭证

增值税一般纳税人取得的增值税专用发票列入异常凭证范围的,应按照以下规定处理:

(1)尚未申报抵扣增值税进项税额的,暂不允许抵扣。已经申报抵扣增值税进项税额的,除另有规定外,一律做进项税额转出处理。

(2)尚未申报出口退税或者已申报但尚未办理出口退税的,除另有规定外,暂不允许办理出口退税。适用增值税免抵退税办法的纳税人已经办理出口退税的,应根据列入异常凭证范围的增值税专用发票上注明的增值税额做进项税额转出处理;适用增值税免退税办法的纳税人已经办理出口退税的,税务机关应按照现行规定对列入异常凭证范围的增值税专用发票对应的已退税款追回。纳税人因骗取出口退税停止出口退(免)税期间取得的增值税专用发票列入异常凭证范围的,按照本条第(1)项规定执行。

(3)消费税纳税人以外购或委托加工收回的已税消费品为原料连续生产应税消费品,尚未申报扣除原料已纳消费税税款的,暂不允许抵扣;已经申报抵扣的,冲减当期允许抵扣的消费税税款,当期不足冲减的应当补缴税款。

根据税法相关规定,纳税信用 A 级纳税人取得异常凭证且已经申报抵扣增值税、办理出口退税或抵扣消费税的,可以自接到税务机关通知之日起 10 个工作日内,向主管税务机关提出核实申请。经税务机关核实,符合现行增值税进项税额抵扣、出口退税或消费税抵扣相关规定的,可不做进项税额转出、追回已退税款、冲减当期允许抵扣的消费税税款等处理。纳税人逾期未提出核实申请的,应于期满后按照本条第(1)项、第(2)项、第(3)项规定做相关处理。

纳税人对税务机关认定的异常凭证存有异议,可以向主管税务机关提出核实申请。经税务机关核实,符合现行增值税进项税额抵扣或出口退税相关规定的,纳税人可继续申报抵扣或者重新申报出口退税;符合消费税抵扣规定且已缴纳消费税税款的,纳税人可继续申报抵扣消费税税款。

政策依据:《国家税务总局关于异常增值税扣税凭证管理等有关事项的公告》(国家税务总局公告 2019 年第 38 号)第三条。

9. 取得虚开的增值税专用发票

纳税人取得虚开的增值税专用发票,不得作为增值税合法有效的扣税凭证抵扣其进项税额。

政策依据:《国家税务总局关于纳税人虚开增值税专用发票征补税款问题的公告》(国家税务总局公告 2012 年第 33 号)。

二、采购环节关税的风险管理

(一)关税常见风险及对应管理措施

1. 关税政策变化风险

(1)风险点。关税政策的调整可能导致进口原材料或成品药的关税税率发生变化,增加采购成本。

(2)管理措施。密切关注关税政策变化,及时调整采购策略,优化供应商结构,寻找关税优惠或稳定的供应源。

2. 海关估价风险

(1)风险点。海关对进口货物的估价可能高于企业申报价格,导致企业需补缴关税。

(2)管理措施。确保申报价格符合海关估价原则,提供准确的交易证据和成本核算资料。

3. 原产地规则风险

(1)风险点。进口货物不符合原产地规则,无法享受关税优惠。

(2)管理措施。熟悉原产地规则,确保进口货物符合相关要求,必要时申请原产地证书。

4. 贸易摩擦风险

(1)风险点。国际贸易摩擦可能导致加征关税,影响进口成本和市场竞争力。

(2)管理措施。提前评估贸易摩擦影响,制定应对策略,如调整采购地区、增加库存等。

(二)关税风险综合管理措施

1. 合规申报

严格按照海关和税务部门要求,准确申报进口货物信息,包括价格、原产地、税则号列等。

2. 建立风险预警机制

建立关税风险预警机制,定期评估关税政策变化对采购成本的影响,及时调整采购策略。

3. 优化供应链

优化供应链,寻找多元化的供应商,降低对单一供应商的依赖,减少关税变化带来的风险。

4. 加强内部培训

加强对采购和财务人员的关税政策培训,提高其对关税风险的识别和应对能力。

三、采购环节企业所得税的风险管理

(一)企业所得税风险常见风险及应对措施

1. 研发费用加计扣除风险

(1)风险点。医药企业将不符合条件的费用计入研发费用,或扩大研发费用加计扣除范围。

(2)管理措施。严格遵循《企业所得税法》及相关政策,确保研发费用的归集符合税法规定。建立研发费用管理台账,详细记录研发项目的费用支出,确保费用的真实性和合理性。定期对研发费用进行内部审计,确保费用的合规性。

2. 资产损失处理风险

(1)风险点。医药企业将非正常损失作为正常损失处理,未按规定进行进项税额转出。

(2)管理措施。建立资产损失管理制度,明确资产损失的认定标准和处理流程。对于因管理不善造成的损失,应做进项税额转出处理,并按照企业财产损失所得税前扣除管理办法规定报备和申报。收集、保存资产损失证据,包括药监部门和专业技术鉴定部门的证明资料。

3. 农产品收购发票风险

(1)风险点。医药企业向农户采购药材时,存在虚开发票和虚列成本的行为。

(2)管理措施。建立专门的中药原材料收购台账,记录中药原材料的购进和出库等各环节。加强对采购人员及财务人员的培训,熟悉农产品的采购流程和发票使用、索取和开具等相关知识。主动寻求税务机关的辅导,积极配合上报企业的生产规模、生产能力和合理损耗等信息。

4. 视同销售处理风险

(1)风险点。医药企业向医疗机构或药店免费提供样品药时,未正确核定视同销售价格。

(2)管理措施。遵守增值税关于视同销售价格确定的三种方法的处理次序,不要动辄采用成本加成方法。正确理解视同销售指的是货物,该货物应是能够带来经济利益的主要载体。样品药的视同销售价格应参考同期同类价格,不要仅限于"相同"商品价格。

(二)企业所得税风险综合管理措施

1. 完善内控体系

建立健全的内部控制制度,加强对采购流程的监督和管理。规范员工报销程序,核查报销的真实性;准确把握收购金额和开具对象;发生资产损失时,依照规定进行资产损失专项申报,合法合规进行税前扣除。

2. 加强税务统筹规划

合理利用税法政策,进行税务统筹规划。例如,企业研发支出资本化的时点可以参考同类药品试验的成功率选择,以规避税收风险。

3. 加强培训与沟通

加强对采购人员和财务人员的税务合规培训,提高其对税务政策的理解和执行能力。与税务机关保持有效的沟通,及时了解税收政策的变化,确保企业税务处理的合规性。

四、采购环节其他税种的风险管理

(一)采购环节印花税的风险管理

企业对采购合同未按规定贴花或申报缴纳印花税,会造成印花税缴纳风险。企业确保采购合同在签订时,按照规定计算并缴纳印花税。对于电子合同,通过电子税务局申报缴纳,并保存相关凭证。

1. 审核采购合同金额、税额是否准确明晰

根据《中华人民共和国印花税法》第五条规定,"应税合同的计税依据,为合同所列的金额,不包括列明的增值税税款"。在签订采购合同时,财务部门应参与采购合同的签约审核过程,以此确认合同总额是否明晰准确,合同金额、税额是否单独列明,以此防范因增值税税款未单独列明导致增大应税合同的计税依据,造成多缴纳印花税。

2. 审核采购环节印花税适用税率是否准确

实务中,因印花税税率适用错误是财务人员常见的问题,在采购环节主要涉及的印花税税目见表3-1:

表3-1　　　　　　　　　　采购环节主要涉及的印花税税目

项目	税目	税率	备注
1	买卖合同	价款的万分之三	指动产买卖合同 (不包括个人书立的动产买卖合同)
2	运输合同	运输费用的万分之三	指货运合同和多式联运合同 (不包括管道运输合同)
3	租赁合同	租金的千分之一	
4	保管合同	保管费的千分之一	
5	仓储合同	仓储费的千分之一	
6	财产保险合同	保险费的千分之一	不包括再保险合同

3. 建立台账管理制度、防范少纳税风险

由于医药企业在采购环节签订的合同较多,财务人员很容易出现少缴纳印花税,财务人员应按合同类别建立台账,以合同编号为索引,注明合同总额、金额、税额等要素信息并定期与采购部门核对,防范少缴纳印花税。

4. 印花税纳税申报注意事项

(1)纳税人应当根据书立印花税应税合同、产权转移书据和营业账簿情况,填写印花税税源明细表,综合申报财产行为税。

(2)应税合同、产权转移书据未列明金额,在后续实际结算时确定金额的,纳税人应当于书立应税合同、产权转移书据的首个纳税申报期申报应税合同、产权转移书据书立情况,在实际结算后下一个纳税申报期,以实际结算金额计算申报缴纳印花税。

(3)印花税按季、按年或者按次计征。应税合同、产权转移书据印花税可以按季或者按次申报缴纳,应税营业账簿印花税可以按年或者按次申报缴纳,具体纳税期限由各省、自治区、直辖市、计划单列市税务局结合征管实际确定。

(二)采购环节车辆购置税的风险管理

企业在采购车辆缴纳车辆购置税时,往往会存在计税价格风险、免税条件消失风险、退税风险、完税证明管理风险和虚假申报风险。

(1)计税价格风险。纳税人申报的计税价格低于同类型应税车辆的最低计税价格,且无正当理由,可能导致税务机关核定计税价格,增加税负。

(2)免税条件消失风险。免税车辆因转让、改变用途等原因不再属于免税范围,纳税人未及时申报纳税。

(3)退税风险。车辆退回生产企业或经销商时,纳税人未按规定申请退税,或提供的退税资料不全,导致退税申请被拒绝。

(4)完税证明管理风险。完税证明损毁、丢失,或完税证明信息与原申报资料不一致,导致税务机关无法确认车辆的完税状态。

(5)虚假申报风险。纳税人编虚假申报风险,造虚假计税依据或提供虚假资料,导致税务机关无法准确核定应纳税额。

企业应确保申报的计税价格符合市场交易价格,提供准确的购车发票或其他价格凭证，避免因价格申报不实而引发税务风险；在纳税申报时如实申报应税车辆的计税价格和相关资料，确保申报信息的真实性和准确性；建立健全的车辆管理台账，跟踪车辆的使用状态和所有权变更情况，确保在免税条件消失时及时向税务机关申报纳税；在车辆退回时，及时向原征收机关申请退税，并提供完整的退税资料，包括退车证明、退车发票等。

1. 准确掌握车辆购置税计税依据

医药企业要准确掌握车辆购置税的计税依据，防范出现车辆购置税缴纳错误的风险。根据《中华人民共和国车辆购置税法》规定，应税车辆的计税价格，按照下列规定确定：

（1）纳税人购买自用应税车辆的计税价格，为纳税人实际支付给销售者的全部价款，不包括增值税税款。

（2）纳税人进口自用应税车辆的计税价格，为关税完税价格加上关税和消费税。

（3）纳税人自产自用应税车辆的计税价格，按照纳税人生产的同类应税车辆的销售价格确定，不包括增值税税款。

（4）纳税人以受赠、获奖或者其他方式取得自用应税车辆的计税价格，按照购置应税车辆时相关凭证载明的价格确定，不包括增值税税款。

2. 采购新能源汽车车辆准确适用购置税减免优惠

为支持新能源汽车产业发展，促进汽车消费，多部门联合出台了《财政部 国家税务总局 工业和信息化部关于延续和优化新能源汽车车辆购置税减免政策的公告》（财政部 国家税务总局 工业和信息化部公告2023年第10号），该公告进一步延续和优化新能源汽车车辆购置税减免政策，医药企业在采购上述新能源车辆时要注意是否符合以下具体要求：

（1）关于优惠期间。对购置日期在2024年1月1日至2025年12月31日期间的新能源汽车免征车辆购置税，其中，每辆新能源乘用车免税额不超过3万元；对购置日期在2026年1月1日至2027年12月31日期间的新能源汽车减半征收车辆购置税，其中，每辆新能源乘用车减税额不超过1.5万元。购置日期按照机动车销售统一发票或海关关税专用缴款书等有效凭证的开具日期确定。

(2)关于优惠适用车型。享受车辆购置税减免政策的新能源汽车,是指符合新能源汽车产品技术要求的纯电动汽车、插电式混合动力(含增程式)汽车、燃料电池汽车。新能源汽车产品技术要求由工业和信息化部会同财政部、国家税务总局根据新能源汽车技术进步、标准体系发展和车型变化情况制定。

3. 防范隐瞒真实购车价格逃避纳税问题

在实务中,部分汽车销售企业为了隐瞒收入偷逃税款,利用购车方想少缴纳车辆购置税的心理,采取了针对部分车价价款开具机动车销售统一发票,分解销售收入,另一部分价款仅开收据不入账的手段。此时,针对购车方而言,其属于偷税行为,会存在被补缴税款、滞纳金和罚款的风险。因此,在购车环节,医药企业财务人员要重点关注取得的机动车销售发票小于已支付的购车价格问题。

4. 免减税车辆转让或用途改变

医药企业应自查有无已经办理免税、减税手续的车辆因转让、改变用途等原因不再属于免税、减税范围的,根据《中华人民共和国车辆购置税法》(中华人民共和国主席令第十九号)规定:免税、减税车辆因转让、改变用途等原因不再属于免税、减税范围的,纳税人应当在办理车辆转移登记或者变更登记前缴纳车辆购置税。计税价格以免税、减税车辆初次办理纳税申报时确定的计税价格为基准,每满一年扣减百分之十。

应纳税额计算公式如下:应纳税额＝初次办理纳税申报时确定的计税价格×(1－使用年限×10%)×10%－已纳税额,应纳税额不得为负数。使用年限的计算方法是,自纳税人初次办理纳税申报之日起,至不再属于免税、减税范围的情形发生之日止。使用年限取整计算,不满一年的不计算在内。

(三)采购环节契税的风险管理

企业在接受土地使用权出让或房屋买入时,契税的计税依据不准确,或未及时申报缴纳契税,会造成契税纳税风险。企业应准确理解契税的计税依据,确保土地出让金、房屋买卖价格等信息准确无误。在土地、房屋权属转移时,及时向税务机关申报并缴纳契税。

1. 错误理解契税纳税义务发生时间

案例 31

为了建造新的经营厂区,甲医药生产企业与市政府于某年1月签订了土地使用权出让合同。某年3月,甲医药企业实际取得土地使用权并开始施工建设。某年6月,甲医药企业取得土地使用权证书。甲医药企业应在何时申报缴纳契税?

实务中,很多财务人员认为契税的纳税义务时间为取得权利证书之日,这是错误的。根据《中华人民共和国契税法》第九条、第十条规定,契税的纳税义务发生时间,为纳税人签订土地、房屋权属转移合同的当日,或者纳税人取得其他具有土地、房屋权属转移合同性质凭证的当日。纳税人应当在依法办理土地、房屋权属登记手续前申报缴纳契税。

此外,根据现行政策规定,医药企业办理纳税事宜后,税务机关会向其开具契税完税凭证。医药企业在办理土地、房屋权属登记时,不动产登记机构应当查验契税完税、减免税凭证或者有关信息。未按照规定缴纳契税的,不动产登记机构不予办理土地、房屋权属登记。

2. 医药企业≠医疗机构,错误享受税收优惠政策

实务中,医药企业财务人员误将医药企业等同于医疗机构可以享受免税契税税收优惠政策。根据《中华人民共和国契税法》第六条规定,"非营利性的学校、医疗机构、社会福利机构承受土地、房屋权属用于办公、教学、医疗、科研、养老、救助"免征契税。

需要注意的是,要享受免征契税的税收优惠政策,必须具备以下条件:

(1)主体适用,即必须是非营利性医疗机构。非营利性医疗机构,要按《财政部 国家税务总局关于贯彻实施契税法若干事项执行口径的公告》(财政部 国家税务总

局公告2021年第23号)第三条(一)的规定,"享受契税免税优惠的非营利性的学校、医疗机构、社会福利机构,限于上述三类单位中依法登记为事业单位、社会团体、基金会、社会服务机构等的非营利法人和非营利组织。其中:医疗机构的具体范围为经县级以上人民政府卫生健康行政部门批准或者备案设立的医疗机构。"

(2)用途规范。医疗机构购买的房屋、土地,或接受捐赠的土地房屋,必须用于医疗机构的办公、教学、医疗、科研、养老、救助。医疗机构买入的,或者接受捐赠的房屋、土地,只有同时满足上述两个条件,才享受免征契税的税收优惠。

(四)采购环节耕地占用税的风险管理

企业占用耕地建设建筑物时,未及时申报缴纳耕地占用税,或适用税率错误,会造成耕地占用税的风险。企业在占用耕地时,应及时向税务机关申报并缴纳耕地占用税。确保适用税率符合当地规定,特别是占用基本农田时,需按适用税额加按150%征收。

1. 医药企业是否属于耕地占用税的纳税义务人

案例 32

因新厂区建设需要,甲医药企业未经批准占用了周边耕地,甲医药企业是否需要缴纳耕地占用税?

根据《中华人民共和国耕地占用税法》相关规定,在中华人民共和国境内占用耕地建设建筑物、构筑物或者从事非农业建设的单位和个人,是耕地占用税的纳税人。

《财政部 国家税务总局 自然资源部 农业农村部 生态环境部关于发布〈中华人民共和国耕地占用税法实施办法〉的公告》(财政部 国家税务总局 自然资源部 农业农村部 生态环境部公告2019年第81号)文件进一步明确,耕地占用税纳税人具体可分为三类:一是经批准占用耕地的,为农用地转用审批文件中标明的建设用地人;二是农用地转用审批文件中未标明建设用地人的,为用地申请人;三是未经批准占用耕地的,为实际用地人。

在本案例中,甲医药企业未经批准占用耕地属于实际用地人,需要缴纳耕地占用税。

2. 医药企业纳税义务发生时间确定问题

案例 33

因新园区生产建设需要,甲医药企业发生了两项占用耕地事宜,其一为经上报自然资源主管部门批准占用耕地,其二为未经批准占用耕地行为。甲医药企业纳税义务发生时间该何时确定?

实务中,根据占用耕地的方式不同,耕地占用税纳税义务发生时间的确定分为以下三种情形:

情形1 经批准占用耕地的,耕地占用税纳税义务发生时间,为收到自然资源主管部门办理占用耕地手续的书面通知的当日。

情形2 未经批准占用耕地的,根据《中华人民共和国耕地占用税法实施办法》(财政部 国家税务总局 自然资源部 农业农村部 生态环境部公告2019年第81号)第二十七条第一款规定,耕地占用税纳税义务发生时间,为自然资源主管部门认定的纳税人实际占用耕地的当日。

情形3 因挖损、采矿塌陷、压占、污染等损毁耕地的,根据《实施办法》第二十七条第二款的规定,耕地占用税纳税义务发生时间,为自然资源、农业农村等相关部门认定损毁耕地的当日。

对于上述情形2、情形3,需要注意政策发生的变化,即耕地占用税法实施之前的《耕地占用税管理规程(试行)》(国家税务总局公告2016年第2号)第二十五条规定,未经批准占用应税土地的,耕地占用税纳税义务发生时间为纳税人实际占地的当天。但"实际占用"之日具体如何确定,政策未明确。2019年第81号公告明确了这两种情况的纳税义务发生时间,即2019年9月1日之后的未经批准占用耕地,必须取得自然资源、农业农村等相关部门认定的外部证据,才能确认纳税义务发生时间。

3. 耕地占用税能否申请退税

案例 34

因建设新生产园区,甲医药企业发生了占用耕地行为,并因此缴纳了耕地占用税。项目建设完成后,甲医药企业积极开展复垦、恢复种植工作。甲医药企业能否申请耕地占用税退税?

企业占用耕地,通常表现为临时占用或毁损耕地,如果在规定的期限内依法复垦,恢复种植条件,可以退还耕地占用税。

临时占用耕地,指经自然资源主管部门批准,在一般不超过 2 年内临时使用耕地并且没有修建永久性建筑物的行为。税法对临时占用耕地的行为,采取的是"先征后退"模式,对于因建设项目施工或者地质勘查临时占用耕地,需要在批准临时占用耕地期满之日起一年内依法复垦,恢复种植条件;依法复垦应由自然资源主管部门会同有关行业管理部门认定并出具验收合格确认书。

对因挖损、采矿塌陷、压占、污染等损毁耕地,自自然资源、农业农村等相关部门认定损毁耕地之日起 3 年内依法复垦或修复,恢复种植条件的,也可以比照临时占用耕地的政策,享受"先征后退"的政策。

五、采购环节的税务成本的控制

对于医药企业而言,采购环节对企业的产品质量、市场竞争力以及企业的成本控制都格外重要,是企业运营中敏感且高风险的环节。在实务中,税收可以理解为是一种经营成本,做好采购环节的税务成本的控制同样能够起到降低企业整体生产

运营成本的效果,具体可从以下方面入手:

(一)选择纳税信用等级较高的优质供应商

医药企业除了在考虑供应商商品价格、信誉、质量、交货期、货款结算等因素之外,在确保采购的稳定性和可靠性的前提下,还应当关注供应商的纳税信用等级,尽可能选择与 A 级纳税信用等级企业合作,以此规避因供应商涉税违规违法行为给本企业带来的潜在涉税风险。

(二)结合自身情况择优选择供应商

在采购环节中,增值税是一项需要重点关注的因素,医药企业能否取得增值税专用发票,取得的增值税专用发票税率的高低,都会对企业增值税税负产生直接的影响。医药企业应结合自身情况择优选择供应商,即若自身为增值税一般纳税人,销售货物是按照一般计税方法缴纳增值税,则优先选择是一般纳税人的供应商作为合作单位;若自身为简易计税方法缴纳增值税或者是从事经营业务为增值税免税项目,在同等条件下可优先选择考虑小规模纳税人,通过增强谈判时的议价能力来降低采购成本。

需要特别注意的是,医药企业应严禁在采购中出现为了取得较低的采购价格而向供货方不索取发票的情况,或是存在货物实际供应商与发票开具方不一致的情况,前者往往会导致医药企业未取得合法有效的税前扣除凭证导致采购成本支出无法税前列支扣除,反而大幅度提供了税收成本;后者由于票货不一致,往往会诱发取得虚开发票严重涉税违法违规问题。

(三)优化采购合同细节

采购合同的相关事项的处理规定往往会直接对采购事项的税负造成影响,如关于商品运输相关规定,合同总价款是否包含增值税等。根据《中华人民共和国印花税法》第五条规定,"应税合同的计税依据,为合同所列的金额,不包括列明的增值税税款"。然而,实务中,在签订采购合同时由于业务部门对相关税法知识不了解,往往合同只签订了总金额,没有单独列明增值税税款,反而让医药企业针对增值税税款部分额外缴纳了印花税,造成了采购成本的增加。因此,财务人员应参与合同的采购审核流程,要优化合同金额、税额以及其他条款细节问题。此外,在采购合同中应明确双方的纳税义务和税负承担方式,避免因理解不一致而产生的税务风险。

案例 35

甲医药企业与乙供应商签订一批材料采购合同,合同约定所售货物金额为100万元、税率为13万元。关于运费支出,乙供应商约定若由其承担运费,则甲医药企业共需要支付总额为123万元,甲医药企业也可以选择自行找运输公司承担运费支出。上述业务,对甲医药企业有何影响?

方案1　由乙供应商承担运费支出

根据《中华人民共和国增值税暂行条例实施细则》(财政部 国家税务总局令第50号)第十二条规定:价外费用,包括价外向购买方收取的手续费、补贴、基金、集资费、返还利润、奖励费、违约金、滞纳金、延期付款利息、赔偿金、代收款项、代垫款项、包装费、包装物租金、储备费、优质费、运输装卸费以及其他各种性质的价外收费。

上述运费支出为价外费用,乙供应商需要按照13%的税率向甲医药企业开具增值税专用发票:

甲医药企业共计取得的进项税额为14.15万元[123/(1+13%)×13%]。

方案2　由甲医药企业自行承担运费支出

若甲医药企业自行找运输公司运输货物,则甲医药企业取得的进项税额包括采购货物取得的进项税额与取得运输服务支出的进项税额。

即甲医药企业取得的进项税额为13.83万元[13+10/(1+9%)×9%]。

对比上述方案可发现,在运费支出金额相同的情况下,选择由供应商承担运费支出对医药企业更为划算。

(四)税务发票取得时点问题

在现行税收政策规定下,增值税采用凭票认证抵扣方式,也就是说,只有供应商向采购方医药企业开具了增值税专用发票后,医药企业才能将发票认证勾选作为进项税额来抵减当期销项税额,从而降低当期增值税税负。此外,针对企业所得税而言,税法也规定企业需要在年度汇算清缴期截止前取得采购成本相关的合法有效凭证,否则对应的成本支出不能在企业所得税税前列支扣除。由此可见,作为采购方,医药企业越早取得增值税发票对自身越为有利。

对于采购方医药企业而言,在采购合同中要避免出现类似"采购方全部款项付完后,由供货方一次性全额开具发票"的条款表述,可修改为"供货方根据采购方每次实际支付的金额开具等额发票"。

案例 36

甲医药企业与乙供应商签订一批货物采购合同,合同约定签订合同时甲医药企业需支付20%的预付款,乙供应商交付货物时甲医药企业再支付75%,在货物验收合格后结算5%的尾款。乙供应商在收到全款后,向甲医药企业开具增值税专用发票。

上述采购业务甲医药企业该如何筹划对自身更为有利呢?

从税务角度分析,医药企业若能尽早取得供应商开具的增值税专用发票,对自身越有利。因此,建议采购合同中应约定开票事项为供货方应按合同约定医药企业实际支付金额的节点对应开具增值税发票,而不是在货物验收合格结算尾款后一次性开具全额增值税发票。

(五)采购环节善用国家优惠政策

医药企业应当密切关注国家税收优惠政策的调整,如"对购置日期在2024年1月1日至2025年12月31日期间的新能源汽车免征车辆购置税""企业在2024年1

月1日至2027年12月31日期间新购进的设备、器具,单位价值不超过500万元的,允许一次性计入当期成本费用在计算应纳税所得额时扣除,不再分年度计算折旧"等,选择适当的采购时机,通过适用税收优惠政策达到降低采购成本的效果。

(六)加强合规意识与纳税遵从度培养

医药企业应组织内部培训或参加外部课程,对采购人员进行税收合规意识培训,提高其在采购过程中的纳税遵从意识、成本管控意识、合法合规意识,灵活使用谈判技巧。此外,还应建立完善税务管理制度,明确操作流程和审批权限,保证每一笔采购业务都符合企业既定的税务策略和财务预算,没有游离于内控监管之外。

综上所述,医药企业在采购环节进行税务成本的控制是一个复杂而细致的工作,既涉及企业内部部门之间的沟通协作配合,也涉及医药企业与外部供应商之间的博弈。税务成本的控制并非一劳永逸、一成不变的,需要财务人员随着市场环境、税法政策的变化、医药企业业务的调整以及采购业务中的购销双方优势地位的变化而不断做出调整与更新才能实现。

第四节 采购凭证的税务风险管理

采购凭证是证明企业发生真实采购业务的重要凭据,在现行税收政策规定下,采购凭证的载体大多数为发票,此外还包括财政票据、完税凭证、收款凭证、分割单以及内部凭证等。采购凭证的真实性与合规性往往会涉及增值税进项税额能否抵扣,采购成本支出能否在企业所得税税前列支扣除等问题,是实务中常见的涉税风险点,因此,医药企业应高度重视采购凭证的税务风险管理。

一、发票合规风险

(一)发票合规一般风险

(1)虚开发票风险。供应商为逃税虚开增值税发票,医药企业未核实交易真实性,可能被认定为接受虚开发票,导致增值税进项税额不能抵扣、补缴税款、滞纳金及罚款,如涉及金额巨大甚至会承担刑事责任。

(2)假发票风险。供应商提供伪造的发票,企业未通过官方渠道验真,会因发票无效导致无法抵扣进项税,面临税务处罚。

(3)发票内容与交易不符。发票品名、数量、金额与实际采购内容不一致,会涉嫌虚开发票,导致进项税额无法抵扣,还会引发税务稽查。

(4)供应商资质缺失。如供应商无《药品经营许可证》或超范围经营会导致发票开具主体不合法,可能被认定为非法采购,从而导致采购成本无法税前扣除。

(5)进项税抵扣争议。采购用于免税项目(如部分中药饮片)或集体福利的物资,未及时转出进项税,需补缴税款及滞纳金,信用评级下调。

(6)关联交易定价不合理。与关联方交易价格偏离市场价、发票金额不公允、涉嫌转移利润会被税务机关进行特别纳税调整,补缴企业所得税及利息。

(7)跨境采购发票处理不当。进口药品未取得合规海关缴款书或未正确申报跨境服务费用,将无法抵扣进项税,还可能涉及偷税漏税。

(8)电子发票管理漏洞。电子发票重复报销、未验真或未妥善归档会导致财务数据失真,在面临税务稽查时无法提供有效凭证。

(二)行业特殊性引发的风险

(1)两票制下的发票链条要求。药品采购需符合"两票制"(生产企业→流通企业→医疗机构),若中间环节发票缺失或跳票,可能被认定为违规,导致企业被取消投标资格、医保支付限制等行政处罚。

(2)冷链药品发票与物流凭证不匹配。冷链药品(如疫苗)采购发票未附温度监控记录或物流单据,无法证明运输合规性会导致药品质量受质疑,采购成本不予在企业所得税扣除。

(3)中药饮片发票标注不规范。中药饮片发票未注明产地、批号、炮制方法等GSP要求信息,企业会面临被税务与药监部门双重处罚,采购成本不予在企业所得税扣除。

案例 37

甲医药生产企业与乙供应商采购的原料真实成交价格为700万元、税额为91万元。为了多抵扣增值税进项税额、少缴纳税款以及套现的需要,甲医药生产企业与乙供应商协商后,乙供应商向其开具了金额为1 000万元、税额为130万元的增值税专用发票,甲医药生产企业将上述发票进项税额在当期予以认证抵扣。

涉税风险事项:

《中华人民共和国发票管理办法》第二十一条规定,开具发票应当按照规定的时限、顺序、栏目,全部联次一次性如实开具,开具纸质发票应当加盖发票专用章。任何单位和个人不得有下列虚开发票行为:(1)为他人、为自己开具与实际经营业务情况不符的发票。(2)让他人为自己开具与实际经营业务情况不符的发票。(3)介绍他人开具与实际经营业务情况不符的发票。

在本案例中,甲医药生产企业让乙供应商为其开具与实际交易价格不符的发票是属于让他人为自己开具与实际经营业务情况不符的虚开发票行为。

根据《国家税务总局关于纳税人虚开增值税专用发票征补税款问题的公告》(国家税务总局公告2012年第33号)规定,"纳税人取得虚开的增值税专用发票,不得作为增值税合法有效的扣税凭证抵扣其进项税额"。

根据《中华人民共和国税收征收管理法》第六十三条规定,"纳税人伪造、变造、隐匿、擅自销毁账簿、记账凭证,或者在账簿上多列支出或者不列、少列收入,或者经税务机关通知申报而拒不申报或者进行虚假的纳税申报,不缴或者少缴应纳税款的,是偷税。对纳税人偷税的,由税务机关追缴其不缴或者少缴的税款、滞纳金,并处不缴或者少缴的税款50%以上5倍以下的罚款;构成犯罪的,依法追究刑事责任"。

根据上述规定,甲医药生产企业让对方为其虚开发票的行为会导致其承担被税务机关依法给予补税、滞纳金、罚款甚至被追究刑事责任的涉税风险。鉴于该问题属于行业突出的共性问题,也是历次行业专项整治的重点。

二、采购凭证风险管理

(一)精准掌握发票基础规定

1. 在采购业务中,医药企业能否拒收电子发票

《中华人民共和国发票管理办法》《中华人民共和国发票管理办法实施细则》规定,发票是指在购销商品、提供或者接受服务以及从事其他经营活动中,开具、收取的收付款凭证。发票包括纸质发票和电子发票。电子发票是指在购销商品、提供或者接受服务以及从事其他经营活动中,按照税务机关发票管理规定以数据电文形式开具、收取的收付款凭证。电子发票与纸质发票的法律效力相同,任何单位和个人不得拒收。

2. 纸质发票的基本联次有哪些

《中华人民共和国发票管理办法实施细则》第六条规定,纸质发票的基本联次包括存根联、发票联、记账联。存根联由收款方或开票方留存备查;发票联由付款方或受票方作为付款原始凭证;记账联由收款方或开票方作为记账原始凭证。

3. 发票的基本内容包括哪些

《中华人民共和国发票管理办法实施细则》第七条规定,发票的基本内容包括:发票的名称、发票代码和号码、联次及用途、客户名称、开户银行及账号、商品名称或经营项目、计量单位、数量、单价、大小写金额、税率(征收率)、税额、开票人、开票日期、开票单位(个人)名称(章)等。

4. 医药企业为了降低采购成本,不向收款方索取发票是否符合规定

《中华人民共和国发票管理办法》第十九条规定,所有单位和从事生产、经营活动的个人在购买商品、接受服务以及从事其他经营活动支付款项,应当向收款方取得发票。取得发票时,不得要求变更品名和金额。

5. 医药企业在采购业务中,可以拒收销货方开具的不符合规定的发票吗

《中华人民共和国发票管理办法》第二十条规定,不符合规定的发票,不得作为财务报销凭证,任何单位和个人有权拒收。

6. 医药企业在采购业务中，取得对方开具的纸质发票应当加盖何种类型的印章

《中华人民共和国发票管理办法》第二十一条规定，开具发票应当按照规定的时限、顺序、栏目，全部联次一次性如实开具，开具纸质发票应当加盖发票专用章。发票专用章是指领用发票单位和个人在其开具纸质发票时加盖的有其名称、统一社会信用代码或者纳税人识别号、发票专用章字样的印章。

7. 医药企业因接受境外服务，取得境外收款方提供的有关采购凭证能否作为记账核算的凭证

《中华人民共和国发票管理办法》第三十二条规定，单位和个人从中国境外取得的与纳税有关的发票或者凭证，税务机关在纳税审查时有疑义的，可以要求其提供境外公证机构或者注册会计师的确认证明，经税务机关审核认可后，方可作为记账核算的凭证。

8. 医药企业能否在经营业务尚未发生时，让销货方开具发票

《中华人民共和国发票管理办法实施细则》第二十四条规定，填开发票的单位和个人必须在发生经营业务确认营业收入时开具发票。未发生经营业务一律不准开具发票。

9. 在采购业务中，医药企业能否让销售方开具与实际业务不符的发票

《中华人民共和国发票管理办法》第二十一条规定，任何单位和个人不得有下列虚开发票行为：(1)为他人、为自己开具与实际经营业务情况不符的发票；(2)让他人为自己开具与实际经营业务情况不符的发票；(3)介绍他人开具与实际经营业务情况不符的发票。

《中华人民共和国发票管理办法实施细则》第二十九条对与实际经营业务情况不符的情形做了进一步明确，即具有下列行为之一的：(1)未购销商品、未提供或者接受服务、未从事其他经营活动，而开具或取得发票；(2)有购销商品、提供或者接受服务、从事其他经营活动，但开具或取得的发票载明的购买方、销售方、商品名称或经营项目、金额等与实际情况不符。

注意事项：违反本办法的规定虚开发票的，由税务机关没收违法所得；虚开金额在 1 万元以下的，可以并处 5 万元以下的罚款；虚开金额超过 1 万元的，并处 5 万元以上 50 万元以下的罚款；构成犯罪的，依法追究刑事责任。非法代开发票的，依照前款规定处罚。

10. 医药企业采购货物取得发票后，发生销售退回等情形，如何处理

《中华人民共和国发票管理办法实施细则》第二十六条、第二十七条规定，开具纸质发票后，如发生销售退回、开票有误、应税服务中止等情形，需要作废发票的，开票方应当向受票方收回原发票全部联次并注明"作废"字样后作废发票。

开具纸质发票后，如发生销售退回、开票有误、应税服务中止、销售折让等情形，需要开具红字发票的，应当收回原发票全部联次并注明"红冲"字样后开具红字发票。无法收回原发票全部联次的，应当取得对方有效证明后开具红字发票。

开具电子发票后，如发生销售退回、开票有误、应税服务中止、销售折让等情形的，应当按照规定开具红字发票。

（二）防范采购凭证不合规导致进项税额不能抵扣的风险

医药企业购进货物、劳务、服务、无形资产、不动产，取得销售方开具的增值税扣税凭证若不符合法律、行政法规或者国务院税务主管部门有关规定的，根据《中华人民共和国增值税暂行条例》第九条规定，其进项税额不得从销项税额中抵扣，从而给医药企业带来了税收风险。发票开具不合规常见如下情形：

1. 货物运输服务发票备注栏填写不合规

增值税一般纳税人提供货物运输服务，使用增值税专用发票和增值税普通发票，开具发票时应将起运地、到达地、车种车号以及运输货物信息等内容填写在发票备注栏中，如内容较多可另附清单。

政策依据：《国家税务总局关于停止使用货物运输业增值税专用发票有关问题的公告》（国家税务总局公告 2015 年第 99 号）第一条。

2. 建筑服务发票备注栏填写不合规

提供建筑服务，纳税人自行开具增值税发票时，应在发票的备注栏注明建筑服

务发生地县(市、区)名称及项目名称。

政策依据:《国家税务总局关于全面推开营业税改征增值税试点有关税收征收管理事项的公告》(国家税务总局公告2016年第23号)第四条。

3. 销售、出租不动产发票备注栏填写不合规

销售不动产,纳税人自行开具或者税务机关代开增值税发票时,应在发票"货物或应税劳务、服务名称"栏填写不动产名称及房屋产权证书号码(无房屋产权证书的可不填写),"单位"栏填写面积单位,备注栏注明不动产的详细地址。

出租不动产,纳税人自行开具或者税务机关代开增值税发票时,应在备注栏注明不动产的详细地址。

政策依据:《国家税务总局关于全面推开营业税改征增值税试点有关税收征收管理事项的公告》(国家税务总局公告2016年第23号)第四条。

4. 差额征税发票与其他应税行为混开

纳税人自行开具增值税发票时,通过新系统中差额征税开票功能,录入含税销售额(或含税评估额)和扣除额,系统自动计算税额和不含税金额,备注栏自动打印"差额征税"字样,发票开具不应与其他应税行为混开。

政策依据:《国家税务总局关于全面推开营业税改征增值税试点有关税收征收管理事项的公告》(国家税务总局公告2016年第23号)第四条。

5. 机动车销售增值税专用发票"规格型号"栏填写不合规

销售机动车开具增值税专用发票时,应遵循以下规则:

(1)正确选择机动车的商品和服务税收分类编码。

(2)增值税专用发票"规格型号"栏应填写机动车车辆识别代号/车架号,"单位"栏应选择"辆","单价"栏应填写对应机动车的不含增值税价格。汇总开具增值税专用发票,应通过机动车发票开具模块开具销售货物或应税劳务、服务清单,其中的规格型号、单位、单价等栏次也应按照上述增值税专用发票的填写要求填开。国内机动车生产企业若不能按上述规定填写"规格型号"栏的,应当在增值税专用发票(包括销售货物或应税劳务、服务清单)上,将相同车辆配置序列号、相同单价的机动车,

按照同一行次汇总填列的规则开具发票。

政策依据：《国家税务总局 工业和信息化部 公安部关于发布〈机动车发票使用办法〉的公告》（国家税务总局 工业和信息化部 公安部公告2020年第23号）第八条。

6. 机动车销售统一发票"纳税人识别号/统一社会信用代码/身份证明号码"栏填写不合规

销售机动车开具机动车销售统一发票时，应遵循以下规则：

(1)按照"一车一票"原则开具机动车销售统一发票，即一辆机动车只能开具一张机动车销售统一发票，一张机动车销售统一发票只能填写一辆机动车的车辆识别代号/车架号。

(2)机动车销售统一发票的"纳税人识别号/统一社会信用代码/身份证明号码"栏，销售方根据消费者实际情况填写。如消费者需要抵扣增值税，则该栏必须填写消费者的统一社会信用代码或纳税人识别号，如消费者为个人则应填写个人身份证明号码。

政策依据：《国家税务总局 工业和信息化部 公安部关于发布〈机动车发票使用办法〉的公告》（国家税务总局 工业和信息化部 公安部公告2020年第23号）第九条。

7. 取得虚开的增值税专用发票

纳税人取得虚开的增值税专用发票，不得作为增值税合法有效的扣税凭证抵扣其进项税额。

政策依据：《国家税务总局关于纳税人虚开增值税专用发票征补税款问题的公告》（国家税务总局公告2012年第33号）。

防范措施：医药企业在签订采购业务合同时，合同条款中应明确若因销售方开具发票不合规或者提供虚开发票造成医药企业进项税额无法抵扣的，销售方需承担相关税款与滞纳金损失。医药企业在取得销售方开具的发票时，应第一时间开展复核，核实发票填开是否符合规定，若发票填开不符合规定，应要求销售方及时重新换开符合规定的发票,避免造成税款损失。

(三)防范采购凭证不合规导致对应支出无法在企业所得税税前列支扣除风险

医药企业取得采购凭证所对应的成本费用支出能否在企业所得税税前列支扣除,《国家税务总局关于发布〈企业所得税税前扣除凭证管理办法〉的公告》(国家税务总局公告2018年第28号)做出了明确的规定,实务中,医药企业常见的问题具体如下:

1. 医药企业可以在企业所得税税前列支扣除的采购凭证仅指发票吗

税前扣除凭证,是指企业在计算企业所得税应纳税所得额时,证明与取得收入有关的、合理的支出实际发生,并据以税前扣除的各类凭证。

税前扣除凭证按照来源分为内部凭证和外部凭证。内部凭证是指企业自制用于成本、费用、损失和其他支出核算的会计原始凭证。内部凭证的填制和使用应当符合国家会计法律、法规等相关规定。外部凭证是指企业发生经营活动和其他事项时,从其他单位、个人取得的用于证明其支出发生的凭证,包括但不限于发票(包括纸质发票和电子发票)、财政票据、完税凭证、收款凭证、分割单等。因此,采购凭证不是仅指发票。

2. 如何理解包括采购凭证在内的税前扣除凭证应遵循真实性、合法性、关联性原则

税前扣除凭证在管理中遵循真实性、合法性、关联性原则。真实性是指税前扣除凭证反映的经济业务真实,且支出已经实际发生,企业应将与税前扣除凭证相关的资料,包括合同协议、支出依据、付款凭证等留存备查,以证实税前扣除凭证的真实性。合法性是指税前扣除凭证的形式、来源符合国家法律、法规等相关规定。关联性是指税前扣除凭证与其反映的支出相关联且有证明力。

3. 针对当年发生的采购支出,医药企业应不晚于何时要求对方提供扣除凭证

企业发生支出,应取得税前扣除凭证,作为计算企业所得税应纳税所得额时扣除相关支出的依据。企业应在当年度企业所得税法规定的汇算清缴期结束前取得税前扣除凭证。

4. 医药企业如何判定其发生的采购支出应以发票作为扣除凭证

该问题需从发生支出在境内或境外以及是否属于增值税应税项目角度来进行归纳梳理。

情形一　在境内发生的支出项目

①企业在境内发生的支出项目属于增值税应税项目

对方为已办理税务登记的增值税纳税人，其支出以发票（包括按照规定由税务机关代开的发票）作为税前扣除凭证；对方为依法无需办理税务登记的单位或者从事小额零星经营业务的个人，其支出以税务机关代开的发票或者收款凭证及内部凭证作为税前扣除凭证，收款凭证应载明收款单位名称、个人姓名及身份证号、支出项目、收款金额等相关信息。小额零星经营业务的判断标准是个人从事应税项目经营业务的销售额不超过增值税相关政策规定的起征点。

税务总局对应税项目开具发票另有规定的，以规定的发票或者票据作为税前扣除凭证。

②企业在境内发生的支出项目不属于应税项目

对方为单位的，以对方开具的发票以外的其他外部凭证作为税前扣除凭证；对方为个人的，以内部凭证作为税前扣除凭证。企业在境内发生的支出项目虽不属于应税项目，但按税务总局规定可以开具发票的，可以发票作为税前扣除凭证。

情形二　在境内发生的支出项目

企业从境外购进货物或者劳务发生的支出，以对方开具的发票或者具有发票性质的收款凭证、相关税费缴纳凭证作为税前扣除凭证。

5. 医药企业取得不合规的采购凭证，对应成本费用支出能否在企业所得税税前列支扣除

企业取得私自印制、伪造、变造、作废、开票方非法取得、虚开、填写不规范等不符合规定的发票，以及取得不符合国家法律、法规等相关规定的其他外部凭证，不得作为税前扣除凭证。

6. 医药企业采购业务已真实发生，但销售方一直未向其开具发票，医药企业该

如何采取补救措施

企业应当取得而未取得发票、其他外部凭证或者取得不合规发票、不合规其他外部凭证的，若支出真实且已实际发生，应当在当年度汇算清缴期结束前，要求对方补开、换开发票、其他外部凭证。补开、换开后的发票、其他外部凭证符合规定的，可以作为税前扣除凭证。

7. 因销售方开具的发票不合规，医药企业在向其要求重新换开发票时发现对方已被税务机关认定为非正常户，导致无法换开发票。医药企业该如何采取补救措施

企业在补开、换开发票、其他外部凭证过程中，因对方注销、撤销、依法被吊销营业执照、被税务机关认定为非正常户等特殊原因无法补开、换开发票、其他外部凭证的，可凭以下资料证实支出真实性后，其支出允许税前扣除：(1) 无法补开、换开发票、其他外部凭证原因的证明资料（包括工商注销、机构撤销、列入非正常经营户、破产公告等证明资料）；(2) 相关业务活动的合同或者协议；(3) 采用非现金方式支付的付款凭证；(4) 货物运输的证明资料；(5) 货物入库、出库内部凭证；(6) 企业会计核算记录以及其他资料。

前款第(1)项至第(3)项为必备资料。

8. 汇算清缴期结束后，税务机关发现医药企业应当取得而未取得发票，医药企业该如何开展补救措施

汇算清缴期结束后，税务机关发现企业应当取得而未取得发票、其他外部凭证或者取得不合规发票、不合规其他外部凭证并且告知企业的，企业应当自被告知之日起60日内补开、换开符合规定的发票、其他外部凭证。其中，因对方特殊原因无法补开、换开发票、其他外部凭证的，企业应当按照规定，自被告知之日起60日内提供可以证实其支出真实性的相关资料。

需要注意的是，若企业在规定的期限内未能补开、换开符合规定的发票、其他外部凭证，并且未能规定提供相关资料证实其支出真实性的，相应支出不得在发生年度税前扣除。

9. 医药企业在以后年度取得符合规定的发票，对应成本支出能否在税前列支扣除

除发生国家税务总局公告 2018 年第 28 号第十五条规定的情形外，企业以前年度应当取得而未取得发票、其他外部凭证，且相应支出在该年度没有税前扣除的，在以后年度取得符合规定的发票、其他外部凭证或者依据《国家税务总局公告 2018 年第 28 号》第十四条的规定提供可以证实其支出真实性的相关资料，相应支出可以追补至该支出发生年度税前扣除，但追补年限不得超过五年。

10. 医药企业发生的与关联企业在境内共同接受应纳增值税劳务支出，以何作为税前扣除凭证

企业与其他企业（包括关联企业）、个人在境内共同接受应纳增值税劳务发生的支出，采取分摊方式的，应当按照独立交易原则分摊，企业以发票和分割单作为税前扣除凭证，共同接受应税劳务的其他企业以企业开具的分割单作为税前扣除凭证。

企业与其他企业、个人在境内共同接受非应税劳务发生的支出，采取分摊方式的，企业以发票外的其他外部凭证和分割单作为税前扣除凭证，共同接受非应税劳务的其他企业以企业开具的分割单作为税前扣除凭证。

第四章 生产(经营)期间的税务风险管理

第一节 生产(经营)期间的涉税分析

一、生产(经营)期间涉及税种

医药企业在生产经营期间主要涉及货物、服务等采购、产品研发、药品的制造生产、市场推广营销以及产品售后服务等业务环节。在涉税方面,医药企业购销货物、服务、固定资产等通常会涉及增值税、城市维护建设税、教育费附加、地方教育附加、企业所得税等;签订合同等应税凭证会涉及印花税;购置、持有、处置土地、房屋权属等资产会涉及契税、房产税、耕地占用税、城镇土地使用税、土地增值税等;购置车辆会涉及车辆购置税、车船税等,发放工资薪金、年终一次性奖金等会涉及代扣代缴个人所得税等。

在本书前述章节,对上述相关税种常见涉税风险点做出了详细解析,本章节对医药企业在生产(经营)期间涉及的增值税、企业所得税、个人所得税涉及的典型问题进行归纳梳理。

(一)增值税涉税分析

1. 医药制造企业材料采购成本增值税处理

医药企业采购原材料、设备等取得的增值税专用发票,其进项税额可以抵扣。

(1)增值税进项税额处理。取得合法凭证:从供应商处取得增值税专用发票,注明材料价款及进项税额。若为进口材料,需凭海关进口增值税专用缴款书抵扣进项税。进项税抵扣规则:材料用于应税药品生产,可全额抵扣进项税额。材料用于免税药品(如部分中药饮片)或集体福利,需做进项税额转出。企业应准确核算进项税额,避免虚抵乱抵。企业应建立增值税进项票据的电子化管理系统,将发票信息与业务进销存系统关联,确保进项税额的真实性和合法性。

(2)采购成本确认。材料成本核算:采购价(不含税)+合理运输费(不含税)+关税(进口材料)。成本计入"原材料"科目,随生产领用转入"生产成本"。

2. 医药销售企业采购成本增值税处理

(1)增值税进项税额处理。从药品制造企业取得增值税专用发票,认证后抵扣进项税额。发票信息需与实际采购药品名称、数量一致,避免"虚开"风险。若发票未到,暂估入库金额(不含税),待取得发票后调整进项税额。

(2)采购成本核算。库存商品入账:采购价(不含税)+运输费(可抵扣进项税部分需分离)+合理损耗。成本计入"库存商品",销售时转入"主营业务成本"。

3. 仓储期间增值税处理

仓储和物流服务产生的进项税额可抵扣。企业需确保相关服务的进项税额准确核算与抵扣。自有仓库需缴纳房产税和城镇土地使用税。企业应合理规划仓库布局,降低相关税费。

4. 异常情况处理

材料发生非正常损失(如保管不善导致变质),需转出对应进项税额。

根据《增值税暂行条例实施细则》,非正常损失是指因管理不善造成货物被盗、丢失、霉烂变质,以及因违反法律法规造成货物或者不动产被依法没收、销毁、拆除的情形。医药企业需注意:医药公司的过期药品属于正常损失,不需要做进项税额转出处理。

(二)企业所得税涉税分析

生产过程中产生的成本、费用可在计算应纳税所得额时扣除。企业需准确核算成本与费用,确保扣除项目的合规性,避免税务风险。

1. 成本核算方法

医药企业可以根据自身的生产特点选择以下几种成本核算方法:

(1)分批成本核算法。根据生产工艺和产品特性,将制药过程分为若干个子过程,核算每个子过程的成本,然后累加得到最终产品的总成本。这种方法适用于生产过程中成本变动较大、产品种类繁多的情况。

(2)作业成本核算法。将制药厂的成本按照具体生产作业核算,即每个生产作业的原材料、人工和间接费用都单独核算,然后按照作业量分摊得到每个作业的成本。这种方法适用于生产过程中成本较为固定、产品种类较少的情况。

(3)过程成本核算法。将制药过程分为若干个连续的生产阶段,按照每个阶段进行成本核算,然后累加得到最终产品的总成本。这种方法适用于生产过程中成本变动较小、产品种类相对稳定的情况。

(4)综合成本核算法。综合考虑了制药厂的所有成本要素,包括原材料、人工、间接费用等,将这些成本按照一定的分配规则核算,最终得到产品的总成本。这种方法比较综合全面,适用于制药厂成本结构较为复杂的情况。

2. 成本核算步骤

(1)确定成本核算对象。根据企业的生产特点和管理要求,确定成本核算对象。例如,大量大批单步骤生产产品的企业,一般按照产品品种确定成本核算对象。

(2)成本归集。将企业的各项费用按照成本项目归集,包括直接材料、直接人工、制造费用等。直接材料和直接人工能够直接计入成本核算对象的,应当直接计入;由几个成本核算对象共同负担的,应当选择合理的分配标准分配计入。

(3)成本分配。对于不能直接归属于成本核算对象的成本,应当采用合理的分配标准分配。例如,制造费用可以根据机器工时、人工工时、计划分配率等标准分配。

(4)成本结转。根据产品的生产特点和管理要求,按成本计算期结转成本。例如,制造企业可以选择原材料消耗量、约当产量法、定额比例法等方法,恰当地确定完工产品和在产品的实际成本,并将完工入库产品的产品成本结转至库存产品科目。

3. 成本费用核算内容

医药企业在生产经营过程中需要核算的成本费用主要包括以下几类：

(1)直接材料成本。核算内容：包括原材料采购成本、运输费用、仓储费用等。核算方法：直接材料成本应根据采购发票、入库单等凭证核算，并按照产品或生产批次归集。

(2)直接人工成本。核算内容：包括生产人员的工资、奖金、福利等。核算方法：直接人工成本应根据工资表、考勤记录等进行核算，并按照生产工时或产品数量进行分配。

(3)制造费用。核算内容：包括生产设备的折旧、维修费用、水电费、车间管理人员工资等。核算方法：制造费用应根据费用发生的具体情况，按照合理的分配标准(如机器工时、人工工时等)分配到各个产品或生产批次中。

(4)管理费用。核算内容：包括管理人员的工资、办公费用、差旅费、折旧费等。核算方法：管理费用应根据费用发生的具体凭证进行核算，并按照一定的标准(如销售收入比例)进行分配。

(5)销售费用。核算内容：包括广告宣传费、市场推广费、销售人员工资、差旅费等。核算方法：销售费用应根据费用发生的具体凭证进行核算，并按照一定的标准(如销售收入比例)进行分配。

(6)研发费用。研发是医药企业的核心竞争力所在，相关税务政策如下：

①研发费用加计扣除。符合条件的研发费用可在企业所得税前加计扣除。这一政策旨在鼓励企业加大研发投入，提升创新能力。

②高新技术企业税收优惠。若企业被认定为高新技术企业，可享受企业所得税优惠税率。这有助于企业降低税负，增强市场竞争力。

③核算内容。包括研发人员工资、实验材料费、设备折旧费、研发外包费用等。

④核算方法。研发费用应根据研发项目核算，并按照项目进度分摊。符合加计扣除条件的研发费用，应单独核算并保留相关证明材料。

(7)财务费用。核算内容：包括利息支出、汇兑损益、手续费等。核算方法：财务费用应根据实际发生的财务凭证核算，并在财务报表中单独列示。

4. 企业所得税处理

(1)成本费用扣除。医药企业在计算企业所得税时，合理归集的直接材料、直接人工、制造费用等成本费用可以在税前扣除。

(2)研发费用加计扣除。研发活动是指企业为获得科学技术新知识，创造性运用科学技术新知识，或实质性改进技术、产品（服务）、工艺而持续进行的具有明确目标的系统性活动。允许加计扣除的研发费用包括人员人工费用、直接投入费用、折旧费用、无形资产摊销费用、新产品设计费、新工艺规程制定费、新药研制的临床试验费、勘探开发技术的现场试验费、其他相关费用。

自2023年1月1日起，符合条件行业企业研发费用税前加计扣除比例由75%提高至100%，作为制度性安排长期实施。企业应按照国家财务会计制度要求，对研发支出进行会计处理，并对享受加计扣除的研发费用按研发项目设置辅助账，准确归集核算当年可加计扣除的各项研发费用实际发生额。企业在一个纳税年度内进行多项研发活动的，应按照不同研发项目分别归集可加计扣除的研发费用。企业取得的政府补助，会计处理时采用直接冲减研发费用方法且税务处理时未将其确认为应税收入的，应按冲减后的余额计算加计扣除金额。研发活动直接形成产品或作为组成部分形成的产品对外销售的，研发费用中对应的材料费用不得加计扣除。企业委托外部机构或个人进行研发活动所发生的费用，按照费用实际发生额的80%计入委托方研发费用并计算加计扣除。委托境外进行研发活动所发生的费用，按照费用实际发生额的80%计入委托方的委托境外研发费用，不超过境内符合条件的研发费用三分之二的部分，可以按规定在企业所得税前加计扣除。企业共同合作开发的项目，由合作各方就自身实际承担的研发费用分别计算加计扣除。委托研发项目合同、合作研发项目合同需经科技行政主管部门登记。

①高新技术企业税收优惠。如果医药企业被认定为高新技术企业，可享受15%的企业所得税优惠税率。企业需满足高新技术企业认定的相关条件，包括研发投入比例、知识产权数量、科技人员占比等。

②广告宣传费和业务宣传费。医药企业发生的广告费和业务宣传费支出,不超过当年销售(营业)收入30%的部分,准予扣除。

③佣金和手续费。医药企业支付的佣金和手续费,不超过合同金额5%的部分,准予扣除。

④业务招待费。根据《中华人民共和国企业所得税法实施条例》第四十三条,医药企业发生的与生产经营活动有关的业务招待费支出,按照发生额的60%扣除,但最高不得超过当年销售(营业)收入的5‰。

⑤会议费。会议费只要真实发生且能够提供规定的合法凭证的,就可以税前扣除。合法凭证包括会议时间、地点、出席人员、内容、目的、费用标准、支付凭证等。

(三)个人所得税涉税分析

《中华人民共和国税收征收管理法》第六十九条规定,扣缴义务人应扣未扣、应收而不收税款的,由税务机关向纳税人追缴税款,对扣缴义务人处应扣未扣、应收未收税款百分之五十以上三倍以下的罚款。医药企业在个人所得税方面存在的问题多为未履行个人所得税扣缴义务而带来的涉税风险。因此,医药企业应重点关注如下个人所得税相关事项:

1. 关于员工扣缴申报问题

根据《中华人民共和国个人所得税法》相关规定,个人所得税以所得人为纳税人,以支付所得的单位或者个人为扣缴义务人。医药企业作为扣缴义务人应当按照国家规定办理全员全额扣缴申报,并向纳税人提供其个人所得税已扣缴税款等信息。

2. 关于向个人股东分红问题

医药企业在向自然人股东分配利息、股息、红利所得时,需按照百分之二十的税率代扣代缴个人所得税。

3. 关于赠送礼品问题

医药企业在开展业务招待、业务宣传推广等活动中,往往会涉及对外赠送礼品情形,对此,《财政部 税务总局关于个人取得有关收入适用个人所得税应税所得项目的公告》(财政部 税务总局公告2019年第74号)第三条做出明确规定,"企业在业务宣传、广告等活动中,随机向本单位以外的个人赠送礼品(包括网络红包,下同),以及企业在年会、座谈会、庆典以及其他活动中向本单位以外的个人赠送礼品,个人取得的礼品收入,按照偶然所得项目计算缴纳个人所得税,但企业赠送的具有价格折扣或折让性质的消费券、代金券、抵用券、优惠券等礼品除外。所称礼品收入的应纳税所得额按照《财政部 国家税务总局关于企业促销展业赠送礼品有关个人所得税问题的通知》(财税〔2011〕50号)第三条规定计算"。实务中,该问题也是医药企业未履行个人所得税代扣代缴义务的高发风险点,需要格外关注。

4. 关于资本公积转增股本问题

案例 38

张某为甲医药企业自然人股东,经公司决议拟将资本公积转增股本,甲医药企业是否需要对自然人股东张某获得转增的股本代扣代缴个人所得税?

根据《国家税务总局关于股份制企业转增股本和派发红股征免个人所得税的通知》(国税发〔1997〕198号)、《国家税务总局关于原城市信用社在转制为城市合作银行过程中个人股增值所得应纳个人所得税的批复》(国税函〔1998〕289号)、《财政部 国家税务总局关于将国家自主创新示范区有关税收试点政策推广到全国范围实施的通知》(财税〔2015〕116号)、《国家税务总局关于股权奖励和转增股本个人所得税征管问题的公告》(国家税务总局公告2015年第80号)相关规定,此类问题按以下情形对应处理:

情形一 一般企业

个人股东获得转增的股本,应按照"利息、股息、红利所得"项目,适用20%税率征收个人所得税。

情形二 股份制企业

股份制企业用资本公积金转增股本不属于股息、红利性质的分配,对个人取得的转增股本数额,不作为个人所得,不征收个人所得税。

上述所表述的"资本公积金"是指股份制企业股票溢价发行收入所形成的资本公积金。将此转增股本由个人取得的数额,不作为应税所得征收个人所得税。而与此不相符合的其他资本公积金分配个人所得部分,应当依法征收个人所得税。

情形三　中小高新技术企业

非上市及未在全国中小企业股份转让系统挂牌的中小高新技术企业以未分配利润、盈余公积、资本公积向个人股东转增股本,并符合财税〔2015〕116号文件有关规定的,纳税人可分期缴纳个人所得税;非上市及未在全国中小企业股份转让系统挂牌的其他企业转增股本,应及时代扣代缴个人所得税。

5. 关于自然人股东借款问题

医药企业应关注是否存在自然人股东向企业借款长期不归还问题,根据《财政部 国家税务总局关于规范个人投资者个人所得税征收管理的通知》(财税〔2003〕158号)规定,纳税年度内个人投资者从其投资企业(个人独资企业、合伙企业除外)借款,在该纳税年度终了后既不归还,又未用于企业生产经营的,其未归还的借款可视为企业对个人投资者的红利分配,依照"利息、股息、红利所得"项目计征个人所得税。

第二节　资产的税务处理风险管理

一、资产税务处理的涉税分析

对于医药企业而言,在企业日常生产经营中往往需要发生例如购置土地、建造房产、购买仪器机械设备以及处置上述资产等经营活动,因此,资产税务处理问题往往是医药企业常见的涉税风险点。本书主要从增值税、企业所得税税种详细分析。

(一)增值税涉税分析

1. 资产重组业务中的增值税问题

案例 39

甲医药企业在资产重组过程中,通过置换方式将部分实物资产以及与其相关联的债权、负债和劳动力一并转让给乙企业。在上述业务中,甲医药企业是否需要缴纳增值税?

根据《国家税务总局关于纳税人资产重组有关增值税问题的公告》(国家税务总局公告 2011 年第 13 号)规定,纳税人在资产重组过程中,通过合并、分立、出售、置换等方式,将全部或者部分实物资产以及与其相关联的债权、负债和劳动力一并转让给其他单位和个人,不属于增值税的征税范围,其中涉及的货物转让,不征收增值税。

《财政部 国家税务总局关于全面推开营业税改征增值税试点的通知》(财税〔2016〕36 号)附件 2 营业税改征增值税试点有关事项的规定,进一步明确,在资产重组过程中,通过合并、分立、出售、置换等方式,将全部或者部分实物资产以及与其相关联的债权、负债和劳动力一并转让给其他单位和个人,其中涉及的不动产、土地使用权转让行为,不征收增值税。

综上所述,甲医药企业上述资产转让行为不需要缴纳增值税。

2. 土地使用权被收回涉及的增值税问题

案例 40

因城市规划调整需要,当地市政府向甲医药企业收回部分土地使用权,并向其支付土地及其相关有形动产、不动产补偿费 800 万元。针对该笔业务,甲医药企业是否需要缴纳增值税？

根据《财政部 税务总局关于明确无偿转让股票等增值税政策的公告》(财政部 税务总局公告 2020 年第 40 号)第三条规定,土地所有者依法征收土地,并向土地使用者支付土地及其相关有形动产、不动产补偿费的行为,属于《营业税改征增值税试点过渡政策的规定》(财税〔2016〕36 号)第一条第(三十七)项规定的土地使用者将土地使用权归还给土地所有者的情形。《营业税改征增值税试点过渡政策的规定》(财税〔2016〕36 号印发)第一条第(三十七)项规定,土地所有者出让土地使用权和土地使用者将土地使用权归还给土地所有者,免征增值税。

需要注意,纳税人享受土地使用权补偿收入免征增值税政策时,需要出具县级(含)以上地方人民政府收回土地使用权的正式文件,包括县级(含)以上地方人民政府出具的收回土地使用权文件以及土地管理部门报经县级以上(含)地方人民政府同意后由该土地管理部门出具的收回土地使用权文件。

3. 销售自己使用过的固定资产涉及的增值税问题

案例 41

由于技术更新进步,甲医药企业部分设备出现老化、资产闲置等情况,甲医药企业为此将自己使用过的固定资产和旧货对外出售。甲医药企业该如何缴纳增值税呢？

类别一 销售自己使用过的固定资产

情形一 简易计税享受减税

小规模纳税人(除其他个人外)销售自己使用过的固定资产,按简易办法依 3% 征收率减按 2% 征收增值税,应开具普通发票,不得开具增值税专用发票。

$$销售额 = 含税销售额 / (1 + 3\%)$$

$$应纳税额 = 销售额 \times 2\%$$

情形二　简易计税放弃减税

小规模纳税人(除其他个人外)销售自己使用过的固定资产,可以放弃享受3%征收率减按2%征收增值税,按照简易办法依照3%征收率缴纳增值税,开具增值税普通发票或增值税专用发票。

$$销售额＝含税销售额/(1+3\%)$$

$$应纳税额＝销售额×3\%$$

小规模纳税人销售自己使用过的固定资产,纳税义务发生时间在2023年1月1日至2027年12月31日期间的,可享受3%征收率减按1%征收增值税,按照1%征收率开具增值税发票;对月销售额10万元以下(含本数)的增值税小规模纳税人,免征增值税。其他个人销售自己使用过的固定资产,免征增值税。

情形三　一般计税

一般纳税人销售自己使用过的已抵扣进项税额的固定资产时,应按照适用税率征收增值税,可开具增值税专用发票或普通发票。

$$销售额＝含税销售额/(1+适用税率)$$

$$应纳税额＝销售额×适用税率$$

情形四　简易计税享受减税

一般纳税人销售自己使用过的不得抵扣且未抵扣进项税额的固定资产,按简易办法依3%征收率减按2%征收增值税,应开具普通发票,不得开具增值税专用发票。

$$销售额＝含税销售额/(1+3\%)$$

$$应纳税额＝销售额×2\%$$

实务中,简易计税主要适用于以下几种情形:

(1)2008年12月31日以前未纳入扩大增值税抵扣范围试点的纳税人,销售自己使用过的2008年12月31日以前购入或自制的固定资产。

(2)2008年12月31日以前已纳入扩大增值税抵扣范围试点的纳税人,销售自己使用过的在本地区扩大增值税抵扣范围试点以前购进或者自制的固定资产。

(3)纳税人购进或者自制固定资产时为小规模纳税人,认定为一般纳税人后销售该固定资产。

(4)增值税一般纳税人发生按简易办法征收增值税应税行为,销售其按照规定不得抵扣且未抵扣进项税额的固定资产的。

(5)一般纳税人销售自己使用过的、纳入营改增试点之日前取得的固定资产。

(6)2013年8月1日前购进自用的应征消费税的摩托车、汽车、游艇。

(7)销售的固定资产在购入时根据《中华人民共和国增值税暂行条例》的规定,不得抵扣且未抵扣增值税。

情形五　简易计税放弃减税

一般纳税人销售自己使用过的固定资产,适用简易办法依照3%征收率减按2%征收增值税政策的,可以放弃减税,按照简易办法依照3%征收率缴纳增值税,可以开具增值税普通发票或增值税专用发票。

$$销售额 = 含税销售额/(1+3\%)$$

$$应纳税额 = 销售额 \times 3\%$$

4. 销售旧货涉及的增值税问题

旧货,是指进入二次流通的具有部分使用价值的货物(含旧汽车、旧摩托车和旧游艇),但不包括自己使用过的物品。

纳税人销售旧货(二手车经销企业除外),按照简易办法依照3%征收率减按2%征收增值税,应开具普通发票,不得自行开具或者由税务机关代开增值税专用发票。

$$销售额 = 含税销售额/(1+3\%)$$

$$应纳税额 = 销售额 \times 2\%$$

(二)企业所得税涉税分析

1. 固定资产计税基础确定问题

案例 42

甲医药企业发生如下资产购置活动：

(1)外购一台大型生产设备，购买价款支出不含税金额 600 万元，运输费支出 20 万元，直接归属于该资产达到预定用途发生的其他支出 60 万元。

(2)自行建造一栋厂房，竣工结算前发生的支出 900 万元，竣工结算后发生的支出 100 万元。

针对上述事项，甲医药企业该如何确认上述固定资产的计税基础？

根据《中华人民共和国企业所得税实施条例》第五十八条规定，在本案例中，甲医药企业外购大型生产设备的计税基础为 680 万元(600＋20＋60)；自行建造一栋厂房的计税基础为竣工结算前发生的支出 900 万元。

2. 无形资产计税基础确定问题

案例 43

甲医药企业为了扩大企业生产规模，购置相邻地段一款土地使用权，发生购置土地支出 300 万元，支付相关税费合计 22 万元，直接归属于使该资产达到预定用途发生的其他支出合计 12 万元。甲医药企业将购置的土地使用权作为无形资产，该无形资产的计税基础如何确定？

根据《中华人民共和国企业所得税实施条例》第六十六条规定，在本案例中甲医药企业将购置的土地使用权作为无形资产，那么，该无形资产的计税基础确定为 334 万元(300＋22＋12)。

3. 资产折旧最低年限的确认问题

案例 44

甲医药企业为新成立的企业，其取得的资产包括土地使用权、办公楼、生产厂房、职工宿舍楼、机器、机械和其他生产设备、办公用车等。上述资产，甲医药企业该如何确定资产的折旧年限？

根据《中华人民共和国企业所得税实施条例》第六十条规定，除国务院财政、税务主管部门另有规定外，固定资产计算折旧的最低年限如下：

(1) 房屋、建筑物，为 20 年；

(2) 飞机、火车、轮船、机器、机械和其他生产设备，为 10 年；

(3) 与生产经营活动有关的器具、工具、家具等，为 5 年；

(4) 飞机、火车、轮船以外的运输工具，为 4 年；

(5) 电子设备，为 3 年。

根据《财政部 税务总局关于设备、器具扣除有关企业所得税政策的公告》(财政部 税务总局公告 2023 年第 37 号)规定，企业在 2024 年 1 月 1 日至 2027 年 12 月 31 日期间新购进的设备、器具，单位价值不超过 500 万元的，允许一次性计入当期成本费用在计算应纳税所得额时扣除，不再分年度计算折旧；单位价值超过 500 万元的，仍按企业所得税法实施条例、《财政部 国家税务总局关于完善固定资产加速折旧企业所得税政策的通知》(财税〔2014〕75 号)、《财政部 国家税务总局关于进一步完善固定资产加速折旧企业所得税政策的通知》(财税〔2015〕106 号)等相关规定执行。所称设备、器具，是指除房屋、建筑物以外的固定资产。

根据《中华人民共和国企业所得税实施条例》第六十七条规定，无形资产按照直线法计算的摊销费用，准予扣除。

无形资产的摊销年限不得低于 10 年。作为投资或者受让的无形资产，有关法律规定或者合同约定了使用年限的，可以按照规定或者约定的使用年限分期摊销。

4. 租入固定资产支付的租赁费税前扣除问题

案例 45

因生产经营需要,甲医药企业发生了如下资产租入事项:

(1)以经营租赁方式租入一栋写字楼作为办公楼,年不含税租金 80 万元,租赁期间为 5 年;

(2)以融资租赁方式租入 A 药品研发生产设备,租赁合同约定的付款总额和甲医药企业在签订租赁合同过程中发生的相关费用合计为 800 万元。

甲医药企业租入的上述两项固定资产支付的租赁费用该如何在企业所得税税前列支扣除?

根据《中华人民共和国企业所得税实施条例》第四十七条规定,企业根据生产经营活动的需要租入固定资产支付的租赁费,按照以下方法扣除:

(一)以经营租赁方式租入固定资产发生的租赁费支出,按照租赁期限均匀扣除;

(二)以融资租赁方式租入固定资产发生的租赁费支出,按照规定构成融资租入固定资产价值的部分应当提取折旧费用,分期扣除。根据第五十八条规定,融资租入的固定资产,以租赁合同约定的付款总额和承租人在签订租赁合同过程中发生的相关费用为计税基础,租赁合同未约定付款总额的,以该资产的公允价值和承租人在签订租赁合同过程中发生的相关费用为计税基础。

在本案例中,甲医药企业租入一栋写字楼属于经营租赁方式,应按照租赁期限均匀扣除年租金 80 万元;租入 A 药品研发生产设备属于融资租赁方式,应以租赁合同约定的付款总额和甲医药企业在签订租赁合同过程中发生的相关费用合计 800 万元为计税依据,通过提取折旧费用方式,分期在企业所得税税前列支扣除。

5. 房屋、建筑物固定资产改扩建折旧处理

案例 46

甲医药企业对 2 栋办公楼进行改扩建,其中一栋推倒重置,该资产未足额提取折旧,净值 50 万元,重置后的办公楼计税基础为 230 万元;另一栋办公楼发生改扩建支出共计 80 万元,改扩建后提升了功能、增加了使用面积,固定资产尚可使用寿命延长至 5 年。上述资产涉及的改扩建支出,该如何在企业所得税税前列支扣除?

根据《国家税务总局关于企业所得税若干问题的公告》(国家税务总局公告 2011 年第 34 号)第四条规定,企业对房屋、建筑物固定资产在未足额提取折旧前进行改扩建的,如属于推倒重置的,该资产原值减除提取折旧后的净值,应并入重置后的固定资产计税成本,并在该固定资产投入使用后的次月起,按照税法规定的折旧年限,一并计提折旧;如属于提升功能、增加面积的,该固定资产的改扩建支出,并入该固定资产计税基础,并从改扩建完工投入使用后的次月起,重新按税法规定的该固定资产折旧年限计提折旧,如该改扩建后的固定资产尚可使用的年限低于税法规定的最低年限的,可以按尚可使用的年限计提折旧。

在本案例中,属于推倒重置方式的改扩建支出,应将该资产净值 50 万元并入重置后的办公楼计税基础,按合计 280 万元计提折旧;属于提升功能、增加面积的,应将该固定资产的改扩建支出 80 万元并入该固定资产计税基础,按尚可使用的年限 5 年计提折旧。

6. 文物、艺术品资产的税务处理问题

案例 47

甲医药企业利用企业闲置资金购买了一批艺术品用于收藏、展示、保值增值,上

述艺术品在持有期间计提的折旧、摊销费用能否在企业所得税税前列支扣除?

根据《国家税务总局关于企业所得税若干政策征管口径问题的公告》(国家税务总局公告2021年第17号)第五条规定,企业购买的文物、艺术品用于收藏、展示、保值增值的,作为投资资产进行税务处理。文物、艺术品资产在持有期间,计提的折旧、摊销费用,不得税前扣除。

7. 医药企业改制中资产评估增值涉及的计税基础确定问题

案例 48

甲医药企业由全民所有制企业改制为国有独资公司,经资产评估发生增值2 500万元,甲医药企业该如何计提折旧?

根据《国家税务总局关于全民所有制企业公司制改制企业所得税处理问题的公告》(国家税务总局公告2017年第34号)第一条规定,全民所有制企业改制为国有独资公司或者国有全资子公司,属于财税〔2009〕59号文件第四条规定的"企业发生其他法律形式简单改变"的,可依照以下规定进行企业所得税处理:改制中资产评估增值不计入应纳税所得额;资产的计税基础按其原有计税基础确定;资产增值部分的折旧或者摊销不得在税前扣除。

8. 因政策性搬迁涉及的资产折旧处理问题

案例 49

根据当地市政府城市规划布局调整需要,甲医药企业开展了政策性搬迁事项。甲医药企业搬迁的资产,既有简单安装即可继续使用的,也有需要大修理后才能重新使用的。针对上述资产,甲医药企业该如何计提折旧?

根据《国家税务总局关于发布〈企业所得税政策性搬迁所得税管理办法〉的公告》(国家税务总局公告 2012 年第 40 号)第十一条、第十二条规定,企业搬迁的资产,简单安装或不需要安装即可继续使用的,在该项资产重新投入使用后,就其净值按《中华人民共和国企业所得税法》及其实施条例规定的该资产尚未折旧或摊销的年限,继续计提折旧或摊销。

企业搬迁的资产,需要大修理后才能重新使用的,应就该资产的净值,加上大修理过程中所发生的支出,为该资产的计税成本。在该项资产重新投入使用后,按该资产尚可使用的年限,计提折旧或摊销。

9. 医药企业购置并实际使用符合规定的专用设备税收优惠问题

案例 50

为了提高环保水平,甲医药企业购置一台环境保护专用设备,该设备采购金额 600 万元,税额 78 万元。甲医药企业购置该台环境保护专用设备在企业所得税方面可享受何种税收优惠政策?

根据《中华人民共和国企业所得税实施条例》第一百条规定,企业购置并实际使用《环境保护专用设备企业所得税优惠目录》《节能节水专用设备企业所得税优惠目录》和《安全生产专用设备企业所得税优惠目录》规定的环境保护、节能节水、安全生产等专用设备的,该专用设备投资额的 10% 可以从企业当年的应纳税额中抵免;当年不足抵免的,可以在以后 5 个纳税年度结转抵免。

在本案例中,该专用设备的投资额的 10%,即 60 万元(600×10%),可以从甲医药企业当年的应纳税额中抵免;当年不足抵免的,可以在以后 5 个纳税年度结转抵免。

需要注意的是,根据税法规定,享受前款规定的企业所得税优惠的企业,应当实际购置并自身实际投入使用前款规定的专用设备;企业购置上述专用设备在 5 年内转让、出租的,应当停止享受企业所得税优惠,并补缴已经抵免的企业所得税税款。

10. 专用设备数字化、智能化改造支出税收优惠问题

案例 51

甲医药企业因对专用设备进行数字化、智能化改造,发生投入支出 100 万元,上述改造支出在企业所得税方面能享受何种税收优惠问题?

所称专用设备数字化、智能化改造,是指企业利用信息技术和数字技术对专用设备进行技术改进和优化,从而提高该设备的数字化和智能化水平。根据《财政部 税务总局关于节能节水、环境保护、安全生产专用设备数字化智能化改造企业所得税政策的公告》(财政部 税务总局公告 2024 年第 9 号)规定,企业在 2024 年 1 月 1 日至 2027 年 12 月 31 日期间发生的专用设备数字化、智能化改造投入,不超过该专用设备购置时原计税基础 50% 的部分,可按照 10% 比例抵免企业当年应纳税额。企业当年应纳税额不足抵免的,可以向以后年度结转,但结转年限最长不得超过五年。

所称专用设备,是指企业购置并实际使用列入《财政部 税务总局 应急管理部关于印发〈安全生产专用设备企业所得税优惠目录(2018 年版)〉的通知》(财税〔2018〕84 号)、《财政部 税务总局 国家发展改革委 工业和信息化部 环境保护部关于印发节能节水和环境保护专用设备企业所得税优惠目录(2017 年版)的通知》(财税〔2017〕71 号)的专用设备。专用设备改造后仍应符合上述目录规定条件,不符合上述目录规定条件的不得享受优惠。上述目录如有更新,从其规定。

二、资产税务处理的风险管理

(一)已抵扣进项税额的资产用途发生改变情形

案例 52

甲医药企业购置一栋房产,其中一部分作为经营办公场所,另一部分作为职工宿舍,甲医药企业将购置该栋房产涉及的进项税额在取得增值税专用发票当期予以认证抵扣。后期,甲医药企业将该栋房产全部作为职工宿舍处理。甲医药企业对于已抵扣进项税额的资产在用途发生改变后,增值税是否需要做进项税额转出处理?

该问题属于实务中常见的涉税风险问题。《财政部 国家税务总局关于全面推开营业税改征增值税试点的通知》(财税〔2016〕36号)第三十一条做了明确的规定,即已抵扣进项税额的固定资产、无形资产或者不动产,发生本办法第二十七条规定情形的,按照下列公式计算不得抵扣的进项税额:

不得抵扣的进项税额=固定资产、无形资产或者不动产净值×适用税率

固定资产、无形资产或者不动产净值,是指纳税人根据财务会计制度计提折旧或摊销后的余额。需要注意的是,对于已提折旧或摊销的金额对应的进项税则不需要做进项税额转出处理。

第二十七条规定的进项税额不得从销项税额中抵扣的情形如下:

(一)用于简易计税方法计税项目、免征增值税项目、集体福利或者个人消费的购进货物、加工修理修配劳务、服务、无形资产和不动产。其中涉及的固定资产、无形资产、不动产,仅指专用于上述项目的固定资产、无形资产(不包括其他权益性无形资产)、不动产。纳税人的交际应酬消费属于个人消费。

(二)非正常损失的购进货物,以及相关的加工修理修配劳务和交通运输服务。

(三)非正常损失的在产品、产成品所耗用的购进货物(不包括固定资产)、加工修理修配劳务和交通运输服务。

（四）非正常损失的不动产，以及该不动产所耗用的购进货物、设计服务和建筑服务。

（五）非正常损失的不动产在建工程所耗用的购进货物、设计服务和建筑服务。纳税人新建、改建、扩建、修缮、装饰不动产，均属于不动产在建工程。

（六）购进的贷款服务、餐饮服务、居民日常服务和娱乐服务。

（七）财政部和国家税务总局规定的其他情形。

在本案例中，甲医药企业在购置不动产时，房产用途既包括增值税应税项目又用于集体福利项目，此时增值税进项税额可以认证抵扣。后期，房产用途仅用于集体福利项目，甲医药企业应按照公式"不得抵扣的进项税额＝固定资产、无形资产或者不动产净值×适用税率"计算不得抵扣的进项税额。《国家税务总局关于深化增值税改革有关事项的公告》（国家税务总局公告2019年第14号）第六条，对计算公式做出了进一步优化，即已抵扣进项税额的不动产，发生非正常损失，或者改变用途，专用于简易计税方法计税项目、免征增值税项目、集体福利或者个人消费的，按照下列公式计算不得抵扣的进项税额，并从当期进项税额中扣减：

$$不得抵扣的进项税额＝已抵扣进项税额×不动产净值率$$

$$不动产净值率＝（不动产净值÷不动产原值）×100\%$$

同理，实务中也会存在医药企业按照规定不得抵扣进项税额的不动产，发生用途改变，用于允许抵扣进项税额项目的情形，此类情形则按照下列公式在改变用途的次月计算可抵扣进项税额。

$$可抵扣进项税额＝增值税扣税凭证注明或计算的进项税额×不动产净值率$$

（二）错误扩大固定资产计提折旧范围问题

根据《中华人民共和国企业所得税法》第十一条规定，在计算应纳税所得额时，企业按照规定计算的固定资产折旧，准予扣除。下列固定资产不得计算折旧扣除：(1)房屋、建筑物以外未投入使用的固定资产；(2)以经营租赁方式租入的固定资产；(3)以融资租赁方式租出的固定资产；(4)已足额提取折旧仍继续使用的固定资产；

(5)与经营活动无关的固定资产;(6)单独估价作为固定资产入账的土地;(7)其他不得计算折旧扣除的固定资产。

(三)错误扩大无形资产摊销费用范围问题

根据《中华人民共和国企业所得税法》第十二条规定,在计算应纳税所得额时,企业按照规定计算的无形资产摊销费用,准予扣除。下列无形资产不得计算摊销费用扣除:(1)自行开发的支出已在计算应纳税所得额时扣除的无形资产;(2)自创商誉;(3)与经营活动无关的无形资产;(4)其他不得计算摊销费用扣除的无形资产。

(四)固定资产未取得发票计提折旧问题

案例 53

甲医药企业与乙建筑施工企业签订生产线建造合同,合同总金额1 000万元,税额90万元。建造项目完成验收,甲医药企业将生产线投入使用后,由于工程款项尚未结清,甲医药企业未取得全额发票。在上述情形中,甲医药企业能否将投入使用的生产线计提折旧?

企业固定资产投入使用后,由于工程款项尚未结清未取得全额发票的,《国家税务总局关于贯彻落实企业所得税法若干税收问题的通知》(国税函〔2010〕79号)第五条规定给予一定的缓冲期间,即企业可暂按合同规定的金额计入固定资产计税基础计提折旧,待发票取得后调整。需要注意的是,该项调整应在固定资产投入使用后12个月内进行。

(五)忽视固定资产折旧税会差异问题

固定资产折旧税会差异问题是企业在税务处理中多发的涉税风险点,因此,医药企业在实务中要根据《国家税务总局关于企业所得税应纳税所得额若干问题的公告》(国家税务总局公告2014年第29号)第五条规定要求,重点关注如下问题:

(1)企业固定资产会计折旧年限如果短于税法规定的最低折旧年限,其按会计折旧年限计提的折旧高于按税法规定的最低折旧年限计提的折旧部分,应调增当期应纳税所得额;企业固定资产会计折旧年限已期满且会计折旧已提足,但税法规定的最低折旧年限尚未到期且税收折旧尚未足额扣除,其未足额扣除的部分准予在剩余的税收折旧年限继续按规定扣除。

(2)企业固定资产会计折旧年限如果长于税法规定的最低折旧年限,其折旧应按会计折旧年限计算扣除,税法另有规定的除外。

(3)企业按会计规定提取的固定资产减值准备,不得税前扣除,其折旧仍按税法确定的固定资产计税基础计算扣除。

(4)企业按税法规定实行加速折旧的,其按加速折旧办法计算的折旧额可全额在税前扣除。

(六)享受固定资产一次性税前扣除优惠政策风险点

近年来,越来越多的医药企业享受了固定资产一次性税前扣除优惠政策,根据政策规定,企业在2024年1月1日至2027年12月31日期间新购进的设备、器具,单位价值不超过500万元的,允许一次性计入当期成本费用在计算应纳税所得额时扣除,不再分年度计算折旧;单位价值超过500万元的,仍按企业所得税法实施条例、《财政部 国家税务总局关于完善固定资产加速折旧企业所得税政策的通知》(财税〔2014〕75号)、《财政部 国家税务总局关于进一步完善固定资产加速折旧企业所得税政策的通知》(财税〔2015〕106号)等相关规定执行。

医药企业在享受该项税收优惠政策时,需要按照《国家税务总局关于设备器具扣除有关企业所得税政策执行问题的公告》(国家税务总局公告2018年第46号)规定要求执行,并注意如下风险点:

(1)设备、器具范围:指除房屋、建筑物以外的固定资产。

(2)购进的形式,包括以货币形式购进或自行建造,其中以货币形式购进的固定资产包括购进的使用过的固定资产。

(3)关于新购进固定资产的单位价值确定。①以货币形式购进的固定资产,以购买价款和支付的相关税费以及直接归属于使该资产达到预定用途发生的其他支出确定单位价值。②自行建造的固定资产,以竣工结算前发生的支出确定单位价值。

(4)关于固定资产购进时点的确认。固定资产购进时点按以下原则确认:①以货币形式购进的固定资产,除采取分期付款或赊销方式购进外,按发票开具时间确认;②以分期付款或赊销方式购进的固定资产,按固定资产到货时间确认;③自行建造的固定资产,按竣工结算时间确认。

(5)享受一次性税前扣除优惠政策的时点问题。固定资产在投入使用月份的次月所属年度一次性税前扣除。医药企业根据自身生产经营核算需要,可自行选择享受一次性税前扣除政策。未选择享受一次性税前扣除政策的,以后年度不得再变更。

(6)享受一次性税前扣除优惠政策资料留存备查问题。医药企业应按照《国家税务总局关于发布修订后的〈企业所得税优惠政策事项办理办法〉的公告》(国家税务总局公告 2018 年第 23 号)的规定办理享受政策的相关手续,主要留存备查资料如下:①有关固定资产购进时点的资料(如以货币形式购进固定资产的发票,以分期付款或赊销方式购进固定资产的到货时间说明,自行建造固定资产的竣工决算情况说明等);②固定资产记账凭证;③核算有关资产税务处理与会计处理差异的台账。

第三节　费用扣除的税务风险管理

医药企业在生产经营中会发生各类成本费用支出,比如工资薪金支出、职工福利费支出、业务招待费支出、广告与宣传费用支出、销售佣金、公益性捐赠支出等。《中华人民共和国企业所得税法》规定,企业实际发生的与取得收入有关的、合理的支出,包括成本、费用、税金、损失和其他支出,准予在计算应纳税所得额时扣除。对于医药企业而言,成本费用在税前列支扣除时需要注意哪些涉税风险点呢?接下来,本书将逐项分析。

一、明确不得在税前列支扣除的 8 项支出

案例 54

甲医药企业本年度发生了如下支出事项：(1)向股东支付股息分红 100 万元；(2)缴纳企业所得税 30 万元；(3)缴纳税收滞纳金 2 万元；(4)被行政机关处罚款 5 万元；(5)发生赞助支出 6 万元。

甲医药企业发生的上述支出能否在企业所得税税前列支扣除呢？

在计算应纳税所得额时，《中华人民共和国企业所得税法》第十条明确规定了如下 8 项支出不得在税前列支扣除：(1)向投资者支付的股息、红利等权益性投资收益款项；(2)企业所得税税款；(3)税收滞纳金；(4)罚金、罚款和被没收财物的损失；(5)本法第九条规定以外的捐赠支出；(6)赞助支出；(7)未经核定的准备金支出；(8)与取得收入无关的其他支出。

二、税金的税前扣除问题

案例 55

甲医药企业因管理不善造成存货毁损，为此，甲医药企业将已抵扣的进项税额 5 万元做进项税额转出处理。该笔转出的 5 万元进项税额能否在企业所得税税前列支扣除？

《中华人民共和国企业所得税法》第八条规定，企业实际发生的与取得收入有关的、合理的支出，包括成本、费用、税金、损失和其他支出，准予在计算应纳税所得额时扣除。

《中华人民共和国企业所得税法实施条例》第三十一条规定，企业所得税法第八条所称税金，是指企业发生的除企业所得税和允许抵扣的增值税以外的各项税金及

其附加。

《财政部 国家税务总局关于企业资产损失税前扣除政策的通知》(财税〔2009〕57号)第十条规定,企业因存货盘亏、毁损、报废、被盗等原因不得从增值税销项税额中抵扣的进项税额,可以与存货损失一起在计算应纳税所得额时扣除。

因此,医药企业发生的此类进项税额转出可以与存货损失一起在计算应纳税所得额时扣除。

三、财务费用税前扣除问题

案例 56

为了缓解资金压力,甲医药企业采取了以下借款方式:(1)向乙银行借款2 000万元,合同约定借款年利率为4.5%,利息按年支付,本金到期一次归还。(2)向关联方企业丙企业借款1 000万元,合同约定借款年利率为5%,利息按年支付,本金到期一次归还。(3)向个人借款500万元,合同约定借款年利率为6%,利息按年支付,本金到期一次归还。(4)甲医药企业在借入上述款项时,甲医药企业尚有股东未缴足其应缴出资本。

甲医药企业发生的上述财务费用能否在企业所得税税前列支扣除呢?接下来,将从以下方面归纳财务费用涉税风险点。

1. 财务费用资本化问题

根据《中华人民共和国企业所得税法实施条例》第三十七条规定,企业在生产经营活动中发生的合理的不需要资本化的借款费用,准予扣除。企业为购置、建造固定资产、无形资产和经过12个月以上的建造才能达到预定可销售状态的存货发生借款的,在有关资产购置、建造期间发生的合理的借款费用,应当作为资本性支出计入有关资产的成本,并依照本条例的规定扣除。

2. 向金融企业借款问题

《中华人民共和国企业所得税法实施条例》第三十八条规定,非金融企业向金融企业借款的利息支出,可据实扣除。需要注意的是,医药企业需要在年度汇算清缴前向银行等金融机构索要支付利息的发票。

3. 向非关联方企业借款问题

《中华人民共和国企业所得税法实施条例》第三十八条规定,非金融企业向非金融企业借款的利息支出,不超过按照金融企业同期同类贷款利率计算的数额的部分,准予扣除。

4. 向关联方企业借款问题

《中华人民共和国企业所得税法实施条例》第三十八条、《财政部、国家税务总局关于企业关联方利息支出税前扣除标准有关税收政策问题的通知》(财税〔2008〕121号),非金融企业向非金融企业借款的利息支出,不超过按照金融企业同期同类贷款利率计算的数额的部分,准予扣除。企业从其关联方接受的债权性投资与权益性投资的比例超过规定标准而发生的利息支出,不得在计算应纳税所得额时扣除。接受关联方债权性投资与其权益性投资比例:金融企业为5∶1;其他企业为2∶1。

5. 向自然人借款

《国家税务总局关于企业向自然人借款的利息支出企业所得税税前扣除问题的通知》(国税函〔2009〕777号)规定,公司股东以外的内部职工或其他人员借款的利息支出,其借款情况同时符合以下条件的,可以参照向非金融企业(非关联方)借款规定的计算扣除限额。(1)企业与个人之间的借贷是真实、合法、有效的,并且不具有非法集资目的或其他违反法律法规的行为;(2)企业与个人之间签订了借款合同。

需要注意的是,医药企业作为借款方在支付个人利息的时候需要代扣20%的个人所得税,并且需要在汇算清缴前取得个人给医药企业代开的利息费用发票作为财务费用税前扣除凭证。

6. 企业经批准发行债券的利息支出问题

《中华人民共和国企业所得税法实施条例》第三十八条、《国家税务总局关于企业所得税应纳税所得额若干税务处理问题的公告》（国家税务总局公告2012年第15号）规定，企业经批准发行债券的利息支出，符合资本化条件的，应计入相关资产成本，不符合资本化条件的，作为财务费用，准予在企业所得税前据实扣除。

7. 注册资金没有实缴到位前的利息支出问题

《国家税务总局关于企业投资者投资未到位而发生的利息支出企业所得税前扣除问题的批复》（国税函〔2009〕312号）规定，关于企业由于投资者投资未到位而发生的利息支出扣除问题，根据《中华人民共和国企业所得税法实施条例》第二十七条规定，凡企业投资者在规定期限内未缴足其应缴资本额的，该企业对外借款所发生的利息，相当于投资者实缴资本额与在规定期限内应缴资本额的差额应计付的利息，其不属于企业合理的支出，应由企业投资者负担，不得在计算企业应纳税所得额时扣除。

四、工资、薪金支出税前扣除问题

案例 57

甲医药企业本年度发生的工资、薪金支出包括基本工资、奖金、津贴、补贴、加班工资，此外，当年12月年终一次性奖金在账务处理上已计提但尚未实际发放。甲医药企业发生的上述工资、薪金支出能否在企业所得税税前列支扣除？

1. 关于合理的工资薪金支出问题

《中华人民共和国企业所得税实施条例》第三十四条规定，企业发生的合理的工资薪金支出，准予扣除。上述所称的工资薪金，是指企业每一纳税年度支付给在本企业任职或者受雇的员工的所有现金形式或者非现金形式的劳动报酬，包括基本工资、奖金、津贴、补贴、年终加薪、加班工资，以及与员工任职或者受雇有关的其他支出。

何为"合理的工资薪金支出"？医药企业该如何掌握呢？

《国家税务总局关于企业工资薪金及职工福利费扣除问题的通知》(国税函〔2009〕3号)第一条"关于合理工资薪金问题"做了进一步规定,所称的"合理工资薪金",是指企业按照股东大会、董事会、薪酬委员会或相关管理机构制订的工资薪金制度规定实际发放给员工的工资薪金。税务机关在对工资薪金进行合理性确认时,可按以下原则掌握:(1)企业制定了较为规范的员工工资薪金制度;(2)企业所制定的工资薪金制度符合行业及地区水平;(3)企业在一定时期所发放的工资薪金是相对固定的,工资薪金的调整是有序进行的;(4)企业对实际发放的工资薪金,已依法履行了代扣代缴个人所得税义务;(5)有关工资薪金的安排,不以减少或逃避税款为目的。

2. 关于工资薪金总额问题

《国家税务总局关于企业工资薪金及职工福利费扣除问题的通知》(国税函〔2009〕3号)对"工资薪金总额"做出进一步明确,即指企业按照本通知第一条规定实际发放的工资薪金总和,不包括企业的职工福利费、职工教育经费、工会经费以及养老保险费、医疗保险费、失业保险费、工伤保险费等社会保险费和住房公积金。属于国有性质的企业,其工资薪金,不得超过政府有关部门给予的限定数额;超过部分,不得计入企业工资薪金总额,也不得在计算企业应纳税所得额时扣除。

3. 已预提尚未发放的年终奖金扣除问题

案例 58

甲医药企业当年12月已预提年终一次性奖金160万元,次年3月,甲医药企业将上述年终奖金全部发放。上述年终奖金能否在当年企业所得税税前列支扣除?

根据《国家税务总局关于企业工资薪金和职工福利费等支出税前扣除问题的公告》(国家税务总局公告2015年第34号)规定,企业在年度汇算清缴结束前向员工实际支付的已预提汇缴年度工资薪金,准予在汇缴年度按规定扣除。

五、关于职工福利费扣除问题

《中华人民共和国企业所得税实施条例》第四十条规定,企业发生的职工福利费支出,不超过工资、薪金总额 14% 的部分,准予扣除。

例如,甲医药企业本年度发生工资、薪金支出总额为 1 000 万元,发生职工福利费支出 200 万元,则本年度可以在税前列支扣除的限额为 140 万元(1 000×14%),超出限额的 60 万元不得在税前列支扣除。

关于企业职工福利费包括的内容,《国家税务总局关于企业工资薪金及职工福利费扣除问题的通知》(国税函〔2009〕3 号)做了如下规定:(1)尚未实行分离办社会职能的企业,其内设福利部门所发生的设备、设施和人员费用,包括职工食堂、职工浴室、理发室、医务所、托儿所、疗养院等集体福利部门的设备、设施及维修保养费用和福利部门工作人员的工资薪金、社会保险费、住房公积金、劳务费等。(2)为职工卫生保健、生活、住房、交通等所发放的各项补贴和非货币性福利,包括企业向职工发放的因公外地就医费用、未实行医疗统筹企业职工医疗费用、职工供养直系亲属医疗补贴、供暖费补贴、职工防暑降温费、职工困难补贴、救济费、职工食堂经费补贴、职工交通补贴等。(3)按照其他规定发生的其他职工福利费,包括丧葬补助费、抚恤费、安家费、探亲假路费等。

需要注意的是,企业发生的职工福利费,应该单独设置账册准确核算。没有单独设置账册准确核算的,税务机关应责令企业在规定的期限内改正。逾期仍未改正的,税务机关可对企业发生的职工福利费进行合理的核定。

六、职工教育经费扣除问题

根据《财政部 税务总局关于企业职工教育经费税前扣除政策的通知》(财税〔2018〕51 号)规定,企业发生的职工教育经费支出,不超过工资、薪金总额 8% 的部分,准予在计算企业所得税应纳税所得额时扣除;超过部分,准予在以后纳税年度结转扣除。

例如,甲医药企业本年度工资、薪金支出总额为1 000万元,本年度发生职工教育经费支出100万元,则当年可以税前扣除的限额为80万元(1 000×8%),超出限额的20万元(100-80),准予在以后纳税年度结转扣除。

实务中,哪些支出项目属于职工教育经费列支范围呢?《关于印发〈关于企业职工教育经费提取与使用管理的意见〉的通知》(财建〔2006〕317号)第三条明确了企业职工教育培训经费列支范围如下:(1)上岗和转岗培训;(2)各类岗位适应性培训;(3)岗位培训、职业技术等级培训、高技能人才培训;(4)专业技术人员继续教育;(5)特种作业人员培训;(6)企业组织的职工外送培训的经费支出;(7)职工参加的职业技能鉴定、职业资格认证等经费支出;(8)购置教学设备与设施;(9)职工岗位自学成才奖励费用;(10)职工教育培训管理费用;(11)有关职工教育的其他开支。

七、工会经费支出税前扣除问题

《中华人民共和国企业所得税法实施条例》第四十一条规定,"企业拨缴的工会经费,不超过工资、薪金总额2%的部分,准予扣除"。

根据《中华人民共和国工会法》第四十三条规定,"工会经费主要用于为职工服务和工会活动。工会经费的来源:(1)工会会员缴纳的会费;(2)建立工会组织的企业、事业单位、机关按每月全部职工工资总额的百分之二向工会拨缴的经费;(3)工会所属的企业、事业单位上缴的收入;(4)人民政府的补助;(5)其他收入。前款第二项规定的企业、事业单位拨缴的经费在税前列支"。

关于工会经费支出涉及的税前扣除凭证,实务中,医药企业需要按照如下规定执行:

《国家税务总局关于工会经费企业所得税税前扣除凭据问题的公告》(国家税务总局公告2010年第24号)规定:"自2010年7月1日起,企业拨缴的职工工会经费,不超过工资、薪金总额2%的部分,凭工会组织开具的《工会经费收入专用收据》税前扣除。"

《中华全国总工会 国家税务总局关于进一步加强工会经费税前扣除管理的通

知》(总工发〔2005〕9号)规定:"工会经费拨缴款专用收据是由财政部、全国总工会统一监制和印制的收据,由工会系统统一管理。各级工会所需收据应到有经费拨缴关系的上一级工会财务部门领购。对企业、事业单位以及其他组织没有取得工会经费拨缴款专用收据而在税前扣除的,税务部门按照现行税收有关规定在计算企业所得税时予以调整,并按照《税收征管法》的有关规定予以处理。"

《国家税务总局关于税务机关代收工会经费企业所得税税前扣除凭据问题的公告》(国家税务总局公告2011年第30号)规定:"自2010年1月1日起,在委托税务机关代收工会经费的地区,企业拨缴的工会经费,也可凭合法、有效的工会经费代收凭据依法在税前扣除。"

因此,实务中若医药企业选择直接上交工会的,应当取得工会经费收入专用收据;若由税务机关代征的,可以凭合法代收凭证税前扣除。

八、补充养老保险和补充医疗保险扣除问题

案例 59

甲医药企业本年度发生工资薪金支出总额为1 000万元,发生补充养老保险费40万元,发生补充医疗保险费60万元。上述发生的补充养老保险费、补充医疗保险费能否在企业所得税税前列支扣除?

根据《财政部 国家税务总局关于补充养老保险费 补充医疗保险费有关企业所得税政策问题的通知》(财税〔2009〕27号)规定,企业根据国家有关政策规定,为在本企业任职或者受雇的全体员工支付的补充养老保险费、补充医疗保险费,分别在不超过职工工资总额5%标准内的部分,在计算应纳税所得额时准予扣除;超过的部分,不予扣除。

在本案例中,补充养老保险费扣除的限额50万元(1 000×5%)>40万元;发生补充医疗保险费60万元>补充医疗保险费限额50万元(1 000×5%);因此,本年度发生的补充养老保险费40万元可以全额扣除,发生补充医疗保险费60万元仅能税

前列支扣除50万元。

九、手续费及佣金支出税前扣除

案例60

为了推广新药品,甲医药企业与乙销售公司签订佣金合同,合同约定佣金比例为乙销售公司实现销售收入的15%。甲医药企业向乙销售公司支付的佣金支出能否全额在税前列支扣除?

根据《财政部 国家税务总局关于企业手续费及佣金支出税前扣除政策的通知》(财税〔2009〕29号)规定,企业发生与生产经营有关的手续费及佣金支出,不超过以下规定计算限额以内的部分,准予扣除;超过部分,不得扣除。

其他企业:按与具有合法经营资格的中介服务机构或个人(不含交易双方及其雇员、代理人和代表人等)所签订服务协议或合同确认的收入金额的5%计算限额。

综上所述,在本案例中,甲医药企业税前列支扣除的佣金支出为乙销售公司实现销售收入的5%,超出部分不能在税前列支扣除。

医药企业在支付佣金支出时,需注意以下事项:(1)企业应与具有合法经营资格的中介服务企业或个人签订代办协议或合同,并按国家有关规定支付手续费及佣金。除委托个人代理外,企业以现金等非转账方式支付的手续费及佣金不得在税前扣除。(2)企业不得将手续费及佣金支出计入回扣、业务提成、返利、进场费等费用。(3)企业支付的手续费及佣金不得直接冲减服务协议或合同金额,并如实入账。

十、业务招待费税前扣除问题

根据《中华人民共和国企业所得税实施条例》第四十三条规定,企业发生的与生产经营活动有关的业务招待费支出,按照发生额的60%扣除,但最高不得超过当年销售(营业)收入的5‰。

需要注意,根据《国家税务总局关于企业所得税执行中若干税务处理问题的通知》(国税函〔2009〕202号)第一条规定,"企业在计算业务招待费、广告费和业务宣传费等费用扣除限额时,其销售(营业)收入额应包括《实施条例》第二十五条规定的视同销售(营业)收入额"。企业所得税视同销售包括:(1)非货币性资产交换视同销售收入;(2)用于市场推广或销售视同销售收入;(3)用于交际应酬视同销售收入;(4)用于职工奖励或福利视同销售收入;(5)用于股息分配视同销售;(6)用于对外捐赠视同销售收入;(7)用于对外投资项目视同销售收入;(8)提供劳务视同销售收入;(9)其他。

十一、广告费和业务宣传费税前扣除问题

案例 61

甲医药企业主要从事医药制造业务,本年度实现销售收入6 000万元,发生广告费和业务宣传费支出1 000万元。甲医药企业发生的广告费和业务宣传费支出能否全额在税前列支扣除?

根据《中华人民共和国企业所得税实施条例》第四十四条规定,企业发生的符合条件的广告费和业务宣传费支出,除国务院财政、税务主管部门另有规定外,不超过当年销售(营业)收入15%的部分,准予扣除;超过部分,准予在以后纳税年度结转扣除。

根据《财政部 税务总局关于广告费和业务宣传费支出税前扣除有关事项的公告》(财政部税务总局公告2020年第43号)规定,对化妆品制造与销售、医药制造和饮料制造(不含酒类)企业发生的广告费和业务宣传费,不超过当年销售(营业)收入30%的部分,准予扣除;超过部分,准予在以后纳税年度结转扣除。

在本案例中,甲医药企业从事医药制造业务,其发生的广告费和业务宣传费为1 000万元,不超过当年销售(营业)收入30%,即1 800万元(6 000×30%),准予扣除。

此外，税法规定对签订广告费和业务宣传费分摊协议（以下简称分摊协议）的关联企业，其中一方发生的不超过当年销售（营业）收入税前扣除限额比例内的广告费和业务宣传费支出可以在本企业扣除，也可以将其中的部分或全部按照分摊协议归集至另一方扣除。另一方在计算本企业广告费和业务宣传费支出企业所得税税前扣除限额时，可将按照上述办法归集至本企业的广告费和业务宣传费不计算在内。

十二、公益性捐赠支出税前扣除问题

案例 62

甲医药企业本年度利润总额为 600 万元，其发生如下捐赠支出事项：

(1) 通过当地市政府向教育部门捐款 50 万元；

(2) 通过红十字会向灾区捐赠药品 10 万元，发生与捐赠相关的费用支出 2 万元；

(3) 通过当地市政府，向脱贫地区发生扶贫捐赠支出 20 万元；

(4) 自行向某希望小学捐款 5 万元。

那么，甲医药企业发生的上述公益性捐赠支出能否在企业所得税税前列支扣除？

为了解答本案例中的情形，需要思考以下相关问题：

(1) 如何判断甲医药企业的捐赠行为属于公益性捐赠？

根据《中华人民共和国企业所得税法实施条例》第五十一条规定，《企业所得税法》第九条所称公益性捐赠，是指企业通过公益性社会组织或者县级以上人民政府及其部门，用于符合法律规定的慈善活动、公益事业的捐赠。

(2) 甲医药企业发生的公益性捐赠支出在计算企业所得税应纳税额时的税前扣除标准是什么，超出标准的部分能进行结转吗？

根据《中华人民共和国企业所得税法》第九条规定，企业发生的公益性捐赠支出，在年度利润总额 12% 以内的部分，准予在计算应纳税所得额时扣除；超过年度利

润总额12%的部分,准予结转以后三年内在计算应纳税所得额时扣除。

(3)甲医药企业发生的用于目标脱贫地区的扶贫捐赠支出,在计算企业所得税应纳税额时,可以据实扣除吗?

根据《财政部 税务总局 国务院扶贫办关于企业扶贫捐赠所得税税前扣除政策的公告》(财政部 税务总局 国务院扶贫办公告2019年第49号)第一条,《财政部 税务总局 人力资源社会保障部 国家乡村振兴局关于延长部分扶贫税收优惠政策执行期限的公告》(财政部 税务总局 人力资源社会保障部 国家乡村振兴局公告2021年第18号)规定,自2019年1月1日至2025年12月31日,企业通过公益性社会组织或者县级(含县级)以上人民政府及其组成部门和直属机构,用于目标脱贫地区的扶贫捐赠支出,准予在计算企业所得税应纳税所得额时据实扣除。在政策执行期限内,目标脱贫地区实现脱贫的,可继续适用上述政策。

(4)甲企业发生的公益性捐赠支出相关费用可以在企业所得税税前扣除吗?

根据《国家税务总局关于企业所得税若干政策征管口径问题的公告》(国家税务总局公告2021年第17号)第一条规定,企业在非货币性资产捐赠过程中发生的运费、保险费、人工费用等相关支出,凡纳入国家机关、公益性社会组织开具的公益捐赠票据记载的数额中的,作为公益性捐赠支出按照规定在税前扣除;上述费用未纳入公益性捐赠票据记载的数额中的,作为企业相关费用按照规定在税前扣除。

(5)甲医药企业发生的扶贫捐赠,在计算企业所得税扣除限额时,要和其他公益性捐赠支出一起计算吗?

根据《财政部 税务总局 国务院扶贫办关于企业扶贫捐赠所得税税前扣除政策的公告》(财政部 税务总局 国务院扶贫办公告2019年第49号)规定,企业同时发生扶贫捐赠支出和其他公益性捐赠支出,在计算公益性捐赠支出年度扣除限额时,符合条件的扶贫捐赠支出不计算在内。

十三、党组织工作经费税前扣除问题

根据《中共中央组织部、财政部、国务院国资委党委、国家税务总局关于国有企业党组织工作经费问题的通知》(组通字〔2017〕38号)规定,国有企业(包括国有独资、全资和国有资本绝对控股、相对控股企业)党组织工作经费主要通过纳入管理费用、党费留存等渠道予以解决。纳入管理费用的部分,一般按照企业上年度职工工资总额1%的比例安排,每年年初由企业党组织本着节约的原则编制经费使用计划,由企业纳入年度预算。

纳入管理费用的党组织工作经费,实际支出不超过职工年度工资薪金总额1%的部分,可以据实在企业所得税前扣除。年末如有结余,结转下一年度使用。累计结转超过上一年度职工工资总额2%的,当年不再从管理费用中安排。

十四、企业相关保险费支出税前扣除问题

案例 63

甲医药企业本年度发生多项相关保险费支出,例如为特殊工种职工支付的人身安全保险费3万元,为投资者支付的商业保险费2万元,为职工因公出差乘坐交通工具发生的人身意外保险费支出7万元,参加雇主责任险发生支出4万元。甲医药企业上述相关保险费用支出能否在税前列支扣除?

根据《中华人民共和国企业所得税实施条例》第三十六条、第四十六条规定,除企业依照国家有关规定为特殊工种职工支付的人身安全保险费和国务院财政、税务主管部门规定可以扣除的其他商业保险费外,企业为投资者或者职工支付的商业保险费,不得扣除。企业参加财产保险,按照规定缴纳的保险费,准予扣除。

根据《国家税务总局关于企业所得税有关问题的公告》(国家税务总局公告2016年第80号)第一条规定,企业职工因公出差乘坐交通工具发生的人身意外保险费支出,准予企业在计算应纳税所得额时扣除。

根据《国家税务总局关于责任保险费企业所得税税前扣除有关问题的公告》(国家税务总局公告 2018 年第 52 号)规定,企业参加雇主责任险、公众责任险等责任保险,按照规定缴纳的保险费,准予在企业所得税税前扣除。

综上所述,在本案例中,除甲医药企业为投资者支付的商业保险费 2 万元不得列支扣除外,其他相关保险费均可以税前列支扣除。

第四节 研发费用的税务风险管理

加计扣除是企业所得税的一种税基式优惠方式,一般是指按照税法规定在实际扣除额的基础上,再加成一定比例,作为计算应纳税所得额时的扣除额。对企业的研发费用实施加计扣除,则称之为研发费用加计扣除。

通常情况下,研发费用支出在医药企业的成本费用中占比高,是一项重要的成本费用项目,由于研发费用税收政策较为复杂,而且研发费用的会计核算、高新技术企业认定和加计扣除存在归集口径差异等情况,研发费用往往成为医药企业涉税风险的高发区。本书根据现行财税政策法规、《国家税务总局研发费用加计扣除政策执行指引(2.0 版)》,通过结合具体案例详解医药企业研发费用常见的涉税风险事项。

一、掌握研发活动判断的基本要点

医药企业申请享受研发费用加计扣除政策,首先需要明确其研发项目是否为研发活动。根据财税〔2015〕119 号的规定,研发活动是指企业为获得科学与技术新知识,创造性运用科学技术新知识,或实质性改进技术、产品(服务)、工艺而持续进行的具有明确目标的系统性活动。

该定义主要参照《弗拉斯卡蒂(Frascati)手册》《企业会计准则第 6 号——无形资产》《企业会计制度》对研发活动的界定。研发活动可分为基础研究、应用研究、试验发展 3 种类型。根据研发活动的判断要点,企业可按照表 4-1 所述内容自行判断其项目是否为研发活动。

表 4-1　　　　　　　　　　研发活动判断的基本要点

要点	内涵
1.有明确创新目标	研发活动一般具有明确的创新目标,如获得新知识、新技术、新工艺、新材料、新产品、新标准等。可通过以下问题予以明确。例如,该活动是否要探索以前未发现的现象、结构或关系?是否在一定范围要突破现有的技术瓶颈?研发成果是否不可预期?如果回答为"是",则说明该活动具有明确的创新目标
2.有系统组织形式	研发活动以项目、课题等方式组织进行,围绕具体目标,有较为确定的人、财、物等支持,经过立项、实施、结题的组织过程,因此是有边界的和可度量的
3.研发结果不确定	研发活动的结果是不能完全事先预期的,必须经过反复不断地试验、测试,具有较大的不确定性,存在失败的可能

为提高医药企业政策的精准性、可操作性,财税〔2015〕119号文明确以下活动不适用加计扣除政策:(1)企业产品(服务)的常规性升级;(2)对某项科研成果的直接应用,如直接采用公开的新工艺、材料、装置、产品、服务或知识等;(3)企业在商品化后为顾客提供的技术支持活动;(4)对现存产品、服务、技术、材料或工艺流程进行的重复或简单改变;(5)市场调查研究、效率调查或管理研究;(6)作为工业(服务)流程环节或常规的质量控制、测试分析、维修维护;(7)社会科学、艺术或人文学方面的研究。

其中,(1)至(6)类活动虽与研发活动有密切关系,但都不属于研发活动。

二、做好研发项目的规范管理

实务中,做好"研发活动的判断"和"研发费用的准确核算归集"是适用研发费用加计扣除政策的两大核心内容,而两者都需要以研发项目为基础,即判断研发项目是否为研发活动且按照研发项目进行研发费用准确核算归集。因此,医药企业在研发过程中要做到对研发项目的规范管理。

根据企业研发活动组织方式的不同,企业研发项目一般分为自主研发、委托研发、合作研发与集中研发。医药企业应对研发项目建立全流程的管理制度,以便可以更好地适用研发费用加计扣除政策。具体如下：

1. 研发项目的立项

医药企业研发项目立项需要有企业决议文件与项目计划书。项目计划书需回答以下问题：为什么做、做什么、怎样做、做的条件、做后取得的成果和达到的水平、有什么创新点。因此，项目计划书建议包括以下基本要素：

(1)研发目标，包括研发意义、国内外现状、预期研发成果、预期实现的技术指标、预期应用价值等；

(2)研发内容，包括技术难点或拟解决的关键技术问题、创新点、技术路线等；

(3)研发条件，包括研发基础、项目人员编制、经费预算等；

(4)项目进度安排，包括研发准备、技术攻关、试验测试等进度安排；

(5)成果形式与考核指标。

2. 研发项目的实施

为保证研发项目得以有效实施，并便利研发费用加计扣除政策享受，建议医药企业建立规范的研发项目实施管理制度。例如，医药企业可以根据实际情况，采取以下管理制度：

(1)研发项目归口管理制度。医药企业可设立研发项目的归口管理部门，对项目实施全程管理，包括项目计划书的编制、项目招标、合同签订与管理、科技成果鉴定、资料归档等工作。

(2)项目责任人负责制度。为保证项目的顺利进行，可明确项目的管理权责，实行项目责任人负责制，并明确权利与责任。每一个项目一般确定一或两个项目责任人。

(3)研发费用全流程记录制度。为保证研发费用的准确归集，从每个研发项目开始实施，建议研发部门与财务部门协调配合，对该项目的资源投入情况进行全流程记录。例如，通过工时系统对研发活动人员参与某一研发项目的工时进行记录、通过材料领料单对某一研发项目的研发领用材料进行记录等。

(4)研发进度记录制度。例如，医药企业可对研发新材料关键技术攻关节点进行记录,包括技术路线、使用的关键设备和材料等;可对新材料是否达到某一关键技术指标的测试过程进行记录,包括测试的方法、结果、结论等。

(5)项目调整制度。在项目的执行过程中,如果出现技术路线或主要研究内容调整、主要研究人员变动以及其他可能影响项目顺利完成的重大事项,则项目责任人可及时向归口的科研管理部门报告,并按规定的程序进行项目变更、暂停、终止等。

3. 研发项目的结题

研发项目结束后,建议项目组形成结题报告,包括项目进展情况、知识产权成果、研发成果先进性、关键技术突破点、失败原因分析、技术测试报告等内容;建议财务部门形成财务决算报告。

4. 研发项目的资料管理

建议医药企业建立研发项目资料全程规范化管理制度,明确企业内部相关部门的资料管理职能。每个研发项目从立项、实施到结题形成的各类文件、资料等,由相关部门归档管理,从而为享受研发费用加计扣除政策提供资料支撑。

三、准确理解掌握研发费用加计扣除政策适用范围

研发费用加计扣除政策适用于会计核算健全、实行查账征收并能够准确归集研发费用的居民企业。此外,为获得创新性、创意性、突破性的产品进行创意设计活动的企业发生的相关费用,也可按照规定加计扣除。

1. 负面清单行业企业不能享受研发费用加计扣除政策

财税〔2015〕119号第四条列举了不适用研发费用加计扣除政策的行业,包括烟草制造业、住宿和餐饮业、批发和零售业、房地产业、租赁和商务服务业、娱乐业、财政部和国家税务总局规定的其他行业。上述行业以《国民经济行业分类与代码(GB/T4754-2011)》为准,并随之更新(目前最新版本为《国民经济行业分类与代码(GB/T4754-2017)》)。

2015年第97号公告将负面清单行业企业的判断口径具体细化为:以列举的不

适用税前加计扣除政策行业为主营业务,其研发费用发生当年的主营业务收入占企业按《税法》第六条规定计算的收入总额减除不征税收入和投资收益的余额 50%(不含)以上的企业。从收入总额中减除的投资收益包括税法规定的股息、红利等权益性投资收益以及股权转让所得。

在计算收入总额时,应注意收入总额的完整性和准确性,税收上确认的收入总额不能简单等同于会计收入,应重点关注税会收入确认差异及调整情况。在判定主营业务时,应将企业当年取得的各项不适用加计扣除行业业务收入汇总确定。

2. 核定征收企业不能享受加计扣除政策

根据财税〔2015〕119 号文件规定,研发费用加计扣除政策适用于会计核算健全、实行查账征收并能够准确归集研发费用的居民企业。按核定征收方式缴纳企业所得税的企业不能享受此项优惠政策。

3. 创意设计活动发生的相关费用可以享受加计扣除政策

为落实《国务院关于推进文化创意和设计服务与相关产业融合发展的若干意见》(国发〔2014〕10 号)文件精神,财税〔2015〕119 号特别规定了企业为获得创新性、创意性、突破性的产品进行创意设计活动而发生的相关费用,可按照规定加计扣除。

创意设计活动是指多媒体软件、动漫游戏软件开发,数字动漫、游戏设计制作;房屋建筑工程设计(绿色建筑评价标准为三星)、风景园林工程专项设计;工业设计、多媒体设计、动漫及衍生产品设计、模型设计等。值得一提的是,财税〔2015〕119 号文件虽允许"创意设计活动"适用加计扣除政策,但其属于一项单独的优惠政策,并不代表此类"创意设计活动"属于研发活动。

四、研发费用加计扣除归集口径的风险管理

对于医药企业而言,要准确掌握可加计扣除的研发费用归集范围,具体应按照以下项目归集:

(1)人员人工费用。指直接从事研发活动人员的工资薪金、基本养老保险费、基本医疗保险费、失业保险费、工伤保险费、生育保险费和住房公积金,以及外聘研发人员的劳务费用。

直接从事研发活动人员分为研究人员、技术人员和辅助人员三类。直接从事研发活动人员既可以是本企业的员工,也可以是外聘研发人员。外聘研发人员是指与本企业或劳务派遣企业签订劳务用工协议(合同)和临时聘用的研究人员、技术人员、辅助人员。接受劳务派遣的企业按照协议(合同)约定支付给劳务派遣企业,且由劳务派遣企业实际支付给外聘研发人员的工资薪金等费用,属于外聘研发人员的劳务费用。工资薪金包括按规定可以在税前扣除的对研发人员股权激励的支出。

(2)直接投入费用。指研发活动直接消耗的材料、燃料和动力费用;用于中间试验和产品试制的模具、工艺装备开发及制造费,不构成固定资产的样品、样机及一般测试手段购置费,试制产品的检验费;用于研发活动的仪器、设备的运行维护、调整、检验、维修等费用,以及通过经营租赁方式租入的用于研发活动的仪器、设备租赁费。

(3)折旧费用。指用于研发活动的仪器、设备的折旧费。

(4)无形资产摊销。指用于研发活动的软件、专利权、非专利技术(包括许可证、专有技术、设计和计算方法等)的摊销费用。

(5)新产品设计费、新工艺规程制定费、新药研制的临床试验费、勘探开发技术的现场试验费。指企业在新产品设计、新工艺规程制定、新药研制的临床试验、勘探开发技术的现场试验过程中发生的与开展该项活动有关的各类费用。

(6)其他相关费用。指与研发活动直接相关的其他费用,如技术图书资料费、资料翻译费、专家咨询费、高新科技研发保险费,研发成果的检索、分析、评议、论证、鉴定、评审、评估、验收费用,知识产权的申请费、注册费、代理费,差旅费、会议费,职工福利费、补充养老保险费、补充医疗保险费。此类费用总额不得超过可加计扣除研发费用总额的10%。

五、研发费用的会计核算、高新技术企业认定和加计扣除口径对比

按照现行财税政策规定,研发费用主要有三个口径,一是会计核算口径,主要由

《财政部关于企业加强研发费用财务管理的若干意见》(财企〔2007〕194 号)规范;二是高新技术企业认定口径,由《科技部 财政部 国家税务总局关于修订印发〈高新技术企业认定管理工作指引〉的通知》(国科发火〔2016〕195 号)规范;三是加计扣除口径,由财税〔2015〕119 号和 2015 年第 97 号公告、2017 年第 40 号公告等文件规范。三个研发费用归集口径相比较存在一定差异,这也是导致实务中医药企业在处理研发费用问题中遇到的常见误区。现将三种口径归纳对比见表 4—2:

表 4—2　　研发费用的会计核算、高新技术企业认定和加计扣除口径对比

项目	研发费用加计扣除	高新技术企业认定	会计规定	备注
人员人工费用	直接从事研发活动人员的工资薪金、基本养老保险费、基本医疗保险费、失业保险费、工伤保险费、生育保险费和住房公积金,以及外聘研发人员的劳务费用	企业科技人员的工资薪金、基本养老保险费、基本医疗保险费、失业保险费、工伤保险费、生育保险费和住房公积金,以及外聘科技人员的劳务费用	企业在职研发人员的工资、奖金、津贴、补贴、社会保险费、住房公积金等人工费用以及外聘研发人员的劳务费用	会计核算范围大于税收范围。高新技术企业人员人工费用归集对象是科技人员
直接投入费用	(1)研发活动直接消耗的材料、燃料和动力费用	(1)直接消耗的材料、燃料和动力费用	(1)研发活动直接消耗的材料、燃料和动力费用	
	(2)用于中间试验和产品试制的模具、工艺装备开发及制造费,不构成固定资产的样品、样机及一般测试手段购置费,试制产品的检验费	(2)用于中间试验和产品试制的模具、工艺装备开发及制造费,不构成固定资产的样品、样机及一般测试手段购置费,试制产品的检验费	(2)用于中间试验和产品试制的模具、工艺装备开发及制造费,样品、样机及一般测试手段购置费,试制产品的检验费等	
	(3)用于研发活动的仪器、设备的运行维护、调整、检验、维修等费用,以及通过经营租赁方式租入的用于研发活动的仪器、设备租赁费	(3)用于研究开发活动的仪器、设备的运行维护、调整、检验、检测、维修等费用,以及通过经营租赁方式租入的用于研发活动的固定资产租赁费	(3)用于研发活动的仪器、设备、房屋等固定资产的租赁费,设备调整及检验费,以及相关固定资产的运行维护、维修等费用	房屋租赁费不属于加计扣除范围

续表

项目	研发费用加计扣除	高新技术企业认定	会计规定	备注
折旧费用与长期待摊费用	用于研发活动的仪器、设备的折旧费	用于研究开发活动的仪器、设备和在用建筑物的折旧费。研发设施的改建、改装、装修和修理过程中发生的长期待摊费用	用于研发活动的仪器、设备、房屋等固定资产的折旧费	房屋折旧费、研发设施的改建、改装、装修和修理过程中发生的长期待摊费用不计入加计扣除范围
无形资产摊销	用于研发活动的软件、专利权、非专利技术(包括许可证、专有技术、设计和计算方法等)的摊销费用	用于研究开发活动的软件、知识产权、非专利技术(专有技术、许可证、设计和计算方法等)的摊销费用	用于研发活动的软件、专利权、非专利技术等无形资产的摊销费用	高新技术企业认定口径的研发费用包含"知识产权"摊销，而加计扣除口径的研发费用包含"专利权"摊销，二者存在一定差异
设计试验等费用	新产品设计费、新工艺规程制定费、新药研制的临床试验费、勘探开发技术的现场试验费	符合条件的设计费用、装备调试费用、试验费用(包括新药研制的临床试验费、勘探开发技术的现场试验费、田间试验费等)		高新技术企业认定口径将装备调试费用、田间试验费用纳入范围；会计虽未对设计试验等费用进行列举，但规定研究、开发过程中发生的相关费用均可计入研发费用
其他相关费用	与研发活动直接相关的其他费用，如技术图书资料费、资料翻译费、专家咨询费、高新科技研发保险费，研发成果的检索、分析、评议、论证、鉴定、评审、评估、验收费用，知识产权的申请费、注册费、代理费，差旅费、会议费，职工福利费、补充养老保险费、补充医疗保险费。此项费用总额不得超过可加计扣除研发费用总额的10%	与研究开发活动直接相关的其他费用，包括技术图书资料费、资料翻译费、专家咨询费、高新科技研发保险费，研发成果的检索、论证、评审、鉴定、验收费用，知识产权的申请费、注册费、代理费，会议费、差旅费、通信费等。此项费用一般不得超过研究开发总费用的20%，另有规定的除外	与研发活动直接相关的其他费用，包括技术图书资料费、资料翻译费、会议费、差旅费、办公费、外事费、研发人员培训费、培养费、专家咨询费、高新科技研发保险费用等。研发成果的论证、评审、验收、评估以及知识产权的申请费、注册费、代理费等费用	加计扣除政策及高新技术企业认定研发费用范围中对其他相关费用总额有比例限制

六、准确理解研发费用加计扣除"其他相关费用"限额计算方法

案例 64

甲医药企业本年度开展了 A、B 两个研发项目,A 项目人员人工等五项费用之和为 100 万元,与研发活动直接相关的其他相关费用 15 万元;B 项目人员人工等五项费用之和为 200 万元,与研发活动直接相关的其他相关费用 20 万元,假设两项研发活动均符合加计扣除相关规定。上述两个研发项目涉及的"其他相关费用"限额是多少?

财税〔2015〕119 号明确与研发活动直接相关的其他相关费用,不得超过可加计扣除研发费用总额的 10%。根据 2021 年第 28 号公告的规定,从 2021 年起,企业在一个纳税年度内同时开展多项研发活动的,由原来按照每一研发项目分别计算"其他相关费用"限额,改为统一计算全部研发项目"其他相关费用"限额。

根据上述规定,本年度甲医药企业 A、B 两个项目的其他相关费用限额为 33.33 万元[(100+200)×10%÷(1−10%)],小于实际发生数 35 万元(15+20)。则甲医药企业当年允许加计扣除的其他相关费用为 33.33 万元。

七、委托研发费用的风险管理

案例 65

本年度甲医药企业发生如下委托研发事项:
(1)委托境内的非关联公司 N 公司研发 A 项目,发生研发支出 50 万元;
(2)委托境内的自然人张某研发 B 项目,发生研发支出 10 万元;
(3)委托境外的 W 公司研发 C 项目,发生研发支出 65 万元;
(4)委托境外的自然人 Tom 研发 D 项目,发生研发支出 25 万元;

(5) 委托境内的关联公司 M 公司研发 E 项目,发生研发支出 50 万元。

上述项目涉及的委托研发费用,在适用加计扣除优惠时,有何不同?

企业委托境内的外部机构或个人开展研发活动发生的费用,可按规定税前扣除;加计扣除时按照研发活动发生费用的 80% 作为加计扣除基数。委托个人研发的,应凭个人出具的发票等合法有效凭证在税前加计扣除(个人可通过电子税务局等渠道申请发票或到税务机关申请代开发票)。其中"研发活动发生的费用"是指委托方实际支付给受托方的费用。无论委托方是否享受研发费用税前加计扣除政策,受托方均不得加计扣除。在本案例中,甲医药企业委托境内的非关联公司 N 公司研发 A 项目,发生研发支出 50 万元,加计扣除时按照研发活动发生费用的 80% 作为加计扣除基数,即 40 万元(50×80%)。委托境内的自然人张某研发 B 项目,发生研发支出 10 万元,加计扣除基数 8 万元(10×80%)。

委托外部研究开发费用实际发生额应按照独立交易原则确定。根据财税〔2018〕64 号相关规定,企业委托境外进行研发活动所发生的费用,按照费用实际发生额的 80% 计入委托方的委托境外研发费用。委托境外研发费用不超过境内符合条件的研发费用三分之二的部分,可以按规定在企业所得税前加计扣除。要注意,委托境外个人进行研发活动所发生的费用不可加计扣除。在本案例中,甲医药企业委托境外的 W 公司研发 C 项目,按照费用实际发生额 65 万元的 80% 计入委托方的委托境外研发费用,且委托境外研发费用不超过境内符合条件的研发费用三分之二的部分,才能按规定在企业所得税前加计扣除。至于委托境外的自然人 Tom 研发 D 项目发生研发支出 25 万元,不可加计扣除。

委托方委托关联方开展研发活动的,受托方需向委托方提供研发过程中实际发生的研发项目费用支出明细情况。委托方委托非关联方开展研发的,考虑到涉及商业秘密等原因,受托方无需向委托方提供研发过程中实际发生的研发项目费用支出明细情况。甲医药企业委托境内的关联公司 M 公司研发 E 项目,加计扣除时按照研发活动发生费用 50 万元的 80% 作为加计扣除基数,并需向受托方取得研发过程中实际发生的研发项目费用支出明细情况。

此外，在委托研发业务中，医药企业应高度重视研发费用的真实性问题，严禁虚报研发费用骗取税收优惠。

案例 66

上海某药企利用研发费用加计扣除优惠政策偷税 206 万元被罚！

国家税务总局公布，国家税务总局上海市税务局第五稽查局根据精准分析线索，依法查处上海同某生物科技有限公司虚报研发费用加计扣除偷税案件。

经查，该公司通过虚构委托外包研发项目等手段，虚报研发费用加计扣除，偷税 206 万元。上海市税务局第五稽查局依据《中华人民共和国企业所得税法》《中华人民共和国税收征收管理法》等相关规定，依法追缴税款、加收滞纳金并处罚款，共计 376 万元。

资料来源：上海市税务局官网。

八、特殊收入未扣减可加计扣除的研发费用问题

案例 67

甲医药企业在研发过程中，将形成的下脚料出售并作为营业外收入处理。甲医药企业的处理是否符合税法规定？

企业开展研发活动中实际发生的研发费用可按规定享受加计扣除政策。实务中常有已归集计入研发费用，但在当期取得的研发过程中形成的下脚料、残次品、中间试制品等特殊收入，此类收入均为与研发活动直接相关的收入，应冲减对应的可加计扣除的研发费用。为简便操作，企业取得研发过程中形成的下脚料、残次品、中间试制品等特殊收入，在计算确认收入当年的加计扣除研发费用时，应从已归集研

发费用中扣减该特殊收入,不足扣减的,加计扣除研发费用按零计算。

九、政府补助用于研发应区别处理

案例 68

本年度甲医药企业发生研发费用 300 万元,该项目取得政府补助 60 万元,甲医药企业未将其确认为应税收入。当年甲医药企业会计上的研发费用 240 万元,未进行相应的纳税调整,甲医药企业税前加计扣除金额为多少?

根据 2017 年第 40 号公告规定,企业取得的政府补助,会计处理时采用直接冲减研发费用方法且税务处理时未将其确认为应税收入的,应按冲减后的余额计算加计扣除金额。在本案例中,甲医药企业应以会计上冲减政府补助后的余额 240 万元计算加计扣除金额。

十、研发费用的费用化或资本化处理问题

医药企业开展研发活动中实际发生的研发费用形成无形资产的,其税收上资本化的时点应与会计处理保持一致。《企业会计准则第 6 号——无形资产》规定,企业内部研究开发项目的支出,应当区分研究阶段支出与开发阶段支出。

十一、共用的人员及仪器、设备、无形资产核算要求

案例 69

甲医药企业本年度从事 A 项目研发工作,其从事研发活动的人员同时也承担生产经营管理等职能,用于研发活动的仪器、设备、无形资产同时也会用于非研发活动。那么,甲医药企业该如何处理共用的人员及仪器、设备成本费用支出?

实务中,部分企业特别是中小企业,从事研发活动的人员同时也会承担生产经营管理等职能,用于研发活动的仪器、设备、无形资产同时也会用于非研发活动。财税〔2015〕119号对允许加计扣除的研发费用不再强调"专门用于",为准确核算研发费用,企业应对此类人员参与研发活动情况及仪器、设备、无形资产的使用情况做必要记录,并将其实际发生的相关费用按实际工时占比等合理方法在研发费用和生产经营费用间分配,未分配的不得加计扣除。

十二、关于享受研发费用加计扣除政策的留存备查资料问题

对于医药企业而言,做好资料留存备查工作,对证明企业研发费用加计扣除业务的真实性以及税收优惠适用的合规性尤为重要,医药企业应按照研发类别做好相关资料的保管工作。

十三、税企双方对研发项目有异议的处理问题

案例 70

税务机关对甲医药企业后续管理中,对其部分研发项目有异议,认为不应享受加计扣除优惠。甲医药企业对税务机关的观点不认同。发生上述税企双方对研发项目有异议的情形,该如何处理?

财税〔2015〕119号规定,税务机关对企业享受加计扣除优惠的研发项目有异议的,可以转请地市级(含)以上科技行政主管部门出具鉴定意见,科技部门应及时回复意见。企业承担省部级(含)以上科研项目的,以及以前年度已鉴定的跨年度研发项目,不再需要鉴定。

《科技部 财政部 国家税务总局关于进一步做好企业研发费用加计扣除政策落实工作的通知》(国科发政〔2017〕211号)规定,税务部门事中、事后对企业享受加计扣除优惠的研发项目有异议的,应及时通过县(区)级科技部门将项目资料送地市级

(含)以上科技部门鉴定；由省直接管理的县、市，可直接由县级科技部门鉴定。鉴定部门在收到税务部门的鉴定需求后，应及时组织专家鉴定，并在规定的时间内通过原渠道将鉴定意见反馈税务部门。鉴定时，应由 3 名以上相关领域的产业、技术、管理等专家参加。

第五节　资产损失的税务风险管理

资产是指企业拥有或者控制的、用于经营管理活动相关的资产，包括现金、银行存款、应收及预付款项（包括应收票据、各类垫款、企业之间往来款项）等货币性资产，存货、固定资产、无形资产、在建工程、生产性生物资产等非货币性资产，以及债权性投资和股权（权益）性投资。对于医药企业而言，在生产经营中发生资产损失的情形在所难免，根据现行税收政策法规，符合规定的资产损失可以在企业所得税税前列支扣除，因此，妥善处理好资产损失可以达到降低税负的效果。

一、关于资产损失的基本概念

（一）资产损失的分类

准予在企业所得税税前扣除的资产损失包括实际资产损失与法定资产损失两类，实际资产损失是指企业在实际处置、转让上述资产过程中发生的合理损失；法定资产损失是指企业虽未实际处置、转让上述资产，但符合规定条件计算确认的损失。

（二）资产损失的申报扣除时点

企业实际资产损失，应当在其实际发生且会计上已做损失处理的年度申报扣除；法定资产损失，应当在企业向主管税务机关提供证据资料证明该项资产已符合法定资产损失确认条件，且会计上已做损失处理的年度申报扣除。

企业发生的资产损失，应按规定的程序和要求向主管税务机关申报后方能在税前扣除。未经申报的损失，不得在税前扣除。

(三)关于资产损失的追补扣除问题

企业以前年度发生的资产损失未能在当年税前扣除的,可以按照《国家税务总局关于发布〈企业资产损失所得税税前扣除管理办法〉的公告》(国家税务总局公告2011年第25号)的规定,向税务机关说明并进行专项申报扣除。其中,属于实际资产损失,准予追补至该项损失发生年度扣除,其追补确认期限一般不得超过5年,但因计划经济体制转轨过程中遗留的资产损失、企业重组上市过程中因权属不清出现争议而未能及时扣除的资产损失、因承担国家政策性任务而形成的资产损失以及政策定性不明确而形成的资产损失等特殊原因形成的资产损失,其追补确认期限经国家税务总局批准后可适当延长。属于法定资产损失,应在申报年度扣除。

企业因以前年度实际资产损失未在税前扣除而多缴的企业所得税税款,可在追补确认年度企业所得税应纳税款中予以抵扣,不足抵扣的,向以后年度递延抵扣。

企业实际资产损失发生年度扣除追补确认的损失后出现亏损的,应先调整资产损失发生年度的亏损额,再按弥补亏损的原则计算以后年度多缴的企业所得税税款,并按前款办法进行税务处理。

二、资产损失的申报管理

(一)资产损失申报的方式

企业资产损失按其申报内容和要求的不同,分为清单申报和专项申报两种申报形式。其中,属于清单申报的资产损失,企业可按会计核算科目归类、汇总,然后再将汇总清单报送税务机关,有关会计核算资料和纳税资料留存备查;属于专项申报的资产损失,企业应逐项(或逐笔)报送申请报告,同时附送会计核算资料及其他相关的纳税资料。

1. 以清单申报的方式向税务机关申报扣除的资产损失

包括:(1)企业在正常经营管理活动中,按照公允价格销售、转让、变卖非货币资产的损失;(2)企业各项存货发生的正常损耗;(3)企业固定资产达到或超过使用年限而正常报废清理的损失;(4)企业生产性生物资产达到或超过使用年限而正常死亡发生的资产损失;(5)企业按照市场公平交易原则,通过各种交易场所、市场等买卖债券、股票、期货、基金以及金融衍生产品等发生的损失。

2. 以专项申报的方式向税务机关申报扣除的资产损失

上述以外的资产损失,应以专项申报的方式向税务机关申报扣除。企业无法准确判别是否属于清单申报扣除的资产损失,可以采取专项申报的形式申报扣除。

(二)汇总纳税企业资产损失的申报要求

在中国境内跨地区经营的汇总纳税企业发生的资产损失,应按以下规定申报扣除:

(1)总机构及其分支机构发生的资产损失,除应按专项申报和清单申报的有关规定,各自向当地主管税务机关申报外,各分支机构同时还应上报总机构;

(2)总机构对各分支机构上报的资产损失,除税务机关另有规定外,应以清单申报的形式向当地主管税务机关申报;

(3)总机构将跨地区分支机构所属资产捆绑打包转让所发生的资产损失,由总机构向当地主管税务机关专项申报。

三、关于资产损失的证据确认问题

企业资产损失相关的证据包括具有法律效力的外部证据和特定事项的企业内部证据。

(一)外部证据

具有法律效力的外部证据,是指司法机关、行政机关、专业技术鉴定部门等依法出具的与本企业资产损失相关的具有法律效力的书面文件,主要包括:(1)司法机关的判决或者裁定;(2)公安机关的立案结案证明、回复;(3)工商部门出具的注销、吊销及停业证明;(4)企业的破产清算公告或清偿文件;(5)行政机关的公文;(6)专业技术部门的鉴定报告;(7)具有法定资质的中介机构的经济鉴定证明;(8)仲裁机构的仲裁文书;(9)保险公司对投保资产出具的出险调查单、理赔计算单等保险单据;(10)符合法律规定的其他证据。

(二)内部证据

特定事项的企业内部证据,是指会计核算制度健全、内部控制制度完善的企业,对各项资产发生毁损、报废、盘亏、死亡、变质等内部证明或承担责任的声明,主要包括:(1)有关会计核算资料和原始凭证;(2)资产盘点表;(3)相关经济行为的业务合同;(4)企业内部技术鉴定部门的鉴定文件或资料;(5)企业内部核批文件及有关情况说明;(6)对责任人由于经营管理责任造成损失的责任认定及赔偿情况说明;(7)法定代表人、企业负责人和企业财务负责人对特定事项真实性承担法律责任的声明。

四、资产损失证据资料的留存备查

资产损失的税务风险管理主要体现在两方面,其一是资产损失金额的计算是否准确,其二是资产损失在企业所得税税前列支扣除是否按要求留存充分详细的留存备查资料。本书结合医药企业常见的资产损失类型做归纳汇总,具体如下:

(一)发生现金损失情形

案例 71

甲医药企业在本年度年终盘点时发现存在现金短缺情况,其中现金保管人对于2 000元短缺提供了相应情况说明;认定因现金保管人管理失职需赔偿金额1 000元;因假币被银行收缴造成现金损失300元。甲医药企业发生的上述现金损失应准备哪些证据材料留存备查?

根据《国家税务总局关于发布〈企业资产损失所得税税前扣除管理办法〉的公告》(国家税务总局公告2011年第25号)第二十条规定,现金损失应依据以下证据材料确认:(1)现金保管人确认的现金盘点表(包括倒推至基准日的记录);(2)现金保管人对于短缺的说明及相关核准文件;(3)对责任人由于管理责任造成损失的责任认定及赔偿情况的说明;(4)涉及刑事犯罪的,应有司法机关出具的相关材料;(5)金融机构出具的假币收缴证明。

(二)发生应收及预付款项坏账损失情形

案例 72

甲医药企业向乙企业销售一批药品应收乙企业货款 100 万元,乙企业因资金周转紧张未能如期支付。后期,乙企业因资金链断裂进行破产清算,导致上述应收账款无法收回。甲医药企业若想将上述应收账款损失在税前列支扣除应准备哪些证明材料?

根据《国家税务总局关于发布〈企业资产损失所得税税前扣除管理办法〉的公告》(国家税务总局公告 2011 年第 25 号)第二十二条规定,企业应收及预付款项坏账损失应依据以下相关证据材料确认:(1)相关事项合同、协议或说明;(2)属于债务人破产清算的,应有人民法院的破产、清算公告;(3)属于诉讼案件的,应出具人民法院的判决书或裁决书或仲裁机构的仲裁书,或者被法院裁定终(中)止执行的法律文书;(4)属于债务人停止营业的,应有工商部门注销、吊销营业执照证明;(5)属于债务人死亡、失踪的,应有公安机关等有关部门对债务人个人的死亡、失踪证明;(6)属于债务重组的,应有债务重组协议及其债务人重组收益纳税情况说明;(7)属于自然灾害、战争等不可抗力而无法收回的,应有债务人受灾情况说明以及放弃债权申明。

需要注意的是,企业逾期三年以上的应收款项在会计上已作为损失处理的,可以作为坏账损失,但应说明情况,并出具专项报告。企业逾期一年以上,单笔数额不超过五万元或者不超过企业年度收入总额万分之一的应收款项,会计上已经作为损失处理的,可以作为坏账损失,但应说明情况,并出具专项报告。

(三)发生存货盘亏损失情形

案例 73

甲医药企业在年末存货盘点时,发现存货盘亏20万元,经企业内部责任认定,需要由仓库保管员承担2万元赔偿责任。上述存货盘亏损失若在税前列支扣除,甲医药企业应准备哪些留存备查资料?

根据《国家税务总局关于发布〈企业资产损失所得税税前扣除管理办法〉的公告》(国家税务总局公告2011年第25号)第二十六条规定,存货盘亏损失,为其盘亏金额扣除责任人赔偿后的余额,即本案例中存货盘亏损失金额为18万元(20-2),甲医药企业应依据以下证据材料确认:(1)存货计税成本确定依据;(2)企业内部有关责任认定、责任人赔偿说明和内部核批文件;(3)存货盘点表;(4)存货保管人对于盘亏的情况说明。

(四)发生存货被盗损失情形

案例 74

甲医药企业存货被盗发生损失30万元,经内部责任认定保管人员需承担赔偿责任5万元,保险公司理赔12万元。上述存货被盗损失若在税前列支扣除,甲医药企业应准备哪些留存备查资料?

根据《国家税务总局关于发布〈企业资产损失所得税税前扣除管理办法〉的公告》(国家税务总局公告2011年第25号)第二十八条规定,存货被盗损失,为其计税成本扣除保险理赔以及责任人赔偿后的余额,即为13万元(30-5-12),甲医药企业应依据以下证据材料确认:(1)存货计税成本的确定依据;(2)向公安机关的报案记录;(3)涉及责任人和保险公司赔偿的,应有赔偿情况说明等。

（五）发生固定资产报废、毁损损失情形

案例 75

因产品更新换代，甲医药企业将现有一条生产线做报废处理，该生产线账面净值 80 万元，取得残值收入 10 万元。甲医药企业发生的固定资产报废损失该如何在企业所得税税前列支扣除？

根据《国家税务总局关于发布〈企业资产损失所得税税前扣除管理办法〉的公告》（国家税务总局公告 2011 年第 25 号）第三十条、《国家税务总局关于取消 20 项税务证明事项的公告》（国家税务总局公告 2018 年第 65 号）规定，固定资产报废、毁损损失，为其账面净值扣除残值和责任人赔偿后的余额，应依据以下证据材料确认：(1) 固定资产的计税基础相关资料；(2) 企业内部有关责任认定和核销资料；(3) 企业内部有关部门出具的鉴定材料；(4) 涉及责任赔偿的，应当有赔偿情况的说明；(5) 损失金额较大的或自然灾害等不可抗力原因造成固定资产毁损、报废的，纳税人应留存备查自行出具的有法定代表人、主要负责人和财务负责人签章证实有关损失的书面申明。

（六）发生在建工程停建、报废损失情形

案例 76

甲医药企业在建一处厂房因遭遇泥石流报废毁损，该工程项目已投资账面价值 50 万元，取得残值收入 3 万元，经计算发生损失 47 万元。甲医药企业发生的建筑工程停建、报废损失，该如何在企业所得税税前列支扣除？

根据《国家税务总局关于发布〈企业资产损失所得税税前扣除管理办法〉的公告》（国家税务总局公告 2011 年第 25 号）第三十二条、《国家税务总局关于取消 20

项税务证明事项的公告》(国家税务总局公告2018年第65号)规定,在建工程停建、报废损失,为其扣除残值后的余额,应依据以下证据材料确认:(1)工程项目投资账面价值确定依据;(2)工程项目停建原因说明及相关材料;(3)因质量原因停建、报废的工程项目和因自然灾害和意外事故停建、报废的工程项目,纳税人应留存备查自行出具的有法定代表人、主要负责人和财务负责人签章证实有关损失的书面申明。

(七)发生无形资产损失情形

案例 77

甲医药企业所拥有的一项专利权尚未摊销金额为20万元,因该专利权已被其他新技术所代替导致丧失使用价值。甲医药企业发生的无形资产损失该如何在税前列支扣除?

根据《国家税务总局关于发布〈企业资产损失所得税税前扣除管理办法〉的公告》(国家税务总局公告2011年第25号)第三十八条规定,被其他新技术所代替或已经超过法律保护期限,已经丧失使用价值和转让价值,尚未摊销的无形资产损失,应提交以下证据备案:(1)会计核算资料;(2)企业内部核批文件及有关情况说明;(3)技术鉴定意见和企业法定代表人、主要负责人和财务负责人签章证实无形资产已无使用价值或转让价值的书面申明;(4)无形资产的法律保护期限文件。

(八)发生股权投资损失情形

案例 78

甲医药企业出资100万元投资A企业,后期,A企业因经营不善宣告破产,甲医药企业仅收回出资款20万元。甲医药企业发生的股权投资损失若在税前列支扣除应准备哪些证据材料？

根据《国家税务总局关于发布〈企业资产损失所得税税前扣除管理办法〉的公告》（国家税务总局公告2011年第25号）第四十一条规定，企业股权投资损失应依据以下相关证据材料确认：(1)股权投资计税基础证明材料；(2)被投资企业破产公告、破产清偿文件；(3)工商行政管理部门注销、吊销被投资单位营业执照文件；(4)政府有关部门对被投资单位的行政处理决定文件；(5)被投资企业终止经营、停止交易的法律或其他证明文件；(6)被投资企业资产处置方案、成交及入账材料；(7)企业法定代表人、主要负责人和财务负责人签章证实有关投资（权益）性损失的书面申明；(8)会计核算资料等其他相关证据材料。

（九）因对外提供担保发生的资产损失情形

案例 79

甲医药企业对外提供与本企业生产经营活动有关的担保180万元，因被担保人不能按期偿还债务而承担连带责任。甲医药企业因此发生的资产损失该如何处理？

根据《国家税务总局关于发布〈企业资产损失所得税税前扣除管理办法〉的公告》（国家税务总局公告2011年第25号）第四十四条规定，企业对外提供与本企业生产经营活动有关的担保，因被担保人不能按期偿还债务而承担连带责任，经追索，被担保人无偿还能力，对无法追回的金额，比照应收款项损失处理。

与本企业生产经营活动有关的担保是指企业对外提供的与本企业应税收入、投资、融资、材料采购、产品销售等生产经营活动相关的担保。

（十）抵押资产被拍卖或变卖发生的资产损失情形

案例 80

为了缓解资金压力，甲医药企业以账面价值为 500 万元的写字楼作为抵押向乙银行获取商业贷款 400 万元，因甲医药企业由于未能按期赎回抵押资产，乙银行将该写字楼按 420 万元拍卖，其中 400 万元用于归还贷款，20 万元返还甲医药企业。甲医药企业发生的上述资产损失该如何处理？

根据《国家税务总局关于发布〈企业资产损失所得税税前扣除管理办法〉的公告》（国家税务总局公告 2011 年第 25 号）第三十七条规定，企业由于未能按期赎回抵押资产，使抵押资产被拍卖或变卖，其账面净值大于变卖价值的差额，可认定为资产损失，按以下证据材料确认：(1)抵押合同或协议书；(2)拍卖或变卖证明、清单；(3)会计核算资料等其他相关证据材料。

第五章 医药企业销售环节的税务风险管理

我国医药行业可以分为医药制造企业和医药经销企业,医药制造企业主要承担医药行业药品生产与研发职能,医药经商企业为商品流通企业,主要负责商品配送与渠道搭建。

制药企业规模较大,经销业务多采用下设销售公司形式,并在销售公司下设立区域分公司及销售网点。药品销售是制药企业生产经营和财务核算的重要环节,涉及销售渠道和方式、销售过程成本费用控制以及回款结算等方面。目前药企销售方式多种多样,包括销售折扣折让、返利促销、药品推荐会、样品展示、临床试验试用等。在税务风险管理过程中应掌握药企销售整体流程,着眼收入实现、费用发生、票据开具和出货管理各方面,识别风险疑点,堵住风险漏洞。

第一节 结算方式与客户的税务风险管理

在"两票制"背景下,医药制造企业的销售模式主要分为以下几种:

一是直销模式。药企直接将产品销售给医院、药店等终端客户,开具一次发票。这种模式下,药企需要自行承担市场推广、配送等职能。直销模式的优点是减少中间环节,提高利润空间,但对药企的销售团队和市场推广能力要求较高。

二是经销模式。药企将产品销售给经销商,经销商再将产品销售给医院或药店等终端客户,开具两次发票。这种模式下,市场推广主要由经销商完成,药企协助经销商进行产品宣传。经销模式的优点是利用经销商的渠道资源,降低销售成本,但药企对终端市场的控制力较弱。

三是配送商模式。药企直接将药品销售给大型医药流通企业(配送商),配送商再将药品配送给医院或药房。这种模式下,药企需要自行承担市场推广工作,配送商仅负责药品的配送。配送商模式的优点是提高配送效率,减少流通环节,但药企需要与大型配送商建立稳定的合作关系。

四是 CSO(合同销售组织)模式。药企与专业的合同销售组织(CSO)合作,由 CSO 负责市场推广和销售服务。这种模式下,药企可以利用 CSO 的专业能力,降低自身运营成本,同时避免直接建立销售团队的高投入。

五是自营+代理(或 CSO)混合模式。药企结合自营和代理(或 CSO)的优势,部分产品通过自建销售团队直接销售,部分产品通过代理或 CSO 合作推广。这种模式的优点是灵活多样,能够根据产品特点和市场情况选择合适的销售策略。

六是自主学术推广+经销商模式。药企通过自建学术推广团队,结合经销商的渠道资源,共同完成市场推广。这种模式下,药企能够更好地控制学术推广的质量和效果,同时利用经销商的渠道优势。

七是区域独家代理模式。药企在特定区域内选择一家经销商作为独家代理,负责该区域内的销售和推广。这种模式下,独家代理经销商通常具有较强的市场控制力和推广能力,但药企需要与独家代理建立深度合作关系。

八是一票制模式。药企直接将药品销售给医院或药店,开具一次发票。这种模式下,药企需要承担更多的销售和配送职能,但减少了中间环节,降低了成本。

九是招商代理和学术推广结合模式。药企通过招商代理的方式,结合学术推广活动,提升产品的市场影响力。这种模式下,药企需要在招商代理的基础上,加强学术推广的投入。

"两票制"背景下,药企的销售模式更加多样化,企业需要根据自身资源、产品特点和市场需求,选择合适的销售模式。同时,药企需要加强合规管理,确保销售过程中的商业贿赂风险得到有效控制。

无论医药制造企业和医药经销企业采用何种销售模式,在最终销售环节都要根据不同结算方式进行相应的税务处理。

一、结算方式概述

根据企业在销售环节收款和发货的先后顺序确定为不同的结算方式，不同的结算方式下有不同的收入确认和税务处理。

(1) 直接收款方式：就是通常说的"钱货两清"，一手交钱，一手交货，收钱和发货同时进行。

(2) 预收货款方式：指的是先收款后发货，收到货款之后，才会安排发货。

(3) 分期收款方式：指的是先发货后收款，货物发出后，才收取款项，并根据合同的约定，分次收取款项。

(4) 赊销结算方式：是指商家授予客户一定数量的货物或服务，客户可以先消费使用，而后交付给商家相应的货款，即通过客户自身信誉以及对客户的收货期限和条件的约定形式实现货款的回收。分期收款方式和赊销结算方式都属于信用交易方式，即信用销售。

二、不同结算方式的税务处理

(一) 直接收款方式的涉税处理

1. 直接收款方式增值税的处理

采取直接收款方式销售货物，不论货物是否发出，其纳税义务时间均为收到销售款或者取得索取销售款凭据的当天。并且增值税专用发票应当按照增值税纳税义务的发生时间开具。

2. 直接收款方式企业所得税的处理

企业销售商品同时满足下列条件的，应确认收入的实现：(1) 商品销售合同已经签订，企业已将商品所有权相关的主要风险和报酬转移给购货方；(2) 企业对已售出的商品既没有保留通常与所有权相联系的继续管理权，也没有实施有效控制；(3) 收入的金额能够可靠地计量；(4) 已发生或将发生的销售方的成本能够可靠地核算。

直接收款方式，钱货两清，满足企业所得税收入确认条件。

(二)预收货款方式的涉税处理

1. 预收货款方式增值税的处理

采取预收货款方式销售货物,为货物发出的当天,但生产销售生产工期超过12个月的大型机械设备、船舶、飞机等货物,为收到预收款或者书面合同约定的收款日期的当天。

销售一般货物,在收到款项时,不确认收入,到发出商品时确认收入。生产销售生产工期超过12个月的大型机械设备、船舶、飞机等货物,收到预收款或者书面合同约定的收款日期的当天确认收入。

2. 预收货款方式企业所得税的处理

销售商品采取预收款方式的,在发出商品时确认应税收入。

(三)分期收款方式的涉税处理

1. 分期收款方式增值税的处理

采取赊销和分期收款方式销售货物,为书面合同约定的收款日期的当天,无书面合同的或者书面合同没有约定收款日期的,为货物发出的当天。

2. 分期收款方式企业所得税的处理

企业以分期收款方式销售货物的,按照合同约定的收款日期确认当期收入的实现。

(四)赊销结算方式的涉税处理

1. 赊销结算方式增值税的处理

赊销交易的纳税义务发生时间为合同约定的收款日期的当天,即无论合同约定的收款日期当天是否收到货款都应确认增值税应税收入。

2. 赊销结算方式所得税的处理

企业所得税对赊销商品确认收入的时间,通常遵循权责发生制原则,即在商品已经发出,且收款的权利已经确立时,即应确认收入。具体来说,当企业赊销商品,商品已经交付给购货方,且根据合同或协议,购货方有支付货款的义务时,企业即应确认销售收入的实现。

三、不同结算方式的税务风险管理

不同结算方式产生的税务风险,来自结算方式的不同,企业对收入确认时点的判定及确认。与收入确认时点有关的重要节点包括:收到款项、发出货物、开具发票。做好相关的税务风险管理,需把握好以下几点:

1. 理解不同结算方式的内涵,根据销售合同的约定以及业务的具体执行,判别属于直接收款方式、预收货款方式还是分期收款方式、赊销方式;

2. 在判别属于何种结算方式的基础上,根据收到款项、发出货物、开具发票的时点,来判断收入确认的时点;

3. 同一笔交易,不同税种对收入确认时点的判别存在差异;不同税种纳税义务发生时点,不能混淆。

四、不同结算方式税务风险案例解析

案例 81

2024年1月1日,A医药生产企业采用分期收款方式向B公司销售医疗设备,根据双方合同约定,销售价格为1 000万元(不含税),分5次于每年12月31日平均收取。该设备成本为600万元。已知:该设备在现销方式下,销售价格为800万元。A公司适用《企业会计准则》。

案例解析:

会计收入计量:

根据《企业会计准则第14号——收入》第五条规定,合同或协议价款的收取采用递延方式(通常情况下时间跨度≥3年),实质上具有融资性质的,应当按照应收的合同或协议价款的公允价值确定销售商品收入金额。应收的合同或协议价款与其公允价值之间的差额,应当在合同或协议期间内采用实际利率法摊销,计入当期损益。

该企业计算得出年金 200 万元、期数 5 年、现值 800 万元,根据等额多次支付的终值公式计算的折现率(即实际利率)约为 7.93%,即为该笔应收款项的实际利率。该笔应收款项账面余额减去未实现融资收益账面余额后的差额,即为应收款项的摊余成本,摊余成本和实际利率 7.93% 的乘积即为当期应冲减的财务费用。

(1)销售成立时:

 借:长期应收款   10 000 000

  贷:主营业务收入   8 000 000

   未实现融资收益   2 000 000

 借:主营业务成本   6 000 000

  贷:库存商品   6 000 000

(2)第一年年末收取款项时:

 借:银行存款   2 000 000

  贷:长期应收款   2 000 000

计算确定利息收入时:

未确认融资收益摊销金额=800×7.93%=63.44(万元)

 借:未实现融资收益   634 400

  贷:财务费用   634 400

(3)第二年年末收取款项时:

 借:银行存款   2 000 000

  贷:长期应收款   2 000 000

剩余未确认融资收益=200-63.44=136.56(万元)

未确认融资收益摊销金额=(800-136.56)×7.93%=52.61(万元)

 借:未确认融资收益   526 100

  贷:财务费用   526 100

(4)第三年年末收取款项时:

 借:银行存款   2 000 000

  贷:长期应收款   2 000 000

剩余未确认融资收益＝136.56－52.61＝83.95(万元)

未确认融资收益摊销金额＝(600－83.95)×7.93％＝40.92(万元)

  借:未确认融资收益   409 200

    贷:财务费用   409 200

  (5)第四年年末收取款项时:

  借:银行存款   2 000 000

    贷:长期应收款   2 000 000

剩余未确认融资收益＝83.95－40.92＝43.03(万元)

未确认融资收益摊销金额＝(400－43.03)×7.93％＝28.31(万元)

  借:未确认融资收益   283 100

    贷:财务费用   283 100

  (6)第5年年末收取款项时:

  借:银行存款   2 000 000

    贷:长期应收款   2 000 000

未确认融资收益摊销金额＝200－63.44－52.61－40.92－28.31＝14.72(万元)

  借:未实现融资收益   147 200

    贷:财务费用   147 200

  税务处理:

  1. 增值税处理

  采取赊销和分期收款方式销售货物,为书面合同约定的收款日期的当天,无书面合同的或者书面合同没有约定收款日期的,为货物发出的当天。

  因此,甲公司应该按照合同约定的收款时间确认增值税义务发生时间点,即每年年底确认收入200万元。

  2. 企业所得税处理

  《中华人民共和国企业所得税法实施条例》第二十三条第(一)款规定,企业以分期收款方式销售货物的,按照合同约定的收款日期确认收入的实现。

因此,甲公司应该按照合同约定的收款时间确认应税收入。

纳税调整:

《企业会计准则》与税法产生了差异。在 2024 年,会计上确认 800 万元收入,600 万元成本,按照实际利率冲减财务费用;而税收上只能确认 200 万元收入和 120 万元成本;在汇算清缴时,调减收入 600 万元,调增成本 480 万元,调增财务费用 63.44 万元。

案例 82

甲公司收到客户 250 万预付款,开具了增值税发票,但是没有发货。甲公司已经就此笔业务确认了销项税额,但是按照会计准则这不符合收入确认条件;故此甲公司没有确认收入。但当地税务机关对此提出疑问,并要求甲公司确认收入,请问当地税务机关的说法是否正确?这种说法是否有税法依据?

案例解析:

根据《增值税法》第二十八条规定,增值税纳税义务发生时间,按照下列规定确定:发生应税交易,纳税义务发生时间为收讫销售款项或者取得销售款项索取凭据的当日;先开具发票的,为开具发票的当日。

根据《国家税务总局关于确认企业所得税收入若干问题的通知》(国税函〔2008〕875 号)规定,除企业所得税法及实施条例另有规定外,企业销售收入的确认,必须遵循权责发生制原则和实质重于形式原则。

1.企业销售商品同时满足下列条件的,应确认收入的实现

(1)商品销售合同已经签订,企业已将商品所有权相关的主要风险和报酬转移给购货方;

(2)企业对已售出的商品既没有保留通常与所有权相联系的继续管理权,也没有实施有效控制;

(3)收入的金额能够可靠地计量；

(4)已发生或将发生的销售方的成本能够可靠地核算。

2.符合上款收入确认条件，采取下列商品销售方式的，应按以下规定确认收入实现时间

销售商品采取预收款方式的，在发出商品时确认收入。

根据上述规定，销售商品如果提前开具发票，开具发票的当天即确认增值税纳税义务发生时间，按规定缴纳增值税。但企业所得税上要求销售商品时需同时满足国税函〔2008〕875号文规定的条件，采取预收款方式的，在发出商品时确认收入。因此，甲公司采取预收款方式销售商品，先开具发票，虽然商品未发出，但按规定要缴纳增值税；企业所得税处理上不需要确认收入。

五、客户的类型

企业在经营活动过程中，最终需要把产品销售给客户，把服务提供给客户，从而实现收益，完成企业经营目标。不同的客户税务风险管理的侧重点不同。根据税务风险偏好的不同，可以将客户分为以下几类：

(一)根据客户所处的区域不同，分为境内客户和境外客户

境内客户，指依法在中国境内成立，或者依照外国(地区)法律成立但实际管理机构在中国境内的企业。

境外客户，指依照外国(地区)法律成立并且实际管理机构在中国境外的企业。

(二)根据客户的组织架构不同，分为法人客户和非法人客户

法人客户，指具有民事权利能力和民事行为能力，依法独立享有民事权利和承担民事义务的组织。一般包括有限责任公司和股份有限公司。

非法人客户，指经工商行政管理机关登记注册，从事营利性生产经营活动，但不具有法人资格的经济组织。非法人企业主要包括个人独资企业、合伙企业、企业的分支机构(分公司、办事处、代表处)等。某些业务往来中，个人也是非法人客户的

一种。

(三)根据企业之间的隶属关系不同,分为关联企业、非关联企业和内部分支机构

关联企业,是指具有下列关系之一的企业:

(1)一方直接或者间接持有另一方的股份总和达到25%以上;双方直接或者间接同为第三方所持有的股份达到25%以上。

如果一方通过中间方对另一方间接持有股份,只要其对中间方持股比例达到25%以上,则其对另一方的持股比例按照中间方对另一方的持股比例计算。

两个以上具有夫妻、直系血亲、兄弟姐妹以及其他抚养、赡养关系的自然人共同持股同一企业,在判定关联关系时持股比例合并计算。

(2)双方存在持股关系或者同为第三方持股,虽持股比例未达到本条第(1)项规定,但双方之间借贷资金总额占任一方实收资本比例达到50%以上,或者一方全部借贷资金总额的10%以上由另一方担保(与独立金融机构之间的借贷或者担保除外)。

借贷资金总额占实收资本比例＝年度加权平均借贷资金/年度加权平均实收资本,其中:

年度加权平均借贷资金＝i笔借入或者贷出资金账面金额×i笔借入或者贷出资金年度实际占用天数/365

年度加权平均实收资本＝i笔实收资本账面金额×i笔实收资本年度实际占用天数/365

(3)双方存在持股关系或者同为第三方持股,虽持股比例未达到第(1)项规定,但一方的生产经营活动必须由另一方提供专利权、非专利技术、商标权、著作权等特许权才能正常进行。

(4)双方存在持股关系或者同为第三方持股,虽持股比例未达到第(1)项规定,但一方的购买、销售、接受劳务、提供劳务等经营活动由另一方控制。

上述控制是指一方有权决定另一方的财务和经营政策,并能据以从另一方的经营活动中获取利益。

(5)一方半数以上董事或者半数以上高级管理人员(包括上市公司董事会秘书、经理、副经理、财务负责人和公司章程规定的其他人员)由另一方任命或者委派,或者同时担任另一方的董事或者高级管理人员;或者双方各自半数以上董事或者半数以上高级管理人员同为第三方任命或者委派。

(6)具有夫妻、直系血亲、兄弟姐妹以及其他抚养、赡养关系的两个自然人分别与双方具有本条第(1)至(5)项关系之一。

(7)双方在实质上具有其他共同利益。

如果不具有上述关系之一的企业,不构成税法上的关联企业。

内部分支机构,指汇总纳税企业依法设立并领取非法人营业执照(登记证书),且总机构对其财务、业务、人员等直接统一核算和管理的分支机构。分支机构不具有独立法人资格。

(四)根据客户的税务身份不同,分为小规模纳税人和一般纳税人

一般纳税人,指应税行为的年应征增值税销售额超过财政部和国家税务总局规定标准的纳税人,该标准目前是500万元/年。一般纳税人发生应税行为适用一般计税方法计税。一般纳税人发生财政部和国家税务总局规定的特定应税行为,可以选择适用简易计税方法计税,但一经选择,36个月内不得变更。一般计税方法的应纳税额,是指当期销项税额抵扣当期进项税额后的余额。应纳税额计算公式:应纳税额＝当期销项税额－当期进项税额,当期销项税额小于当期进项税额不足抵扣时,其不足部分可以结转下期继续抵扣。

小规模纳税人,指应税行为的年应征增值税销售额未超过规定标准的纳税人,小规模纳税人发生应税行为适用简易计税方法计税。简易计税方法的应纳税额,是指按照销售额和增值税征收率计算的增值税额,不得抵扣进项税额。应纳税额计算公式:

应纳税额＝销售额×征收率

六、不同客户的涉税事项及分析

与客户类型有关的涉税事项,重点有:

(一)与境外客户的出口退税事项

如果客户是境外企业,销售产品给境外客户,就会涉及出口退税的处理。

出口退税是指在国际贸易业务中,对我国报关出口的货物退还在国内各生产环节和流转环节按税法规定已缴纳的增值税和消费税,即出口环节免税且退还以前纳税环节的已纳税款。作为国际通行惯例,出口退税可以使出口货物的整体税负归零,有效避免国际双重课税。

出口退税有两种方式,"免抵退"方式和"免退"方式,"免抵退"方式适用于生产企业,"免退"方式适用于贸易企业。

(二)与境外客户的非贸易交易事项

如果客户是境外企业,提供服务给境外客户,就会涉及非贸易服务中的收汇处理。

为境外客户提供服务,取得收入,增值税的税务处理包括:出口征税、出口免税和出口零税率(出口退税)。企业所得税的税务处理,收入确认与计量,与境内提供劳务一致,如果由于向境外客户提供劳务,而在境外被扣缴了所得税性质的款项,符合条件的,可以在境内缴纳企业所得税时申请税收抵免或者税收饶让。

(三)与关联客户的转让定价事项

企业与关联客户会发生的关联交易主要包括:

(1)有形资产使用权或者所有权的转让。有形资产包括商品、产品、房屋建筑物、交通工具、机器设备、工具器具等。

(2)金融资产的转让。金融资产包括应收账款、应收票据、其他应收款项、股权投资、债权投资和衍生金融工具形成的资产等。

(3)无形资产使用权或者所有权的转让。无形资产包括专利权、非专利技术、商业秘密、商标权、品牌、客户名单、销售渠道、特许经营权、政府许可、著作权等。

（4）资金融通。资金包括各类长、短期借贷资金（含集团资金池）、担保费、各类应计息预付款和延期收付款等。

（5）劳务交易。劳务包括市场调查、营销策划、代理、设计、咨询、行政管理、技术服务、合约研发、维修、法律服务、财务管理、审计、招聘、培训、集中采购等。

企业与其关联方之间的业务往来，定价要符合独立交易原则，不符合独立交易原则而减少企业或者其关联方应纳税收入或者所得额的，税务机关有权按照合理方法调整。企业与其关联方共同开发、受让无形资产，或者共同提供、接受劳务发生的成本，在计算应纳税所得额时应当按照独立交易原则进行分摊。

独立交易原则是指没有关联关系的交易各方，按照公平成交价格和营业常规进行业务往来遵循的原则。

（四）与内部分支机构企业所得税汇总纳税事项

总机构和分支机构，实行"统一计算、分级管理、就地预缴、汇总清算、财政调库"的企业所得税征收管理办法：

（1）统一计算，是指总机构统一计算包括汇总纳税企业所属各个不具有法人资格的分支机构在内的全部应纳税所得额、应纳税额。

（2）分级管理，是指总机构、分支机构所在地的主管税务机关都有对当地机构进行企业所得税管理的责任，总机构和分支机构应分别接受机构所在地主管税务机关的管理。

（3）就地预缴，是指总机构、分支机构应按规定分月或分季分别向所在地主管税务机关申报预缴企业所得税。

（4）汇总清算，是指在年度终了后，总机构统一计算汇总纳税企业的年度应纳税所得额、应纳所得税额，抵减总机构、分支机构当年已就地分期预缴的企业所得税款后，多退少补。

（5）财政调库，是指财政部定期将缴入中央国库的汇总纳税企业所得税待分配收入，按照核定的系数调整至地方国库。

总机构按以下公式计算分摊税款：

$$总机构分摊税款 = 汇总纳税企业当期应纳所得税额 \times 50\%$$

分支机构按以下公式计算分摊税款：

$$所有分支机构分摊税款总额 = 汇总纳税企业当期应纳所得税额 \times 50\%$$

$$某分支机构分摊税款 = 所有分支机构分摊税款总额 \times 该分支机构分摊比例$$

总机构应按照上年度分支机构的营业收入、职工薪酬和资产总额三个因素计算各分支机构分摊所得税款的比例；三级及以下分支机构，其营业收入、职工薪酬和资产总额统一计入二级分支机构；三因素的权重依次为 0.35、0.35、0.30。

计算公式如下：

某分支机构分摊比例＝（该分支机构营业收入/各分支机构营业收入之和）×0.35＋（该分支机构职工薪酬/各分支机构职工薪酬之和）×0.35＋（该分支机构资产总额/各分支机构资产总额之和）×0.30

七、不同客户的税务风险管理

根据上述不同客户重点涉税事项的分析，可以从以下几个方面做好税务风险管理：

(1)向境外客户销售产品前，分析出口退税两种方式("免抵退"和免退)的税收成本的不同，选择最优的出口退税方式，从而决定采用何种出口主体：生产企业还是贸易企业。

出口业务执行过程中，注意税务风险的管理，既要享受出口退税，也要避免发生违规行为。

(2)向境外客户提供服务时，要测算服务出口的出口征税、出口免税、出口退税（零税率）的税收成本，选择有利的出口税务处理方式。

如果境外被扣缴了所得税性质的款项，要研究境外所得税抵免的政策规定和申报要求，避免产生重复征税。

(3)与关联企业之间做交易，要遵循独立交易原则，做好交易过程中的同期资料的准备工作,具备条件的客户,准备好主体文档、本地文档、特殊事项文档,留存备查。企业所得税年度汇算清缴纳税申报时,做好关联交易往来报告表和国别报告的填写申报。

(4)分支机构的企业所得税,不是根据分支机构的财务核算来申报,而是总分公司一起汇总纳税,由总公司填制分配表,分支机构根据分配表中的数字,进行企业所得税纳税申报。

八、不同客户的税务风险案例解析

案例 83

甲公司是总公司,2024年经营收入5亿元,乙公司是甲公司在2023年设立的一个分支机构,2024年经营收入0元,各类成本费用500万元,其中业务招待费50万元,甲公司2024年度业务招待费100万元,乙公司在财务上独立核算。

乙公司的主管税务机关在税收征管系统内,将乙公司登记为企业所得税的独立纳税人,2024年度汇算清缴,由于乙公司没有经营收入,50万元业务招待费全额纳税调增。甲公司的业务招待费按照"企业发生的与生产经营活动有关的业务招待费支出,按照发生额的60%扣除,但最高不得超过当年销售(营业)收入的5‰"的规则进行纳税调整。

甲、乙公司的税务处理是否正确?

案例分析:

从不同税种角度,在增值税上,总公司和分支机构是各自独立的纳税人;在企业所得税上,总公司和分支机构是汇总纳税人。不管分支机构是否在财务上实行独立核算,分支机构在企业所得税上,都不应该是独立纳税人。既然不是独立纳税人,各类扣除事项(包括业务招待费等),都不应该分支机构单独进行纳税调整,都需要汇总到总公司一并做纳税调整。

所以,在这个案例中,分支机构乙公司作为企业所得税独立纳税人是错误的,业务招待费分支机构单独做纳税调整也是错误的。

第二节 合同管理

经济合同在市场经济条件中十分重要,是合同各方当事人维护权益、恪守义务的契约。企业在签订经济合同时往往关注双方的权利、义务及法律风险,却忽略涉税条款的表述。负责起草合同的律师或企业购销部门普遍缺乏税法的有关规定。纳税人与税务机关的纳税争议多数情况源于经济合同中涉税条款的不明确。

一、主要合同的类型

(一)货物销售合同

也称买卖合同,买卖合同是出卖人转移标的物的所有权于买受人,买受人支付价款的合同。买卖合同的内容一般包括标的物的名称、数量、质量、价款、履行期限、履行地点和方式、包装方式、检验标准和方法、结算方式、合同使用的文字及其效力等条款。

(二)加工、承揽合同

承揽合同是承揽人按照定作人的要求完成工作,交付工作成果,定作人支付报酬的合同。承揽包括加工、定作、修理、复制、测试、检验等工作。承揽合同的内容一般包括承揽的标的、数量、质量、报酬和承揽方式、材料的提供、履行期限、验收标准和方法等条款。

(三)建筑安装合同

建设工程合同是承包人进行工程建设,发包人支付价款的合同。建设工程合同包括工程勘察、设计、施工合同。

(四)技术许可合同

技术合同是当事人就技术开发、转让、许可、咨询或者服务订立的确立相互之间权利和义务的合同。技术合同的内容一般包括项目的名称,标的的内容、范围和要求,履行的计划、地点和方式,技术信息和资料的保密,技术成果的归属和收益的分配办法,验收标准和方法,名词和术语的解释等条款。

(五)租赁合同

租赁合同是出租人将租赁物交付承租人使用、收益,承租人支付租金的合同。租赁合同的内容一般包括租赁物的名称、数量、用途、租赁期限、租金及其支付期限和方式、租赁物维修等条款。

二、合同的审核

合同的类型比较多,且合同的条款可以从几条到上百条甚至上千条。因此,对任何一个合同的涉税审核,都应做到有的放矢,对涉税的内容和重要的条款进行审核。

(一)审核主体

审核合同主体是否具备独立的民事行为能力,是否具备特定的资质,是否进行了必要的资信调查等。对合同当事人身份和资格的审查。合同当事人的身份和资格直接关系到合同签订后是否有效、是否能真正履行的先决条件。因此,合同审核中的首要问题,也是防止合同诈骗的主要防范措施。

首先,审核对方的企业营业执照、本人的授权委托书、本人的身份证以及企业的生产资格。例如,审核房地产项目合同时,对方必须要有房地产开发资质;特种机电设备生产厂商,必须具备特种机电设备生产许可证;药品生产企业,则需持有相应的国家药品生产的许可证,否则,即使签署也是无效合同。

其次,重大合同在签订之前,应组成有企业高级管理人员带队,有主管负责人、专业技术人员、法律和财务人员等参加的考察团到对方所在地审查。这种审查并不仅仅是对对方企业表面化的考察,而是应对对方提供的各类执照、证件、资格证、许可证、财务报表等进行仔细审查。

最后,在对企业审查的同时,还应核实企业的诉讼情况,企业的年检注册和历年的奖罚情况,企业是否存在不动产的抵押担保,企业是否存在拖延缴纳税费或者是否还有税费没有及时上缴情况,是否存在严重污染环境的行为等。

(二)审核标的

对合同标的物的审查主要审核其是否符合国家各项标准(产品质量、卫生防疫等)。企业不应该只相信对方提供的各类许可证和证件,而应根据对方提供的相关证件,通过电话咨询、委托异地审查或者实地考察等方式予以实际审核。

(三)审核结算方式

对合同款支付方式的约定,会直接影响对方履行合同的心态,直接关系到合同是否会顺利履行。对销售方而言,应审查对方是否有按时支付合同款的能力,避免出现先供应产品后收款的情况;对买受方而言,应要求价款的支付与产品的供应量和供应时间相对应,尽可能避免出现价款先支付后提供产品的条款。

(四)审核违约责任的约定

对合同潜在的纠纷预测是否全面,违约责任是否对应潜在的违约形态,违约责任形式是否可操作,是否足以挽回损失,纠纷解决方式是否明确,关于诉讼或仲裁管辖是否存在无效的问题。违约条款的约定,既反映了合同的质量,也反映了履约的难易程度。一般来说,违约条款的约定越简单,就越容易出现法律纠纷。我们建议双方在合同中明确约定违约金或者违约金的计算方法。

(五)审核合同争议解决方式

一旦发生违约情形,采用仲裁或诉讼哪种方式来解决争议纠纷就显得非常重要。一般来说,要慎重选择仲裁或诉讼的地点。在合同争议条款中,应尽可能选择在企业本地诉讼或者仲裁;如果合同中没有约定或者约定不明确的,根据法律规定,当事人可以选择诉讼地的,那么,一旦双方争议无法协商一致,企业就应尽快先向有利于自己的法院提起诉讼,以求得有利于自己的法院管辖权。

三、典型合同的税务风险管理

(一)货物销售合同

货物销售合同,涉税条款主要包括收入金额的确认和收入时点的确认两个方面。收入金额的确认方面,主要要注意销售折扣、折让、销售返利、价外费用、违约赔偿、买一赠一等特殊条款的约定,既不能减少收入确认的金额,也不要无故增加收入的确认金额。收入时点的确认方面,从收款时点、开票时点、发货时点的约定,来判别结算方式,依据增值税、企业所得税各自收入确认时点的要求分别予以明确,避免延迟确认收入,更不要提前确认收入。

(二)技术合同

技术合同,根据合同标的不同,可能是技术开发、技术转让、技术许可、技术咨询或者服务。从技术服务提供方享受税收优惠的角度,要注意技术合同类型的选择和具体条款的约定,比如,技术开发合同,技术服务提供方是受托方,技术服务接收方是委托方,在享受所得税规定的企业研究开发费用加计扣除优惠时,技术委托方享受加计扣除优惠,受托方不能享受加计扣除优惠,这就需要合同双方在合同条款中明确税收优惠究竟应该由谁来享受。如果技术合同实质不是技术开发合同,而是技术服务提供方自行开发技术,然后转让或者许可客户使用,技术服务方就可以享受研究开发费用加计扣除政策,这样签署的合同就是技术转让或者技术许可合同。

(三)股权转让合同

股权转让合同中涉税有关的条款,包括合同的签署时间、款项支付时间、股权交易价格的确定和调整、工商变更时间等。这些条款都会涉及何时产生纳税义务、股权转让所得的计算、股权原值的确认、股权转让收入的确认,影响纳税人及时、正确地核算股权转让行为的纳税的多寡、纳税申报的准确性。

四、合同的税务风险案例解析

案例 84

甲制药公司与乙药品经销公司签订的药品销售合同,因市场需求急剧变化,乙公司单方面终止合同构成违约,根据合同约定应赔偿甲公司1 000万元人民币,经过双方多次协商最后达成一致赔给甲公司600万元人民币。乙方税务局要求只有乙方取得这笔赔偿金发票才可以税前列支,但是甲公司只给乙公司开具了收据,乙公司虽然提供合同原件、银行的收款记录,请问这样这笔赔偿金能否税前列支?

案例解析:

根据增值税有关规定,纳税人在未销售货物或者提供加工、修理修配劳务的情况下收取的违约金,不属于增值税的征税范围,不征收增值税。依据发票管理办法的规定,在没有发生购销商品、提供或者接受服务以及从事其他经营活动的情况下,因未履行合同而致的违约收取的违约金,不是经营活动,不属于开具发票的范围。支付违约金的公司可依违约金收款收据、相关合同协议及银行的付款凭据在税前列支。

可见在合同中的违约金条款中,如约定了甲公司需要就违约金开具发票,甲公司就会比较被动;如果没有约定是否需要甲方开具发票,双方也会产生较大争议。需要提前把违约行为产生之后的税务救济条款约定清楚,比如何种情况下需要开具发票,何种情况下不需要开具发票。

案例 85

丙公司和丁公司签署一批医疗检测设备销售合同,约定的收款时间是合同签署后 10 日内支付 30%,设备交付后 10 日内支付 30%,设备验收合格后 10 日内支付 30%,并开具全额销售发票,验收合格后一年内,产品质量没有问题,支付最后 10% 的尾款。

设备验收一年后,确实发生了质量问题,根据双方约定,10% 的尾款就不收取了。

由于发票已经全额开具,财务账上已产生 10% 的应收账款,可以作为坏账损失处理吗?

案例解析:

国家税务总局公告 2011 年第 25 号《企业资产损失所得税税前扣除管理办法》

第二十三条规定:企业逾期三年以上的应收款项在会计上已作为损失处理的,可以作为坏账损失,但应说明情况,并出具专项报告。

根据上述规定,似乎逾期3年以上,就可以作为坏账损失,实际上,还要看财税〔2009〕57号《关于企业资产损失税前扣除政策的通知》的规定。

企业除贷款类债权外的应收、预付账款符合下列条件之一的,减除可收回金额后确认的无法收回的应收、预付款项,可以作为坏账损失在计算应纳税所得额时扣除:

(1)债务人依法宣告破产、关闭、解散、被撤销,或者被依法注销、吊销营业执照,其清算财产不足清偿的;

(2)债务人死亡,或者依法被宣告失踪、死亡,其财产或者遗产不足清偿的;

(3)债务人逾期3年以上未清偿,且有确凿证据证明已无力清偿债务的;

(4)与债务人达成债务重组协议或法院批准破产重整计划后,无法追偿的;

(5)因自然灾害、战争等不可抗力导致无法收回的;

(6)国务院财政、税务主管部门规定的其他条件。

根据上述规定,逾期3年以上未清偿的应收账款,还需要有确凿证据证明债务人已无力清偿的,才可以作为坏账损失处理。

这个案例中,也是属于对于产品质量出现问题,质保金不再收取这个事项,没有进一步约定税务救济条款,就是质保金如果不收了,税务上应该履行哪些手续,获得哪些凭据。

一般来说,如果出现产品质量赔偿,规范的做法是购买方出具红字通知单,销售方开具红字发票,把不收取的质保金,作为销售折扣折让处理。合同中明确条款的约定,当约定事项发生时,合同双方依据合同中对应的条款执行,减少不必要的争议。

第三节　收入确认与计量的税务风险管理

一、收入的类别

（一）销售货物收入

销售货物收入，是指企业销售商品、产品、原材料、包装物、低值易耗品以及其他存货取得的收入。

（二）提供劳务收入

提供劳务收入，是指企业从事建筑安装、修理修配、交通运输、仓储租赁、金融保险、邮电通信、咨询经纪、文化体育、科学研究、技术服务、教育培训、餐饮住宿、中介代理、卫生保健、社区服务、旅游、娱乐、加工以及其他劳务服务活动取得的收入。

（三）转让财产收入

转让财产收入，是指企业转让固定资产、生物资产、无形资产、股权、债权等财产取得的收入。

（四）股息、红利等权益性投资收益

股息、红利等权益性投资收益，是指企业因权益性投资从被投资方取得的收入。

（五）利息收入

利息收入，是指企业将资金提供他人使用但不构成权益性投资，或者因他人占用本企业资金取得的收入，包括存款利息、贷款利息、债券利息、欠款利息等收入。

存款利息是企业将自有资金存入银行，从而由银行向其定期支付的利息收入。贷款利息是企业将自有资金借贷给他人使用，由他人按约定利率和期限支付的利息收入。存款利息和贷款利息的区别在于借款人即资金使用人不同，前者是银行等办理吸收存款业务的金融机构，后者是有资金需求的其他企业或者个人。债券利息是指企业购买政府债券、金融机构或其他企业的债券，由这些债券发行主体按规定或约定期限支付的利息收入。欠款利息是其他企业或个人不能按期履行对该企业支付款项的义务，而使得本来应该属于该企业的资金在一段时间内仍属于有支付款项义务的企业或个人所有。

(六)租金收入

租金收入，是指企业提供固定资产、包装物或者其他有形资产的使用权取得的收入。

(七)特许权使用费收入

特许权使用费收入，是指企业提供专利权、非专利技术、商标权、著作权以及其他特许权的使用权取得的收入。

(八)接受捐赠收入

接受捐赠收入，是指企业接受的来自其他企业、组织或者个人无偿给予的货币性资产、非货币性资产。

(九)其他收入

其他收入，是指企业取得的除《企业所得税法》第六条第(一)项至第(八)项收入外的其他收入，包括企业资产溢余收入、逾期未退包装物押金收入、确实无法偿付的应付款项、已做坏账损失处理后又收回的应收款项、债务重组收入、补贴收入、违约金收入、汇兑收益等。

(1)企业资产溢余收入，是指企业资产在盘点过程中发生的多于账面数额的资产。除了物资和现金等流动资产外，还可能包括无形资产等其他资产。

(2)逾期未退包装物押金收入。包装物押金是指纳税人为销售货物而出租或出借包装物所收取的押金。包装物的押金收取时不并入销售额计征所得税，但企业收取的押金逾期未返还买方的，则成为企业实际上的一笔收入，应确认为企业所得税法所称的收入，依法缴纳企业所得税。

(3)确实无法偿付的应付款项。根据企业财务制度规定，企业应当按期偿还各种负债，如确实无法支付的应付款项，计入营业外收入。

(4)已做坏账损失处理后又收回的应收款项。企业的生产经营损失作为坏账损失处理后，其亏损部分可以在年度的利润中扣除，或者在今后五个年度内用利润弥补。因此这部分损失已经在税务上做了处理。如果处理后其应收款项又被收回的，则应当重新作为企业的收入计算。

（5）债务重组收入。根据企业会计准则，债务重组是指在债务人发生财务困难的情况下，债权人按照其与债务人达成的协议或者法院的裁定做出让步的事项。债务重组的方式主要包括以资产清偿债务、将债务转为资本、修改其他债务条件，如减少债务本金、减少债务利息等，以及以上三种方式的组合等。债务重组中债权人往往对债务人的偿债义务做出一定程度的让步，因此这部分让步的金额应当作为债务人的收入。

（6）补贴收入。企业取得国家财政性补贴和其他补贴收入，除国务院和国务院财政、税务主管部门规定不计入损益者外，都应当作为计算应纳税所得额的依据，依法缴纳企业所得税。

（7）违约金收入。违约金是合同一方当事人不履行合同或者履行合同不符合约定时，对另一方当事人支付的用于赔偿损失的金额。《民法典·合同编》第一百一十四条规定，当事人可以约定一方违约时应当根据违约情况向对方支付一定数额的违约金，也可以约定因违约产生的损失赔偿额的计算方法。

（8）汇兑收益。企业在汇兑人民币和外汇时可能因为汇率变化而产生差价收益，这是营业外收入的一种类型，也应当作为收入依法缴纳企业所得税。

二、收入确认与计量的税务处理

（一）销售货物收入确认与计量的税务处理

对于制药企业和药品经销企业而言，其收入的主要来源为销售药品收入。

销售药品收入与其他行业企业确认商品销售收入一样，需同时满足下列条件才能予以确认：(1)企业已将商品所有权上的主要风险和报酬转移给购货方；(2)企业既没有保留通常与所有权相联系的继续管理权，也没有对已售出的商品实施有效控制；(3)收入的金额能够可靠地计量；(4)相关的经济利益很可能流入企业；(5)相关的已发生或将发生的成本能够可靠地计量。前两条是用来证明销售商品的交易是否真正完成的。后三条是收入确认的基本条件,也叫作收入确认的核心条件,所有收入的确认都要满足这三个条件。

1. 计量原则

企业应当按照从购货方已收或应收的合同或协议价款确定销售商品收入金额,但已收或应收的合同或协议价款不显失公允的除外。

2. 折扣、折让、退货等业务的核算

销售药品过程中,折扣及退货现象较为普遍,应区分现金折扣、商业折扣、销售折让、销售退回等情形分别核算。

(1)现金折扣的核算。现金折扣是指债权人为鼓励债务人在规定的期限内付款而向债务人提供的债务扣除。销售商品涉及现金折扣的,应当按照扣除现金折扣前的金额确定销售商品收入金额。现金折扣在实际发生时计入当期损益。

(2)商业折扣的核算。商业折扣是指企业为促进商品销售而在商品标价上给予的价格扣除。销售商品涉及商业折扣的,应当按照扣除商业折扣后的金额确定销售商品收入金额。即商品销售过程中常见的"打折"在确认收入时要先扣除。

(3)销售折让的核算。销售折让是指企业因售出商品的质量不合格等原因而在售价上给予的减让。企业已经确认销售商品收入的售出商品发生销售折让的,应当在发生时冲减当期销售商品收入。即对于确认收入后发生的销售折让采用与现金折扣同样的处理方法——不预计可能发生的销售折让,实际发生时冲减当期销售收入。

(4)销售退回的核算。销售退回,是指企业售出的商品由于质量、品种不符合要求等原因而发生的退货。企业已经确认销售商品收入的售出商品发生销售退回的,应当在发生时冲减当期销售商品收入。即不论本期还是以前各期销售的商品发生退回,均冲减退回当期的销售商品收入。

(5)特殊事项的确认。企业发生非货币性资产交换、偿债,以及将货物用于捐赠、赞助、集资、广告、样品、职工福利和利润分配,应当视同销售货物,按上述规定确认收入。原税法中对于将货物用于在建工程、管理部门、分公司等也要视同销售。

这样规定，一方面考虑到与《增值税法》的衔接，另一方面原税法是以独立经济核算的单位作为纳税人的，不具有法人地位但实行独立经济核算的分公司等也要独立计算缴纳所得税。新税法采用的是法人所得税的模式，因而缩小了视同销售的范围，对于货物在同一法人实体内部之间的转移，比如用于在建工程、管理部门、分公司等不再作为销售处理。

(二)提供劳务收入确认与计量的税务处理

各种劳务类型按以下方法确认收入：

1. 收入时间的确认

企业同时满足下列条件时，应确认提供劳务收入的实现：一是收入的金额能够合理地计量；二是相关的经济利益能够流入企业；三是交易中发生的成本能够合理地计量。

2. 收入方法的确认

企业受托加工制造大型机械设备、船舶、飞机等，以及从事建筑、安装、装配工程业务或者提供劳务等，持续时间超过 12 个月的，按照纳税年度内完工进度或者完成的工作量确认收入的实现。企业确定提供劳务交易的完工进度，可以选用下列方法：(1)已完工作的测量；(2)已经提供的劳务占应提供劳务总量的比例；(3)已经发生的成本占估计总成本的比例。

3. 收入金额的确认

(1)企业应当按照从接受劳务方已收或应收的合同或协议价款确定提供劳务收入总额。

(2)企业受托加工制造大型机械设备、船舶、飞机等，以及从事建筑、安装、装配工程业务或者提供劳务等，持续时间超过 12 个月的，应当在纳税年度结束时按照提供劳务收入总额乘以完工进度扣除以前会计期间累计已确认提供劳务收入后的金额，确认当期提供劳务收入。同时，按照提供劳务估计总成本乘以完工进度扣除以前会计期间累计已确认劳务成本后的金额，结转当期劳务成本。

(3)企业提供劳务，但不按照纳税年度内完工进度或者完成的工作量确认收入的,应当分别下列情况处理:若已经发生的劳务成本预计能够得到补偿的,按照已经发生的劳务成本金额确认提供劳务收入,并按相同金额结转劳务成本;若已经发生的劳务成本预计不能够得到补偿的,可暂不确认提供劳务收入,但也不将已经发生的劳务成本计入当期损益,待已经发生的劳务成本确定不能得到补偿时,再经主管税务机关核定作为损失扣除。

(4)企业与其他企业签订的合同或协议包括销售商品和提供劳务时,销售商品部分和提供劳务部分能够区分且能够单独计量的,应当将销售商品的部分作为销售商品处理,将提供劳务的部分作为提供劳务处理。销售商品部分和提供劳务部分不能够区分,或虽能区分但不能够单独计量的,应当将销售商品部分和提供劳务部分全部作为销售商品处理。

4. 特殊事项的确认

企业发生非货币性资产交换、偿债,以及将劳务用于捐赠、赞助、集资、广告、样品、职工福利和利润分配,应当视同提供劳务,按以上规定确认收入。

(三)转让财产收入确认与计量的税务处理

当企业转让财产同时满足下列条件时,应当确认转让财产收入:一是企业获得已实现经济利益或潜在的经济利益的控制权;二是与交易相关的经济利益能够流入企业;三是相关的收入和成本能够合理地计量。

企业应当按照从财产受让方已收或应收的合同或协议价款确定转让财产收入金额。企业发生非货币性资产交换、偿债,以及将财产用于捐赠、赞助、集资、广告、样品、职工福利和利润分配,应当视同转让财产,按以上规定确认收入。

(四)股息、红利等权益性投资收益确认与计量的税务处理

企业应当按照从被投资企业分配的股息、红利和其他利润分配收益全额确认股息、红利收益金额;企业如用其他方式变相进行利润分配的,应将权益性投资的全部收益款项作为股息、红利收益。

税法上对股息、红利等权益性投资收益的确认已偏离了权责发生制原则,更接近于收付实现制,但又不是纯粹的收付实现制。也就是说,税法上不确认会计上按

权益法核算的投资收益,这是税法与会计的差异之一。但这也只是针对一般情况而言的,特殊情况下,比如《中华人民共和国企业所得税法》第四十五条规定的受控外国企业规则(CFC规则)中,由居民企业,或者由居民企业和中国居民控制的设立在实际税负明显低于本法第四条第一款规定税率水平的国家(地区)的企业,并非由于合理的经营需要而对利润不作分配或者减少分配的,上述利润中应归属于该居民企业的部分,应当计入该居民企业的当期收入。这时,投资收益的计算则是按权责发生制原则进行的。

此外,还可能存在一些特殊情况,需按照国务院财政、税务主管部门针对可能出现的特殊情况,对收入确认的时间做出不同于被投资方利润分配决定时间原则的除外规定执行。

(五)利息收入确认与计量的税务处理

一般而言,企业利息收入金额,应当按照有关借款合同或协议约定的金额确定。对于企业持有到期的长期债券或发放长期贷款取得的利息收入,可按照实际利率法确认收入的实现。关于持有至到期投资(主要是债权性投资)、贷款等的利息收入或某些金融负债的利息费用的确认,新会计准则规定采用实际利率法计算确定。实际利率法,是指将金融资产或金融负债在预期存续期间或适用的更短期间内的未来现金流量,折现为该金融资产或金融负债当前账面价值,从而得出该金融资产或金融负债的实际利率(折现率),并按实际利率计算各期利息收入或利息费用的方法。考虑到实际利率法的处理结果与现行税法规定的名义利率法(合同利率法)差异较小,且能够反映有关资产的真实报酬率。所以,税法也认同企业采用实际利率法来确认利息收入的金额。

统借统还业务中,企业集团或企业集团中的核心企业以及集团所属财务公司按不高于支付给金融机构的借款利率水平或者支付的债券票面利率水平,向企业集团或者集团内下属单位收取的利息,免征增值税。

统借方向资金使用单位收取的利息,高于支付给金融机构借款利率水平或者支付的债券票面利率水平的,应全额缴纳增值税。

统借统还业务,是指:(1)企业集团或者企业集团中的核心企业向金融机构借款或对外发行债券取得资金后,将所借资金分拨给下属单位(包括独立核算单位和非独立核算单位,下同),并向下属单位收取用于归还金融机构或债券购买方本息的业务。(2)企业集团向金融机构借款或对外发行债券取得资金后,由集团所属财务公司与企业集团或者集团内下属单位签订统借统还贷款合同并分拨资金,并向企业集团或者集团内下属单位收取本息,再转付企业集团,由企业集团统一归还金融机构或债券购买方的业务。

2027年12月31日前,对企业集团内单位(含企业集团)之间的资金无偿借贷行为,免征增值税。

(六)租金收入确认与计量的税务处理

租金收入应当按照合同约定的承租人应付租金的日期确认实现。这一规定,已经不完全属于权责发生制,而更接近于收付实现制。租金的支付时间是租赁合同的重要条款,承租人应当按照租赁合同约定的租金支付时间履行支付租金的义务,因此自合同约定支付租金之日起,该笔租金在法律上就属于出租人所有,发生财产转移的法律效力。

企业租金收入金额,应当按照有关租赁合同或协议约定的金额全额确定。

(七)特许权使用费收入确认与计量的税务处理

特许权使用费收入应当按照合同约定的特许权使用人应付特许权使用费的日期确认实现。特许权使用费的支付时间是特许权使用合同的重要条款,被许可人应当按照合同约定的使用费支付时间履行支付义务,因此自合同约定的支付使用费之日起,该笔使用费在法律上就转归特许权人所有,在法律上发生财产转移的效力。这样处理,则可使特许权使用费收入与许可他人使用该特许权所付出的成本和费用在此期间内相互对应,从而反映出企业收入的真实成本,便于计算应纳税所得额。这一规定并没有完全按照会计准则的上述规定处理,不完全是权责发生制,而更接近于收付实现制。

企业特许权使用费收入金额,应当按照有关使用合同或协议约定的金额全额确定。

(八)接受捐赠收入确认与计量的税务处理

企业接受的捐赠收入,按实际收到受赠资产的时间确认收入实现,即按照收付实现制原则确认,以款项的实际收付时间作为标准来确定当期收入和成本费用。《企业所得税法实施条例》第九条虽然规定以权责发生制为原则计算应纳税所得额,同时又明确:本条例和国务院财政、税务主管部门另有规定的除外。这一规定就是一个例外,主要基于两点考虑:

(1)赠与合同法律上的特殊性。一般合同在签订时成立,并确认为此时财产已经转移;而赠与合同则是在赠与财产实际交付时成立,才在法律上确认为财产已经转移。根据《民法典·合同编》第一百八十六条规定,赠与人在赠与财产的权利转移之前可以撤销赠与,具有救灾、扶贫等社会公益、道德义务性质的赠与合同或者经过公证的赠与合同除外。也就是说,一般情况下,在赠与财产的权利转移之前,即使双方已经订立赠与合同,该合同都不能视为成立。只有救灾、扶贫等社会公益、道德义务性质的赠与合同或者经过公证的赠与合同,才能在法律上视为在赠与合同订立时视为已经成立。

(2)接受捐赠以无偿性为基本特征,即受赠人一般不需要支付代价,接受捐赠收入的成本较小或者没有成本,因此在很多情况下不存在收入与成本相互对应的问题,也就不需要采取权责发生制原则。

企业接受捐赠收入金额,按照捐赠资产的公允价值确定。按照《企业会计准则——基本准则》第四十二条的规定,所谓公允价值,是指在公平交易中,熟悉情况的交易双方自愿进行资产交换或者债务清偿的金额。

(九)其他收入确认与计量的税务处理

企业的其他收入同时满足下列条件的,应当确认收入:一是相关的经济利益能够流入企业,二是收入的金额能够合理地计量。

企业其他收入金额,按照实际收入额或相关资产的公允价值确定。

三、收入确认与计量的税务风险管理

收入确认与计量,税务风险主要存在三个方面:一是否需要确认收入;二是何时需要确认收入;三是确认多少收入。

(一)发出商品未按规定入账未缴或少缴税款的风险

通过审核相关会计科目明细账及相关销售合同,审查企业是否存在发出商品未按照税法规定的纳税义务发生时间确认当期应税收入,未计提销项税金,未确认当期应税所得。

(二)关联企业之间销售价格明显偏低少缴纳税款的风险

通过审核销售明细账、发票存根联,计算并比较关联企业与非关联企业近期标的产品加权平均价格,延伸调查上下游产品企业税收负担情况,审核关联方交易价格是否存在偏低的情况,是否存在人为转移利润,少缴企业所得税的问题。

(三)未按照纳税义务发生时间确认收入少缴税款的风险

通过审核相关会计科目明细账,查看出入库手续,对产品进行盘库,查看期末数额是否账实相符,是否存在盘亏异常情况。

(四)价外费用收入未依照规定计提销项税额的风险

通过审核相关收入、往来及费用明细账,核查收取款项的性质,查看"应交税费——应交增值税(销项税额)"明细账和增值税纳税申报表,核查收取的手续费、补贴、基金、集资费、返还利润及其他各种性质的价外收费是否计算缴纳增值税款。

(五)企业销售货物少计或延迟确认收入的风险

通过审核相关会计科目明细账和往来款项,核查企业销售合同,是否存在发出商品用于偿债、投资、捐赠或非应税项目而未计销售收入,是否存在分期付款或赊销业务,由于客户未付清货款、未结算等原因未计销售收入或未按合同约定时间确认收入。

(六)虚列工资、提成等费用扩大税前扣除的风险

通过审核公司实际人员编制,从销售部门调取有关销售提成政策,关注企业经

销人员销售提成比例,是否通过销售人员工资、提成虚列其他费用。

(七)税前扣除未发生的差旅费、董事费的风险

通过审核企业是否存在虚假的差旅费、董事费支出,查阅相关会计科目明细账,核对签订合同、协议、发票等附列资料,查看经办人相关信息,开展约谈,确认业务是否真实。

(八)企业实际发生的与经营无关的支出在税前扣除的风险

通过审核相关会计科目明细账,查看是否存在与取得收入没有直接关系的支出,如各类赞助支出、罚款等进行了税前扣除。

(九)列支不属于本期的跨期费用而少缴企业所得税的风险

通过审核企业各项费用的相关会计原始凭证,核实报销票据特别是年初票据中是否有上年发生费用。企业是否存在未按照权责发生制原则,将不属于本年度的成本费用做了扣除。

(十)性质相似的应税凭证错误适用税目、税率而少缴印花税的风险

如果企业涉及印花税的种类繁多,就容易出现性质相似的应税凭证税目、税率使用错误而少纳印花税的情况:如应按照"产权转移书据"贴花的销售不动产合同,错按"购销合同"贴花;对于同一凭证,因载有两个或者两个以上经济事项而适用较低的税目税率,分别记载金额的,未分别计算应纳税额;未分别记载金额的,没有按税率高的计税而少缴印花税。

对照印花税税目税率,认真审核企业签订的各类合同,分清应税合同适用的税目税率,核实纳税人有无混淆税目、错用税率的情况。

(十一)当期增值税免抵税额未按规定缴纳城市维护建设税及附加费的风险

企业在出口货物实行"免抵退"税办法后,经国家税务总局正式审核批准的当期免抵的增值税税额应纳入城市维护建设税及附加计征范围,分别按规定的税率征收城市维护建设税及附加。而企业往往将这部分增值税额从城市维护建设税及附加的计征范围中忽略。

(十二)视同销售收入未计提销项税额的风险

企业发生了符合增值税视同销售行为的几种规定情形,未按税法规定计算增值税销项税额,造成少缴增值税和城市维护建设税及附加。设有内部职工医院的企业,将自产的药品配送给其职工医院,未按照税法规定确认当期应税收入,少计提销项税,少确认应税所得。

审核"库存商品"对应借方相关科目"管理费用""开发支出""营业外支出""长期股权投资""主营业务成本"等,查看企业自产、委托加工、购买货物的具体用途,是否存在应做未做视同销售处理。审查企业发生非货币性资产交换业务时,应按照公允价格确定计税依据。审查企业是否对货物在机构之间的移送进行管理,财务部门是否对货物转移类别进行甄别,及时做视同销售税务处理,并计提相关税费。审核"应收账款""库存商品""应付职工薪酬——应付福利费""销售收入""应交税费"等科目明细账,查看相关记账凭证、出库单及纳税申报资料,判定是否有自产或者委托加工药品发出未确认收入问题。

(十三)视同销售未确认所得税收入的风险

企业发生了符合企业所得税视同销售行为的几种规定情形,未按税法规定将视同销售收入计入应纳税所得额,造成少缴企业所得税。

审核"库存商品"对应借方相关科目"营业外支出""固定资产""长期股权投资""主营业务成本",审核企业货物出入库台账、出入库签收领用手续、货物领用情况以及企业所得税纳税申报表;核实企业货物、财产、劳务的用途,凡是用于市场推广或销售、交际应酬、股息分配及其他改变资产所有权属用途的资产,是否存在应做未做视同销售处理的情况。

(十四)企业赠送礼品、纪念品,举办抽奖,未代扣代缴个人所得税的风险

在各种庆典、药品会、节假日、业务往来中,企业为其他单位和部门有关人员赠送礼品(包括现金、消费券、物品、服务)、纪念品,未按照"其他所得"项目扣缴个人所得税;对累积消费达到一定额度的顾客,给予额外抽奖机会,个人的获奖所得,未按照"偶然所得"项目代扣代缴个人所得税。

需要审核"管理费用""销售费用"等明细账,重点审核业务宣传费、广告费、业务营销会议费中购买礼品、纪念品的支出,结合相关费用支出的原始凭证以及礼品、纪念品的使用范围和用途,核实企业是否有在业务宣传、广告宣传,或者年会、药品会、座谈会、庆典以及其他活动中,对本单位以外的个人赠送礼品的情形,是否按照"其他所得"项目扣缴个人所得税;有无对累积消费达到一定额度的顾客,给予额外抽奖的情形,对于个人的获奖所得,是否按照"偶然所得"项目,全额适用20%的税率扣缴个人所得税。

(十五)未按税法规定时间确认收入的风险

"两票制"改革要求药企与医疗机构之间的交易只能通过单一的药品经销商进行,这促使部分药企转向直销模式,即直接向医疗机构和药品零售机构销售产品。在这种直销模式下,药企在销售过程中常常采用赊销结算方式,结算期一般都在药品发出6个月及以上。赊销交易的纳税义务应在合同约定的收款时间点确认。然而,一些药企在货物发出并已收到医疗机构或零售机构的付款或虽到合同约定时间点但仍未收取货款,其纳税义务已经产生,却未及时确认收入并进行相应的税务申报,造成少缴增值税和企业所得税等。

审核企业"预收账款""应收账款""其他应收款"科目期末金额,是否存在金额较大或长时间未发生变化的情况;是否存在期末金额逐年增加或金额较大的现象,关注贷方余额较大与长期挂账款项的原因,是否存在未按增值税规定确认收入的情况。建立"应收账款""其他应收款",定期清理账目,一般不要超过三个月,避免时间过长造成坏账。

(十六)利用销售返利冲减当期销售收入的风险

通过审核相关会计科目明细账,查看有关合同协议,审查产品出库手续、付款凭证,核查现金返利是否存在违规支出计入费用报销,给予代理商或经销商的现金返利、广告返利直接冲减销售收入,购料返利是否冲减了进项税额,是否在材料成本、产品成本和已售商品成本之间合理分配。

(十七)虚构退货业务延迟或少缴税款的风险

审核企业发货单、出库单,结合仓库盘点,审查相关票据出入库数量是否一致,有无账实不符,造成少计应税收入问题。查看是否存在销货款挂在往来账冲减销售费用,虚构退货业务,冲减已实现的增值税税金和所得税税款,延迟再次发货确认收入,造成不计或少计增值税应税收入,少缴企业所得税。

(十八)免税收入对应的进项税额未按规定转出的风险

通过审核相关会计科目明细账和会计凭证,核实企业是否有免税收入项目,是否分别核算应税、免税收入,免税收入是否按规定进行增值税纳税申报,是否正确申报相应的进项税额转出。

(十九)虚列推广费、会议费支出的风险

"两票制"改革导致药品销售和推广费用从经销环节转移到药企出厂环节。在这一背景下,部分药企可能通过虚报推广费、会议费等销售费用,企图减少企业所得税的缴纳,增加增值税的抵扣额度,并套取资金。

改革实施后,随着药品经销商的退出,一些经销商转型成立合同销售组织(Contract Sales Organization,CSO)或商业服务提供商(Commercial Service Provider,CSP)等第三方服务公司,继续提供销售推广、医药咨询和会议服务。然而,在一些涉及虚开发票的案例中,药企与这些第三方服务公司签订虚假合同,如营销、广告、咨询、会议服务合同,但实际上并不执行合同内容。药企通过走账空转的方式,将资金回流,并通过支付开票费等手段获取发票,据此虚列费用,达到少缴企业所得税的目的。如果获取的是增值税专用发票,药企还可能通过虚假抵扣进一步减少增值税负担。

因此需要查看会议费报销原始凭证和相关证明凭据,重点关注发生会议费的真实性、合理性和取得票据的合法性。一是查看原始凭证关于会议的相关资料是否齐全,如会议召开的时间、地点、出席人员、内容、目的、费用标准、支付凭证等证明材料。是否存在原始资料不全、人为编造会议签到表、无会议证明资料,同一参会人员在相同的时间、不同的地点开会等逻辑性错误。二是审核"现金""银行存款""其他应收款"科目明细账,分析发票金额与接受的会议服务是否匹配,资金支付与实际发生业务是否一致。三是审核会议是否真实发生。是否存在将返利、提成费等虚列会务费增加费用并进行税前扣除的问题。不能够提供证明其真实性的合法凭证的会议费不得在税前扣除。

(二十)未按规定确认印花税计税依据少缴纳印花税的风险

医药企业广告费、业务宣传费用占各类费用的比重大,企业对广告费、业务宣传费科目中属于加工承揽的合同未足额缴纳印花税。租赁合同只对属于自有资产的房产出租合同纳税,而忽略承租合同、设备租赁合同、土地租赁合同和抵债资产租赁合同;企业签订的各类合同或协议以及具有合同性质的凭据未足额纳税。

需要查看企业设置的印花税应税凭证登记簿,审核企业广告费、业务宣传费等费用科目和原始凭证;"主营业务收入"和"其他业务收入"明细账;企业签订的各类合同或协议以及具有合同性质的凭据(如契约、合约、单据、确认书及其他各种名称的凭证)与印花税申报表核对有无少纳印花税的情况。

(二十一)长期挂账未实际支付的费用税前扣除的风险

企业将已发生但未实际支付的费用长期反映在"其他应付款""应付账款"等往来账户上,相应多列支费用,少缴企业所得税。

审核企业"应付账款""其他应付款"科目期末金额,是否存在金额较大或长时间未发生变化的情况,分析企业是否存在税前列支不合理不合法费用的问题。

(二十二)利用返利冲减当期销售收入的风险

利用给予代理商或经销商的现金返利、广告返利或实物返利,将返利计入市场营销费用、销售成本或"坐支"冲减当期销售收入,造成少计提增值税销项税,少缴企业所得税。

审核"主营业务收入""主营业务成本""库存商品"等科目,查看有关合同协议,审查产品出库手续、付款凭证,核查现金返利是否存在违规支出计入费用报销,给予代理商或经销商的现金返利、广告返利直接冲减销售收入,购料返利是否冲减了进项税额,是否在材料成本、产品成本和已售商品成本之间进行合理分配。

（二十三）免税收入与应税收入未分别核算免税药品进项税额未按规定转出的风险

企业取得的免税收入与应税收入未分别核算，已做免税收入申报，但相应进项税额未转出，造成少缴增值税、城市维护建设税及附加。

审核"主营业务收入""应交税费——应交增值税"明细账和会计凭证，核实是否有免税药品药具生产项目，是否分别核算应税、免税收入，免税收入是否按规定进行增值税纳税申报。优化内部流程和管理，建立完善的财务管理制度，确保进项税额的核算和转出处理准确无误。对进项税额进行分类和管理，简化核算流程。加强税务培训，确保财务人员和业务人员熟悉增值税免税政策及相关规定，避免因操作失误导致的税务风险。

四、收入确认与计量的税务风险案例解析

案例 86

T公司2015年11月被认定为高新技术企业（有效期三年，2015、2016、2017年度可以享受15%的优惠税率），2016年1月T公司将旗下100%控股的全资子公司Z公司卖给自己的母公司M公司，处置时该股权账面价值（计税基础相同）为20 000万元人民币，处置收入30 000万元于2016年12月已经全部到账，相关产权交易及工商变更手续都在2016年8月完成，2016年度经过审计后的财务报表显示：T公司营业收入45 000万元人民币，利息收入50万元人民币，营业外收入800万元人民币，投资收益10 000万元人民币。经统计，高新技术产品（服务）收入40 000万元人民币。根据国科发火〔2016〕32号科技部财政部国家税务总局关于修订印发《高新技术企业认定管理办法》（以下简称《认定办法》）文件规定高新技术产品（服务）收入占同期总收入比例不低于60%，不考虑其他事项，上述T公司高新技术产品（服务）收入占比是否达到要求？

案例解析：

本案例中，高新技术产品（服务）收入占比，有两种计算方法：

A：同期总收入＝45 000＋50＋800＋10 000＝55 850（万元）

B：同期总收入＝45 000＋50＋800＋30 000＝75 850（万元）

方法 A 的计算：

高新技术产品（服务）收入占同期总收入比例＝40 000/55 850＝71.62%

方法 B 的计算：

高新技术产品（服务）收入占同期总收入比例＝40 000/75 850＝52.74%

显然，上述两种计算结果相差甚远，方法 A 计算的占比 71.62% 大于 60%，符合高新技术企业对于高新技术产品（服务）收入占比要求，方法 B 计算的占比 52.74% 低于 60%，不符合高新技术产品（服务）收入占比要求，也就无法达到高新认定条件，将会直接影响高新技术企业认定。

资料来源：〔哈尔666案〕高新技术企业股权转让案例，雪球网，2021－08－22。

为什么会存在上述两种不同结果？

主要是对"同期总收入"概念理解存在偏差。根据《认定办法》的第三章第十一条：认定为高新技术企业须同时满足八个条件。其中的第六条：近一年高新技术产品（服务）收入占企业同期总收入的比例不低于60%。这里所说的同期总收入，根据国科发火〔2016〕195号《2016高新技术企业认定管理工作指引》中第三章认定条件的第四条中，总收入是指收入总额减去不征税收入。收入总额与不征税收入按照《中华人民共和国企业所得税法》及《中华人民共和国企业所得税法实施条例》（以下简称《实施条例》）的规定计算。

《中华人民共和国企业所得税法》第六条，企业以货币形式和非货币形式从各种来源取得的收入为收入总额，包括转让财产收入。上述所列收入体现在会计报表中通常是主营业务收入、其他业务收入、营业外收入、投资收益和财务费用。

根据《实施条例》第十六条企业所得税法第六条第（三）项所称转让财产收入，是指企业转让固定资产、生物资产、无形资产、股权、债权等财产取得的收入。居民企业处置股权根据文件规定属于转让财产收入。相应会计处理最终在会计报表中体现在投资收益项目下，即出售所得价款与处置股权账面价值的差额。这也正是高新技术企业在计算同期总收入的一个误区。误认为在算同期总收入时是利润表中投资收益金额。但文件明确规定是处置股权取得的收入，而不是净收益。

显然，方法 B 的计算是符合文件规定的，但是计算出来的结果，会导致 T 公司不符合《认定办法》文件中高新技术企业认定条件。根据国家税务总局公告 2017 年第 24 号《国家税务总局关于实施高新技术企业所得税优惠政策有关问题的公告》的第二条：对取得高新技术企业资格且享受税收优惠的高新技术企业，税务部门如在日常管理过程中发现其在高新技术企业认定过程中或享受优惠期不符合《认定办法》第十一条规定的认定条件的，应提请认定机构复核。复核后确认不符合认定条件的，由认定机构取消其高新技术企业资格，并通知税务机关追缴其证书有效期内自不符合认定条件年度起已享受的税收优惠。

这样，由于对财产转让收入的理解发生错误，高新技术产品（服务）收入占比不符合条件，导致 T 公司在 2016 年度不能享受 15% 的企业所得税优惠税率。

税收优惠享受，是企业内部税务管理的重要事项，企业必须加强对税法的深入学习和研究，防止产生不必要的税务风险和税收损失。

案例 87

X 公司将自有资金借给其他公司使用，取得利息收入，借款合同约定到期一次性还本付息，财务核算时以计提的方式按权责发生制进行核算，确认利息收入。企业所得税汇算清缴时，没有调整税会差异。

案例解析：

《中华人民共和国企业所得税法》第六条　企业以货币形式和非货币形式从各种来源取得的收入，为收入总额。包括：（五）利息收入。

《中华人民共和国企业所得税法实施条例》第十八条 企业所得税法第六条第(五)项所称利息收入,是指企业将资金提供他人使用但不构成权益性投资,或者因他人占用本企业资金取得的收入,包括存款利息、贷款利息、债券利息、欠款利息等收入。

利息收入,按照合同约定的债务人应付利息的日期确认收入的实现。

X公司对利息收入的核算,以计提的方式按权责发生制进行会计收入的确认,但是未考虑税收规定下利息收入的确认时间。X公司以会计上利息收入的确认时间确认利息收入的企业所得税,若会计确认时间早于合同约定的利息收入确认时间,将导致X公司对于该部分利息收入的纳税时点提前。

X公司可以对相关利息收入进行台账核算管理,分别按照会计确认准则和税法确认原则对利息收入统计,在企业所得税汇算清缴时,对利息收入的税会差异部分进行纳税调整。

案例 88

医药企业向医疗机构免费提供样品药很常见。这些免费赠送的药品,在税务处理上需要视同销售处理。然而,一些医药企业采用错误的方法核定视同销售收入,导致视同销售的计税价格明显低于正常售价,从而带来税务风险。

在检查A企业过程中,检查人员发现该企业在申报表中存在视同销售业务,便随机抽查了几种样品药的计税价格,了解财务人员在确定样品药视同销售价格时,基本采用的是成本加成法,加成率为10%。

按照增值税法相关规定,纳税人发生应税销售行为的价格明显偏低并无正当理由的,按下列顺序确定销售额:(1)按纳税人最近时期同类货物的平均销售价格确定;(2)按其他纳税人最近时期同类货物的平均销售价格确定;(3)按组成计税价格确定。组成计税价格的公式为:组成计税价格=成本×(1+成本利润率)。

属于应征消费税的货物,其组成计税价格中应加计消费税额。公式中的成本是指销售自产货物的为实际生产成本,销售外购货物的为实际采购成本。公式中的成本利润率由国家税务总局确定。

根据上述规定,成本加成是核定视同销售收入额可以采用的最后一种方法。这意味着,在使用前两种方法仍无法获得同期同类价格时才能采用。检查人员进一步调取了A企业近1年同类药品的出厂价格,发现企业在处理样品药视同销售时未参考同期同类价格,进而导致视同销售的计税价格明显低于正常售价。

对此,A企业财务人员解释称,样品药不允许上市流通,因此按照企业正常销售的药品,无法找到同类药品,自然无法找到相同的价格。检查人员认为,视同销售价格指的是货物价格,不应受规格和包装等因素影响。更重要的是,增值税暂行条例实施细则相关规定的关键词,是"同类"而不是"相同",因此对企业的解释无法认同。

税务机关认为,考虑到样品药的特殊性,无论企业基于何种考虑向医疗机构提供样品药,一是须遵守药监局等相关管理机构的规定,二是需要尽可能节约资金。如此一来,样品药的包装规格往往不同于正常流通的药品,比如正常销售的阿司匹林是一盒20片装,每片0.5克。考虑到使用对象的不同,还存在10片装,每片0.25克的包装规格。实践中,企业提供的样品药可能是2片装或4片装,包装也会相应简化。如果以包装规格不同来推断,样品药自然不同于正常销售的药品。但是,无论样品药采用何种包装规格,每片剂量无非是0.5克或0.25克,否则由于剂量差别会导致样品药失去了样品功能。基于此,无论是增值税法还是企业所得税法,对视同销售价格的规定针对的都是货物,而不是包装。因此,样品药的视同销售价格是可以找到的,企业核定视同销售收入的方法使用错误。

风控建议:

药企发生对外提供样品药、赠送和投资等视同销售业务时,一要把握增值税法规定的视同销售行为的销售额的三种方法的处理次序,不要首选成本加成方法;二要把握"同期同类"的含义,不要仅限于"相同"。比如,企业正常销售某种测量仪器时会将其与试剂或试纸合并包装出售,但提供样品时只有测量仪器,这种情况下就不能简单地说无法找到同期同类价格；三要正确理解视同销售指的是货物，该货物应是能够带来经济利益的主要载体。显然，不同的包装或不同的销售策略无法改变货物的实质。

案例 89

Z 公司是一家中国居民企业，主要从事股权投资业务。2019 年投资收益 8 000 万元，其中，对子公司 A 采用权益法核算，A 公司 2019 年度盈利归属于 Z 公司的收益 3 000 万元；子公司 B 分配利润 3 000 万元；来自子公司 C 分配利润 1 000 万元，Z 持有 C 公司股权 20%，C 公司 2019 年度分配利润 2 000 万元，Z 公司占 C 公司分配利润的 50%；投资的 D 合伙企业，分配利润 1 000 万元，丙企业的利润，来自丙企业对外投资的子公司 E 对 D 企业的分红。

上述投资收益，Z 公司在做 2019 年度企业所得税年度汇算清缴时，各自应如何申报？

案例解析：

《中华人民共和国企业所得税法实施条例》第十七条 企业所得税法第六条第（四）项所称股息、红利等权益性投资收益，是指企业因权益性投资从被投资方取得的收入。股息、红利等权益性投资收益，除国务院财政、税务主管部门另有规定外，按照被投资方作出利润分配决定的日期确认收入的实现。

风控建议：

《国家税务总局关于贯彻落实企业所得税法若干税收问题的通知》（国税函〔2010〕79 号）

第四条　企业权益性投资取得股息、红利等收入，应以被投资企业股东会或股东大会做出利润分配或转股决定的日期，确定收入的实现。

《中华人民共和国企业所得税法》

第二十六条　企业的下列收入为免税收入：(二)符合条件的居民企业之间的股息、红利等权益性投资收益。

《中华人民共和国企业所得税法实施条例》

第八十三条　企业所得税法第二十六条第(二)项所称符合条件的居民企业之间的股息、红利等权益性投资收益，是指居民企业直接投资于其他居民企业取得的投资收益。

7. 第7列"依决定归属于本公司的股息、红利等权益性投资收益金额"：填报纳税人按照投资比例或者其他方法计算的，实际归属于本公司的股息、红利等权益性投资收益金额。若被投资企业将股权(票)溢价所形成的资本公积转为股本的，不作为投资方企业的股息、红利收入，投资方企业也不得增加该项长期投资的计税基础。

第三十四条　股东按照实缴的出资比例分取红利；公司新增资本时，股东有权优先按照实缴的出资比例认缴出资。但是，全体股东约定不按照出资比例分取红利或者不按照出资比例优先认缴出资的除外。

第一百六十六条　公司弥补亏损和提取公积金后所余税后利润，有限责任公司依照企业所得税法第三十四条的规定分配；股份有限公司按照股东持有的股份比例分配，但股份有限公司章程规定不按持股比例分配的除外。

根据上述规定，企业权益性投资取得股息、红利等收入，应以被投资企业股东会或股东大会作出利润分配或转股决定的日期，确定收入的实现。所以，对子公司A权益法核算的投资收益3 000万元，在税法上不确认为收入，要做纳税调减。

符合条件的居民企业之间的股息、红利等权益性投资收益，是企业所得税的免税收入，但是，必须是居民企业直接投资于其他居民企业取得的投资收益。所以，对子公司B分配的利润3 000万元，可以作为免税收入，做纳税调减，通过合伙企业D间接从E公司分配的利润1 000万元，不符合免税收入的条件，不能做纳税调减。

公司法规定企业在做利润分配时，可以不按照持股比例分配，税法上也没有规定超过持股比例获得的股息、红利收入，不能作为免税收入。所以，从子公司C获得的超过持股比例的分配利润,也属于免税收入,可以做纳税调减。

案例 90

某税务机关对大型医药制造企业 A 企业开展例行检查,发现该企业"销售费用"下的二级科目"会议费"列支金额占其"销售费用"70%以上。经过进一步调查,稽查人员发现,企业员工在"会议费"中报销的餐费,竟占该二级科目金额的 80%以上,而与会议相关的场地、交通、住宿和设备租赁等费用合计不到 20%。检查人员按照该企业年均会议费发生额估算,该医药企业近 3 年的餐费竟高达近 8 亿元,直接将 50%的药品制造毛利率水平拉低了近 20 个百分点,对此,检查人员提出了质疑。

该企业负责人解释,此类会议是由本企业医药代表或营销人员组织,由医疗卫生专业人士参加的,旨在向与会人士提供产品信息或学术及医教信息。费用包括场地设备租金、交通费、住宿费和会议餐费等。之所以餐费占比过高,主要是因为此类会议大多为小型学术会议,召开地点大多在医疗机构附近的餐馆。虽然形式上是用餐,但实质是借用餐馆场地向被邀请的医生介绍产品的药效和临床经验等,属于与经营相关的正常业务宣传,而不属于业务招待,因此在申报纳税时做了全额列支处理。

检查人员认为,虽然餐费并不等同于业务招待费,更不能简单地理解其与正常经营无关。但是,被查企业以餐费发票作为核算会议费的报销凭据,会议的真实性难以解释。同时,企业邀请函上注明的会议地点均在医院科室内部,举办时间在正常办公时间内,但餐费的刷卡支付凭单中的时间基本为晚餐时间。另外,当检查人员试图向被邀请的医院科室求证时,均无法取得第三方能够证明会议真实性的证据资料。

资料来源:山东省税务局网站。

风控建议:

针对 A 企业的情况,建议相关医药企业在列支会议费时,要高度重视会议费列支的相关要求。

按照《企业所得税税前扣除凭证管理办法》(国家税务总局公告 2018 年第 28 号)规定：

第四条　税前扣除凭证在管理中遵循真实性、合法性、关联性原则。真实性是指税前扣除凭证反映的经济业务真实，且支出已经实际发生；合法性是指税前扣除凭证的形式、来源符合国家法律法规等相关规定；关联性是指税前扣除凭证与其反映的支出相关联且有证明力。

第五条　企业发生支出，应取得税前扣除凭证，作为计算企业所得税应纳税所得额时扣除相关支出的依据。

第七条　企业应将与税前扣除凭证相关的资料，包括合同协议、支出依据、付款凭证等留存备查，以证实税前扣除凭证的真实性。

列支会议费的相关凭证应反映会议时间、地点、出席人员、内容和费用标准等，且作为原始凭证的发票是非常重要的证据。因此，在医药企业基于此类情况核算会议费时，应附上医疗机构参会的第三方证明材料，且出具的材料能够证明会议的时间、地点和内容等相关要件。同时，医药企业应加强财务报销制度的管理。医药代表等业务人员报销时，财务人员除了审核发票真伪以外，还应审核其他相关证明材料以佐证发票反映的业务真实性，以避免形式和事实的矛盾。

第四节　特定业务的税务风险管理

某些特定业务，往往发生在少数行业、特定企业、特定人群，具有非经常发生、非常规性的特点，其相应的税务处理一般也有特别规定。

一、政府补助的税务处理

(一)增值税处理

企业向政府销售货物、提供应税劳务、销售应税服务、无形资产、不动产的行为，属于政府采购行为,企业需依法依规缴纳增值税,政府补助是企业从政府无偿取得的经济资源,企业未发生销售货物或提供劳务的行为,不属于增值税的征收范围,不征增值税。

需注意的是,根据现行增值税暂行条例规定,销售额为纳税人销售货物或者应税劳务向购买方收取的全部价款和价外费用。因此,如果政府补助的补助对象是明确给购买方,则该笔补助无论是由购买方转付给销售方,还是由政府补贴部门代购买方直接支付给销售方,均作为补助对象(购买方)的政府补助,而销售货物或提供劳务的销售方应以实际收取的全部价款和价外费用依法缴纳增值税。

(二)企业所得税处理

《财政部、国家税务总局关于财政性资金、行政事业性收费、政府性基金有关企业所得税政策问题的通知》(财税〔2008〕151号)规定:"企业取得的各类财政性资金,除属于国家投资和资金使用后要求归还本金的以外,均应计入企业当年收入总额;对企业取得的由国务院财政、税务主管部门规定专项用途并经国务院批准的财政性资金,准予作为不征税收入,在计算应纳税所得额时从收入总额中减除。""财政性资金,是指企业取得的来源于政府及其有关部门的财政补助、补贴、贷款贴息,以及其他各类财政专项资金,包括直接减免的增值税和即征即退、先征后退、先征后返的各种税收,但不包括企业按规定取得的出口退税款。"

企业从县级以上各级人民政府财政部门及其他部门取得的应计入收入总额的财政性资金,如果同时符合《财政部、国家税务总局关于专项用途财政性资金企业所得税处理问题的通知》(财税〔2011〕70号)规定的下列三个条件可以作为不征税收入,在计算应纳税所得额时从收入总额中减除:

(1)企业能够提供规定资金专项用途的资金拨付文件;

(2)财政部门或其他拨付资金的政府部门对该资金有专门的资金管理办法或具体管理要求;

(3)企业能够对该资金以及该资金发生的支出单独进行核算。

上述不征税收入用于支出所形成的费用,不得在计算应纳税所得额时扣除;用于支出所形成的资产,其计算的折旧、摊销不得在计算应纳税所得额时扣除。凡作为不征税收入处理的财政性资金,在 5 年(60 个月)内未发生支出且未缴回财政部门或其他拨付资金的政府部门的部分,应计入取得该资金第六年的应税收入总额;计入应税收入总额的财政性资金发生的支出,允许在计算应纳税所得额时扣除。

政府补助,按照不征税收入进行企业所得税处理,只是纳税递延,而不是税收优惠。

二、搬迁补偿

(一)增值税:取得现金补偿及物业补偿均免征增值税

依据《财政部 国家税务总局关于全面推开营业税改征增值税试点的通知》(财税〔2016〕36 号)附件 3:营业税改征增值税试点过渡政策的规定:土地使用者将土地使用权归还给土地所有者免征增值税。

(二)土地增值税:取得的现金补偿及物业补偿均免征土地增值税

《中华人民共和国土地增值税暂行条例实施细则》第十一条规定:"条例第八条(二)项所称的因国家建设需要依法征用、收回的房地产,是指因城市实施规划、国家建设的需要而被政府批准征用的房产或收回的土地使用权。

因城市实施规划、国家建设的需要而搬迁,由纳税人自行转让原房地产的,比照本规定免征土地增值税。

符合上述免税规定的单位和个人,须向房地产所在地税务机关提出免税申请,经税务机关审核后,免予征收土地增值税。"

(三)企业所得税

如拆迁属政策性拆迁,则适用国家税务总局公告 2012 年第 40 号、国家税务总局公告 2013 年 11 号相关规定:取得的搬迁补偿收入,不立即作为当年度的应税收入征税,而是在搬迁周期内,扣除搬迁支出后统一核算;给予其最长五年的搬迁期限;以及企业以前年度发生尚未弥补的亏损的,搬迁期间从法定亏损结转年限中减除等相关优惠政策。

政策性搬迁收入的企业所得税税务处理,也是基于纳税递延的考虑,不是免税收入。

三、深加工结转

深加工结转是指加工贸易企业将保税进口料件加工的产品转至另一加工贸易企业进一步加工后复出口的经营活动。一般的进料加工,只牵涉一家国内加工企业,该加工企业保税进口料件,加工后,出口到国外,按照正常的出口退税进行申报。

深加工结转,会牵涉两家或两家以上的国内加工企业,首道企业的保税进口料件不直接出口到国外,而是通过海关保税监管把产品结转到下一道加工环节,下一道环节加工后,再出口到国外。

对于国内的保税料件的结转,目前增值税处理没有统一规定。实务操作中,各个地方有两种处理方法:(1)结转企业开具增值税专用发票:按照内销货物做账务处理,按规定征收增值税。(2)结转企业开具出口发票:收入部分不计入企业"免抵退"税出口销售额,视同出口暂不征收增值税,其对应的进项税额转出,计入当期成本。

第六章　医药企业并购重组的税务风险管理

兼并重组是医药企业加强资源整合、实现快速发展、提高竞争力的有效措施，是促进其产品结构转型升级、提升资源配置效率的重要举措，对维护我国药品安全，加快培育具有全球竞争力的世界一流企业具有重要意义。

第一节　并购重组的涉税分析

一、企业重组业务的界定

企业重组是对企业的资金、资产、劳动力、技术、管理等要素进行重新配置，构建新的生产经营模式，使企业在变化中保持竞争优势的过程。企业重组贯穿于企业发展的每一个阶段。企业重组是针对企业产权关系和其他债务、资产、管理结构所展开的企业的改组、整顿与整合的过程，以此从整体上和战略上改善企业经营管理状况，强化企业在市场上的竞争能力，推进企业创新。

广义的企业重组包括企业的所有权、资产、负债、人员、业务等要素的重新组合和配置。狭义的企业重组是指企业以资本保值增值为目标，运用资产重组、负债重组和产权重组方式，优化企业资产结构、负债结构和产权结构，以充分利用现有资源，实现资源优化配置。

根据《上市公司重大资产重组管理办法》（2020年修订）规定，重大资产重组是指上市公司及其控股或者控制的公司在日常经营活动之外购买、出售资产或者通过其他方式进行资产交易达到规定的比例，导致上市公司的主营业务、资产、收入发生重大变化的资产交易行为。

税法上所指的企业重组是指企业在日常经营活动以外发生的法律结构或经济结构重大改变的交易。根据《财政部、国家税务总局关于企业重组业务企业所得税处理若干问题的通知》(财税〔2009〕59号)及其他相关税收法律法规,重组方式具体分为企业法律形式改变、债务重组、资产收购、股权收购、企业合并、企业分立、资产(股权)划转以及非货币性资产投资等方式。

实务中企业重组方式的概念在不同政策环境下的内涵和外延有所不同,应准确适用相应的涉税法律法规。

二、不同重组方式的业务定义

(1)企业法律形式改变,是指企业注册名称、住所以及企业组织形式等的简单改变,但企业合并、分立重组业务除外。

(2)债务重组,是指在债务人发生财务困难的情况下,债权人按照其与债务人达成的书面协议或者法院裁定书,就其债务人的债务做出让步的事项。

(3)股权收购,是指一家企业(以下称为收购企业)购买另一家企业(以下称为被收购企业)的股权,以实现对被收购企业控制的交易。收购企业支付对价的形式包括股权支付、非股权支付或两者的组合。

(4)资产收购,是指一家企业(以下称为受让企业)购买另一家企业(以下称为转让企业)实质经营性资产的交易。受让企业支付对价的形式包括股权支付、非股权支付或两者的组合。

(5)合并,是指一家或多家企业(以下称为被合并企业)将其全部资产和负债转让给另一家现存或新设企业(以下称为合并企业),被合并企业股东换取合并企业的股权或非股权支付,实现两个或两个以上企业的依法合并。

(6)分立,是指一家企业(以下称为被分立企业)将部分或全部资产分离转让给现存或新设的企业(以下称为分立企业),被分立企业股东换取分立企业的股权或非股权支付,实现企业的依法分立。

(7)资产(股权)划转,是指100%直接控制的居民企业之间,以及受同一或相同多家居民企业100%直接控制的居民企业之间按账面净值划转股权或资产。

（8）非货币性资产投资，是指以非货币性资产出资设立新的居民企业，或将非货币性资产注入现存的居民企业。非货币性资产，是指现金、银行存款、应收账款、应收票据以及准备持有至到期的债券投资等货币性资产以外的资产。

股权收购、资产收购、合并、分立中所称的股权支付，是指企业重组中购买、换取资产的一方支付的对价中，以本企业或其控股企业的股权、股份作为支付的形式；非股权支付，是指以本企业的现金、银行存款、应收款项、本企业或其控股企业股权和股份以外的有价证券、存货、固定资产、其他资产以及承担债务等作为支付的形式。

三、企业重组业务税务处理原则

（一）合理商业目的

企业并购重组交易，应当具有合理的商业目的。并购重组不具有合理商业目的而减少其应纳税收入或者所得额的，税务机关有权按照合理方法调整。

不具有合理商业目的，是指以减少、免除或者推迟缴纳税款为主要目的。并购重组中某些税收法规政策文件对不具有合理商业目的的情形进行了明确的列举，企业在相关业务处理时可以参照相应情形。

（二）独立交易原则

企业与其关联方之间的业务往来，应当按照与独立第三方的交易价格、方式等要素确认计量。关联交易不符合独立交易原则而减少企业或者其关联方应纳税收入或者所得额的，税务机关有权按照合理方法调整。

（三）历史成本原则

历史成本，是指企业取得该项资产时实际发生的支出。企业各项资产或债务的交易以历史成本为计税基础。资产的计税基础，是指企业转让资产过程中，计算应纳税所得额时按照税法规定可以自应税经济利益中抵扣的金额。债务的计税基础，是指债务清偿时的账面应付债务金额。

（四）实质重于形式原则

实质重于形式原则又称为实质课税原则，是指税务机关有权根据交易行为的经济实质、目的认定调整税收征纳关系，而不仅仅局限于交易行为的外在形式及法律交易架构。

企业重组的税务事项，应当实现经济实质与法律形式的统一，应当在交易行为发生前，即纳税义务发生前，完善交易方案和法律架构，不应在事后通过架构调整规避税收。

（五）分解交易原则

企业在重组业务中发生的以非货币性交易，各方交易主体应当分别针对具体非货币性资产将该货币性交易分解为各自独立的交易，以便于计算交易所得或损失。比如，以非货币资产投资购买股权的，应当分解为转让资产和投资两项业务，确认有关资产的转让所得或损失。

四、企业重组业务涉及的税种

不同的重组业务因重组主体不同、重组标的不同所涉及的税种也有所不同。例如，债务重组主体为债务人、债权人，重组标的为债权债务，除了涉及企业所得税之外，如债务人以货物、无形资产、不动产抵偿债务，还涉及增值税、土地增值税，债权人涉及契税等；股权收购业务重组主体为收购方、转让方，重组标的为被收购企业的股权，则转让方涉及印花税、企业所得税或个人所得税；资产收购业务重组主体为收购方和转让方，标的为转让方资产，转让方涉及印花税、增值税及其附加税费、企业所得税，如转让的标的是土地使用权、不动产的，还涉及土地增值税，收购方涉及契税和印花税等。

企业重组业务涉及的税种包括企业所得税、个人所得税、增值税、土地增值税、契税、印花税等。其中，企业所得税是在重组业务中涉及的税收优惠政策最多，涉税处理方案的专业化要求最高的税种，本章节主要内容也是围绕重组中的企业所得税问题来具体展开。

(一)增值税优惠政策

1.《国家税务总局关于纳税人资产重组有关增值税问题的公告》(国家税务总局公告 2011 年第 13 号)

自 2011 年 3 月 1 日起,纳税人在资产重组过程中,通过合并、分立、出售、置换等方式,将全部或者部分实物资产以及与其相关联的债权、负债和劳动力一并转让给其他单位和个人,不属于增值税的征税范围,其中涉及的货物转让,不征收增值税。

2.《国家税务总局关于纳税人资产重组有关增值税问题的公告》(国家税务总局公告 2013 年第 66 号)

自 2013 年 12 月 1 日起,纳税人在资产重组过程中,通过合并、分立、出售、置换等方式,将全部或者部分实物资产以及与其相关联的债权、负债经多次转让后,最终的受让方与劳动力接收方为同一单位和个人的,仍适用《国家税务总局关于纳税人资产重组有关增值税问题的公告》(国家税务总局公告 2011 年第 13 号)的相关规定,其中货物的多次转让行为均不征收增值税。资产的出让方需将资产重组方案等文件资料报其主管税务机关。

3.《财政部 国家税务总局关于全面推开营业税改征增值税试点的通知》

(财税〔2016〕36 号)附件 2.营业税改征增值税试点有关事项的规定,在资产重组过程中,通过合并、分立、出售、置换等方式,将全部或者部分实物资产以及与其相关联的债权、负债和劳动力一并转让给其他单位和个人,其中涉及的不动产、土地使用权转让行为,不征收增值税。

(二)契税优惠政策

根据《财政部 税务总局关于继续实施企业、事业单位改制重组有关契税政策的公告》(财政部 税务总局公告 2023 年第 49 号),自 2024 年 1 月 1 日至 2027 年 12 月 31 日止,关于企业、事业单位改制重组有关契税政策规定如下:

1. 企业改制

企业按照《中华人民共和国公司法》有关规定整体改制,包括非公司制企业改制为有限责任公司或股份有限公司,有限责任公司变更为股份有限公司,股份有限公司变更为有限责任公司,原企业投资主体存续并在改制(变更)后的公司中所持股权(股份)比例超过75%,且改制(变更)后公司承继原企业权利、义务的,对改制(变更)后公司承受原企业土地、房屋权属,免征契税。

2. 事业单位改制

事业单位按照国家有关规定改制为企业,原投资主体存续并在改制后企业中出资(股权、股份)比例超过50%的,对改制后企业承受原事业单位土地、房屋权属,免征契税。

3. 公司合并

两个或两个以上的公司,依照法律规定、合同约定,合并为一个公司,且原投资主体存续的,对合并后公司承受原合并各方土地、房屋权属,免征契税。

4. 公司分立

公司依照法律规定、合同约定分立为两个或两个以上与原公司投资主体相同的公司,对分立后公司承受原公司土地、房屋权属,免征契税。

5. 企业破产

企业依照有关法律法规规定实施破产,债权人(包括破产企业职工)承受破产企业抵偿债务的土地、房屋权属,免征契税;对非债权人承受破产企业土地、房屋权属,凡按照《中华人民共和国劳动法》等国家有关法律法规政策妥善安置原企业全部职工规定,与原企业全部职工签订服务年限不少于三年的劳动用工合同的,对其承受所购企业土地、房屋权属,免征契税;与原企业超过30%的职工签订服务年限不少于三年的劳动用工合同的,减半征收契税。

6. 资产划转

对承受县级以上人民政府或国有资产管理部门按规定进行行政性调整、划转国有土地、房屋权属的单位,免征契税。同一投资主体内部所属企业之间土地、房屋权属的划转,包括母公司与其全资子公司之间,同一公司所属全资子公司之间,同一自然人与其设立的个人独资企业、一人有限公司之间土地、房屋权属的划转,免征契税。母公司以土地、房屋权属向其全资子公司增资,视同划转,免征契税。

7. 债权转股权

经国务院批准实施债权转股权的企业,对债权转股权后新设立的公司承受原企业的土地、房屋权属,免征契税。

8. 划拨用地出让或作价出资

以出让方式或国家作价出资(入股)方式承受原改制重组企业、事业单位划拨用地的,不属上述规定的免税范围,对承受方应按规定征收契税。

9. 公司股权(股份)转让

在股权(股份)转让中,单位、个人承受公司股权(股份),公司土地、房屋权属不发生转移,不征收契税。

(三)土地增值税优惠政策

根据《财政部 税务总局关于继续实施企业改制重组有关土地增值税政策的公告》(财政部 税务总局公告2023年第51号),为支持企业改制重组,优化市场环境,现行土地增值税优惠政策执行至2027年12月31日,具体如下:

1. 企业整体改制

企业按照《中华人民共和国公司法》有关规定整体改制,包括非公司制企业改制为有限责任公司或股份有限公司,有限责任公司变更为股份有限公司,股份有限公司变更为有限责任公司,对改制前的企业将国有土地使用权、地上的建筑物及其附着物(以下称房地产)转移、变更到改制后的企业,暂不征收土地增值税。所称整体改制是指不改变原企业的投资主体,并承继原企业权利、义务的行为。

2. 企业合并

按照法律规定或者合同约定,两个或两个以上企业合并为一个企业,且原企业投资主体存续的,对原企业将房地产转移、变更到合并后的企业,暂不征收土地增值税。

3. 企业分立

按照法律规定或者合同约定,企业分设为两个或两个以上与原企业投资主体相同的企业,对原企业将房地产转移、变更到分立后的企业,暂不征收土地增值税。

4. 改制重组时以房地产作价入股投资

单位、个人在改制重组时以房地产作价入股投资,对其将房地产转移、变更到被投资的企业,暂不征收土地增值税。

上述改制重组有关土地增值税政策不适用于房地产转移任意一方为房地产开发企业的情形。改制重组后再转让房地产并申报缴纳土地增值税时,对"取得土地使用权所支付的金额",按照改制重组前取得该宗国有土地使用权所支付的地价款和按国家统一规定缴纳的有关费用确定;经批准以国有土地使用权作价出资入股的,为作价入股时县级及以上自然资源部门批准的评估价格。按购房发票确定扣除项目金额的,按照改制重组前购房发票所载金额并从购买年度起至本次转让年度止每年加计5%计算扣除项目金额,购买年度是指购房发票所载日期的当年。

所称不改变原企业投资主体、投资主体相同,是指企业改制重组前后出资人不发生变动,出资人的出资比例可以发生变动;投资主体存续,是指原企业出资人必须存在于改制重组后的企业,出资人的出资比例可以发生变动。

(四)印花税优惠政策

根据《财政部 国家税务总局关于企业改制过程中有关印花税政策的通知》(财税〔2003〕183号),为贯彻落实国务院关于支持企业改制的指示精神,规范企业改制过程中有关税收政策,现就经县级以上人民政府及企业主管部门批准改制的企业,在改制过程中涉及的印花税政策通知如下:

1. 关于资金账簿的印花税

(1)实行公司制改造的企业在改制过程中成立的新企业(重新办理法人登记的),其新启用的资金账簿记载的资金或因企业建立资本纽带关系而增加的资金,凡原已贴花的部分可不再贴花,未贴花的部分和以后新增加的资金按规定贴花。

公司制改造包括国有企业依《公司法》整体改造成国有独资有限责任公司;企业通过增资扩股或者转让部分产权,实现他人对企业的参股,将企业改造成有限责任公司或股份有限公司;企业以其部分财产和相应债务与他人组建新公司;企业将债务留在原企业,而以其优质财产与他人组建的新公司。

（2）以合并或分立方式成立的新企业,其新启用的资金账簿记载的资金,凡原已贴花的部分可不再贴花,未贴花的部分和以后新增加的资金按规定贴花。合并包括吸收合并和新设合并。分立包括存续分立和新设分立。

（3）企业债权转股权新增加的资金按规定贴花。

（4）企业改制中经评估增加的资金按规定贴花。

（5）企业其他会计科目记载的资金转为实收资本或资本公积的资金按规定贴花。

2. 关于各类应税合同的印花税

企业改制前签订但尚未履行完的各类应税合同,改制后需要变更执行主体的,对仅改变执行主体、其余条款未作变动且改制前已贴花的,不再贴花。

3. 关于产权转移书据的印花税

企业因改制签订的产权转移书据免予贴花。

第二节 债务重组的税务风险管理

企业所得税中的债务重组,是指在债务人发生财务困难的情况下,债权人按照其与债务人达成的书面协议或法院裁定书,就其债务人的债务做出让步的事项。

关于"财务困难"的认定,虽然现行税法没有对此做出明确的解释,通常情况下,一般是指由于债务人生产经营陷入困境、资金短缺,或者由于其他方面的特殊原因,导致其丧失按照原定条件偿还债务的能力。"债权人做出让步"的方式一般是指债权人允许债务人以低于重组债务账面价值的金额偿还所欠债务,包括债权人减免债务人的部分债务本金、减免全部或部分已计利息、降低债务人未来应付债务的利率等。

一、债务重组的税务处理

实务中,医药企业发生债务重组,可以选择一般性税务处理或是特殊性税务处理两种方式。

(一)一般性税务处理

一般性税务处理包括减免债务、以非货币资产清偿债务与债权转股权三种形式。具体为:

1. 减免债务

债务人按照支付的债务清偿额低于债务计税基础的差额,确认债务重组所得。债权人按照收到的债务清偿额低于债权计税基础的差额,确认债务重组损失。

案例 91

甲医药生产企业向乙医药零售企业销售一批总额为 30 万元的货物,乙医药零售企业因发生财务困难导致无法结清全部货款,为此甲医药生产企业减免乙医药零售企业债务 5 万元。在本案例中,债务人乙医药零售企业支付的债务清偿额 25 万元低于债务计税基础 30 万元,二者差额 5 万元应确认为债务重组所得。债权人甲医药生产企业按照收到的债务清偿额 25 万元低于债权计税基础 30 万元的差额,确认债务重组损失 5 万元。

2. 以非货币资产清偿债务

债务人应将上述事项分解为转让相关非货币性资产、按非货币性资产公允价值清偿债务两项业务,确认相关资产的所得或损失。债权人按照接受的非货币资产公允价值低于债权计税基础的差额确认债务重组损失,并按照接受的非货币资产公允价值确认其计税基础。

案例 92

甲医药生产企业向乙医药零售企业销售一批总额为 30 万元的货物,乙医药零售企业因发生财务困难导致无法结清全部货款。根据双方达成的协议约定,乙医药零售企业将计税基础为 20 万元,公允价值为 25 万元的资产用于偿债,同时甲医药生产企业豁免乙医药零售企业债务 5 万元。在本案例中,该项交易属于债务重组,在不考虑其他税费的情况下,债务人乙医药零售企业应实现所得 10 万元,其中视同销售所得 5 万元(25－20),债务重组所得 5 万元。债权人甲医药生产企业按照接受的非货币资产公允价值 25 万元低于债权计税基础 30 万元的差额 5 万元确认债务重组损失,并按照接受的非货币资产公允价值 25 万元确认其计税基础。

3. 债权转股权

上述事项应分解为债务清偿和股权投资两项业务,其中债务人按照债务转为资本部分公允价值低于债务计税基础的差额,确认债务重组所得;债权人按照债权转为股权部分公允价值低于债权计税基础的差额确认债务重组损失,并按照股权投资的公允价值确定其计税基础。

债务人的相关所得税纳税事项原则上保持不变。

(二)特殊性税务处理规定

1. 债务重组适用特殊性税务处理的条件

(1)具有合理的商业目的,且不以减少、免除或者推迟缴纳税款为主要目的。

(2)企业重组后的连续 12 个月内不改变重组资产原来的实质性经营活动。

(3)企业重组中取得股权支付的原主要股东,在重组后连续 12 个月内,不得转让所取得的股权。

2. 具体处理规定

(1)若债务人企业债务重组确认的应纳税所得额占该企业当年应纳税所得额 50% 以上,则其债务重组所得可以在 5 个纳税年度的期间内,均匀计入各年度的应纳税所得额。

(2)企业发生债权转股权业务的,债务人对债务清偿业务暂不确认所得,企业的其他相关所得税事项保持不变。债权人对债权转股权业务暂不确认损失,股权投资的计税基础以原债权的计税基础确定。企业的其他相关所得税事项保持不变。

二、债务重组的执行要求

(一)适用一般性税务处理的留存备查资料

(1)以非货币资产清偿债务的,应保留当事各方签订的清偿债务的协议或合同,以及非货币资产公允价格确认的合法证据等。

(2)债权转股权的,应保留当事各方签订的债权转股权协议或合同。

(二)适用特殊性税务处理应报送的资料

1. 基本资料

(1)重组各方应在该重组业务完成当年,办理企业所得税年度申报时,分别向各自主管税务机关报送《企业重组所得税特殊性税务处理报告表及附表》和其他申报资料。重组主导方申报后,其他当事方向其主管税务机关办理纳税申报。申报时还应附送重组主导方经主管税务机关受理的《企业重组所得税特殊性税务处理报告表及附表》(复印件)。

(2)适用财税〔2009〕59号第五条第(三)项和第(五)项的当事各方应在完成重组业务后下一年度的企业所得税年度申报时,向主管税务机关提交书面情况说明,以证明企业在重组后的连续12个月内,有关符合特殊性税务处理的条件未发生改变。

(3)企业重组业务适用特殊性税务处理的,申报时,当事各方还应向主管税务机关提交重组前连续12个月内有无与该重组相关的其他股权、资产交易情况的说明,并说明这些交易与该重组是否构成分步交易,是否作为一项企业重组业务处理。

2. 其他申报资料

(1)债务重组的总体情况说明,包括债务重组方案、基本情况、债务重组所产生的应纳税所得额,并逐条说明债务重组的商业目的;以非货币资产清偿债务的,还应包括企业当年应纳税所得额情况。

(2)清偿债务或债权转股权的合同(协议)或法院裁定书,需有权部门(包括内部和外部)批准的,应提供批准文件。

(3)债权转股权的,提供相关股权评估报告或其他公允价值证明;以非货币资产清偿债务的,提供相关资产评估报告或其他公允价值证明。

(4)重组前连续12个月内有无与该重组相关的其他股权、资产交易,与该重组是否构成分步交易、是否作为一项企业重组业务处理情况的说明。

(5)重组当事各方一致选择特殊性税务处理并加盖当事各方公章的证明资料。

(6)债权转股权的,还应提供工商管理部门等有权机关登记的相关企业股权变更事项的证明材料,以及债权人12个月内不转让所取得股权的承诺书。

(7)按会计准则规定当期应确认资产(股权)转让损益的,应提供按税法规定核算的资产(股权)计税基础与按会计准则规定核算的相关资产(股权)账面价值的暂时性差异专项说明。

【政策依据】

(1)《财政部 国家税务总局关于企业重组业务企业所得税处理若干问题的通知》(财税〔2009〕59号)。

(2)《国家税务总局关于发布〈企业重组业务企业所得税管理办法〉的公告》(国家税务总局公告2010年第4号)。

(3)《财政部 国家税务总局关于促进企业重组有关企业所得税处理问题的通知》(财税〔2014〕109号)。

(4)《国家税务总局关于企业重组业务企业所得税征收管理若干问题的公告》(国家税务总局公告2015年第48号)。

三、企业债务重组业务税收风险管理

(一)债务重组业务不具有合理的商业目的

例如,为了推迟缴纳税款,甲医药企业与关联企业筹划债务重组业务,在该情形下,即便其符合企业重组后的连续 12 个月内不改变重组资产原来的实质性经营活动;企业重组中取得股权支付的原主要股东,在重组后连续 12 个月内不转让所取得的股权两个条件,但由于该重组是以减少、免除或者推迟缴纳税款的不合理商业目的为出发点,因此不能适用特殊性税务处理。

(二)债务人未区分资产转让所得与债务重组所得

在债务重组中,债务人取得通常包括资产转让所得与债务重组所得两个方面。

(1)资产转让所得。根据规定,医药企业若以非货币资产清偿债务,应当将该行为分解为转让非货币资产、按非货币资产公允价值清偿债务两项业务,确认相关资产的所得或损失。也就是说,资产转让所得或损失＝抵债资产公允价值(含税价)－抵债资产计税基础。如果是资产转让所得,属于企业所得税中的视同销售行为所得,医药企业需要将该所得税计入当年的应纳税所得额来计算缴纳企业所得税。反之,若发生资产转让损失,在符合税法规定的前提下可以在计算应纳税所得额时扣除。

(2)债务重组所得。根据规定,债务人应当按照支付的债务清偿额(抵债资产公允价值)低于债务计税基础的差额,确认债务重组所得,即:债务重组所得＝重组债务计税基础－抵债资产公允价值(含税价)。因为企业所得税界定的债务重组,前提一定是债权人对债务人的债务做出了让步,所以,债权人一定有债务重组损失,而债务人一定有债务重组所得。因此,医药企业发生债务重组,应在债务重组合同或协议生效时确认债务重组所得的实现。

案例 93

乙医药零售企业欠甲医药生产企业 50 万元的债务,乙医药零售企业发生财务

困难,经双方协商一致,乙医药零售企业以账面价值40万元,公允价值为46万元的设备抵债,甲医药生产企业豁免其4万元债务。实务中,在不考虑其他税费的情况下,债务人乙医药零售企业很容易仅确认债务重组利得4万元,忽视所转让的非货币性资产公允价值46万元与账面价值40万元差额的利得,从而造成利得计算错误给企业带来涉税风险。

(三)未充分理解债务重组的前提条件错适用特殊性税务处理

案例94

(1)甲医药生产企业向乙医药零售企业销售一批总额为100万元的货物,货物交付之后,乙医药零售企业称部分货物存在质量瑕疵仅愿意支付90万元的货款,其余部分不再支付。

(2)甲医药生产企业向乙医药零售企业销售一批总额为100万元的货物,货物交付之后,乙医药零售企业因发生财务困难不能如期支付货款,经双方协商一致达成书面协议,乙医药零售企业将其拥有的公允价值为100万元的豪华小汽车抵偿债务。

上述两个情况能否适用特殊性税务处理?

债务重组是指在债务人发生财务困难的情况下,债权人按照其与债务人达成的书面协议或者法院裁定书,就其债务人的债务做出让步的事项。也就是说,在企业所得税上,债务重组要满足三个要件,一是债务人发生了财务困难,二是债权人与债务人达成的书面协议或者法院裁定书,三是债权人对债务人的债务做出了让步。如果债务人没有发生财务困难,或者即便债务人发生了财务困难但债权人并未做出让步,仅为避税目的而操纵的债务重组,就不属于税法上的债务重组,更不能因此享受到特殊性税务处理的税收优惠。

第一种情形中,乙医药零售企业不存在发生财务困难的情况,只是因为对甲医药生产企业交付的货物质量存在瑕疵不支付全款,因此,该情形不能适用债务重组特殊性税务处理。

第二种情形中,乙医药零售企业存在发生财务困难而无法按期结算货款的情况,虽然双方已经就偿债事宜签订书面协议,但因为乙医药零售企业是以公允价值为 100 万元的豪华小汽车来抵顶所欠 100 万元的货款,是等值抵债行为,债权人甲医药生产企业实质未做出让步,只是将债权换成了非货币性资产,因此,该案例情形也不属于债务重组的范围。

(四)适用债务重组特殊性税务处理后发生变更事项

实务中,一些医药企业在发生债务重组事项时,符合适用特殊性税务处理的条件,但后续因发生一些变更事项导致在企业重组后的连续 12 个月内改变了重组资产原来的实质性经营活动;或者企业重组中取得股权支付的原主要股东,在重组后连续 12 个月内转让了所取得的股权,而医药企业没有及时进行纳税处理仍然延续适用债务重组特殊性税务处理,从而给企业带来涉税风险。

(五)债务重组当事各方未按规定留存备查资料导致不得适用企业所得税特殊性税务处理规定风险

在实务中,医药企业常见问题多为债务重组后,债权人、债务人未按税法规定的要求留存相关备查资料,导致企业不得适用企业所得税特殊性税务处理税收优惠政策的风险。

《国家税务总局关于发布《企业重组业务企业所得税管理办法》的公告(国家税务总局公告 2010 年第 4 号)第二十二条规定,企业发生《通知》第六条第一项规定的债务重组,根据不同情形,应准备以下资料:

(1)发生债务重组所产生的应纳税所得额占该企业当年应纳税所得额 50%以上的,债务重组所得要求在 5 个纳税年度的期间内,均匀计入各年度应纳税所得额的,应准备以下资料:

①当事方的债务重组的总体情况说明(如果采取申请确认的,应为企业的申

请),情况说明中应包括债务重组的商业目的;

②当事各方所签订的债务重组合同或协议;

③债务重组所产生的应纳税所得额、企业当年应纳税所得额情况说明;

④税务机关要求提供的其他资料证明。

(2)发生债权转股权业务,债务人对债务清偿业务暂不确认所得或损失,债权人对股权投资的计税基础以原债权的计税基础确定,应准备以下资料:

①当事方的债务重组的总体情况说明。情况说明中应包括债务重组的商业目的;

②双方所签订的债转股合同或协议;

③企业所转换的股权公允价格证明;

④工商部门及有关部门核准相关企业股权变更事项证明材料;

⑤税务机关要求提供的其他资料证明。

财税〔2009〕59号第十一条规定,企业发生符合规定的特殊性重组条件并选择特殊性税务处理的,当事各方应在该重组业务完成当年企业所得税年度申报时,向主管税务机关提交书面备案资料,证明其符合各类特殊性重组规定的条件。企业未按规定书面备案的,一律不得按特殊重组业务进行税务处理。

(六)债权人未按规定申报资料导致债务重组损失不能税前扣除问题

医药企业若作为债务重组中债权人一方,发生债务重组损失后,需要按照《企业资产损失所得税税前扣除管理办法》(国家税务总局公告2011年第25号)相关规定,即:债权人因债务重组而发生债务重组损失的,应当在企业所得税年度汇算清缴时向主管税务机关进行专项申报,并且需要提交具有法定资质的中介机构的经济鉴定证明及相关证据材料。否则,医药企业未经申报的债务重组损失不得在企业所得税税前列支扣除。

第三节 资产收购的税务风险管理

企业所得税法中的资产收购,是指一家企业(以下称受让企业)购买另一家企业(以下称转让企业)实质经营性资产的交易。受让企业支付对价的形式包括股权支付、非股权支付或者两者的组合。所称股权支付,是指企业重组中购买、换取资产的一方支付的对价中,以本企业或其控股企业的股权、股份作为支付的形式。所称非股权支付,是指以本企业的现金、银行存款、应收款项、本企业或其控股企业股权和股份以外的有价证券、存货、固定资产、其他资产以及承担债务等作为支付的形式。非股权支付对应的资产转让所得或损失=被转让资产的公允价值-被转让资产的计税基础×(非股权支付金额÷被转让资产的公允价值)。

一、资产收购的税务处理

实务中,医药企业发生资产收购,可以选择一般性税务处理或是特殊性税务处理两种方式。

(一)资产收购的一般性税务处理

资产收购的一般性税务处理按照如下规定处理:(1)被收购方按规定确认资产转让所得或损失。(2)收购方取得资产的计税基础以公允价值为基础确定。(3)被收购企业相关所得税事项原则上保持不变。

案例 95

甲医药生产企业以自身30%的股权购买乙医药零售企业所拥有的固定资产,甲医药生产企业30%的股权计税基础为2 000万元,公允价值5 000万元。乙医药零售企业固定资产计税基础3 500万元,公允价值5 000万元。上述业务双方按照资产收购的一般性税务规定处理,假设不考虑其他税费。

在本案例中，受让企业（收购方）为甲医药生产企业，其取得乙医药零售企业的固定资产的计税基础以公允价值 5 000 万元为计税基础。转让企业（被收购方）为乙医药零售企业，其按规定确认资产转让所得为 1 500 万元(5 000－3 500)。

（二）资产收购的特殊性税务处理

资产收购适用特殊性税务处理的条件包括：(1)具有合理的商业目的，且不以减少、免除或者推迟缴纳税款为主要目的；(2)受让企业（收购方）所收购的资产不低于转让企业全部资产的 50%；(3)企业重组后的连续 12 个月内不改变重组资产原来的实质性经营活动；(4)受让企业在该资产收购发生时的股权支付金额不低于其交易支付总额的 85%；(5)企业重组中取得股权支付的原主要股东，在重组后连续 12 个月内，不得转让所取得的股权。

具体处理规定如下：(1)转让企业取得受让企业股权的计税基础，以被转让资产的原有计税基础确定；(2)受让企业取得转让企业资产的计税基础，以被转让资产的原有计税基础确定。

案例 96

为了提高自身的市场竞争力与研发创新技术水平，甲医药生产企业以自身 90%的股权为对价收购乙科技企业全部资产的 80%。双方签订的协议约定，在重组后的连续 12 个月内不改变重组资产原来的实质性经营活动，重组中取得股权支付的原主要股东，在重组后连续 12 个月内，不转让所取得的股权。

在本案例中，重组双方具有合理的商业目的；收购方甲医药生产企业所收购的资产比例 80%大于转让企业乙科技企业全部资产的 50%；甲医药生产企业股权支付金额占其交易支付总额的比例为 100%；且协议约定重组后的连续 12 个月内不改变重组资产原来的实质性经营活动；重组中取得股权支付的原主要股东，在重组后连续 12 个月内不转让所取得的股权。因此，该重组可适用资产收购的特殊性税务处理规定。即，转让企业乙科技企业取得受让企业甲医药生产企业股权的计税基础，以被转让资产的原有计税基础确定。受让企业甲医药生产企业取得转让企业甲医药生产企业资产的计税基础，以被转让资产的原有计税基础确定。

案例 97

为了提高自身的市场竞争力与研发创新技术水平，甲医药生产企业收购乙科技企业拥有的全部资产，乙科技企业持有资产的计税基础为 2 000 万元，市场公允价值为 3 000 万元。甲医药生产企业以自身 2 700 万元的股权以及 300 万元现金为对价，股权支付占比为 90%，符合特殊重组股权支付额比例条件，假设双方选用特殊性税务处理。

根据《财政部 国家税务总局关于企业重组业务企业所得税处理若干问题的通知》（财税〔2009〕59 号）第六条的规定，企业重组适用特殊性税务处理时，重组交易各方按规定对交易中股权支付暂不确认有关资产的转让所得或损失的，其非股权支付仍应在交易当期确认相应的资产转让所得或损失，并调整相应资产的计税基础。

非股权支付对应的资产转让所得或损失＝(被转让资产的公允价值－被转让资产的计税基础)×(非股权支付金额÷被转让资产的公允价值)

在本案例中，对交易中股权支付涉及的 90% 资产暂不确认有关资产的转让所得或损失的，非股权支付涉及的 10% 资产仍应在交易当期确认相应的资产转让所得或损失，并调整相应资产的计税基础。

非股权支付对应的资产转让所得或损失＝(被转让资产的公允价值 3 000 万元－被转让资产的计税基础 2 000 万元)×非股权支付金额 2 700 万元÷被转让资产的公允价值 3 000 万元＝900 万元。

二、资产收购的执行要求

在资产收购业务中,医药企业应严格按照要求留存相关备查资料。

(一)适用一般性税务处理的留存备查资料

(1)当事各方所签订的资产收购业务合同或协议。

(2)相关资产公允价值的合法证据。

(二)适用特殊性税务处理应报送的资料

1. 基本资料

(1)重组各方应在该重组业务完成当年,办理企业所得税年度申报时,分别向各自主管税务机关报送《企业重组所得税特殊性税务处理报告表及附表》和其他申报资料。重组主导方申报后,其他当事方向其主管税务机关办理纳税申报。

(2)申报时还应附送重组主导方经主管税务机关受理的《企业重组所得税特殊性税务处理报告表及附表》(复印件)。

(3)适用财税〔2009〕59号第五条第(三)项和第(五)项的当事各方应在完成重组业务后的下一年度的企业所得税年度申报时,向主管税务机关提交书面情况说明,以证明企业在重组后的连续12个月内,有关符合特殊性税务处理的条件未发生改变。

(4)企业重组业务适用特殊性税务处理的,申报时,当事各方还应向主管税务机关提交重组前连续12个月内有无与该重组相关的其他股权、资产交易情况的说明,并说明这些交易与该重组是否构成分步交易,是否作为一项企业重组业务处理。

2. 其他申报资料

(1)资产收购业务总体情况说明,包括资产收购方案、基本情况,并逐条说明资产收购的商业目的。

(2)资产收购业务合同(协议),需有权部门(包括内部和外部)批准的,应提供批准文件。

(3)相关资产评估报告或其他公允价值证明。

（4）被收购资产原计税基础的证明。

（5）12个月内不改变资产原来的实质性经营活动、原主要股东不转让所取得股权的承诺书。

（6）工商管理部门等有权机关登记的相关企业股权变更事项的证明材料。

（7）重组当事各方一致选择特殊性税务处理并加盖当事各方公章的证明资料。

（8）涉及非货币性资产支付的，应提供非货币性资产评估报告或其他公允价值证明。

（9）重组前连续12个月内有无与该重组相关的其他股权、资产交易，与该重组是否构成分步交易，是否作为一项企业重组业务进行处理情况的说明。

（10）按会计准则规定当期应确认资产（股权）转让损益的，应提供按税法规定核算的资产（股权）计税基础与按会计准则规定核算的相关资产（股权）账面价值的暂时性差异专项说明。

【政策依据】

（1）《财政部 国家税务总局关于企业重组业务企业所得税处理若干问题的通知》（财税〔2009〕59号）。

（2）《国家税务总局关于发布〈企业重组业务企业所得税管理办法〉的公告》（国家税务总局公告2010年第4号）。

（3）《财政部 国家税务总局关于促进企业重组有关企业所得税处理问题的通知》（财税〔2014〕109号）。

（4）《国家税务总局关于企业重组业务企业所得税征收管理若干问题的公告》（国家税务总局公告2015年第48号）。

三、资产收购业务税收风险管理

（一）对实质性经营资产的认识存在误区，错误适用资产收购特殊性税务处理优惠风险

税法中的资产收购是指一家企业（以下称为受让企业）购买另一家企业（以下称

为转让企业)"实质经营性资产"的交易。关于"实质经营性资产"的含义,《国家税务总局关于发布〈企业重组业务企业所得税管理办法〉的公告》(国家税务总局公告2010年第4号)第五条做出明确规定,实质经营性资产是指企业用于从事生产经营活动、与产生经营收入直接相关的资产,包括经营所用各类资产、企业拥有的商业信息和技术、经营活动产生的应收款项、投资资产等。

实务中,医药企业应避免因对实质性经营资产的认识存在误区,错误适用资产收购特殊性税务处理优惠政策问题。

(二)不具有合理的商业目的的资产收购行为

案例 98

为了扩大企业生产规模,甲医药生产企业与相邻企业乙公司洽谈土地使用权以及地上房产、建筑物转让事宜。因考虑税负较高,为了减少纳税,甲医药生产企业与乙公司协商采用资产收购业务模式,以此来适用特殊性税务处理优惠政策。

根据《中华人民共和国土地增值税暂行条例》(国务院令第138号)第二条的规定,转让国有土地使用权、地上的建筑物及其附着物并取得收入的单位和个人,为土地增值税的纳税义务人(以下简称纳税人),应当依照本条例缴纳土地增值税。

《国家税务总局关于以转让股权名义转让房地产行为征收土地增值税问题的批复》(国税函〔2000〕687号)规定,鉴于深圳市能源集团有限公司和深圳能源投资股份有限公司一次性共同转让深圳能源(钦州)实业有限公司100%的股权,且这些以股权形式表现的资产主要是土地使用权、地上建筑物及附着物,经研究,对此应按土地增值税的规定征税。

《国家税务总局关于土地增值税相关政策问题的批复》(国税函〔2009〕387号)规定,鉴于广西玉柴营销有限公司在2007年10月30日将房地产作价入股后,于2007年12月6日、18日办理了房地产过户手续,同月25日即将股权进行了转让,且股权转让金额等同于房地产的评估值。因此,我局认为这一行为实质上是房地产交易行为,应按规定征收土地增值税。

《国家税务总局关于天津泰达恒生转让土地使用权土地增值税征缴问题的批复》(国税函〔2011〕415号)规定,同意(天津市地方税务局)关于"北京国泰恒生投资有限公司利用股权转让方式让渡土地使用权,实质是房地产交易行为"的认定,应依照《中华人民共和国土地增值税暂行条例》的规定,征收土地增值税。

以上政策虽然是国家税务总局针对特定纳税人的特定事项予以的个案批复,按照《税收规范性文件制定管理办法》规定不具有普遍适用性,但从以上个案批复的结果来看,股权转让虽未涉及房地产法人之间的转让,但国家税务总局从实质重于形式出发,认定为"属于房地产交易行为"。

因此,医药企业采取此类资产收购业务模式,以形式上的合规掩盖真实的交易目的,很可能给企业带来严重的涉税风险问题。

(三)适用资产收购特殊性税务处理后发生变更事项

医药企业发生资产收购重组事项,适用特殊性税务处理规定后,最常见的涉税风险就是在后续环节忽略了两个"连续12个月内"限制条件,即企业重组后的连续12个月内不改变重组资产原来的实质性经营活动;重组中取得股权支付的原主要股东,在重组后连续12个月内不得转让所取得的股权,该问题是历次税务检查中的重点关注问题,医药企业应给与高度重视。

(四)资产转让企业错误适用增值税不征税优惠政策产生的税务风险

例如,在资产重组业务中,甲医药生产企业将部分实物资产转让给乙医药零售企业并取得对方股权作为对价,但甲医药生产企业未将该部分实物资产相关联的债权、负债和劳动力一并转让,那么,甲医药生产企业能否适用增值税不征税优惠政策?

根据《财政部 国家税务总局关于全面推开营业税改征增值税试点的通知》(财税〔2016〕36号)附件2第一条第(二)项规定,在资产重组过程中,通过合并、分立、出售、置换等方式,将全部或者部分实物资产以及与其相关联的债权、负债和劳动力一并转让给其他单位和个人,其中涉及的不动产、土地使用权转让行为,不征收增值税。在本案例中,甲医药生产企业将部分实物资产转让给乙医药零售企业时,与资产相关的债权、负债和劳动力没有一并转让给对方,因此,不能适用增值税不征税优惠政策。

(五)未按规定留存相关备查资料问题

根据现行税收政策规定,医药企业享受税收优惠政策按照"自行判别、申报享受、相关资料留存备查"的办理方式,这对医药企业在掌握和运用税收优惠政策方面提出了较高的能力要求。因此,在资产收购业务中,医药企业应严格按照要求留存相关备查资料。

(六)收购资产存在历史遗留税务问题

医药企业在资产收购业务中,由于在收购前没有从税务角度开展尽职调查工作,导致未能及时发现选取的目标企业可能存在少缴纳或者未缴纳税款问题。这些问题若在收购后被发现,医药企业很可能需要为此承担高额的补缴税款、滞纳金甚至行政罚款,给企业带来涉税风险。

(七)未向税务机关提交书面备案资料无法适用特殊重组业务风险

《财政部 国家税务总局关于企业重组业务企业所得税处理若干问题的通知》(财税〔2009〕59号)第十一条规定,"企业发生符合本通知规定的特殊性重组条件并选择特殊性税务处理的,当事各方应在该重组业务完成当年企业所得税年度申报时,向主管税务机关提交书面备案资料,证明其符合各类特殊性重组规定的条件。企业未按规定书面备案的,一律不得按特殊重组业务进行税务处理"。

综上所述,医药企业若想适用特殊重组税收优惠政策,在完成当年企业所得税年度纳税申报时,需要向税务机关提交书面备案资料,否则不得按特殊重组业务进行税务处理,只能按照一般性税务处理。

第四节　股权(产权)收购的税务风险

企业所得税法中的股权收购,是指一家企业(以下称为收购企业)购买另一家企业(以下称为被收购企业)的股权,以实现对被收购企业控制的交易。收购企业支付对价的形式包括股权支付、非股权支付或两者的组合。

一、股权(产权)收购的税务处理

实务中,医药企业发生股权(产权)收购,可以选择一般性税务处理或是特殊性税务处理两种方式。

(一)一般性税务处理

股权(产权)收购一般性税务处理,收购方、被收购方按照如下规定处理:(1)被收购方按规定确认股权转让所得或损失。(2)收购方取得股权的计税基础以公允价值为基础确定。(3)被收购企业相关所得税事项原则上保持不变。

案例 99

为了提高企业创新能力,甲医药生产企业已支付股权对价600万元收购了乙科技企业30%的股权,乙科技企业上述股权的计税基础为300万元。上述股权收购业务双方选择一般性税务处理,假设不考虑其他因素,被收购方乙科技企业按规定确认股权转让所得600－300＝300万元,收购方甲医药生产企业取得股权的计税基础为600万元。

(二)特殊性税务处理

股权收购适用特殊性税务处理的条件包括以下方面:(1)具有合理的商业目的,且不以减少、免除或者推迟缴纳税款为主要目的。(2)收购企业购买的股权不低于被收购企业全部股权的50%。(3)收购企业在该股权收购发生时的股权支付金额不低于其交易支付总额的85%。(4)企业重组后的连续12个月内不改变重组资产原来的实质性经营活动。(5)企业重组中取得股权支付的原主要股东,在重组后连续12个月内,不得转让所取得的股权。

具体处理规定如下:(1)被收购企业的股东取得收购企业股权的计税基础,以被收购股权的原有计税基础确定。(2)收购企业取得被收购企业股权的计税基础,以被收购股权的原有计税基础确定。(3)收购企业、被收购企业的原有各项资产和负债的计税基础和其他相关所得税事项保持不变。

二、股权(产权)收购的执行要求

(一)企业适用一般性税务处理需要的留存资料

(1)当事各方所签订的股权收购业务合同或协议。

(2)相关股权公允价值的合法证据。

(二)适用特殊性税务处理的企业应报送资料

1. 基本资料

(1)重组各方应在该重组业务完成当年,办理企业所得税年度申报时,分别向各自主管税务机关报送《企业重组所得税特殊性税务处理报告表及附表》和其他申报资料。重组主导方申报后,其他当事方向其主管税务机关办理纳税申报。

申报时还应附送重组主导方经主管税务机关受理的《企业重组所得税特殊性税务处理报告表及附表》(复印件)。

(2)适用财税〔2009〕59号第五条第(三)项和第(五)项的当事各方应在完成重组业务后的下一年度的企业所得税年度申报时,向主管税务机关提交书面情况说明,以证明企业在重组后的连续12个月内,有关符合特殊性税务处理的条件未发生改变。

(3)企业重组业务适用特殊性税务处理的,申报时,当事各方还应向主管税务机关提交重组前连续12个月内有无与该重组相关的其他股权、资产交易情况的说明,并说明这些交易与该重组是否构成分步交易,是否作为一项企业重组业务进行处理。

2. 其他申报资料

(1)股权收购业务总体情况说明,包括股权收购方案、基本情况,并逐条说明股权收购的商业目的。

(2)股权收购、资产收购业务合同(协议),需有权部门(包括内部和外部)批准的,应提供批准文件。

(3)相关股权评估报告或其他公允价值证明。

(4)12个月内不改变重组资产原来的实质性经营活动、原主要股东不转让所取得股权的承诺书。

(5)工商管理部门等有权机关登记的相关企业股权变更事项的证明材料。

(6)重组当事各方一致选择特殊性税务处理并加盖当事各方公章的证明资料。

(7)涉及非货币性资产支付的,应提供非货币性资产评估报告或其他公允价值证明。

(8)重组前连续12个月内有无与该重组相关的其他股权、资产交易,与该重组是否构成分步交易、是否作为一项企业重组业务进行处理情况的说明。

(9)按会计准则规定当期应确认资产(股权)转让损益的,应提供按税法规定核算的资产(股权)计税基础与按会计准则规定核算的相关资产(股权)账面价值的暂时性差异专项说明。

【政策依据】

(1)《财政部 国家税务总局关于企业重组业务企业所得税处理若干问题的通知》(财税〔2009〕59号)。

(2)《国家税务总局关于发布〈企业重组业务企业所得税管理办法〉的公告》(国家税务总局公告2010年第4号)。

(3)《财政部 国家税务总局关于促进企业重组有关企业所得税处理问题的通知》(财税〔2014〕109号)。

(4)《国家税务总局关于企业重组业务企业所得税征收管理若干问题的公告》(国家税务总局公告 2015 年第 48 号)。

三、股权(产权)收购业务的税收风险管理

(一)股权转让收购中的财税工作未尽职调查风险

在股权收购的业务中,由于双方信息的不对称,被收购公司诸如少缴纳税款、偷税、违规使用税收优惠政策、虚开发票等涉税风险都将继续存在,该风险会转嫁给收购方医药企业。

该风险通常分为法律风险和财税风险两个范畴。因此,在开展股权收购过程中,收购方医药企业需要深入开展相应的尽职调查工作。其中,医药企业作为收购方在针对财税风险尽职调查工作中,应重点关注以下三个方面:(1)被收购企业包括记账凭证、附件、账簿、相关财务报表在内的账务基础资料和包括纳税申报表、享受税收优惠政策涉及的留存备查资料等税务基础资料是否健全。(2)重要数据涉及的账务处理是否有重大差错和问题,是否已更正处理。(3)被收购企业的纳税信用等级情况,是否存在欠税问题,是否曾经存在严重涉税违法行为,是否存在尚未结束的税务稽查案件等信息。

作为收购方,医药企业要注意在收购协议中对财税问题进行特殊约定,例如,若因历史遗留问题导致医药企业收购后存在涉税问题,需要由原股东承担对应的税款、罚款、滞纳金等损失。

(二)股权收购中收购企业存在未履行个税代扣代缴义务的风险

案例 100

乙科技企业实收资本 2 000 万元,其中丙公司持股占比为 60%,自然人张某持股占比 40%,甲医药生产企业收购乙科技企业 100% 股权,双方约定股权收购价款为 3 000 万元。在本案例中,常见的涉税风险点就是甲医药生产企业向自然人张某

支付股权对价但未按照税法规定履行个人所得税代扣代缴义务,具体规定如下:

根据《中华人民共和国个人所得税法》第九条规定,个人所得税以所得人为纳税人,以支付所得的单位或者个人为扣缴义务人。

根据《中华人民共和国个人所得税法实施条例》第二十四条规定,扣缴义务人向个人支付应税款项时,应当依照个人所得税法规定预扣或者代扣税款,按时缴库,并专项记载备查。前款所称支付,包括现金支付、汇拨支付、转账支付和以有价证券、实物以及其他形式的支付。

在履行扣缴义务申报纳税时点方面,《股权转让所得个人所得税管理办法(试行)》第二十条规定,"具有下列情形之一的,扣缴义务人、纳税人应当依法在次月15日内向主管税务机关申报纳税:(1)受让方已支付或部分支付股权转让价款的。(2)股权转让协议已签订生效的。(3)受让方已经实际履行股东职责或者享受股东权益的。(4)国家有关部门判决、登记或公告生效的。(5)本办法第三条第四至第七项行为已完成的。(6)税务机关认定的其他有证据表明股权已发生转移的情形"。

若医药企业作为股权收购方未履行个税扣缴义务,根据《中华人民共和国税收征收管理法》第六十九条规定,扣缴义务人应扣未扣、应收而不收税款的,由税务机关向纳税人追缴税款,对扣缴义务人处应扣未扣、应收未收税款百分之五十以上三倍以下的罚款。

(三)适用特殊性税务处理未按规定申报问题

医药企业在选择适用特殊性税务处理规定时,要注意按照税法规定履行必要的征管流程。根据《国家税务总局关于企业重组业务企业所得税征收管理若干问题的公告》(国家税务总局公告2015年第48号)第四条规定,企业重组业务适用特殊性税务处理的,除财税〔2009〕59号文件第四条款所称企业发生其他法律形式简单改变情形外,重组各方应在该重组业务完成当年,办理企业所得税年度申报时,分别向各自主管税务机关报送《企业重组所得税特殊性税务处理报告表及附表》和申报资料。重组主导方申报后,其他当事方向其主管税务机关办理纳税申报。申报时还应附送重组主导方经主管税务机关受理的《企业重组所得税特殊性税务处理报告表及附表》(复印件)。

(四)股权收购业务中股权转让双方签订阴阳合同问题

股权收购业务中,转让双方签订"阴阳合同"可能会导致股权转让条款部分无效,甚至整个合同被认定为无效的风险,不但会影响股权交易的进程,更会带来一系列的纠纷与风险。在税务方面,根据《中华人民共和国税收征收管理法》第六十三条规定,"纳税人伪造、变造、隐匿、擅自销毁账簿、记账凭证,或者在账簿上多列支出或者不列、少列收入,或者经税务机关通知申报而拒不申报或者进行虚假的纳税申报,不缴或者少缴应纳税款的,是偷税。对纳税人偷税的,由税务机关追缴其不缴或者少缴的税款、滞纳金,并处不缴或者少缴的税款百分之五十以上五倍以下的罚款;构成犯罪的,依法追究刑事责任。扣缴义务人采取前款所列手段,不缴或者少缴已扣、已收税款,由税务机关追缴其不缴或者少缴的税款、滞纳金,并处不缴或者少缴的税款百分之五十以上五倍以下的罚款;构成犯罪的,依法追究刑事责任"。

因此,在股权收购业务中,股权转让双方严禁签订"阴阳合同"逃避纳税,否则将会面临被税务机关追缴相关税款及滞纳金,并处少缴的税款50%以上5倍以下的罚款等行政处罚的风险,情节严重的甚至可能会承担刑事法律责任。

(五)股权转让收入明显偏低被税务机关调整风险

在涉及自然人股东参与的股权收购业务中,出于减少纳税的目的,股权转让双方可能会选择以明显偏低的价格协定股权转让收入,根据《国家税务总局关于〈股权转让所得个人所得税管理办法(试行)〉的公告》(国家税务总局公告2014年第67号)第十一条的规定,如果股权转让收入明显偏低,且无正当理由的,税务机关可以核定股权转让收入。

判断股权转让收入明显偏低主要标准如下:(1)申报的股权转让收入低于股权对应的净资产份额的。其中,被投资企业拥有土地使用权、房屋、房地产企业未销售房产、知识产权、探矿权、采矿权、股权等资产的,申报的股权转让收入低于股权对应的净资产公允价值份额的。(2)申报的股权转让收入低于初始投资成本或低于取得该股权所支付的价款及相关税费的。(3)申报的股权转让收入低于相同或类似条件下同一企业同一股东或其他股东股权转让收入的。(4)申报的股权转让收入低于相同或类似条件下同类行业的企业股权转让收入的。(5)不具合理性的无偿让渡股权或股份。(6)主管税务机关认定的其他情形。

(六)未妥善保管股权原值凭证问题

股权原值证明是发生股权收购业务计算股权转让所得的重要凭据,实务中,若仅凭记账凭证和工商登记等资料来证明股权原值,很可能不被税务机关认同。因此,股权交易当事人应加强税务风险防范意识,建立健全股权原值凭证(包括股权转让协议、银行转账流水、完税凭证、股东决议等资料)的备份、保管制度,妥善保管股权原值凭证,从而减少税务争议。

(七)自然人股权转让的转让原值计算错误风险

个人转让股权的原值确认准确与否,直接影响到股权收购方代扣代缴个人所得税税款的准确性,一旦计算有误则会带来税务风险。根据《国家税务总局关于发布〈股权转让所得个人所得税管理办法(试行)〉的公告》(国家税务总局公告2014年第67号)第十五条规定,个人转让股权的原值依照以下方法确认:(1)以现金出资方式取得的股权,按照实际支付的价款与取得股权直接相关的合理税费之和确认股权原值。(2)以非货币性资产出资方式取得的股权,按照税务机关认可或核定的投资入股时非货币性资产价格与取得股权直接相关的合理税费之和确认股权原值。(3)通过无偿让渡方式取得股权,具备本办法第十三条第二项所列情形的,按取得股权发生的合理税费与原持有人的股权原值之和确认股权原值。(4)被投资企业以资本公积、盈余公积、未分配利润转增股本,个人股东已依法缴纳个人所得税的,以转增额和相关税费之和确认其新转增股本的股权原值。(5)除以上情形外,由主管税务机关按照避免重复征收个人所得税的原则合理确认股权原值。

(八)隐名股东与显名股东在股权转让时税负承担主体的风险

在股权转让时,隐名股东与显名股东谁是税负的承担主体呢?针对该问题,宁波税务机关曾给予官方解答,"纳税人用法律许可或不禁止的方式代持的股份发证转让的,仍应按照纳税人名义上采用的具体方式所对应的纳税义务进行纳税,股份依法登记的形式所有人为纳税人"。实务中,税务机关主流观点都是以名义持有人即股权代持关系中的受托人作为股权转让行为的纳税义务人,而不向事实上股权持有人(委托人)征税。

第七章　医药企业清算的税务风险管理

第一节　医药企业清算的税务风险分析

近几年来，由于种种原因，很多医药企业关停并转，有的由于违法生产经营被吊销营业执照，有的经营困难无法持续倒闭，有的资不抵债进行破产，有的并购重组进行注销等，这些情况造成企业在注销过程中，势必要进行企业清算。2023年和2024年多家医药制造业和药店纷纷宣布并购重组清算或者宣布破产。如江西省南昌市东湖区人民法院于2024年7月8日做出（2024）赣0102破申7号民事裁定书，裁定受理江西赣南制药有限公司破产清算一案；福建省莆田市中级人民法院于2024年11月8日做出（2024）闽03破申223号民事裁定书，裁定受理申请人莆田市药剂康医药有限公司对被申请人莆田市天岭医药有限公司提出的破产清算申请一案；2024年7月26日，江苏省南京市高淳区人民法院作出（2024）苏0118破42号《民事裁定书》，裁定受理南京应天医药有限公司（以下简称应天公司）破产清算一案，并于2024年8月15日指定江苏法德东恒律师事务所为南京应天医药有限公司管理人；2024年12月30日，上市药企国药集团一致药业股份有限公司发布了一则公告，公司董事会通过《第十届董事会2024年第六次临时会议决议公告》，宣布同意对其控股公司——国药控股国大药房有限公司下属的1家子公司和2家孙公司进行破产清算的立项，三家公司分别为安徽国大药房连锁有限公司、国药控股国致药房连锁（河源）有限公司、山东成大方圆医药连锁有限公司。2025年1月6日，辽宁省、贵州省、甘肃省、河南省等多地药监局发布了一系列药店将被依法注销《药品经营许可证》的公告，等等。

清算注销是整个企业生命周期的最后一个环节,既涉及烦琐的法律清算,也涉及复杂的税务清算。而税务清算既要清缴进入清算程序之前的企业所欠税款,又要涉及清算期间所产生的企业和股东两个层面的税务处理。因此,公司清算注销所涉及的税务问题相较企业存续期间的其他环节所涉及的税务处理更为复杂。企业清算注销过程中涉税问题,值得关注和重视,以免企业没有按照税收政策清算注销带来税务风险。

一、企业税务注销清算分类

通常情况下,企业终止经营活动退出市场,需要经历决议解散、清算分配和注销登记三个主要过程。企业因解散、被宣告破产或者其他法定事由需要终止的,应当依法向登记机关申请注销登记。经登记机关注销登记,企业终止。无论是解散注销还是破产注销,都要进行税务注销清算,必须履行完清算手续进行清算所得税申报后,再办理注销税务登记等有关手续,然后到市场监督管理部门注销企业登记,至此,企业真正完成寿命周期。

(一)解散

1. 自愿解散

自愿解散指基于公司股东会或者股东大会、非公司企业法人出资人(主管部门)、合伙企业合伙人、个人独资企业投资人、农民专业合作社(联合社)成员大会或者成员代表大会、个体工商户经营者,或者分支机构隶属企业(单位)的意愿解散。如公司解散情形包括:公司章程规定的营业期限届满或者公司章程规定的其他解散事由出现;股东会或者股东大会决议解散;因公司合并或者分立需要解散等。合伙企业解散情形包括:全体合伙人决定解散;合伙协议约定的解散事由出现;合伙期限届满,合伙人决定不再经营等。个人独资企业解散情形包括:投资人决定解散等。农民专业合作社(联合社)解散情形包括:成员大会决议解散;章程规定的解散事由出现等。

2. 强制解散

强制解散通常分为行政决定解散与人民法院判决解散。行政决定解散,包括依法被吊销营业执照、责令关闭或者被撤销。人民法院判决解散,按照《公司法》规定,因公司经营管理发生严重困难,继续存续会使股东利益受到重大损失,通过其他途径不能解决的,持有公司全部股东表决权百分之十以上的股东,请求人民法院解散公司的情形。

(二)破产

企业被宣告破产是指根据《企业破产法》等规定,企业不能清偿到期债务,并且资产不足以清偿全部债务或者明显缺乏清偿能力的,经人民法院审查属实,企业没有和解或重整,被人民法院宣告破产。

依法开展清算是企业注销前的法定义务。《民法典》规定,法人解散的,除合并或者分立的情形外,清算义务人应当及时组成清算组清算。非法人组织解散的,应当依法清算。清算的重要内容是企业清理各类资产,清结各项债权债务。清算的目的在于保护债权人的利益、投资人的利益、企业的利益、职工的利益以及社会公共利益。法人的清算程序和清算组职权,依照有关法律的规定;没有规定的,参照适用公司法律的有关规定。

但是,实务中,如果企业注销前应当依法清算,就清算所得进行纳税申报。如果各项涉税业务处理不及时、不到位,就会引发税务风险,给债权人的利益、投资人的利益、企业的利益、职工的利益以及社会公共利益带来更大的损失。

二、企业清算所得税务处理规定

(一)《企业所得税法》及实施条例规定

(1)《企业所得税法》第五十三条规定,企业依法清算时,应当以清算期间作为一个纳税年度。

《企业所得税法》第五十五条规定,企业应当在办理注销登记前,就其清算所得向税务机关申报并依法缴纳企业所得税。

(2)《企业所得税法实施条例》第十一条规定，清算所得，是指企业的全部资产可变现价值或者交易价格减除资产净值、清算费用以及相关税费等后的余额。

投资方企业从被清算企业分得的剩余资产，其中相当于从被清算企业累计未分配利润和累计盈余公积中应当分得的部分，应当确认为股息所得；剩余资产减除上述股息所得后的余额，超过或者低于投资成本的部分，应当确认为投资资产转让所得或者损失。

《企业所得税法实施条例》第六十七条规定，外购商誉的支出，在企业整体转让或者清算时，准予扣除。

(二)税收文件规定

1.《财政部 国家税务总局关于企业清算业务企业所得税处理若干问题的通知》(财税〔2009〕60号)规定

(1)企业清算的所得税处理，是指企业在不再持续经营，发生结束自身业务、处置资产、偿还债务以及向所有者分配剩余财产等经济行为时，对清算所得、清算所得税、股息分配等事项的处理。

(2)下列企业应进行清算的所得税处理：①按《公司法》《企业破产法》等规定需要进行清算的企业；②企业重组中需要按清算处理的企业。

(3)企业清算的所得税处理包括以下内容：①全部资产均应按可变现价值或交易价格，确认资产转让所得或损失；②确认债权清理、债务清偿的所得或损失；③改变持续经营核算原则，对预提或待摊性质的费用进行处理；④依法弥补亏损，确定清算所得；⑤计算并缴纳清算所得税；⑥确定可向股东分配的剩余财产、应付股息等。

(4)企业的全部资产可变现价值或交易价格，减除资产的计税基础、清算费用、相关税费，加上债务清偿损益等后的余额，为清算所得。

企业应将整个清算期作为一个独立的纳税年度计算清算所得。

(5)企业全部资产的可变现价值或交易价格减除清算费用，职工的工资、社会保险费用和法定补偿金，结清清算所得税、以前年度欠税等税款，清偿企业债务，按规定计算可以向所有者分配的剩余资产。

被清算企业的股东分得的剩余资产的金额,其中相当于被清算企业累计未分配利润和累计盈余公积中按该股东所占股份比例计算的部分,应确认为股息所得;剩余资产减除股息所得后的余额,超过或低于股东投资成本的部分,应确认为股东的投资转让所得或损失。

被清算企业的股东从被清算企业分得的资产应按可变现价值或实际交易价格确定计税基础。

2.《财政部 国家税务总局关于企业重组业务企业所得税处理若干问题的通知》(财税〔2009〕59号)规定

企业重组中需要按清算处理的企业:

(1)企业由法人转变为个人独资企业、合伙企业等非法人组织。

(2)将登记注册地转移至中华人民共和国境外(包括港澳台地区)。

(3)企业合并,一般性税务处理的,被合并企业和其股东要进行清算处理。

(4)企业分立,一般性税务处理的,被分立企业不再继续存在(解散分立),被分立企业和其股东要进行清算处理。

3.《国家税务总局关于企业清算所得税有关问题的通知》(国税函〔2009〕684号)规定

(1)企业清算时,应当以整个清算期间作为一个纳税年度,依法计算清算所得及其应纳所得税。企业应当自清算结束之日起15日内,向主管税务机关报送企业清算所得税纳税申报表,结清税款。企业未按照规定的期限办理纳税申报或者未按照规定期限缴纳税款的,应根据《中华人民共和国税收征收管理法》的相关规定加收滞纳金。

(2)进入清算期的企业应对清算事项,报主管税务机关备案。

4.《国家税务总局关于印发〈中华人民共和国企业清算所得税申报表〉的通知》(国税函〔2009〕388号)规定

(1)企业清算所得要根据实际业务情况填报《中华人民共和国企业清算所得税申报表》及附表《资产处置损益明细表》《负债清偿损益明细表》和《剩余财产计算和

分配明细表》。

(2)《中华人民共和国企业清算所得税申报表及附表填报说明》第12行"税率"明确"填报企业所得税法规定的税率25%"。

5.《国家税务总局关于税收征管若干事项的公告》(国家税务总局公告2019年第48号)规定

(1)税务机关在人民法院公告的债权申报期限内,向管理人申报企业所欠税款(含教育费附加、地方教育附加,下同)、滞纳金及罚款。因特别纳税调整产生的利息,也应一并申报。

企业所欠税款、滞纳金、罚款,以及因特别纳税调整产生的利息,以人民法院裁定受理破产申请之日为截止日计算确定。

(2)在人民法院裁定受理破产申请之日至企业注销之日期间,企业应当接受税务机关的税务管理,履行税法规定的相关义务。破产程序中如发生应税情形,应按规定申报纳税。

从人民法院指定管理人之日起,管理人可以按照《中华人民共和国企业破产法》第二十五条规定,以企业名义办理纳税申报等涉税事宜。

企业因继续履行合同、生产经营或处置财产需要开具发票的,管理人可以以企业名义按规定申领开具发票或者代开发票。

(3)企业所欠税款、滞纳金、因特别纳税调整产生的利息,税务机关按照企业破产法相关规定进行申报,其中,企业所欠的滞纳金、因特别纳税调整产生的利息按照普通破产债权申报。

6.《欠税公告办法(试行)》(2018年6月15日国家税务总局令第44号修正)规定

欠税是指纳税人超过税收法律、行政法规规定的期限或者纳税人超过税务机关依照税收法律、行政法规规定确定的纳税期限(以下简称税款缴纳期限)未缴纳的税款,包括:

(1)办理纳税申报后,纳税人未在税款缴纳期限内缴纳的税款。

(2)经批准延期缴纳的税款期限已满,纳税人未在税款缴纳期限内缴纳的税款。

(3)税务检查已查定纳税人的应补税额,纳税人未在税款缴纳期限内缴纳的税款。

(4)税务机关根据《税收征管法》第二十七条、第三十五条核定纳税人的应纳税额,纳税人未在税款缴纳期限内缴纳的税款。

(5)纳税人的其他未在税款缴纳期限内缴纳的税款。

税务机关对前款规定的欠税数额应当及时核实。

7.《国家税务总局关于印发〈企业所得税汇算清缴管理办法〉的通知》(国税发〔2009〕79号)规定

纳税人在年度中间发生解散、破产、撤销等终止生产经营情形,需进行企业所得税清算的,应在清算前报告主管税务机关,并自实际经营终止之日起60日内汇算清缴,结清应缴应退企业所得税款;纳税人有其他情形依法终止纳税义务的,应当自停止生产、经营之日起60日内,向主管税务机关办理当期企业所得税汇算清缴。

三、企业破产清算税务风险分析

(一)税收债权的清偿顺序风险分析

根据《税收征收管理法》第四十五条规定,税务机关征收税款,税收优先于无担保债权,法律另有规定的除外;纳税人欠缴的税款发生在纳税人以其财产设定抵押、质押或者纳税人的财产被留置之前的,税收应当先于抵押权、质权、留置权执行。纳税人欠缴税款,同时又被行政机关决定处以罚款、没收违法所得的,税收优先于罚款、没收违法所得。

同时,根据《企业破产法》第一百一十三条规定,破产财产在优先清偿破产费用和共益债务后,依照下列顺序清偿:

(1)破产人所欠职工的工资和医疗、伤残补助、抚恤费用,所欠的应当划入职工个人账户的基本养老保险、基本医疗保险费用,以及法律、行政法规规定应当支付给职工的补偿金。

(2)破产人欠缴的除前项规定以外的社会保险费用和破产人所欠税。

(3)普通破产债权。破产财产不足以清偿同一顺序的清偿要求的,按照比例分配。因此,国家税款在企业破产中是作为第二清偿顺序优先受偿的。

(二)破产企业破产前欠税的清偿风险分析

破产企业在宣告破产日之前的欠税是属于破产清算的第二清偿顺序,优先于普通债权清偿。虽然税务机关征收的教育费附加、地方教育费附加不是"税",但其征收管理参照《税收征管法》。因此,破产前的欠税是包括教育费附加和地方教育费附加。至于"破产人所欠税款",它是仅指法院受理破产申请时,破产人实际已产生的欠税款,还包括破产人应申报而未申报的税款以及因税务机关纳税调整后产生的欠缴税款。现行法律并未对破产人所欠税款的范围做出明确的规定,所以在实践过程中就会存在不同的理解,不同的税务机关在申报债权时也往往有不同的处理,有的只以企业实际申报但未缴纳的税款申报,有的又加上了企业应申报而未申报的部分,有的甚至还将税务稽核后的数据申报。

根据《征税管理法》第三十二条的规定,纳税人未按照规定期限缴纳税款的,税务机关除责令限期缴纳外,从滞纳税款之日起,按日加收滞纳税款万分之五的滞纳金。第四十四条的规定,欠缴税款的纳税人或者他的法定代表人需要出境的,税务机关可以通知出境管理机关阻止其出境。第三十二条、六十二条的规定,纳税人在纳税期内没有应纳税款的,也应当按照规定办理纳税申报。纳税人未按照规定的期限办理纳税申报的,由税务机关责令限期改正,可以处2 000元以下的罚款;情节严重的,可以处2 000元以上10 000元以下的罚款。

欠税行为不仅影响企业的持续经营、企业经营者的行动自由,也影响着破产清算进程、其他债权人债权分配金额。

(三)破产企业破产清算过程中新生税收的清偿风险分析

除了在破产之日前已发生的纳税义务外,破产企业在清算过程中往往会产生新的纳税义务,其中主要包括两个来源,一是管理人依法决定继续营业所产生的纳税义务,二是以诸如拍卖等形式处置破产财产所新增的纳税义务。

破产企业处置资产过程中实现的税收属于破产费用范畴;破产企业在破产清算过程中新生税收,比如破产企业在破产期间房屋出租实现的税收,属于共益债范畴。破产财产不足以清偿所有破产费用和共益债务的,先行清偿破产费用。债务人财产不足以清偿所有破产费用或者共益债务的,按照比例清偿。破产清算期间的新生税收随时清偿,税务机关无需另行申报债权。

根据《企业破产法》第四十一条第二款的规定:管理、变价和分配债务人财产的费用属于破产费用,而破产费用是不需要进行债权申报的,且根据第四十三条的规定:债务人财产不足以清偿所有破产费用和共益债务的,先行清偿破产费用。因此,破产费用在破产财产清偿顺序中属于第一位的。所以,在企业破产环节,管理人变卖破产企业财产所产生的增值税、消费税、土地增值税、印花税、城市维护建设税属于破产费用,应优先受偿。破产财产的变价收入扣除上述作为破产费用的税金后的余额才能用于其他破产债权的清偿。

但是这里要注意,即使破产企业的财产在变卖环节有增值收益,对应这些资产增值收益的企业所得税是不能作为破产费用优先受偿的。因为,破产环节的企业所得税债权不是按单项资产增值收益分别计算的,其最终应作为清算所得产生的企业所得税债权而一并计算。

(四)破产企业破产前欠缴滞纳金和特别调整利息的清偿风险分析

根据国家税务总局在第 48 号公告(即《关于税收征管若干事项的公告》)规定,破产企业在破产案件受理前,因欠缴税款产生的滞纳金、因特别纳税调整产生的利息按照普通破产债权申报。即税款滞纳金以及因特别纳税调整产生的利息同其他普通债权一样,属于第三清偿顺序。

最高人民法院《关于审理企业破产案件若干问题的规定》第六十一条的规定:行政、司法机关对破产企业的罚款、罚金以及其他有关费用和人民法院受理破产案件后债务人未支付应付款项的滞纳金不属于破产债权。同时,根据《国家税务总局关于税收优先权包括滞纳金问题的批复》(国税函〔2008〕1084 号)的规定:《税收征管法》第四十五条规定的税收优先权执行时包括税款及其滞纳金。

《最高人民法院关于税务机关就破产企业欠缴税款产生的滞纳金提起的债权确认之诉应否受理问题的批复》(法释〔2012〕9号)中,最高法院就认为,破产企业在破产案件受理前因欠缴税款产生的滞纳金属于普通破产债权。也就是说,只有欠税本身享有优先权,而滞纳金不享有优先权。

因此,作为破产债权申报的滞纳金只应计算到法院受理破产案件前,破产案件受理后则不宜再计算税收滞纳金。法院受理破产案件前,破产企业欠税以及由此产生的滞纳金应一并作为破产债权申报,且滞纳金和税款一样享受税收优先权。而税务机关对于破产企业作出的罚款在我国破产法中是作为除斥债权,而排除在破产债权之外的。

案例 101　稽查局申请对欠税企业进行破产清算

广州市地方税务局第三稽查局(以下简称"市地税第三稽查局")以被申请人广州市汇港房地产发展有限公司(以下简称"汇港公司")已严重资不抵债,其无法在规定期限内缴清拖欠的税款,已具备法定破产条件为由,向广州市中级人民法院申请对汇港公司进行破产清算。

经查明:汇港公司成立于1997年5月19日,注册资本1 000万元人民币,法定代表人为梁玉清,公司类型为其他有限责任公司,公司住所地为广东省广州市荔湾区,营业期限为长期,经营范围为房地产开发与经营;园林绿化;环境卫生;批发、零售、代购、代销(建筑材料)。

汇港公司的登记机关为广州市工商行政管理局。

2008年12月24日,汇港公司因不按照规定接受年度检验而被依法吊销其营业执照,其现正处于"吊销,未注销"的登记状态,现已下落不明。

广州市地税第三稽查局于2004年8月5日作出穗地税稽三处〔2004〕26号《税务处理决定书》,查清汇港公司在1999年1月至2001年12月期间欠缴企业所得税款共计5 648 666.61元,处理决定汇港公司应在收到该决定书15日内到税务部门

(时称广州市芳村区地方税务局)将上述欠缴的税款及滞纳金缴纳入库。

由于汇港公司未在规定时间补缴其拖欠的税款及滞纳金,市地税第三稽查局于 2004 年 12 月 27 日向广州市海珠区人民法院(以下简称"海珠区法院")申请执行,海珠区法院受理了该申请。

经执行,海珠区法院于 2005 年 6 月 13 日作出(2005)海行执字第 4-1 号行政执行裁定书,认为因汇港公司的财产时值调查核实过程中,市地税第三稽查局同意该案可延期执行,故裁定该案中止执行。

2007 年 8 月 20 日,广州市荔湾区人民法院(以下简称"荔湾区法院")作出(2002)穗芳法经执字第 161 号恢字 1-3 号民事裁定书,查明汇港公司名下尚有款项 81 304.92 元,广州市东沙建设发展有限公司(以下简称"东沙公司")名下有款项 17 219 541.16 元可供执行,因东沙公司共有 11 件执行案,因此经在可分配数额内依法扣除执行费、评估费、案件受理费、财产保全费等实现债权需优先支付的费用后,余款按各申请人未受偿债权额占总债权额比例进行分配,该案实际可分配所得款 2 006 595.76 元已发还申请人中国东方资产管理公司广州办事处。

荔湾区法院认为,东沙公司、汇港公司的财产已因案件执行而被处理及分配完毕,由于申请人未能提供两被执行人新的可供执行财产线索,鉴于两被执行人确暂无财产可供执行,故荔湾区法院裁定原广州市芳村区人民法院(2002)穗芳法经初字第 65 号民事判决书未履行完毕部分中止执行。

另查明,广州市工商行政管理局于 2008 年 12 月 24 日作出穗工商管处字〔2008〕第 320-0074 号《行政处罚决定书》,决定吊销汇港公司营业执照。

再查明,自 2004 年 10 月 29 日至 2007 年 8 月 15 日期间,汇港公司入库税款 4 113 043.47 元、滞纳金 2 108 元,共计 4 115 151.47 元。

截至 2017 年 10 月 18 日,汇港公司仍有未缴企业所得税 1 535 623.14 元、已缴纳税款的未缴纳的滞纳金为 2 058 968.13 元、因未缴税款而产生的滞纳金为 3 685 495.54 元,上述未缴纳的款项共计 7 280 086.81 元。

本院认为,根据《中华人民共和国企业破产法》第三条的规定,"破产案件由债务人住所地人民法院管辖"。

本案中,汇港公司的住所地位于广州市荔湾区,其登记机关为广州市工商行政管理局,故本院对本案具有管辖权。

关于市地税第三稽查局对汇港公司的债权人身份,有生效法律文书予以证实,故本院对此予以确认。

根据《中华人民共和国企业破产法》第二条第一款的规定,"企业法人不能清偿到期债务,并且资产不足以清偿全部债务或者明显缺乏清偿能力的,依照本法规定清理债务";第七条第二款的规定,"债务人不能清偿到期债务,债权人可以向人民法院提出对债务人进行重整或者破产清算的申请"。

根据《最高人民法院关于适用若干问题的规定(一)》第四条的规定,"债务人账面资产虽大于负债,但存在下列情形之一的,人民法院应当认定其明显缺乏清偿能力:……(三)经人民法院强制执行,无法清偿债务;……"。

汇港公司经人民法院强制执行,无法清偿其对市地税第三稽查局的债务,应当认定其不能清偿到期债务,且明显缺乏清偿能力。

市地税第三稽查局向本院提出对汇港公司进行破产清算的申请,符合上述法律及司法解释的规定,广州市人民法院予以受理。

依照《中华人民共和国企业破产法》第二条第一款、第三条、第七条第二款,《最高人民法院关于适用若干问题的规定(一)》第四条之规定,裁定如下:

受理申请人广州市地方税务局第三稽查局对被申请人广州市汇港房地产发展有限公司的破产清算申请。

资料来源:中国裁判文书网。

四、企业注销清算税务风险分析

(一)清算资产范围的税务风险分析

清算企业是否对清算资产进行全面的清查盘点,以清查盘点确认的全部资产作为清算资产。清算企业是否存在隐瞒、转移、提前处置资产以达到避税目的的行为。特别要注意是否存在隐匿或无偿转让财产非正常压价处置财产、对原来没有财产担保的债务提供财产担保、对未到期债务提前清偿、放弃债权等。

1. 清算期间资产盘盈、盘亏和坏账损失的税务风险分析

清算期间资产盘盈、盘亏应当计入清算所得。清算期间不能收回的应收款项应作为坏账损失处理,按照国家税务总局公告〔2011〕25 号有关规定提报"坏账损失专项申报资料"。

2. 企业清算处置存货资产税务风险分析

企业清算期间,一定要对存货进行盘点,按照实际盘点数量,在处置资产时,属于增值税应税货物时,按适用税率计税缴纳增值税。由于医药行业是一个特殊行业,销售的产品有的适用 13% 税率,有的适用简易计税,还有的适用免税政策,因此在清算期间处置存货资产时,一定要分别处置核算。

(1)《财政部 国家税务总局关于部分货物适用增值税低税率和简易办法征收增值税政策的通知》(财税〔2009〕9 号)规定,一般纳税人销售自产的用微生物、微生物代谢产物、动物毒素、人或动物的血液或组织制成的生物制品,可选择按照简易办法依照 3% 征收率计算缴纳增值税。

(2)《财政部 海关总署 税务总局 药监局关于罕见病药品增值税政策的通知》(财税〔2019〕24 号)规定,自 2019 年 3 月 1 日起,增值税一般纳税人生产销售和批发、零售罕见病药品,可选择按照简易办法依照 3% 征收率计算缴纳增值税。

(3)《国家税务总局关于药品经营企业销售生物制品有关增值税问题的公告》(国家税务总局公告 2012 年第 20 号)规定,属于增值税一般纳税人的药品经营企业销售生物制品,可以选择简易办法按照生物制品销售额和 3% 的征收率计算缴纳增值税。

(4)《财政部 税务总局关于延续免征国产抗艾滋病病毒药品增值税政策的公告》(财政部税务总局公告 2023 年第 62 号)规定,对国产抗艾滋病病毒药品免征生产环节和流通环节增值税,该政策执行至 2027 年 12 月 31 日。

(5)《财政部 国家税务总局关于创新药后续免费使用有关增值税政策的通知》(财税〔2015〕4号)规定,自2015年1月1日起,药品生产企业提供给患者后续免费使用自产的相同创新药,不属于增值税视同销售范围。

3. 处置固定资产税务风险分析

(1)小规模纳税人。《国家税务总局关于营业税改征增值税试点期间有关增值税问题的公告》(国家税务总局公告2015年第90号)规定,纳税人销售自己使用过的固定资产,适用简易办法依照3%征收率减按2%征收增值税政策的,可以放弃减税,按照简易办法依照3%征收率缴纳增值税,并可以开具增值税专用发票。

(2)增值税一般纳税人。增值税一般纳税人处置使用过的固定资产除适用13%税率外,特别要注意下列适用简易计税的情形。

①2008年12月31日以前未纳入扩大增值税抵扣范围试点的一般纳税人销售2008年12月31日以前取得的使用过的固定资产,可以按简易办法依3%的征收率,减按2%征收增值税,开具3%的普通发票,不得开具专用发票。

②2008年12月31日以前已纳入扩大增值税抵扣范围试点的纳税人,销售自己使用过的在本地区扩大增值税抵扣范围试点以前购进或者自制的固定资产,按照简易办法依3%征收率,减按2%征收增值税,开具3%的普通发票,不得开具专用发票。

③一般纳税人销售自己使用过的属于有关规定不得抵扣且未抵扣进项税额的固定资产,按简易办法依3%征收率,减按2%征收增值税,开具3%的普通发票,不得开具专用发票。

④一般纳税人销售小规模期间取得的固定资产,按照简易办法3%的征收率,减按2%征收增值税,开具3%的普通发票,不得开具专用发票。

⑤一般纳税人发生按简易办法征收增值税应税行为,销售其按照规定不得抵扣且未抵扣进项税额的固定资产,按照简易办法3%的征收率,减按2%征收增值税,开具3%的普通发票,不得开具专用发票。

4. 处置无形资产等税务风险分析

在清算期间,转让专利权、商标权等权利资产的所有权、使用权属于转让无形资产时(不含土地使用权),以转让取得的收入为计税依据计税缴纳增值税。

5. 处置不动产和土地使用权的税务风险分析

如果处置营改增之前(2016年4月30日前)取得的不动产、土地使用权,按照财税〔2016〕36号文件的规定,以全部收入减去不动产或土地使用权的购置或受让原价(抵债时该项不动产或土地使用权作价)后的余额计算缴纳增值税。如处置取得营改增之后(2016年5月1日后)可以抵扣的不动产、土地使用权,按照现行税率9%计算缴纳增值税。

同时,根据土地增值税有关规定,要进行土地增值税清算,计算缴纳土地增值税。

6. 增值税留抵税额处理的风险分析

一般来说,在企业注销前,存在增值税留抵税额的,通常有两种情况:一是注销前还存在存货、固定资产等非货币性资产;二是注销前已经不存在非货币性资产。

(1)注销前还存在存货、固定资产等非货币性资产风险分析。

①终止经营活动办理注销,一般不予退税。

在企业注销前,如果还存在非货币性资产的,需要销售变现或者分配给股东(投资者)等,由此,将会产生增值税销项税额。企业增值税留抵税额,应先从销项税额中抵扣。《财政部 国家税务总局关于增值税若干政策的通知》(财税〔2005〕165号)规定,一般纳税人注销或被取消辅导期一般纳税人资格,转为小规模纳税人时,其存货不做进项税额转出处理,其留抵税额也不予以退税。

《财政部 税务总局关于进一步加大增值税期末留抵退税政策实施力度的公告》(财政部税务总局公告2022年第14号,以下简称"14号公告")等一系列政策,加大增值税期末留抵退税实施力度。基于此,有注销清算的企业,如果增值税留抵退税条件,向主管税务机关申请退还留抵税额,再办理注销登记。

②企业因异地搬迁办理注销,可继续抵扣。

企业因异地搬迁办理注销,原则上,办理注销税务登记前尚未抵扣的进项税额允许继续抵扣。

《国家税务总局关于一般纳税人迁移有关增值税问题的公告》(国家税务总局公告 2011 年第 71 号)明确,增值税一般纳税人因住所、经营地点变动,按照相关规定,在工商行政管理部门(现市场监督管理部门)做变更登记处理,但因涉及改变税务登记机关,需要办理注销税务登记并重新办理税务登记的,在迁达地重新办理税务登记后,其增值税一般纳税人资格予以保留,办理注销税务登记前尚未抵扣的进项税额允许继续抵扣。

实际操作中,尚未抵扣的进项税额的核实工作,由迁出地主管税务机关负责。核实完毕后,迁出地主管税务机关填写"增值税一般纳税人迁移进项税额转移单"一式三份,自己留存一份,交纳税人一份,传递迁达地主管税务机关一份。在迁出过程中,企业需要整理内部数据,向迁达地主管税务机关报送尚未抵扣的进项税额总额和附证资料。迁达地主管税务机关认真核对"增值税一般纳税人迁移进项税额转移单"与纳税人报送资料的数据,在确认无误后,允许纳税人继续申报抵扣。

③企业因资产重组办理注销,可结转继续抵扣。

实务中,资产重组并不少见。企业因资产重组办理税务注销,原则上,在办理注销登记前尚未抵扣的进项税额,可以结转继续抵扣。

根据《国家税务总局关于纳税人资产重组增值税留抵税额处理有关问题的公告》(国家税务总局公告 2012 年第 55 号),增值税一般纳税人(以下称"原纳税人")在资产重组过程中,将全部资产、负债和劳动力一并转让给其他增值税一般纳税人(以下称"新纳税人"),并按程序办理注销税务登记的,其在办理注销登记前尚未抵扣的进项税额可结转至新纳税人处继续抵扣。

(2)注销前已经不存在非货币性资产风险分析。对于抵扣后还有增值税留抵税额,或注销前已经不存在非货币性资产但仍有增值税留抵税额的,应如何进行后续处理,实务中存在不同的观点。实务中常见的一种处理方式是,清算企业将增值税留抵税额直接计入当期费用,在企业所得税税前扣除;另一种处理方式是,作为资产损失在计算应纳税所得额时扣除。

根据《企业所得税法》第八条规定，企业实际发生的与取得收入有关的、合理的支出，包括成本、费用、税金、损失和其他支出，准予在计算应纳税所得额时扣除。对于此处所称税金的具体范围，企业所得税法实施条例规定，是指企业发生的除企业所得税和允许抵扣的增值税以外的各项税金及其附加。

根据《财政部 国家税务总局关于企业资产损失税前扣除政策的通知》（财税〔2009〕57号）第十条规定，企业因存货盘亏、毁损、报废、被盗等原因不得从销项税额中抵扣的进项税额，可以与存货损失一起，在计算应纳税所得额时扣除。

账面列示的增值税留抵税额，属于企业的一项资产。企业注销时，如果已经不存在非货币性资产，导致增值税留抵税额无法向股东进行分配，那么，企业应按照《企业资产损失所得税税前扣除管理办法》等政策的要求，按照资产损失进行相应申报，并留存相关资料备查。注销企业账面虽然记录了增值税留抵税额，但无法解释其形成的具体原因，导致增值税留抵税额的计税基础缺乏合理支持，这将导致资产损失金额的认定缺乏合理依据，可能给企业带来风险。

（二）清算资产的计价依据税务风险分析

1. 风险点

清算资产会计核算确认的计价依据是否合理，是否符合税法相关规定，清算企业非货币资产较大（拥有土地、房屋等）的不动产是否按照其公允价值或评估价格作为确认价值的依据资产数额较小、没有不动产的中小企业对资产处理的意见是否合理，清算中的大型企业处置资产是否存在关联交易情况。

2. 重点注意事项

清算资产的计价依据，清算资产原则上以可变现价值作为确认清算资产价值的依据，已经处置的资产可使用交易价格为依据。分配给投资者的资产，可以使用公允价值为依据。清算资产可变现价值明显偏低又无正当理由的，主管税务机关应责令其限期提供中介机构的资产评估报告，并按经主管税务机关确认的评估价值作为清算资产的价值。

对清算企业剩余资产中非货币资产较大(拥有土地、房屋等不动产)的,应重点核实确定的可变现价值是否符合当前的市场公允价值,其资产变现的增值空间,以确定其清算所得是否正确。

对清算中资产数额较小、没有不动产的中小企业,应重点关注清算程序中的关键环节,特别是企业对资产处理的意见,即投资者的最终决定和对投资资产的分配意见,以此确定企业资产变现或交易价格是否合理。对清算中的大型企业,应特别关注清算过程中的关联交易,以此确认其对资产变现价值、评估的确定是否合理;对剩余资产的分配是否按评估后或变现后的价值确定。

因资产已经处置等原因纳税人确实无法提供资产评估报告的,主管税务机关按下列原则确定资产可变现价值:

(1)存货资产按下列顺序确定资产可变现价值。①按纳税人清算开始日前三个月同类货物的平均销售价格确定。②按纳税人最近时期同类货物的平均销售价格确定。③按组成计税价格确定。组成计税价格的公式为:组成计税价格=成本×(1+成本利润率)。

(2)固定资产、无形资产原则上按不低于账面净值(或摊余价值)确定资产可变现价值,对房产、土地按重置完全价值计价。

(3)接受捐赠的非货币性资产,按当时的有关规定未计算缴纳企业所得税的,纳税人在清算过程中处置该资产时,若处置价格低于接受捐赠时的实物价格,应以接受捐赠时的实物价格计入清算所得;若处置价格高于接受捐赠时的实物价格,应以出售收入扣除清理费用后的余额计入清算所得。

(三)清算收益的税务风险分析

1. 风险点

企业清算收益主要包括财产盘盈、纳税人财产变现净收入、无法偿还的债务、投资方企业从被清算企业分得的剩余资产、接受捐赠的非货币性资产等,企业清算过程中是否按照税法规定全面、准确确认清算收益。

2. 重点注意事项

企业是否按照税法规定全面、准确确认清算收益。

(1)资产盘盈。清算期间对纳税人的各种资产进行清理与盘点出现盘盈的,应确认为清算收益。

(2)纳税人财产变现净收入。财产变现后所得金额超过其账面价(净)值的部分,应确认为清算收益。

(3)无法偿还的债务。由于各种原因,纳税人无法偿还或支付的债务,应确认为清算收益。

(4)投资方企业从被清算企业分得的剩余资产。其中相当于从被清算企业累计未分配利润和累计盈余公积中应当分得的部分,应当确认为股息所得;剩余资产减除上述股息所得后的余额,超过投资成本的部分,应当确认为清算收益。

(5)接受捐赠的非货币性资产。按当时的有关规定未计算缴纳企业所得税的,纳税人在清算过程中处置该资产时,若处置价格低于接受捐赠时的实物价格,应以接受捐赠时的实物价格确认清算收益;若处置价格高于接受捐赠时的实物价格,应以出售收入扣除清理费用后的余额确认清算收益。

(6)纳税人的其他有关资产的增值或收益未在税收上确认过收入实现的,其增值或收益确认为清算收益。

(7)其他收益。在纳税人清算期间取得其他收益,应确认为清算收益。

(四)清算损失的税务风险分析

1. 风险点

企业清算损失主要包括债权损失、变现损失、投资收回、股权转让损失等,清算企业发生财产损失是否按照规定对清算期间发生的财产损失向主管税务机关进行资产损失申报核准后扣除。

2. 重点注意事项

清算企业是否对清算期间发生的财产损失向主管税务机关说明原因,提供相关证明材料,经主管税务机关核准后列入清算损失。

(1)债权损失。由于种种原因确实无法收回的债权,计入清算损失。纳税人发生的下列坏账损失,不得计入清算损失:①纳税人直接借出的款项,由于债务人破产、关闭、死亡等原因无法收回或逾期无法收回的;②关联企业之间的应收账款。经法院判决负债方破产且破产企业的财产不足以清偿负债的部分除外;③税收法律法规规定不得作为坏账损失的。

(2)变现损失。财产变卖所得小于其账面价值的净损失,计入清算损失。

(3)投资收回、股权转让损失。投资方企业从被清算企业分得的剩余资产,其中相当于从被清算企业累计未分配利润和累计盈余公积中应当分得的部分,应当确认为股息所得;剩余资产减除上述股息所得后的余额,低于投资成本的部分,应当确认为清算损失。

(4)其他损失。纳税人在清算过程中发生的其他与清算有关的损失,计入清算损失。

(五)清算所得税务风险分析

1. 风险点

清算企业依法清算时,其清算所得是否依照《企业所得税法》及其实施条例、有关法律、行政法规、规范性文件的规定计算缴纳企业所得税。清算费用是否符合相关性合理性原则,核定征收企业是否依法履行清算程序,享受税收优惠的企业清算所得适用企业所得税税率是否正确。

2. 重点注意事项

清算所得是指企业的全部资产可变现价值或者交易价格减除资产净值、清算费用以及相关税费等后的余额。计算公式为:

$$清算所得 = 企业的全部资产可变现价值$$
$$或者 = 交易价格 - 资产净值 - 清算费用 - 相关税费$$
$$清算所得应纳企业所得税额 = 清算所得 \times 法定税率(25\%)$$

清算费用是指纳税人在清算过程中实际发生的、与清算有关的费用,包括:清算组织组成人员的工资、差旅费、办公费、公告费、诉讼费、评估费、咨询费等。清算费用按实列支。

纳税人在经营期间无论采取查账征收方式还是核定征收方式缴纳企业所得税，在清算期间均应按照《企业所得税法》及其实施条例和有关法律、行政法规规定清算企业所得税。纳税人清算期间不属于正常生产经营，其清算所得不享受企业所得税优惠。

(六)剩余财产分配的税务风险分析

1. 风险点

企业对剩余净资产的处置，是企业清算的重要事项，是企业在税务登记注销前，对清算后剩余净资产进行的处置，清算企业向股东分配剩余资产、应付股息等是否符合税法规定。

2. 重点注意事项

清算企业向股东分配剩余资产、应付股息等应按照如下规定：

(1)当剩余资产中有非货币资产，所分配资产中的非货币资产由清算企业转移至股东时，按照税法规定属于视同销售和分配货币资产等两种行为，应依法缴纳相应税款，但纳税主体仍然是清算企业。对分配的剩余净资产中的非货币资产在确认视同销售时，应以清算时对资产确认的价值进行确认。

(2)分配资产视同销售行为产生的相关税费，会导致可分配净资产的减少，减少部分可能未在清算所得中扣除。对此，清算企业可以先确定剩余资产分配方案，确定相关税费，最后确定清算所得。

(3)企业清算后，投资方对于分配的剩余资产超过未分配利润、公益金、公积金、实缴资本的部分，按投资转让所得计算缴纳所得税，纳税主体是投资方。

(七)企业注销清算企业股东税务处理风险分析

企业全部资产的可变现价值或交易价格减除清算费用，职工的工资、社会保险费用和法定补偿金，结清清算所得税、以前年度欠税等税款，清偿企业债务，按规定计算可以向所有者分配的剩余资产。

被清算企业的股东分得的剩余资产的金额，其中相当于被清算企业累计未分配利润和累计盈余公积中按该股东所占股份比例计算的部分,应确认为股息所得;剩余资产减除股息所得后的余额,超过或低于股东投资成本的部分,应确认为股东的投资转让所得或损失。

被清算企业的股东从被清算企业分得的资产应按可变现价值或实际交易价格确定计税基础。

可以向企业所有者分配的剩余财产＝企业的全部资产可变现价值或交易价格－清算费用－相关税费－职工工资－社会保险费用－法定补偿金－结清清算所得税－以前年度欠税－清偿企业债务。

(八)企业注销清算个人股东税务处理风险分析

(1)自然人股东分得的剩余财产的金额。其中相当于被清算企业累计未分配利润和累计盈余公积中按该股东所占股份比例计算的部分,应确认为股息所得,按照"股息、红利所得"计征个人所得税;剩余财产减除股息所得后的余额,超过投资额的部分,应按照"财产转让所得"项目计征个人所得税。

其中自然人股东为外籍人员的,能确认为股息金额的部分,按照《财政部 国家税务总局关于个人所得税若干政策问题的通知》(财税字〔1994〕20号)第二条第八款规定或者双边税收协定的规定享受有关减免税政策;凡不能区分其中的股息金额的,不能享受减免税的优惠政策。

(2)自然人股东"分配的剩余财产金额"和"确认为股息金额"是指企业报送的《剩余财产计算和分配明细表》中填写的金额。

(3)投资额的确定原则。

①如无特殊情况,其减除的"投资额"按照《国家税务总局关于发布〈股权转让所得个人所得税管理办法(试行)〉的公告》(国家税务总局公告2014年第67号)第三章个人股权转让原值确认方法确认。

②个人以非货币性资产投资(不包括符合递延纳税条件的技术成果投资)的,其"投资额"按照投资时非货币性资产经评估后的公允价值确认。在投资时未按照《国家税务总局关于个人非货币性资产投资有关个人所得税征管问题的公告》(国家税

务总局公告 2015 年第 20 号)规定计征个人所得税的,应在清算环节一并缴纳。

个人按照《财政部 国家税务总局关于完善股权激励和技术入股有关所得税问题的通知》(财税〔2016〕101 号)规定,选择递延纳税优惠政策的,其"投资额"为技术成果原值及合理税费。

③符合《国家税务总局关于促进科技成果转化有关个人所得税问题的通知》(国税发〔1999〕125 号)中科研机构、高等学校转化职务科技成果奖励给个人的股份,符合《国家税务总局关于个人取得的量化资产征收个人所得税问题的通知》(国税发〔2000〕60 号)中企业改组改制中企业量化资产给个人的股份,其减除的"投资额"为零。

④符合《财政部 国家税务总局关于完善股权激励和技术入股有关所得税问题的通知》(财税〔2016〕101 号)规定的递延纳税政策的非上市公司股票期权、股权期权、限制性股票和股权奖励,股票(权)期权取得成本按行权价确定,限制性股票取得成本按实际出资额确定,股权奖励取得成本为零。

(4)对自然人股东分配的剩余财产应缴纳的个人所得税,清算企业应代扣代缴税款。企业应当自清算结束起 15 日内,向主管地税机关办理股东剩余财产分配个人所得税纳税申报。

(九)企业清算期间所得税税率的风险分析

企业清算期间不属于正常的生产经营期间,企业清算所得应按照税法规定的 25% 税率缴纳企业所得税。所以,企业清算所得申报时,无论是否小型微利企业、高新技术企业还是享受西部开发等享受企业所得税优惠企业,一定注意不能按照优惠税率申报清算所得,要按照法定税率 25% 申报缴纳企业所得税。

《中华人民共和国企业清算所得税申报表及附表填报说明》第 12 行"税率"明确"填报企业所得税法规定的税率 25%"。

案例 102

(一)基本情况

A医药有限责任公司停止生产经营进入清算阶段，股东分别为甲有限责任公司和王某，甲有限责任公司投资金额1 200万元，占60%，适用企业所得税税率为25%；王某投资金额800万元，占40%。

资产负债表记载：资产的账面价值为5 700万元，负债的账面价值为3 300万元，实收资本2 000万元，未分配利润和盈余公积400万元。该企业全部资产可变现净值6 960万元，资产的计税基础为5 900万元，债务清理实际偿还3 000万元。

企业清算期内支付清算费用80万元，支付职工安置费、法定补偿金300万元，在清算过程中发生的相关税费为20万元。

计算企业的清算所得税、可以向企业所有者分配的剩余财产及股东纳税税款。

(二)计算清算所得

(1)资产处置损益＝6 960－5 900＝1 060(万元)；

(2)负债清偿损益＝3 300－3 000＝300(万元)；

(3)清算所得＝1 060＋300－80－20＝1 260(万元)；

(4)清算所得税＝1 260×25%＝315(万元)；

(5)清算后新增会计利润＝1 060＋300－80－20－315＝345(万元)；

(6)清算后留存收益＝400＋345＝745(万元)；

(7)可以向企业所有者分配的剩余财产＝6 960－3 000－80－300－20－315＝3 245(万元)。

(三)企业股东纳税情况

1.甲有限责任公司分得股息红利所得和财产转让所得

(1)分得股息所得＝745×60%＝447(万元)，法人股东免征企业所得税；

(2)投资转让所得＝3 245×60%－447－1 200＝300(万元)；

(3)投资转让所得应纳企业所得税＝300×25%＝75(万元)。

2.王某分得股息红利所得和财产转让所得

(1)分得股息所得＝745×40％＝298(万元)；

(2)分得股息所得应纳个人所得税＝298×20％＝59.6(万元)；

(3)投资转让所得＝3 245×40％－298－800＝200(万元)；

(4)投资转让所得应纳个人所得税＝200×20％＝40(万元)。

自然人股东缴纳的个人所得税,由清算组代扣代缴。

上述案例既体现了A医药有限公司清算所得税风险分析,也透视了法人股东和自然人股东的涉税事项风险分析。

第二节 企业注销税务登记的风险分析

企业纳税义务产生后,国家对其税收债权成立,该债权系公法债权,税务机关依托国家强制力收缴税款；而当公司注销后,以公司为行政相对人的税收征管行为转向公司背后的股东,实务中税务机关会通过以下两个路径向股东追缴税款和滞纳金：一是适用法人人格否认制度穿透征税,二是依据公司注销程序中股东对潜在债务做出的责任承诺。近年来,随着全国统一大市场建设深入推进,医药企业作为经营主体进入和退出市场越来越方便快捷,显著促进了市场活力。但是,企业注销清算后,并不是万事大吉,如何防范企业注销后都有哪些税务风险,值得深入分析和探讨。

一、企业清算后注销流程风险分析

企业在完成清算后,需要分别注销税务登记、企业登记、社会保险登记,涉及海关报关等相关业务的企业,还需要办理海关报关单位备案注销等事宜。注销税务登记分为简易注销和普通注销两种情形,无论哪种情形的注销,都要注意存在的各种税收风险。

(一)简易注销流程风险分析

未发生债权债务或已将债权债务清偿完结的企业(上市股份有限公司除外)。企业在申请简易注销登记时,不应存在未结清清偿费用、职工工资、社会保险费用、法定补偿金、应缴纳税款(滞纳金、罚款)等债权债务。

企业有下列情形之一的,不适用简易注销程序:法律、行政法规或者国务院决定规定在注销登记前须经批准的;被吊销营业执照、责令关闭、撤销;在经营异常名录或者市场监督管理严重违法失信名单中;存在股权(财产份额)被冻结、出质或者动产抵押,或者对其他企业存在投资;尚持有股权、股票等权益性投资、债权性投资或土地使用权、房产等资产的;未依法办理所得税清算申报或有清算所得未缴纳所得税的;正在被立案调查或者采取行政强制,正在诉讼或仲裁程序中;受到罚款等行政处罚尚未执行完毕;不适用简易注销登记的其他情形。

企业存在"被列入企业经营异常名录""存在股权(财产份额)被冻结、出质或动产抵押等情形""企业所属的非法人分支机构未办注销登记的"三种不适用简易注销登记程序的情形,无需撤销简易注销公示,待异常状态消失后可再次依程序公示申请简易注销登记。对于承诺书文字、形式填写不规范的,市场监管部门在企业补正后予以受理其简易注销申请,无需重新公示。

符合市场监管部门简易注销条件,未办理过涉税事宜,办理过涉税事宜但未领用发票(含代开发票)、无欠税(滞纳金)及罚款且没有其他未办结涉税事项的纳税人,免予到税务部门办理清税证明,可直接向市场监管部门申请简易注销。

(二)普通注销流程风险分析

1. 申请注销税务登记

纳税人向税务部门申请办理注销时,税务部门进行税务注销预检,检查纳税人是否存在未办结事项。

(1)未办理过涉税事宜的纳税人,主动到税务部门办理清税的,税务部门可根据纳税人提供的营业执照即时出具清税文书。

(2)符合容缺即时办理条件的纳税人,在办理税务注销时,资料齐全的,税务部门即时出具清税文书；若资料不齐，可在做出承诺后，税务部门即时出具清税文书。纳税人应按承诺的时限补齐资料并办结相关事项。具体条件是：一是办理过涉税事宜但未领用发票（含代开发票）、无欠税（滞纳金）及罚款且没有其他未办结事项的纳税人，主动到税务部门办理清税的；二是未处于税务检查状态、无欠税（滞纳金）及罚款、已缴销增值税专用发票及税控设备，且符合下列情形之一的纳税人：①纳税信用级别为A级和B级的纳税人；②控股母公司纳税信用级别为A级的M级纳税人；③省级人民政府引进人才或经省级以上行业协会等机构认定的行业领军人才等创办的企业；④未纳入纳税信用级别评价的定期定额个体工商户；⑤未达到增值税纳税起征点的纳税人。

（3）不符合承诺制容缺即时办理条件的（或虽符合承诺制容缺即时办理条件但纳税人不愿意承诺的），税务部门向纳税人出具《税务事项通知书》（告知未结事项），纳税人先行办理完毕各项未结事项后，方可申请办理税务注销。

（4）经人民法院裁定宣告破产或强制清算的企业，管理人持人民法院终结破产程序裁定书或强制清算程序的裁定申请税务注销的，税务部门即时出具清税文书。

（5）纳税人办理税务注销前，无需向税务机关提出终止"委托扣款协议书"申请。税务机关办结税务注销后，委托扣款协议自动终止。

（6）注意事项。对于存在依法应在税务注销前办理完毕但未办结的涉税事项的，企业应办理完毕后再申请注销。对于存在未办结涉税事项且不符合承诺制容缺即时办理条件的，税务机关不予注销。例如，持有股权、股票等权益性投资、债权性投资或土地使用权、房产等资产未依法清算缴税的；合伙企业、个人独资企业未依法清算缴纳个人所得税的；出口退税企业未结清出口退（免）税款等情形的不予注销。

2. 申请注销企业登记

清算组向登记机关提交注销登记申请书、注销决议或者决定、经确认的清算报告和清税证明等相关材料申请注销登记。登记机关和税务机关已共享企业清税信息的，企业无需提交纸质清税证明文书；领取了纸质营业执照正副本的，缴回营业执照正副本，营业执照遗失的，可通过国家企业信用信息公示系统或公开发行的报纸发布营业执照作废声明。国有独资公司申请注销登记,还应当提交国有资产监督管理机构的决定,其中,国务院确定的重要的国有独资公司,还应当提交本级人民政府的批准文件复印件。仅通过报纸发布债权人公告的,需要提交依法刊登公告的报纸报样。企业申请注销登记前,应当依法办理分支机构注销登记,并处理对外投资的企业转让或注销事宜。

3. 申请注销社会保险登记

企业应当自办理企业注销登记之日起 30 日内,向原社会保险登记机构提交注销社会保险登记申请和其他有关注销文件,办理注销社会保险登记手续。企业应当结清欠缴的社会保险费、滞纳金、罚款后,办理注销社会保险登记。

4. 申请办理海关报关单位备案注销

涉及海关报关相关业务的企业,可通过国际贸易"单一窗口"(http://www.singlewindow.cn)、"互联网+海关"(http://online.customs.gov.cn)等方式向海关提交报关单位注销申请,也可通过市场监管部门与海关联网的注销"一网"服务平台提交注销申请。对于已在海关备案,存在欠税(含滞纳金)、罚款及其他应办结的海关手续的报关单位,应当在注销前办结海关有关手续。报关单位备案注销后,向市场监管部门申请注销企业登记。

二、企业注销后税收债权法定原则的风险分析

税收债权,是一种典型的公法债权,以国家公权力为依托,要求纳税人缴纳税款。其中纳税人就是负有缴纳税款义务的债务人,税务机关是债权人。企业已经清算注销完成,税务机关依然能对其立案检查,检查后仍能追缴税款和罚款。

实践中,税务机关发现已注销的企业在存续期间存在欠税或偷税情形的,可能向已注销的企业追缴税款,亦可能向其股东或投资人追缴税款:(1)下达税务事项通知书要求企业补缴税款;(2)恢复已注销企业的工商登记或税务登记,再要求其补缴税款;(3)直接向股东下达税务事项通知书追缴税款;(4)提起民事诉讼向股东或投资人主张债权;(5)若发现企业存在虚开发票、逃税罪等情形的,移送司法机关。

(一)强制恢复税务登记进行税务检查的风险

企业注销,法人主体资格不存在,但是税务发现纳税人有偷税行为,可以恢复其税务登记,对其依法进行检查。

(二)强制恢复税务登记补缴税款加罚款的风险

企业注销后,税务机关恢复税务登记立案检查,根据税法法律等有关规定,税务机关对其税收违法行为追征税款和罚款。

案例 103

公司注销后被稽查,补缴税款和罚款合计 3 000 多万元

辽宁中翔拍卖有限公司实际控制人在获得高额非法所得后,为隐匿税款,退出中翔拍卖股东身份,同时变更法定代表人并注销了公司。后经沈阳税务稽查局核查,该注销企业有两笔共计 28 191 500 元未申报,被主管税务机关定义为偷税。

最终处罚税务稽查局对该公司做出行政处罚:追缴增值税、附加税费、企业所得税共 7 740 742.12 元;滞纳金按日加收滞纳税款万分之五的滞纳金;对少缴的增值税、城市维护建设税、企业所得税拟处 3 倍罚款,金额合计 23 099 059.62 元,补税罚款合计 3 000 多万元。

资料来源:沈阳市税务局网站。

(三)直接穿透股东补缴税款的风险

根据《公司法》第二百四十条规定,公司在存续期间未产生债务,或者已清偿全部债务的,经全体股东承诺,可以按照规定通过简易程序注销公司登记。公司通过简易程序注销公司登记,股东对本条第一款规定的内容承诺不实的,应当对注销登记前的债务承担连带责任。

(四)工商税务联合恢复登记被稽查的风险

企业在注销登记时提交虚假材料,隐瞒了偷税等重要事实,税务部门发现后反

映至市场监管部门。根据《企业注销指引(2023年修订)》和《市场主体登记管理条例》第四十条,市场监督管理局撤销了该企业的注销登记,恢复了企业主体资格。市场监督管理局恢复企业主体资格后,税务机关再恢复税务登记,对通过提交虚假材料或者采取其他欺诈手段隐瞒重要事实取得注销登记涉嫌逃避缴纳税款的就可以进行立案稽查,查补税款等。

案例 104

提交虚假材料等欺诈手段隐瞒重要事实骗取登记被撤销

2024年,厦门市市场监督管理局根据国家税务总局厦门市税务局第一稽查局反映的调查情况,依法撤销涉嫌采取欺诈手段逃避缴纳税款的某企业的注销登记,恢复企业主体资格,并通过国家信用信息公示系统公示。企业因隐瞒偷税等重要事实而被撤销注销登记,这在厦门市尚属首例。

资料来源:厦门时报。

第三节 医药企业清算的税务风险控制

一、医药企业进行清算税务处理的风险控制

无论医药企业解散清算还是破产清算,根据税收法律法规等规定进行全流程的税务处理,本节以破产清算为例,梳理整个清算过程的税务流程,真正做到各项税务风险控制。

(一)税费债权的申报与确认

(1)受理破产案件的人民法院应当自裁定受理破产申请之日起25日内,或者由管理人被指定后15日内向债务人所属主管税务机关发出债权申报书面通知。

(2)主管税务机关收到债权申报通知后,将债权申报通知抄送至债务人所属稽

查局,并依法清查债务人欠缴的税款、滞纳金、罚款,会同同级人力社保、医保部门以及其他相关部门,确定债务人企业欠缴的社会保险费,由税务机关征收的政府非税收入及其滞纳金(违约金)、罚款。

(3)稽查局应及时清查债务人欠缴的查补税费情况及未办结的稽查案件情况,并将清查结果及时反馈给主管税务机关。对于未办结的稽查案件,应当尽快办结,并在破产财产分配方案、重整计划草案或者和解协议草案提交债权人会议表决前出具相关税务文书。

(4)税务机关应在人民法院确定的债权申报期限内,向管理人申报债务人所欠税费。税务机关申报税费债权时,应将债务人所欠税费可能产生需补缴税费或者处以罚款,以及没收违法所得的情况(如风险管理、纳税评估、稽查案件、非正常户等)一次性告知管理人。

(5)债务人欠缴税费产生的利息、滞纳金,自人民法院裁定受理破产申请之日起停止计算。

(6)对于因欠缴税款和社会保险费产生的滞纳金、利息及由税务机关征缴的其他非税收入,按照普通债权清偿,法律另有明确规定的除外。对于债务人欠缴的罚款和没收违法所得,按照劣后债权清偿。

(7)税务部门依职权发现或者管理人在破产管理过程中报告债务人存在偷逃税款等税收违法行为的,税务部门可依法对债务人进行税务检查,税务部门应尽快查办,在破产财产分配方案、重整计划草案或者和解协议草案提交债权人会议最后表决前出具相关税务文书并补充申报税费债权。

(二)实名办税

管理人可指派办税人员至主管税务机关办税服务厅办理实名信息采集。已采集实名信息的办税人员,线下办理涉税事项时应提供身份证件原件,可不再携带人民法院出具的受理破产申请裁定书、指定管理人决定书、营业执照、《授权委托书》及身份证件复印件。

1. 办理材料

(1)人民法院受理破产案件的裁定书。

(2)人民法院指定管理人决定书。

(3)管理人有效身份证件的原件和复印件。

2. 注意事项

(1)管理人有效身份证件具体是指:管理人为清算组或中介机构的,提供管理人营业执照、《授权委托书》及被委托办税人员身份证件;管理人为个人的,提供身份证件。

(2)管理人提供的各项资料为复印件的,均需注明"与原件一致"并签章。

(3)管理人对报送材料的真实性和合法性承担责任。

(三)办理纳税申报

(1)人民法院裁定受理破产申请后,企业终止经营活动的,应进行企业清算所得税处理,包括:向主管税务机关进行清算备案;办理当期企业所得税汇算清缴;将整个清算期作为一个独立的纳税年度计算清算所得进行清算申报。

(2)管理人据实补办人民法院裁定受理破产申请前企业未办理的纳税申报,未发现企业有应税行为的,可暂按零申报补办纳税申报。

人民法院裁定受理破产申请后,经人民法院许可或债权人会议决议,企业因继续营业或者因破产财产的使用、拍卖、变现所产生的应当由企业缴纳的税(费),管理人以企业名义按规定申报纳税。

1. 提供有效的办理材料

(1)清算备案需提交企业所得税清算事项备案表。

(2)经营期申报需提交企业所得税预缴、汇算清缴申报表。

(3)清算申报需提交企业所得税清算申报表。

2. 注意事项

(1)管理人应当如实向行政机关提交有关材料和反映真实情况,并对其申请材料实质内容的真实性负责。

(2) 清算备案。管理人在企业终止经营进入清算期起 15 日内,应向主管税务机关备案。

(3) 经营期申报。对于经营期内未预缴的企业所得税,管理人应按规定预缴申报,并自实际经营终止之日起 60 日内,向税务机关办理当期企业所得税汇算清缴。

(4) 清算申报。企业应将整个清算期作为一个独立的纳税年度计算清算所得。管理人应当自清算结束之日起 15 日内,向主管税务机关报送企业清算所得税纳税申报表,结清税款。管理人在拟定破产财产变价方案及分配方案时,应考虑可能涉及的企业所得税;在最后分配前,应进行企业所得税清算申报并缴纳税款。

(四) 发票开具

人民法院裁定受理破产申请后,企业在破产程序中因履行合同、处置债务人财产或者继续营业确需使用发票,管理人可以企业名义按规定申领、开具发票或向主管税务机关申请代开发票,并按规定缴纳税款。

1. 办理材料

(1) 人民法院受理破产案件的裁定书、指定管理人的决定书、管理人有效身份证件的原件和复印件。

(2) 税控专用设备。

(3) 代开增值税发票税款缴纳申报单。

2. 注意事项

(1) 领用发票业务需实名办税,管理人以企业名义领用发票时,应指派办税人员进行实名认证。

(2) 管理人有效身份证件具体是指:管理人为清算组或中介机构的,提供管理人营业执照、《授权委托书》及被委托办税人员身份证件;管理人为个人的,提供身份证件。

(3) 申报文书表单可在税务局网站"下载中心"栏目查询下载或到办税服务厅领取。

(4) 管理人提供的各项资料为复印件的,均需注明"与原件一致"并签章。

(5)破产企业为一般纳税人的,管理人应当以企业名义按规定自行开具发票。

(6)管理人对报送材料的真实性和合法性承担责任。

(五)破产清算企业的税务注销与死欠核销

(1)经人民法院裁定宣告破产的企业,管理人持人民法院终结破产清算程序裁定书申请税务注销的,税务部门即时出具清税文书,按照税务总局规定核销"死欠"。

(2)税务机关在破产清算程序中依法受偿税收债权后,应当按照人民法院裁定认可的破产财产分配方案,办理税收债权清偿款的入库,未受偿部分可依法核销。

二、企业清算注销税务登记的税务风险控制

(1)《征收管理法》第十六条规定,从事生产、经营的纳税人,税务登记内容发生变化的,自工商行政管理机关办理变更登记之日起 30 日内或者在向工商行政管理机关申请办理注销登记之前,持有关证件向税务机关申报办理变更或者注销税务登记。

(2)《征收管理法实施细则》第十五条规定,纳税人发生解散、破产、撤销以及其他情形,依法终止纳税义务的,应当在向工商行政管理机关或者其他机关办理注销登记前,持有关证件向原税务登记机关申报办理注销税务登记;按照规定不需要在工商行政管理机关或者其他机关办理注册登记的,应当自有关机关批准或者宣告终止之日起 15 日内,持有关证件向原税务登记机关申报办理注销税务登记。

纳税人因住所、经营地点变动,涉及改变税务登记机关的,应当在向工商行政管理机关或者其他机关申请办理变更或者注销登记前或者住所、经营地点变动前,向原税务登记机关申报办理注销税务登记,并在 30 日内向迁达地税务机关申报办理税务登记。纳税人被工商行政管理机关吊销营业执照或者被其他机关予以撤销登记的,应当自营业执照被吊销或者被撤销登记之日起 15 日内,向原税务登记机关申报办理注销税务登记。

《征收管理法实施细则》第十五条规定,纳税人发生解散、破产、撤销以及其他情形,依法终止纳税义务的,应当在向工商行政管理机关或者其他机关办理注销登记前,持有关证件向原税务登记机关申报办理注销税务登记;按照规定不需要在工商行政管理机关或者其他机关办理注册登记的,应当自有关机关批准或者宣告终止之日起15日内,持有关证件向原税务登记机关申报办理注销税务登记。纳税人被工商行政管理机关吊销营业执照或者被其他机关予以撤销登记的,应当自营业执照被吊销或者被撤销登记之日起15日内,向原税务登记机关申报办理注销税务登记。

《征收管理法实施细则》第十六条规定,纳税人在办理注销税务登记前,应当向税务机关结清应纳税款、滞纳金、罚款,缴销发票、税务登记证件和其他税务证件。

(3)《税务登记管理办法》(2019年7月24日国家税务总局令第48号修正)第二十六条规定,纳税人发生解散、破产、撤销以及其他情形,依法终止纳税义务的,应当在向工商行政管理机关或者其他机关办理注销登记前,持有关证件和资料向原税务登记机关申报办理注销税务登记;按规定不需要在工商行政管理机关或者其他机关办理注册登记的,应当自有关机关批准或者宣告终止之日起15日内,持有关证件和资料向原税务登记机关申报办理注销税务登记。纳税人被工商行政管理机关吊销营业执照或者被其他机关予以撤销登记的,应当自营业执照被吊销或者被撤销登记之日起15日内,向原税务登记机关申报办理注销税务登记。

(4)国家税务总局关于深化"放管服"改革更大力度推进优化税务注销办理程序工作的通知(税总发〔2019〕64号)第一条第三款规定,经人民法院裁定宣告破产的纳税人,持人民法院终结破产程序裁定书向税务机关申请税务注销的,税务机关即时出具清税文书,按照有关规定核销"死欠"。

三、企业注销法律责任及有关风险防控

(1)公司在合并、分立、减少注册资本或者进行清算时,不依照本法规定通知或者公告债权人的,由公司登记机关责令改正,对公司处以一万元以上十万元以下的罚款。公司在清算时,隐匿财产,对资产负债表或者财产清单作虚假记载或者在未清偿债务前分配公司财产的,由公司登记机关责令改正,对公司处以隐匿财产或者未清偿债务前分配公司财产金额百分之五以上百分之十以下的罚款;对直接负责的

主管人员和其他直接责任人员处以一万元以上十万元以下的罚款。(《公司法》第二百零四条)

(2)公司在清算期间开展与清算无关的经营活动的,由公司登记机关予以警告,没收违法所得。(《公司法》第二百零五条)

(3)清算组不依照本法规定向公司登记机关报送清算报告,或者报送清算报告隐瞒重要事实或者有重大遗漏的,由公司登记机关责令改正。清算组成员利用职权徇私舞弊、谋取非法收入或者侵占公司财产的,由公司登记机关责令退还公司财产,没收违法所得,并可以处以违法所得一倍以上五倍以下的罚款。(《公司法》第二百零六条)

(4)公司清算时,清算组未按照规定履行通知和公告义务,导致债权人未及时申报债权而未获清偿,清算组成员对因此造成的损失承担赔偿责任。(最高人民法院关于适用《中华人民共和国公司法》若干问题的规定(二)第十一条)

(5)清算组执行未经确认的清算方案给公司或者债权人造成损失,公司、股东或者债权人主张清算组成员承担赔偿责任的,人民法院应依法予以支持。(最高人民法院关于适用《中华人民共和国公司法》若干问题的规定(二)第十五条)

(6)有限责任公司的股东、股份有限公司的董事和控股股东未在法定期限内成立清算组开始清算,导致公司财产贬值、流失、毁损或者灭失,债权人主张其在造成损失范围内对公司债务承担赔偿责任的,人民法院应依法予以支持。(最高人民法院关于适用《中华人民共和国公司法》若干问题的规定(二)第十八条第一款)

(7)有限责任公司的股东、股份有限公司的董事和控股股东因怠于履行义务,导致公司主要财产、账册、重要文件等灭失,无法清算,债权人主张其对公司债务承担连带清偿责任的,人民法院应依法予以支持。(最高人民法院关于适用《中华人民共和国公司法》若干问题的规定(二)第十八条第二款)

(8)有限责任公司的股东、股份有限公司的董事和控股股东,以及公司的实际控制人在公司解散后,恶意处置公司财产给债权人造成损失,或者未经依法清算,以虚假的清算报告骗取公司登记机关办理法人注销登记,债权人主张其对公司债务承担

相应赔偿责任的,人民法院应依法予以支持。(最高人民法院关于适用《中华人民共和国公司法》若干问题的规定(二)第十九条)

(9)公司解散应当在依法清算完毕后,申请办理注销登记。公司未经清算即办理注销登记,导致公司无法清算,债权人主张有限责任公司的股东、股份有限公司的董事和控股股东,以及公司的实际控制人对公司债务承担清偿责任的,人民法院应依法予以支持。(最高人民法院关于适用《中华人民共和国公司法》若干问题的规定(二)第二十条第一款)

(10)公司未经依法清算即办理注销登记,股东或者第三人在公司登记机关办理注销登记时承诺对公司债务承担责任,债权人主张其对公司债务承担相应民事责任的,人民法院应依法予以支持。(最高人民法院关于适用《中华人民共和国公司法》若干问题的规定(二)第二十条第二款)

(11)公司财产不足以清偿债务时,债权人主张未缴出资股东,以及公司设立时的其他股东或者发起人在未缴出资范围内对公司债务承担连带清偿责任的,人民法院应依法予以支持。(最高人民法院关于适用《中华人民共和国公司法》若干问题的规定(二)第二十二条第二款)

(12)清算组成员从事清算事务时,违反法律、行政法规或者公司章程给公司或者债权人造成损失,公司或者债权人主张其承担赔偿责任的,人民法院应依法予以支持。(最高人民法院关于适用《中华人民共和国公司法》若干问题的规定(二)第二十三条第一款)

(13)企业在注销登记中提交虚假材料或者采取其他欺诈手段隐瞒重要事实取得注销登记的,登记机关可以依法做出撤销注销登记等处理,在恢复企业主体资格的同时,对符合《市场监督管理严重违法失信名单管理办法》第十条规定的,将该企业列入严重违法失信名单,并通过国家企业信用信息公示系统公示。(《市场主体登记管理条例》第四十条,《市场监督管理严重违法失信名单管理办法》第十条第(二)项)

(14)企业应当在办理注销登记前,就其清算所得向税务机关申报并依法缴纳企

业所得税。(《企业所得税法》第五十五条第二款)

(15)个体工商户终止生产经营的,应在办理注销登记前,向主管税务机关结清有关纳税事宜。(《个体工商户个人所得税计税办法》(国家税务总局令第35号)第四十一条)

(16)合伙企业和个人独资企业清算时,投资者应当在注销登记前,向主管税务机关结清有关税务事宜。企业的清算所得应当视为年度生产经营所得,由投资者依法缴纳个人所得税。(《财政部国家税务总局关于印发〈关于个人独资企业和合伙企业投资者征收个人所得税的规定〉的通知》(财税〔2000〕91号)第十六条)

(17)企业由法人转变为个人独资企业、合伙企业等非法人组织,或将登记注册地转移至中华人民共和国境外(包括港澳台地区),应视同企业清算、分配,股东重新投资成立新企业。企业的全部资产以及股东投资的计税基础均应以公允价值为基础确定。(《财政部国家税务总局关于企业重组业务企业所得税处理若干问题的通知》第四条第一款)

(18)纳税人未按照规定的期限申报办理税务注销的,由税务机关责令限期改正,可以处二千元以下的罚款;情节严重的,处二千元以上一万元以下的罚款。(《税收征收管理法》第六十条第一款)

(19)纳税人伪造、变造、隐匿、擅自销毁账簿、记账凭证,或者在账簿上多列支出或者不列、少列收入,或者经税务机关通知申报而拒不申报或者进行虚假的纳税申报,不缴或者少缴应纳税款的,是偷税。对纳税人偷税的,由税务机关追缴其不缴或者少缴的税款、滞纳金,并处不缴或者少缴的税款百分之五十以上五倍以下的罚款;构成犯罪的,依法追究刑事责任。(《税收征收管理法》第六十三条第一款)

四、企业清算所得税风险防控案例解析

案例 105

欢乐医药有限公司(以下简称欢乐公司)于2019年10月成立,注册资本1 000

万元,其中安宁有限公司(以下简称安宁公司)出资 600 万元,占 60%;自然人王某出资 400 万元,占 40%。截至 2024 年 9 月 30 日,累计留存收益 8 100 万元。由于公司不再继续经营,经股东会研究于 2024 年 9 月 30 日决定解散并注销欢乐公司。截至 2024 年 9 月 30 日,欢乐公司资产负债表见表 7—1。

表 7—1　　　　　　　　　　欢乐公司资产负债　　　　　　　　　单位:万元

资产	金额	负债	金额
货币资金	550	短期借款	100
应收账款	350	应付账款	200
其他应收款	100	应付职工薪酬	50
存货	2 600	应交税费	150
固定资产	6 000	其他应付款	100
可供出售金融资产	400	负债总额	600
		所有者权益	9 400
		实收资本	1 000
		其他综合收益	300
		留存收益	8 100
资产总额	10 000	负债及所有者权益	10 000

欢乐公司于 2024 年 10 月 8 日成立清算组,并对外公告,同时向税务机关书面报告。

(一)公司进行所得税汇算清缴

欢乐公司对 2024 年 1 月 1 日至 9 月 30 日为一个独立纳税年度,进行企业所得税汇算清缴。10 月 15 日,欢乐公司向主管税务机关提交 2024 年所得税汇算清缴申报表,现金补交企业所得税 20 万元。

企业会计处理如下(单位:万元,以下同):

借:所得税费用　　　　　　　　　　　　　　20
　　贷:应交税费——应交所得税　　　　　　　　　　20
借:利润分配——未分配利润　　　　　　　　20

　　　　贷：所得税费用　　　　　　　　　　　　　　　　　　　　　20
　　　借：应交税费——应交所得税　　　　　　　　　　　　　　　20
　　　　贷：库存现金　　　　　　　　　　　　　　　　　　　　　　20

(二)税务机关检查

税务机关于2024年10月16日至20日对欢乐公司进行税务检查,检查期限为2019年10月至2024年9月,共查补增值税税款200万元,房产税等300万元,加收滞纳金50万元,罚款70万元。

企业会计处理如下：

　　　借：利润分配——未分配利润　　　　　　　　　　　　　　620
　　　　贷：应交税费——应交增值税　　　　　　　　　　　　　200
　　　　　　　　　　——房产税等　　　　　　　　　　　　　　300
　　　　　　其他应交款——滞纳金、罚款　　　　　　　　　　　120

(三)清算费用

清算期间共发生清算费用(不含相关税费)80万元。清算期间处置资产,计算有关税费等,资产账面价值、计税基础、处置收入、应纳税费等见表7-2。

表7-2　　　　　　　　　　　清算期间处置资产　　　　　　　　　　单位：万元

资产	账面价值	计税基础	处置收入	应纳税费
货币资金	550	550	550	0
应收账款	350	320	300	0
其他应收款	100	100	0	0
存货	2 600	2 590	3 200	457.6
固定资产	6 000	5 950	9 000	600
可供出售金融资产	400	100	500	0
合计	10 000	9 610	13 550	1 057.6

(1)应收账款发生坏账损失50万元,符合税前扣除条件。

(2)其他应收款不符合坏账损失税前扣除条件。

(3)处置存货应纳增值税 416 万元,城市维护建设税及附加 41.6 万元。

(4)处置固定资产应纳增值税 30 万元,城市维护建设税及附加 3 万元,房产税等 567 万元。

(5)可供出售金融资产公允价值为 400 万元,其他综合收益 300 万元反映的是可供出售金融资产的公允价值变动。企业初始购买股票价款为 100 万元。

(6)负债中应付账款中有 20 万元因债权人无需支付,其他全部债务皆以现金偿还。

除以上资料外,无其他纳税调整项目。

要求:

(1)计算欢乐公司应纳清算所得税。

(2)分别计算安宁公司应得清算分配额、股息红利所得、股权转让所得。

(3)计算王某应纳个人所得税。

(4)编制清算所得税申报表。

(四)编制清算所得报表

清算组于 2024 年 10 月 1 日进入清算日,至 2024 年 12 月 25 日清算完毕,并编制清算所得报表。

第一步:根据公司汇算清缴和税务检查情况,编制欢乐公司清算起始日的资产负债表(见表 7—3)。

表 7—3　　　　　　　欢乐公司清算起始日的资产负债　　　　　　单位:万元

资产	金额	负债	金额
货币资金	530	短期借款	100
应收账款	350	应付账款	200
其他应收款	100	应付职工薪酬	50
存货	2 600	应交税费	650
固定资产	6 000	其他应付款	100
可供出售金融资产	400	其他应交款	120

续表

资产	金额	负债	金额
		负债总额	1 220
		所有者权益	8 760
		实收资本	1 000
		其他综合收益	300
		留存收益	7 460
资产总额	9 980	负债及所有者权益	9 980

第二步：编制工作底稿，确定资产处置损益、债务清偿损益和清算所得额（见表7—4至表7—6）。

底稿一：

表7—4　　　　　　　　　　　　资产处置损益　　　　　　　　　　　　单位：万元

行次	项目	账面价值(1)	计税基础(2)	可变现价值或交易价格(3)	资产处置损益(4)=(3)-(2)	会计损益(5)=(3)-(1)
1	货币资金	530	530	530	0	0
2	短期投资					
3	交易性金融资产					
4	应收票据					
5	应收账款	350	320	300	−20	−50
6	预付账款					
7	应收利息					
8	应收股利					
9	应收补贴款					
10	其他应收款	100	100	0	−100	−100
11	存货	2 600	2 590	3 200	610	600
12	待摊费用					
13	一年内到期的非流动资产					
14	其他流动资产					

续表

行次	项目	账面价值(1)	计税基础(2)	可变现价值或交易价格(3)	资产处置损益(4)=(3)-(2)	会计损益(5)=(3)-(1)
15	可供出售金融资产	400	100	500	400	400
16	持有至到期投资					
17	长期应收款					
18	长期股权投资					
19	长期债权投资					
20	投资性房地产					
21	固定资产	6 000	5 950	9 000	3 050	3 000
22	在建工程					
23	工程物资					
24	固定资产清理					
25	生物资产					
26	油气资产					
27	无形资产					
28	开发支出					
29	商誉					
30	长期待摊费用					
31	其他非流动资产					
32	总计	9 980	9 590	13 530	3 940	3 850

底稿二：

表7-5　　　　　　　　　　　　　　负债清偿损益　　　　　　　　　　　　单位：万元

行次	项目	账面价值(1)	计税基础(2)	清偿金额(3)	负债清偿损益(4)=(2)-(3)	会计损益(5)=(3)-(1)
1	短期借款	100	100	100	0	0
2	交易性金融负债					
3	应付票据					
4	应付账款	200	200	180	20	20

续表

行次	项目	账面价值(1)	计税基础(2)	清偿金额(3)	负债清偿损益(4)=(2)−(3)	会计损益(5)=(3)−(1)
5	预收账款					
6	应付职工薪酬	50	50	50	0	0
7	应付工资					
8	应付福利费					
9	应交税费	650	650	650	0	0
10	应付利息					
11	应付股利					
12	其他应交款	120	120	120	0	0
13	其他应付款	100	100	100	0	0
14	预提费用					
15	一年内到期的非流动负债					
16	其他流动负债					
17	长期借款					
18	应付债券					
19	长期应付款					
20	专项应付款					
21	预计负债					
22	其他非流动负债					
23	总计	1 220	1 220	1 200	20	20

底稿三：

表 7-6　　　　　　　　　　　　　清算所得额　　　　　　　　　　单位：万元

类别	行次	项目	金额
应纳税所得额计算	1	资产处置损益（填附表一）	3 940
	2	负债清偿损益（填附表二）	20
	3	清算费用	80
	4	清算税金及附加	611.6
	5	其他所得或支出	100
	6	清算所得（1+2-3-4+5）	3 368.4
	7	免税收入	
	8	不征税收入	
	9	其他免税所得	
	10	弥补以前年度亏损	
	11	应纳税所得额（6-7-8-9-10）	3 368.4
应纳所得税额计算	12	税率（25%）	25%
	13	应纳所得税额（11×12）	842.1
应补（退）所得税额计算	14	减（免）企业所得税额	
	15	境外应补所得税额	
	16	境内外实际应纳所得税额（13-14+15）	
	17	以前纳税年度应补（退）所得税额	
	18	实际应补（退）所得税额（16+17）	842.1

清算所得税＝3 368.4×25%＝842.1（万元）

第三步：计算清算后新增会计税后利润（见表 7-7）。

表 7—7　　税后利润　　　　　　　　　　　　单位:万元

类别	行次	项目	金额
应纳税所得额计算	1	资产处置损益(底稿一)	3 850
	2	负债清偿损益(底稿二)	20
	3	清算费用	80
	4	清算税金及附加	611.6
	5	清算所得税费用	842.1
	6	新增税收会计利润(1+2−3−4−5)	2 336.3

清算后新增会计税后利润=3 850+20−80−611.6−842.1=2 336.3(万元)

累积留存收益=7 460+2 336.3=9 796.3(万元)

第四步:计算可用于分配的财产(见表7—8)。

计算可用于分配的财产=资产的可变现价值或交易价格−负债清偿金额−清算费用−清算税金及附加−清算缴纳所得税额

表 7—8　　可用于分配的财产　　　　　　　　　　单位:万元

类别	行次	项目	金额
剩余财产计算	1	资产可变现价值或交易价格(底稿一)	13 530
	2	负债清偿金额(底稿二)	1 200
	3	清算费用	80
	4	清算税金及附加	611.6
	5	清算缴纳企业所得税	842.1
	6	剩余财产(1−2−3−4−5)	10 796.3

剩余财产=13 530−1 200−80−611.6−842.1=10 796.3(万元)

其中:

安宁公司应得清算分配额=10 796.3×60%=6 477.78(万元)

安宁公司应确认股息所得=9 796.3×60%=5 877.78(万元)

安宁公司应确认股权转让所得=6 477.78−5 877.78−600=0(万元)

王某应得清算分配额＝10 796.3×40％＝4 318.52(万元)

王某应确认的股息所得＝9 796.3×40％＝3 918.52(万元)

王某股息所得应缴纳个人所得税＝3 918.52×20％＝783.7(万元)

王某应确认股权转让所得＝4 318.52－3 918.52－400＝0(万元)

第五步：编制企业清算所得税申报表(见表7－9)。

表7－9　　　　　中华人民共和国企业清算所得税申报表

(清算期间：2024年10月1日至2024年12月25日)

纳税人识别号：　　　　　纳税人名称：欢乐医药有限公司　　　　　单位：万元

类别	行次	项目	金额
应纳税所得额计算	1	资产处置损益(填附表一)	3 940
	2	负债清偿损益(填附表二)	20
	3	清算费用	80
	4	清算税金及附加	611.6
	5	其他所得或支出	100
	6	清算所得(1＋2－3－4＋5)	3 368.4
	7	免税收入	
	8	不征税收入	
	9	其他免税所得	
	10	弥补以前年度亏损	
	11	应纳税所得额(6－7－8－9－10)	3 368.4
应纳所得税额计算	12	税率(25％)	25％
	13	应纳所得税额(11×12)	842.1
应补(退)所得税额计算	14	减(免)企业所得税额	
	15	境外应补所得税额	
	16	境内外实际应纳所得税额(13－14＋15)	
	17	以前纳税年度应补(退)所得税额	
	18	实际应补(退)所得税额(16＋17)	842.1

续表

纳税人盖章： 清算组盖章： 经办人签字： 申报日期： 年　月　日	代理申报中介机构盖章： 经办人签字及执业证件号码： 代理申报日期： 年　月　日	主管税务机关 受理专用章： 受理人签字： 受理日期： 年　月　日

附表一：　　　　　　　　　　**资产处置损益明细表**

填报时间：2024 年 12 月 25 日　　　　　　　　　　　　　　　　　　　单位：万元

行次	项目	账面价值（1）	计税基础（2）	可变现价值或交易价格（3）	资产处置损益（4）＝（2）－（3）
1	货币资金	530	530	530	0
2	短期投资				
3	交易性金融资产				
4	应收票据				
5	应收账款	350	320	300	－20
6	预付账款				
7	应收利息				
8	应收股利				
9	应收补贴款				
10	其他应收款	100	100	0	－100
11	存货	2 600	2 590	3 200	610
12	待摊费用				
13	一年内到期的非流动资产				
14	其他流动资产				
15	可供出售金融资产	400	100	500	400
16	持有至到期投资				
17	长期应收款				

续表

行次	项目	账面价值（1）	计税基础（2）	可变现价值或交易价格（3）	资产处置损益（4）＝（2）－（3）
18	长期股权投资				
19	长期债权投资				
20	投资性房地产				
21	固定资产	6 000	5 950	9 000	3 050
22	在建工程				
23	工程物资				
24	固定资产清理				
25	生物资产				
26	油气资产				
27	无形资产				
28	开发支出				
29	商誉				
30	长期待摊费用				
31	其他非流动资产				
32	总计	9 980	9 590	13 530	3 940

附表二： **负债清偿损益明细表**

填报时间：2024 年 12 月 25 日 单位：万元

行次	项目	账面价值（1）	计税基础（2）	可变现价值或交易价格（3）	资产处置损益（4）＝（2）－（3）
1	短期借款	100	100	100	0
2	交易性金融负债				
3	应付票据				
4	应付账款	200	200	180	20
5	预收账款				
6	应付职工薪酬	50	50	50	0
7	应付工资				

续表

行次	项目	账面价值 (1)	计税基础 (2)	可变现价值或 交易价格 (3)	资产处置损益 (4)=(2)-(3)
8	应付福利费				
9	应交税费	650	650	650	0
10	应付利息				
11	应付股利				
12	其他应交款	120	120	120	0
13	其他应付款	100	100	100	0
14	预提费用				
15	一年内到期的非流动负债				
16	其他流动负债				
17	长期借款				
18	应付债券				
19	长期应付款				
20	专项应付款				
21	预计负债				
22	其他非流动负债				
23	总计	1 220	1 220	1 200	20

附表三： **剩余财产和分配明细表**

编制时间：2024 年 12 月 25 日　　　　　　　　　　　　　　　　　　　　单位：万元

类别	行次	项目	金额			
剩余财产计算	1	资产可变现价值或交易价格	13 530			
	2	清算费用	80			
	3	职工工资	50			
	4	社会保险费用				
	5	法定补偿金				
	6	清算税金及附加	611.6			
	7	清算所得税额	842.1			
	8	以前年度欠税额	770			
	9	其他债务	380			
	10	剩余财产(1－2－……－9)	10 796.3			
	11	其中：累计盈余公积	979.63			
	12	累计未分配利润	8 816.67			
剩余财产分配		股东名称	持有清算企业权益性投资比例(%)	投资额	分配的财产金额	其中：确认为股息金额
	13	安宁公司	60	600		5 877.78
	14	王某	40	400		
	15	(3)				
	16	……				

第八章　医药企业税务风险控制指标

医药行业是指生物药、化学药、中医药等医药产品的研发、生产及销售。医药行业产业链上游参与者包括基础化工材料、动植物材料、药用辅料等医药原材料生产商；产业链中游主体为医药研发、生产及销售企业；产业链下游主体为药品销售终端，主要包括医美、健康服务机构、零售药店、医院和基层医疗终端等，最终到达消费者。

"金税四期"系统全面升级，将纳入税务系统以外的如银行、市场监督、工信等一系列有关部门的数据，实现"共享、共建、共治"的大数据税收征管长效机制，建设税务大数据，做到智慧税务下的"以数治税"。2024年12月1日起，在全国正式推广应用数电发票，实现各部门涉企信息互联互通，依托人工智能与深度学习技术绘制企业独有的对纳税人"精准画像"，能够快速定位和排查企业的不合理行为与涉税风险点。此外，来自发票上下链条的风险传递也会进一步加速，虚假CSP、CSO等外包销售企业、医药咨询服务企业的风险爆发与纵向追查力度会进一步加强，从而加剧医药企业陷入偷税、虚开发票、接受虚开发票、虚列成本费用等各种涉税风险。

前述章节阐述了税务风险管理，并介绍了医药企业从设立到注销等各个环节的风险点，本章节主要阐述医药企业税务风险控制指标体系的建立、涉及企业如何控制税务风险，以期达到减少、减低，甚至杜绝企业税务风险的目的。

第一节　税务风险控制指标体系

国家在医药行业实施了"两票制"改革，其主要目的在于有效减少药品从药厂到医院的流通环节，降低药品成本。但药品流通环节管控没有改变既有利益分配模式,导致医药行业账外经营、列支不实、虚开发票套取利润现象激增,易引发偷税、虚开法律风险。2024年就有多起医药企业虚开大案、偷逃税要案,引发医药企业补缴增值税税款、缴纳滞纳金、纳税调整和罚款等一系列税务风险,部分企业还被追究虚开犯罪的刑事责任。医药企业事前、事中和事后如何做好税务合规,防范潜在的涉税风险,成为医药行业亟需关注和解决的问题。

医药企业往往涉及上游企业的采购,自身的生产、销售,况且涉及销售下游医药批发零售企业的销售等一系列环节,其经营业务的复杂程度逐步增加。企业建立适合的税务风险控制机制,减少税务风险,提高企业收益,应建立健全的税务风险内部制度,从税务风险管理组织、税务风险识别和评估、税务风险应对策略和内部控制、信息与沟通、监督和改进等多个方面搭建税务风险控制机制。

一、税务风险控制概述

(一)税务风险控制的概念

税务风险控制是指医药企业针对可能存在的风险和识别出来的不同风险等级的税务风险在风险评估的基础上采取不同的方法、措施控制在一定的程度。税务风险控制的目的主要是减少税务风险发生的概率以及税务风险发生后可能带来的损失。

(二)税务风险控制的分类

税务风险控制是将税务风险损失和税务风险收益锁定在预期范围以内的行为过程,将税务风险控制分为税务风险损失控制和税务风险收益控制。如企业的经营行为不符合税收法律法规的规定,应缴未缴、少缴税款的风险,可能被补缴税款并加以滞纳金和罚款、信用和声誉损害的风险,造成税务风险损失;企业应享受的税收优惠政策充分享受,通过合理税收策划,达到企业利益最大化,做到税收风险收益的有效控制。

税务风险控制是企业税务风险管理工作的重要环节之一,是企业实施全面税务风险管理的重要手段,是对企业所有税(费)种的申报、缴纳税务风险的控制。控制税务风险,就是对影响企业税务事项处理的因素进行控制。

二、税务风险控制的基本方法

在企业整个税务风险控制的过程中,把税务风险管理制度与其他内部风险控制和管理制度有效衔接起来,建立健全企业税务风险管理体系,从企业的各个层面去防范控制税务风险。

(一)按照风险控制阶段,税务风险控制分类

1. 税务风险事前评估

在日常业务中,全面地梳理、具体地分析各项税务风险,分析、评估风险大小及危害程度,制订风险管理计划、准备风险应对措施和对各项风险管理方法的培训等。目前我国税收体系中总共有 18 个税种,根据企业生产经营中的某项具体业务,可能涉及哪些税种,每一个税种可能会发生的涉税风险点有哪些;同时要考虑税务机关征收的各种"费"的风险点有哪些。企业在经营中都要进行全税费的风险梳理和评估,涉税风险分为高、中、低等不同的等级分析、评估,才能做到防患于未然。

2. 税务风险事中监督

税务风险事中监督就是全方位、全流程的监控企业涉及的税收风险点在具体业务的各个环节,防止企业各个流程、各个环节涉税风险的发生。在企业创立筹办期,发生的各项费用的涉税处理问题。企业发生的业务招待费,按照实际发生额的 60% 进行企业所得税税前扣除;企业未办理营业执照和税务登记时,涉及购进货物或劳务取得增值税专用发票抵扣的问题;企业在各个生产经营过程中的各环节涉税问题;企业注销时的涉税问题;等等。整个企业的业务流程的涉税问题,要进行过程的风险控制,遇到问题及时纠偏。

3. 税务风险事后评价

税务风险事后评价就是在涉税风险发生后,总结、评价涉税风险对企业影响的危害程度,杜绝以后类似问题的再发生。做好税务风险事后评价,可把涉税风险影响程度分为重大和一般的等级,特别是对发生的高风险事项或者对企业影响重大的

事项,一定要做到"亡羊补牢",甚至寻求税务救济途径等,使企业的涉税风险降低到最小。

(二)按照风险控制事项,税务风险控制分类

1. 避免税务风险

避免税务风险就是要避免引发此类税务风险的行为,从根本上防控税务风险。此种税务风险控制方法主要适用于危害程度高和发生可能性大的税务风险,比如虚开发票类犯罪税务风险,应该采取避免税务风险的方法来防控税务风险。

2. 控制税务风险

控制税务风险就是对于要采取的或已经实施的行为可能带来的税务风险采取措施控制在可接受或承担的一定范围内。此种方法适用于危害程度高但发生可能性低或危害程度低但发生可能性大的税务风险。

3. 保留税务风险

保留税务风险就是不考虑甚至可以忽视后面引发的税务风险。此种方法适用于危害程度低且发生可能性小的税务风险。比如,获取金额小的发票作为成本费用在企业所得税税前抵扣,可以采取保留税务风险的方法。再比如对于税法规定不明确的,跟税务沟通达成共识的做法,尽管会存在税务风险,还是可以采用保留税务风险的方法的。

4. 转移税务风险

转移税务风险主要是通过合同或其他方式将本身具有的税务风险转移到另外一个主体身上。比如,自然人投资或提供劳务转变成自然人成立的公司来投资或提供劳务,这样就将自然人的税务风险转移到所成立的企业了。再比如一家公司拆分成多家公司,这样就把一家公司的税务风险转移到多家公司了。

三、税务风险指标机制体系

(一)税务风险控制机制体系概述

税务风险控制机制就是符合企业自身特点、能有效运行的内部税务风险管理体

系，企业在依法履行纳税义务的同时，通过合理控制税务风险，减少或者避免因纳税策划过度、税收协议滥用等不被主管税务机构认可，而被税务机关行政处罚、财务损失或声誉损害。把防范和控制税务风险作为企业的一项重要内容，促进企业内部管理和外部监督的有效互动，形成全面有效的内部风险管理运行体系。

（二）税务风险控制机制体系的构建原则

企业应结合自身经营情况、税务风险特征和已有的内部风险控制体系，建立相应的税务风险管理制度。具体的管理控制制度必须围绕税务事项的决策权和处理权的不同来设置不同的税务风险管理制度。集团公司于下属公司的决策权不同、业务类型不同，设计税务风险管理制度的重点也应有不同。一般来讲，集团公司设计税务风险管理制度应该主要围绕重大投资或重组项目，而下属公司则要紧紧围绕公司具体的运营过程。

1. 设立税务风险管理机构（岗位）

企业结合业务特点和内部税务风险管理要求，建立科学有效的职责分工、监督机制和税务风险管理岗位责任制。设置税务管理机构和岗位，明确各个岗位的职责和权限，确保税务管理的不相容岗位相互分离、制约和监督。组织结构负责的企业，可根据需要设立税务管理部门或岗位；总分支机构在分支机构设立税务部门或税务管理岗位；企业集团在地区性总部、产品事业部或下属企业内部分别设立税务部门或税务管理岗位。税务管理部门或者税务管理岗位，专门具体负责涉税业务事项和涉税风险事项，实现科学化、专业化的管理。

2. 建立税务风险管理信息化系统

企业根据自身的业务特点和成本效益原则，将信息技术应用于税务风险管理的各项工作，建立涵盖涉税风险管理基本流程和内部控制系统各环节的风险管理信息系统。明确税务相关信息的收集、处理和传递，确保与管理层和相关业务部门保持良好的沟通与反馈，发现问题及时报告并采取应对措施，实现信息化、智能化管理。

3. 进行科学税务风险评估

风险评估是对企业设定的目标的相关税务风险可能性和后果进行识别评估。

税务风险控制部门或相关岗位人员根据企业设立的不同工作目标判断来识别税务风险,定性税务风险的重要性及风险大小。在税务风险识别的基础上,采取核实的方法,对识别过程中发现的税务风险的重要性程度以及估计税务风险发生的可能性与概率,并依据税法规定测算税务风险的大小。如根据税务机关公布的不同行业的增值税、企业所得税等税种的税负率,结合企业相关税负率对评价指标的偏离程度,判断税务风险的大小,并确定可能的税务风险程度、等级。

4. 加强有效税务风险应对措施

税务风险应对是企业对评估报告或发现的风险进行处理或处置,根据需要决定是否采取有效的处理行动。它是企业税务风险管理流程中非常重要的环节,主要是采取何种策略与方法对税收风险应对处理,其核心目标是选择有效地应对处理的策略与方法,积极有效地应对、控制税收风险,排除、化解税收风险。

5. 建立有效的激励约束机制

税务风险管理的责任分布在财务和业务部门之间,业务部门和税务部门的配合是税务风险制度得以有效实施的关键。企业应结合自身情况,将税务风险管理的工作成效与部门或岗位人员的业绩考核相结合,有利于提高企业税务人员的工作积极性和企业税务风险管理建设的整体推动。

四、税务风险指标业务体系

(一)税务风险控制指标业务体系概述

税务风险控制指标业务体系是指企业依据财务报表数据和纳税申报表数据,根据设置的有关税务风险值进行量化测评,进而分析控制企业税务风险的指标体系。一是企业根据自身的财务报表相关数据计算各类指标,采用比较分析法分析数据。如对某项指标与同行业、同类型企业或企业以前年度平均水平相比较,分析其存在的差异,评估企业存在的税务风险。二是通过增值税税负率、企业所得税税负率等关键性税务指标,进行税务分析,评估企业存在的税务风险。如对企业与同行业的税负率差异,分析其税负高或低存在的原因,找出其风险点。

(二)税务风险控制指标业务体系

企业税务风险控制指标业务体系有一系列指标组成,这里主要从财务分析指标和税务分析指标两个指标体系来分析评估,根据量化估值确定企业所处的税务风险点和风险等级,进行分析识别和评估,进而控制税务风险。

1. 财务风险控制指标体系

我们以加工制造类企业的各财务指标为例分析,根据各类指标的预警值综合判断风险点。

(1)收入类指标

①营业收入变动率

营业收入变动率=(本期营业收入-上期营业收入)/上期营业收入×100%

②营业外收入变动率

营业外收入变动率=(本期营业外收入-上期营业外收入)/上期营业外收入×100%

风险点分析:如主营业务收入、营业外收入变动率超出预警值范围,可能存在少计收入和多列成本等问题,运用其他指标再进一步分析。

③预收账款收入比率

预收账款收入比率=预收账款/营业收入×100%

风险点分析:预收账款比例过大,可能存在未及时确认收入,主要查看合同是否真实、款项是否真实入账。

④营业外收入占主营业务收入比率

营业外收入占主营业务收入比率=营业外收入/营业收入×100%

风险点分析:是否存在将主营业务收入或其他应税收入列入营业外收入科目,是否存在少缴税款的情况。

(2)成本类指标

①营业成本变动率

营业成本变动率=(本期营业成本-上期营业成本)/上期营业成本×100%

风险点分析:营业成本变动率超出预警值范围,可能存在销售未计收入、多列成本费用、扩大企业所得税税前扣除范围等问题。

②收入成本率

$$收入成本率 = 营业成本/营业收入 \times 100\%$$

风险点分析:如收入成本率过高,可能存在少计销售额、销售价格偏低导致销售收入减低;直接转销售成本,不确认收入,即收入不入账,商品发出后,成本照样结转。造成少缴增值税、少缴企业所得税的风险。

(3)费用类指标

①期间费用变动率

$$期间费用变动率 = (本期销售费用、管理费用、财务费用、研发费用 - 上期销售费用、管理费用、财务费用、研发费用)/上期销售费用、管理费用、财务费用、研发费用 \times 100\%$$

风险点分析:与预警值相比,如差异较大,可能存在多列费用等问题,特别是企业有研发项目,可能存在多列研发费用,进而多加计扣除。

②成本费用率

$$成本费用率 = (销售费用 + 管理费用 + 财务费用 + 研发费用)/营业成本 \times 100\%$$

风险点分析:分析期间费用与销售成本之间的关系,并与预警值比较,如差异较大,可能存在多列期间费用的问题。

③成本费用利润率

$$成本费用利润率 = 利润总额/成本费用总额 \times 100\%$$

$$成本费用总额 = 营业成本总额 + 费用总额$$

风险点分析:与预警值比较,如果本期成本费用利润率异常,可能存在多列成本、费用等问题。

④期间费用率

$$期间费用率 = (销售费用 + 管理费用 + 财务费用 + 研发费用)/营业收入 \times 100\%$$

风险点分析:如期间费用率过高,可能存在少计销售额、少缴增值税和企业所得税;多列费用,从而导致少缴企业所得税的风险。

(4)资产类指标

①应收(付)账款变动率

应收(付)账款变动率=[期末应收(付)账款—期初应收(付)账款]/期初应收(付)账款×100%

风险点分析:根据应收(付)账款增减变动情况,判断销售实现和可能发生坏账情况。如应收(付)账款增长率高,而销售收入减少,可能存在隐瞒收入、虚增成本的问题。

②存货周转率

存货周转率=营业成本/(期初存货成本+期末存货成本)/2×100%

风险点分析:分析存货周转情况,分析销售能力。如存货周转率加快,而应纳税额减少,可能存在隐瞒收入、虚增成本的问题。

③净资产利润率

净资产利润率=净利润/评价净资产×100%

风险点分析:分析资产综合利用情况。如指标与预警值相差较大,可能存在隐瞒收入或闲置未用资产计提折旧的问题。

④固定资产周转率

固定资产周转率=营业收入/(年初固定资产净值+年末固定资产净值)/2×100%

风险点分析:固定资产周转率可以反映企业利用固定资产获利能力及对固定资产的利用及管理效率。如企业固定资产周转率小于同行业平均水平,说明企业的固定资产利用率偏低,生产能力没有得到充分利用,如继续新增固定资产,可能存在接受虚开固定资产增值税专用发票的情况;也有可能存在少计收入的情况。

⑤总资产周转率

总资产周转率=利润总额/平均总资产×100%

风险点分析:分析总资产周转情况,推测销售能力。如总资产周转率加快,而应纳税额减少,可能存在隐瞒收入、虚增成本的问题。

⑥流动资金周转率

$$流动资金周转率＝营业收入/（期初流动资金＋期末流动资金）/2×100\%$$

风险点分析：流动资金周转率反映了一个企业流动资金的运用效率，流动资金周转率越高，企业的流动资金运用效率就会越高。利用该指标在行业中横向比较，当该指标低于行业评价水平时，企业就有可能存在未按要求确认销售收入的情况。

⑦资产收益率

$$资产收益率＝净利润/（期初资产总额＋期末资产总额）/2×100\%$$

风险点分析：该指标反映企业净资产的获利能力，从而判断有无漏记收入或多转成本、多摊费用等问题；与历史数据相比，如果指标数据明显升高，就可能存在多计费用、支出，少计收入的可能性，从而导致企业所得税税务风险。

(5) 利润类指标

①营业利润率

$$营业利润率＝营业利润/营业收入×100\%$$

风险点分析：如该指标过高，可能存在购进货物已入账，但是在销售货物时，只结转主营业务成本而不计或少计销售额的问题，从而导致增值税、企业所得税的税务风险。

②营业利润变动率

$$营业利润变动率＝（本期营业利润－上期营业利润）/上期营业利润×100\%$$

风险点分析：该指标若与预警值相比相差较大，可能存在多转成本或不计、少计收入问题。按税法规定审核分析允许弥补的亏损数额，如申报弥补亏损额大于税前弥补亏损扣除限额，可能存在未按规定申报税前弥补等问题。营业外收支增减额与基期相比减少较多，可能存在隐瞒营业外收入等问题。

③资本收益率

$$资本收益率＝净利润/（年初实收资本＋年末实收资本）/2×100\%$$

风险点分析：该指标越高，说明投资者获得的回报水平也就越高。与行业比较，若小于行业水平，其获利能力偏低，可能存在少计收入、多列成本费用以及人为调节的风险点。

2. 税收风险控制指标体系

我们以企业的增值税和企业所得税指标预警值综合判断风险点。

(1) 增值税税负指标

① 增值税税负率

增值税税负率＝本期累计应纳增值税税额/本期累计应税销售额×100%

风险点分析：计算分析纳税人税负率，与销售额变动率等指标配合使用，将销售额变动率和纳税人税负率与相应的正常峰值比较，如销售额变动率高于正常峰值，纳税人税负率低于正常峰值的，或销售额变动率低于正常峰值，纳税人税负率低于正常峰值的，或销售额变动率及纳税人税负率均高于正常峰值的均可列入疑点范围。运用全国丢失、被盗增值税专用发票查询系统对纳税评估对象的抵扣联进行检查验证，根据评估对象报送的增值税纳税申报表、资产负债表、损益表和其他有关纳税资料，以及毛益率测算分析，存货、负债、进项税额综合分析和销售额指标分析，并对其形成异常申报的原因做出进一步判断。

与预警值对比，销售额变动率高于正常峰值及纳税人税负率低于预警值的或销售额变动率正常，而纳税人税负率低于预警值的，以进项税额为评估重点，查证有无扩大进项抵扣范围、骗抵进项税额、不按规定申报抵扣等问题，对应核实销项税额计算的正确性，对销项税额的评估，应侧重查证有无账外经营、瞒报、迟报计税销售额，错用税率等问题。

② 增值税税负变动率

增值税税负变动率＝(本期增值税税负率－基期增值税税负率)/基期增值税税负率×100%

风险点分析：增值税税负变动率主要是指企业本期增值税税负率与基期增值税税负率相比较，寻找其变动差异点。如果增值税税负变动率较小，则说明企业的增值税税负保持基本一致的水平；如果增值税税负变动率较大(如为负数)，则可能存在取得虚开发票虚抵进项税、未计销售收入等风险点。

③增值税税负率偏离度

增值税税负率偏离度＝(企业增值税税负率－行业增值税税负率)/行业增值税税负率×100%

风险点分析:增值税税负率偏离度是以主要企业与同行业企业的增值税税负率相比较而言,根据其偏离度,分析本企业增值税税负率的差异点,如果增值税税负变动率较小,则说明本企业的增值税税负与同行业保持基本一致的水平;如果增值税税负变动率较大(如为负数),则说明本企业的增值税税负率偏低,可能存在未计销售收入、未计提增值税销项税额或者多抵扣增值税进项税税额等风险点。

(2)所得税指标

①所得税税负率

$$所得税税负率＝应纳所得税额/利润总额×100\%$$

风险点分析:与当地同行业同期和本企业基期所得税税收负担率相比,低于标准值可能存在不计或少计销售(营业)收入、多列成本费用、扩大税前扣除范围等问题,运用其他相关指标深入评估分析。

②所得税税负变动率

所得税税负变动率＝(当期所得税税负率－上期所得税税负率)/上期所得税税负率×100%

风险点分析:与当地同行业同期和企业基期所得税负担变动率相比,低于标准值可能存在不计或少计销售(营业)收入、多列成本费用、扩大税前扣除范围等问题,运用其他相关指标深入评估,并结合上述指标评估结果,进一步分析企业销售(营业)收入、成本、费用的变化和异常情况及其原因。

③所得税贡献率

$$所得税贡献率＝应纳所得税/营业收入×100\%$$

风险点分析:与当地同行业同期和本企业基期所得税贡献率相比,低于标准值视为异常,可能存在不计或少计销售(营业)收入、多列成本费用、扩大税前扣除范围等问题,应运用所得税变动率等相关指标做进一步评估分析。

④所得税贡献变动率

所得税贡献变动率＝(当期所得税贡献率－上期所得税贡献率)/上期所得税贡献率×100％

风险点分析：与当地同行业同期和企业基期所得税贡献变动率相比，低于标准值可能存在不计或少计销售(营业)收入、多列成本费用、扩大税前扣除范围等问题，运用其他相关指标深入评估，并结合上述指标评估结果，进一步分析企业销售(营业)收入、成本、费用的变化和异常情况及其原因。

⑤应纳所得税额变动率

应纳所得税额变动率＝(当期应纳所得税额－上期应纳所得税额)/上期应纳所得税额×100％

风险点分析：关注企业处于税收优惠期的何种阶段，该指标如果发生较大变化，可能存在少计收入、多列成本、人为调节利润问题，也可能存在费用配比不合理等问题。

第二节　风险控制指标的设计

一、税务风险控制指标的设计理念

(一)税务风险控制指标的设计内涵

进行税务风险指标控制的设计，建立健全企业全面税务风险控制指标体系，既包括顶层设计，又包括底层的制度建设，搭建税务风险管理组织架构、完善的税务风险管理和内部控制制度。税务风险控制指标建设，是在重视企业风险管理文化理念的基础上，秉持风险管理、控制的理念，做到税务风险控制指标的全方位、全覆盖、全流程的风险管理指标体系。

1. 树立全员参与意识

全员参与是指企业的所有员工上自董事长、下至普通员工都要参与企业的税务风险管理。税务风险管理人人有责，风险点涉及各个环节的具体业务，所以要做到企业全体员工,人人要树立涉税风险意识。涉税风险管理不仅是管理层的职责,它涉及企业内部所有业务领域和各个部门,只有所有员工都参与企业涉税风险管理的实践,才能确保涉税风险管理尽可能无遗漏。

2. 打造全覆盖的风险控制体系

全覆盖是指渗透到企业各个业务领域、各个业务条线的管理部门、各个分支机构、国内涉税风险和国际涉税风险。随着"走出去"的企业越来越多,大型企业集团不仅防范我国涉税风险,跨境业务还要防范国外涉税风险。

3. 完善全流程的风险控制制度

全流程的涉税风险控制是指企业在涉税业务过程中各环节进行风险控制,从涉税风险可能发生的根源开始直至业务涉税事项的结束。从总框架流程来讲,企业从筹资环节开始,到投资环节、采购环节、生产环节、销售环节、收益分配环节、纳税申报环节和处理税企关系环节等,都要建立企业大框架的全流程涉税风险控制。

(二)税务风险控制指标设计的要求

设置税务风险控制指标及体系是一项极为复杂的系统性工程,其内容具有涉及的面广、点多、时间长、业务跨度大、内容复杂、影响大等特点,企业应有战略思维,高标准、严要求地建立税务风险控制指标体系,才能做到针对性强、有的放矢,做到全面性、制度化、系统化和可操作性等几个方面。

1. 全面性

企业经营的业务只要涉税就可能产生税务风险,涉税风险是普遍存在的。税务风险控制指标要能覆盖企业经营的全部过程、全部业务和全部人员。

2. 制度化

企业的税务风险管理应将涉税的控制措施和控制流程形成管理制度。这些制度约束和控制涉税风险指标,反过来,整个税务风险控制指标的设计,要在各涉税风险管理的制度下设计。

3. 系统化

企业在税务风险管理过程中,从企业整体控制的角度规划,以企业利益最大化为目标,综合考虑税收风险管理在具体实施和执行中可能出现的偏差,甚至冲突,形成风险控制指标的系统控制。

4. 操作性

税务风险控制指标应具有较强的实务操作性。设置风险控制指标,力求简便易行、科学合理、操作性强。

二、税务风险指标机制体系

(一)税务风险控制机制体系概述

税务风险控制机制就是符合企业自身特点、能有效运行的内部税务风险管理体系,企业在依法履行纳税义务的同时,通过合理控制税务风险,减少或者避免因纳税策划过度、税收协议滥用等不被主管税务机构认可,而被税务机关行政处罚、财务损失或声誉损害。把防范和控制税务风险作为企业的一项重要内容,促进企业内部管理和外部监督的有效互动,形成全面有效的内部风险管理运行体系。

(二)税务风险控制机制体系的构建原则

企业应结合自身经营情况、税务风险特征和已有的内部风险控制体系,建立相应的税务风险管理制度。具体的管理控制制度必须围绕税务事项的决策权和处理权的不同来设置不同的税务风险管理制度。集团公司于下属公司的决策权的不同、业务类型不同,设计税务风险管理制度的重点也应有不同。一般来讲,集团公司设计税务风险管理制度应该主要围绕重大投资或重组项目,而下属公司则要紧紧围绕公司具体的运营过程。

1. 设立税务风险管理机构(岗位)

企业结合业务特点和内部税务风险管理要求,建立科学有效的职责分工、监督机制和税务风险管理岗位责任制。设置税务管理机构和岗位,明确各个岗位的职责和权限,确保税务管理的不相容岗位相互分离、制约和监督。组织结构负责的企业,可根据需要设立税务管理部门或岗位;总分支机构,在分支机构设立税务部门或税务管理岗位;企业集团在地区性总部、产品事业部或下属企业内部分别设立税务部门或税务管理岗位。税务管理部门或者税务管理岗位,专门具体负责涉税业务事项和涉税风险事项,实现科学化、专业化的管理。

2. 建立税务风险管理信息化系统

企业根据自身的业务特点和成本效益原则,将信息技术应用于税务风险管理的各项工作,建立涵盖涉税风险管理基本流程和内部控制系统各环节的风险管理信息系统。明确税务相关信息的收集、处理和传递,确保与管理层和相关业务部门保持良好的沟通与反馈,发现问题及时报告并采取应对措施,实现信息化、智能化管理。

3. 进行科学税务风险评估

风险评估是对企业设定的目标的相关税务风险可能性和后果进行识别评估。税务风险控制部门或相关岗位人员根据企业设立的不同工作目标判断对税务风险进行识别,并定性税务风险的重要性及风险大小。在税务风险识别的基础上,采取核实的方法,对识别过程发现的税务风险的重要性程度以及估计税务风险发生的可能性与概率,并依据税法规定测算税务风险的大小。如根据税务机关公布的不同行业的增值税、企业所得税等税种的税负率,结合企业相关税负率对评价指标的偏离程度,判断税务风险的大小,并确定可能的税务风险程度、等级。

4. 加强有效税务风险应对措施

税务风险应对是企业对评估报告或发现的风险进行处理或处置,根据需要决定是否采取有效地处理行动。它是企业税务风险管理流程中处于非常重要的环节,主要是采取何种策略与方法应对处理税收风险,其核心目标是选择有效的应对处理的策略与方法,积极有效的应对、控制税收风险,排除、化解税收风险。

5. 建立有效的激励约束机制

税务风险管理的责任分布在财务和业务部门之间,业务部门和税务部门的配合是税务风险制度得以有效实施的关键。企业应结合自身情况,将税务风险管理的工作成效与部门或岗位人员的业绩考核相结合,有利于提高企业税务人员的工作积极性和企业税务风险管理建设的整体推动。

三、企业税务风险指标识别

税务风险识别是企业税务风险控制指标体系的基础上，开展各业务事项的风险识别，进而对识别发现的税收风险实施有效的评估和应对处理、控制和排除。它是企业整个税务风险管理体系的前置工作，也是税务管理工作的重中之重。

(一)税务风险识别的概念

企业税务风险识别是指企业根据工作目标和风险识别工作的安排，对自身业务全流程、各环节、各税种的风险控制指标体系进行分析、识别，找出容易发生风险的领域、环节等涉税风险事项，为税收风险管理提供精准指向和具体对象。

(二)企业税务风险识别的原则

企业为了有效地开展税收风险识别，提高风险分析识别的科学性、准确性和有效性，在具体实施的过程中应遵循以下原则：

1. 规范化原则

企业应规范建立税收风险识别的相关制度、标准和风险控制指标体系，确定各风险控制指标的计算和参数，税收风险岗位人员对各类事实上风险进行统一、集中管理，确保企业税收风险指标识别的策略和方法的规范化、标准化和一致性。

2. 系统性原则

企业税收风险的产生和发展具有系统性的规律和特点，所以税收风险指标的识别应遵循系统性原则，按照科学的流程系统全面分析识别企业在生产经营过程中可能产生的税收风险点，预测估算可能产生的税收风险后果及危害程度，为采取有效的风险应对策略提供决策依据。

3. 专业性原则

企业风险是一个复杂的系统，涉及各流程、各环节、各事项的所有税种（包括税务机关征收的各费）等风险。由于企业税收风险的复杂性特点，企业研究适合自身特点的识别方法和相关预警值参数，建立和完善税收风险指标，聘请税务顾问专项管理，同时设立企业专职税务风险管理岗位或管理部门，提高税收风险指标识别的专业化水平。

(三)企业税务风险指标重点识别因素

企业税务风险指标重点识别因素有:(1)董事会、监事会等企业治理层以及管理层的税收遵从意识和对待税务风险的态度;(2)相关涉税岗位员工的职业操守和专业胜任能力;(3)组织机构、经营方式和业务流程;(4)技术投入和信息技术的运用;(5)财务状况、经营成果及现金流情况;(6)相关内部控制制度的设计和执行;(7)经济形势、产业政策、市场竞争及行业惯例;(8)法律法规和监管要求;(9)其他有关风险因素。

(四)企业税务风险指标识别的过程

企业识别税务风险,首先必须明确自身的税务风险在哪里,要先识别税务风险,为税务风险评估提供支撑。税务风险识别是一个动态、连续的过程,需要企业根据环境和事项的变化而持续进行,将识别工作常态化,使税务风险识别工作制度化。

1. 明确税务风险识别方向

企业税务风险管理岗位或相关岗位人员应首先明确企业税务风险方向和设定的目标,根据明确的方向和目标,判断并识别企业可能产生的不同风险,识别税务风险的重要性和大小,进而评估、控制。

2. 采取合适的方法识别风险

企业应当完整全面、持续有效地收集内部、外部相关涉税资料,全面考虑税务风险因素,采取合适的识别方法来识别税务风险。如采用实地调查法、流程图法、风险指标分析法等分析可能存在的税务风险。

3. 识别重大变化对税务风险的影响

企业面临的税务风险可能会随着外部环境,如市场经济环境、政治环境和税收政策等的变化而变化,也会随着内部各项业务的变化而变化。在识别税务风险时,重要的是要识别重大变化对企业带来的影响,要认真研究这些大的变化对税务风险影响的程度。

四、企业税务风险指标的评估

(一)企业税务风险评估的概念

企业税务风险评估是在税务风险识别的基础上,针对可能发生的税收风险,分析判断其发生的可能性和影响程度。税务风险评估首先要确定风险评估对象,根据确定的风险评估对象开展风险评估。

(二)企业税务风险评估的方法

评估税务风险,除分析识别过程中发现的税务风险的重要性以及估计税务风险发生的可能性与频率外,其重点在于,依据税法规定测算税务风险的大小。

1. 企业税务风险的定性评估方法

企业分析未来导致税务风险的潜在因素及原因,定性评价税务风险对企业正常经营活动产生的影响。企业是否存在潜在的成本支出,或是对企业未来的利润有潜在的影响?是否会影响企业未来的信誉及发展?企业从哪些方面着手可以减少这一风险的不利影响?企业通过关键税务风险驱动因素的分析找到发生税务风险的根源。

2. 企业税务风险的定量评估方法

精确测算企业税务风险的可能性、严重性,建立健全规避税务风险的防范体系。测算税务风险时,企业高层管理者要将主要精力放到社会整体税收环境、竞争对手的税收负担水平、公司整体的税务政策风险等重要因素方面。

定量评估方法能够带来更高的精度,往往应用于比较和选择风险的活动中。比较常用的定量评估方法主要有 AHP 层次评估法、税务风险指标法等。

3. 企业税务风险定性和定量相结合的评估方法

具体而言,目前相关研究测定税务风险的方法有风险程度评价法、检查表评价法、优良可劣评价法及单项评价法、德尔菲法、层次分析法、模糊评价法以及故障数分析法。

(三)评估企业税务风险的影响程度和税收风险预警信息

1. 按评估企业税务风险发生的影响程度的分类

按评估企业税务风险发生的影响程度的分类不同,企业税务风险一般分为一般风险、较大风险和严重风险三个等级。

(1)一般税务风险。一般税务风险是指那些发生频率高,并且影响程度小的税务风险或发生频率低,并且影响程度小的税务风险。对于此类税务风险,应对策略主要是如何减轻或控制住。

(2)较大税务风险。较大税务风险是指那些发生频率低,并且影响程度大的税务风险。对于此类税务风险,应对策略主要是如何转移税务风险。

(3)严重税务风险。严重税务风险是指那些发生频率高,并且影响程度大的税务风险。对于此类税务风险,应对策略主要是如何避免税务风险。

2. 按税务机关发布的税收预警级别分类

根据税务机关发布的税收预警信息信号分为绿、蓝、黄、橙和红色5个等级的税务风险,企业确定自身是否存在这些预警信息,梳理各环节的风险事项。

(1)无风险预警级别。绿色信号提示为无风险,通常为1级风险等级。属于纳税人自愿遵从类型,税收遵从度最高,基本上处于无风险区域,通常是不应对、不打扰,同时给予最便捷、最优的纳税服务和遵从激励等。

(2)低风险预警级别。蓝色信号提示低风险预警,通常为2级风险等级。税务机关将处在2级风险等级的纳税人界定为低风险,通过及时开展风险提示提醒、辅导式服务,促进企业自我遵从。

(3)中风险预警级别。黄色信号提示为中风险预警,通常为3级风险等级。税务机关将处在3级风险等级的纳税人界定为遵从型,税收遵从度一般,存在中等程度的税收风险,通过及时开展风险提示提醒,提供人性化的教育、案头分析、约谈核实、辅导帮助等管理手段纠正其错误,帮助其遵从。

(4)较高风险预警级别。橙色信号提示为较高风险预警,通常为4级风险等级。税务机关将4级税收风险等级的纳税人界定为不想遵从型,税收遵从度较低,税收风险等级较高,加强监管,通过约谈、实地调查核实、税务审计、反避税调查等管理方式促进其遵从。

(5)高风险预警级别。红色信号提示高风险预警,通常为5级风险等级。税务机关将5级税收风险等级的纳税人界定为恶意不遵从型,税收遵从度最低,税收风险程度最高,充分利用法律的权威严格执法,加大执法管控的刚性和力度,从严查处,打击震慑,强制其遵从。

企业应根据上述税务机关发布的风险级别设计的涉税风险事项梳理,不断促进企业内部税收风险控制和管理质效进入良性运行的风险管理体系。

(四)企业税务风险评估的实施

1. 企业内部税务部门开展税务风险评估

企业根据自身业务特点,完善设立的税务部门或岗位,建立专业的税务风险评估组,评估组成员需具备扎实的专业知识。

2. 聘请专业机构开展税务风险评估

对于企业内部难以确定风险大小的税务风险,聘请具有相关资质和专业能力的中介机构协助开展税务风险评估。

五、企业税务风险指标应对

(一)企业税务风险指标应对的概述

企业税务风险应对是指企业在面对发生的税务风险如何应对处理和处置。税务风险应对决定是否需要采取有效的处理行动,以及采取何种策略与方法应对税务风险的处理,进而排除、化解税务风险。

(二)企业税务风险应对原则

1. 全面性原则

由于企业税务风险贯穿于企业生产经营的全生命周期,企业税务风险存在于企业投资、融资、设立、采购、生产、销售、会计核算、纳税申报、注销等业务事项中,企业应高度、全面重视对各类税务风险的控制。

2. 针对性原则

由于企业税务风险存在的普遍性,税务风险发生的可能性和影响程度不同,要对一般税务风险如何减轻或控制住、对较大税务风险如何转移、对严重税务风险如何避免,要有针对性地开展税务风险的应对。

3. 最小化原则

企业发生的税务风险,无论是严重税务风险,还是较大税务风险、一般税务风险,都会对企业造成一定的经济损失和声誉的损害。当税务风险发生时,企业都要采取积极地、有效地应对措施,把经济损失和声誉损害降到最低限度。

税务风险发生的可能性和影响程度见图 8-1:

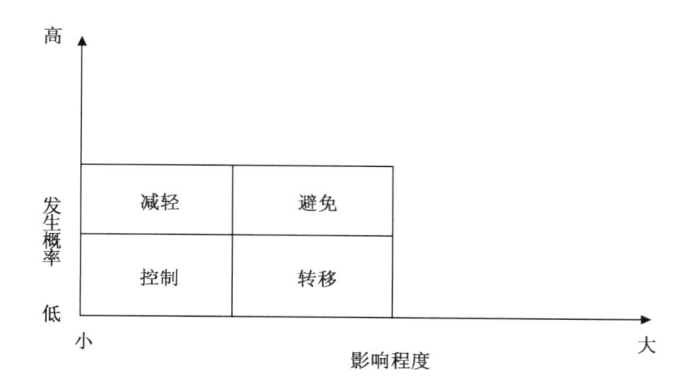

图 8-1　税务风险发生的可能性和影响程度

税务风险管理部门针对性地应对策略见图 8-2:

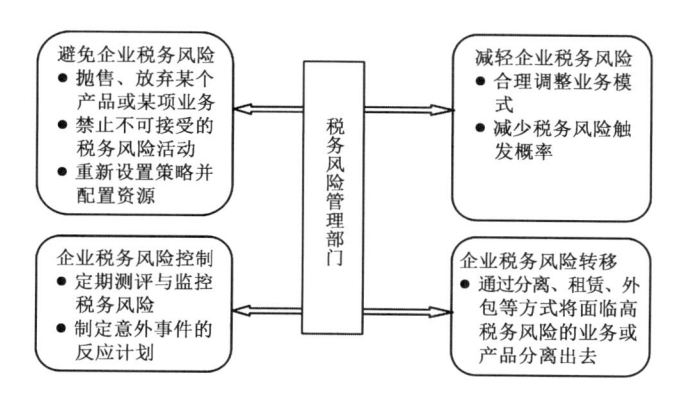

图 8-2　税务风险管理部门针对性地应对策略

(三)企业税务风险应对策略和内部控制

1. 全面控制税务风险

企业应根据税务风险评估的结果,考虑风险管理成本和效益的原则,在整体管理控制体系内,制定税务风险应对策略,建立有效的内部控制机制,合理设计税务管理的流程及控制方法,全面控制税务风险。

2. 建立税务风险控制机制

企业根据风险产生的原因和条件从组织机构、职权分配、业务流程、信息沟通和检查监督等多方面建立税务风险控制点,根据风险的不同特征采取相应的人工控制机制或自动化控制机制,根据风险发生的规律和重要程度建立预防性的控制和发现性的控制机制。

3. 制定业务流程风险控制

企业对重大税务风险所涉及的管理职责和业务流程制定覆盖各个环节的流程控制措施;对其他风险所涉及的业务流程,合理设置关键控制环节,采取相应的控制措施。

4. 加强企业涉税风险沟通

企业因内部组织架构、经营模式或外部环境发生重大变化,以及受行业惯例和监管的约束而产生的重大税务风险,应及时向税务机关报告,以寻求税务机关的辅导和帮助。

5. 强化企业税务风险的监督

(1)企业税务管理部门应参与企业战略规划和重大经营决策的制定,并跟踪和监控相关税务风险:企业战略规划包括全局性组织结构规划、产品和市场战略规划、竞争和发展战略规划等;企业重大经营决策包括重大对外投资、重大并购或重组、经营模式的改变以及重要合同或协议的签订等。

(2)企业税务管理部门应参与企业重要经营活动,并跟踪和监控相关税务风险:参与关联交易价格的制定,并跟踪定价原则的执行情况;参与跨国经营业务的策略制定和执行,以保证符合税法规定。

6. 各税务风险管理职能部门密切协作

企业税务管理部门应协同相关职能部门,管理日常经营活动中的税务风险:

(1)参与制定或审核企业日常经营业务中涉税事项的政策和规范。

(2)制定各项涉税会计事务的处理流程,明确各自的职责和权限,保证对税务事项的会计处理符合相关法律法规。

(3)完善纳税申报表编制、复核和审批以及税款缴纳的程序,明确相关的职责和权限,保证纳税申报和税款缴纳符合税法规定。

(4)按照税法规定,真实、完整、准确地准备和保存有关涉税业务资料并按相关规定报备。

第三节 增值税风险控制指标

"金税四期"系统的全面升级,特别是自 2024 年 12 月 1 日,在全国正式推广应用数电发票,数电发票将充分发挥其便利性、数字化优势,税务机关运用大数据对医药企业有企业关联的上下游链条企业的涉税数据和发票开具、取得等信息进行传递,打击医药企业及虚假 CSP、CSO 等外包销售企业、医药咨询服务企业的风险爆发与纵向追查力度会进一步加强,税收征管由"以票治税"迈入"以数治税"新时代。

一、增值税风险控制指标概述

增值税风险控制指标是指企业在整个经营过程、会计核算和纳税申报中涉及增值税销项税额、进项税额、应纳税额、增值税税负率及与增值税有关财务数据、外来信息数据等的风险控制指标的总称。

增值税风险指标是企业税务风险管理的关键税种的重要指标,增值税税务风险涉及在企业经营过程中的各个业务事项和环节,点多、面广,业务复杂。医药生产企业和医药销售企业的不同性质和特点,也决定了增值税风险指标各有不同,鉴于增值税风险指标是一个体系指标,本节仅就增值税风险指标通用指标和税务稽查检查的重点指标来分析。

不同的医药制造业适用的增值税税率不同,一般纳税人医药制造业大部分医药产品税率为13%,中药饮片税率为9%,特殊药品可以选择简易计税方法征收率为3%,还有生产销售抗癌药品适用免税政策等。无论医药生产企业还是医药批发和零售企业,都要建立科学有效的增值税风险控制指标,做到事前、事中和事后的增值税风险控制,避免和杜绝税务稽查风险。

医药企业无论是医药制造企业还是医药销售企业(包括增值税一般纳税人、小规模纳税人),涉税风险点诸多,不能够逐一详尽地介绍,下面就医药企业增值税一般纳税人普性的增值税风险指标、一般纳税人销项税额风险事项分析与控制、一般纳税人进项税额风险事项分析与控制和取得虚开的增值税发票风险分析与控制四类情形进行分析与控制。

二、增值税通用风险指标分析与控制

(一)增值税税负率较行业平均值异常指标

1. 风险指标描述

增值税税负率异常是指在正常业务情况下(不包括特殊业务),若企业增值税税收负担率与地区同行业同类型企业该项指标预警值对比明显偏低,显示风险预警。

计算公式如下:

$$增值税税负率 = \frac{风险期应纳增值税税额}{按适用税率计税销售额} \times 100\% < 全省全行业平均值 \times 70\%$$

2. 风险分析识别

若根据增值税纳税申报数据计算的税负率明显低于设定的同行业同类型企业的该项风险指标预警值,风险指向纳税人可能存在隐瞒、少计收入、少计销项税额、多抵扣或虚抵扣进项税额,造成少缴增值税的税收遵从风险。低于预警值的幅度越大,税收风险程度越高。

3. 风险应对指引

企业根据相关的财务数据、纳税申报数据和第三方信息等,从经营模式入手,结合企业毛利率、库存商品,分析税负偏低的原因,是否存在接受虚开发票行为,违规抵扣进项税额的问题;是否存在销售不计收入或通过往来款挂账等方式,不计、少计或延迟确认收入的问题;分析是否有副产品销售等其他收入未计入销售问题。

案例 106

某省某地区医药制造业参考标准为:行业平均增值税税负率为 6.86%,税负预警下限为 4.80%(6.86%×70%)。

甲医药制造业为增值税一般纳税人,2024 年计税销售额为 6 378 万元,应纳增值税为 192 万元,增值税税负为 3.01%,与该省该地区医药制药业的增值税税负预警下限 4.80% 比对,低 1.79%。被当地税务机关发布预警信息开展检查。

(二)增值税税负率较上年同期异常指标

1. 风险指标描述

增值税税负率较上年同期异常指标称为增值税税负变动率异常,是指在企业自身正常业务情况下(不包括特殊业务),企业本年增值税税负率与上年期增值税税负率对比是否低于设定的预警值,显示风险预警。

计算公式如下:

$$增值税税负变动率 = 本年增值税税负率 < 上年增值税税负率 \times 70\%$$

$$本年增值税税负率 = \frac{本年应纳增值税税额}{本年按适用税率计税销售额} \times 100\%$$

$$上年增值税税负率 = \frac{上年应纳增值税税额}{上年适用税率计税销售额} \times 100\%$$

2. 风险分析识别

作为一个持续经营的企业，经营情况及纳税情况如无特殊原因，应该不会有大的变动。如果本年税负指标小于去年同期税负率的70%，企业可能存在不缴、少缴增值税的涉税风险。

3. 风险应对指引

企业应从销售业务入手，从原始凭证到记账凭证、销售、应收账款、货币资金、存货等，将本年与上年数据比较分析，对异常变动情况进一步查明原因，核实确认企业是否存在漏记、隐瞒或虚记收入的行为。

企业应核实固定资产抵扣是否合理，有无将外购的存货用于职工福利、个人消费、对外投资、捐赠等情况。

案例 107

某省某地区医药制造业参考标准为：行业平均增值税税负率为6.86%，税负率预警下限为4.80%(6.86%×70%)。

甲医药制造业，为增值税一般纳税人，2023年计税销售额为5 268万元，应纳增值税为236万元；增值税税负率为4.48%；2024年计税销售额为6 378万元，应纳增值税为192万元，增值税税负率为3.01%。

2023年增值税税负率与该省该地区医药制药业的增值税税负率预警下限4.80%比对，低0.32%；2024年增值税税负率与该省该地区医药制药业的增值税税负率预警下限4.80%比对，低3.01%；2024年销售收入增加，应纳增值税减少，2024年比2023年增值税税负率低1.28%，并且比2023年增值税税负率的70%(4.48%×70%＝3.14%)少0.13%。被当地税务机关发布预警信息开展检查。

(三)进项税额与销项税额弹性系数异常指标

1. 风险指标描述

进项税额与销项税额弹性系数是企业增值税的进项税额变动率与销项税额变动率对比计算的相对指标,通常用系数表示。弹性系数趋近于1是合理的,0.8～1.2是相对合理区间,偏离合理区间显示风险预警。

计算公式如下:

$$增值税进项税额与销项税额弹性系数 = \frac{进项税额变动率}{销项税额变动率} \times 100\%$$

2. 风险分析识别

偏离合理区间的幅度越大,税收风险越高。大于1.2,说明进项税额变动率高于销项税额变动率,风险指向纳税人可能存在接受虚开发票、虚抵进项税额、少计销售收入的税收遵从风险;小于0.8,说明进项税额变动率低于销项税额变动率,如果同时增值税税负异常偏低或偏高,则可能存在对外虚开发票或滥用政府税费返还招商引资政策的风险。

3. 风险应对指引

(1)企业应结合相关财务指标数据、增值税发票数据、第三方涉税数据,运用电耗、水耗等增值税发票信息进一步深入分析核实。

(2)核实确认纳税人的购销业务是否真实,是否存在销售已实现,而收入却长期挂在"预收账款""应收账款"等相关科目,是否存在虚假申报、虚抵进项税额等风险点。

(3)结合进项税额控制额等风险指标深入分析,确认是否存在相关进项税额超过控制额的预警值,但销售额与基期比较却没有较大幅度提高的风险点。

(4)实地核实企业库存,确认是否存在不符合标准的固定资产抵扣,是否存在非应税项目、免税项目进行了虚假抵扣等税收风险点。

案例 108

某医药制造企业,增值税一般纳税人。本期销项税额 5 606 585 元,上期销项税额 12 450 037 元;本期进项税额 2 014 056 元,上期进项税额 3 222 085 元。

(1)进项税额变动率=(本期进项税额-上期进项税额)÷上期进项税额×100%=(2 014 056-3 222 085)÷3 222 085×100%=-37.49%

(2)销项税额变动率=(本期销项税额-上期销项税额)÷上期销项税额×100%=(5 606 585-12 450 037)÷12 450 037×100%=-54.97%

(3)弹性系数=进项税额变动率÷销项税额变动率=-37.49%÷-54.97%=0.68

弹性系数 0.68,小于 0.8,可能存在少计收入或者虚抵进项的问题。

资料来源:刘海湘,《税务风险识别、分析与评价操作实务》。

(四)纳税人销售额变动率与应纳税额变动率配比异常指标

1. 风险指标描述

销售额变动率与应纳税额变动率正常情况下两者应基本同步增长,指标值应接近 1,如果大于 1 且偏离度较大,为异常。

计算公式如下:

指标变动值=销售额变动率÷应纳税额变动率

销售额变动率=(本期销售额-基期销售额)÷基期销售额×100%

应纳税额变动率=(本期应纳税额-基期应纳税额)÷基期应纳税额×100%

2. 风险分析识别

指标变动值大于 1,且两者都为正数,可能存在企业将自产产品或外购货物用于免税项目、简易计税、无偿捐赠、对外投资和集体福利等;可能存在不计收入或未做进项税额转出等问题。

3. 风险应对指引

企业税务管理部门或岗位人员应从上述指标异常情况，厘清各业务事项中是否存在将自产产品无偿捐赠、对外投资、集体福利等未视同销售而未计提销项税额；是否存在购进的货物或劳务用于免税项目、简易项目、集体福利等未做进项税额转出等问题。

案例 109

某医药制造企业，增值税一般纳税人，增值税税率为13%。2024年累计实现销售收入为3 000万元，销项税额390万元，进项税额315万元。2023年累计实现销售收入为2 000万元，销项税额260万元，进项税额160万元，期初无留抵税额。

销售额变动率＝(3 000－2 000)÷2 000×100%＝50%

2024年应纳增值税＝390－315＝75(万元)

2023年应纳增值税＝260－160＝100(万元)

应纳税额变动率＝(75－100)÷100×100%＝25%

指标变动值＝50%÷25%＝2

该企业指标变动值为2，大于1，且两者都为正数，明显为异常指标，存在将自产产品无偿捐赠、对外投资、集体福利等未视同销售而未计提销项税额；是否存在购进的货物或劳务用于免税项目、简易项目、集体福利等未做进项税额转出等问题。

资料来源：庞金伟，《企业税务风险管理》。

(五)商贸企业进销税率异常指标

1. 风险指标描述

医药商贸企业购进和销售不同税率的商品，9%税率进项税额占比＞50%且13%税率的销项税额占比＞50%，视为异常。

计算公式如下：

$$9\%税率进项税额占比 = \frac{本期9\%税率进项税额}{本期进项税额总额} \times 100\% > 50\%$$

$$13\%税率销项税额占比 = \frac{本期13\%税率销项税额}{本期销项税额总额} \times 100\% > 50\%$$

2. 风险分析识别

如果医药商贸企业一般纳税人购进货物中9%税率占比达到50%以上，说明购进货物以低税率为主，但企业销售13%税率的货物占到50%以上，这说明企业销售以高税率货物为主，企业购销存在明显不匹配的情况，可能存在虚抵进项税额的问题。

3. 风险应对指引

企业应核实库存，确认库存商品的真实性，以及是否存在真实的购进相关货物的行为；同时，核查取得发票的真实性，是否存在虚开的发票虚抵进项税额的问题。

案例 110

甲企业为医药经销企业，2024年进项税总额为67.85万元，其中，农产品抵扣进项税额42.56万元。销项税额69.96万元，其中，13%税率销项税额40.68万元。全年应纳增值税税额2.11万元。

(1) 9%税率进项税额占比=本期9%税率进项税额÷本期进项税总额×100%=42.56÷67.85×100%=62.73%

(2) 13%税率销项税额占比=本期13%税率销项税额÷本期销项税总额×100%=40.68÷69.96×100%=58.14%

(3) 9%税率进项税额占比>50%且13%税率销项税额占比>50%，数据异常。

该企业存在账实不符的情况，实际购进中药材等低税率农产品仅占全部购进货物的10%左右，为了达到少缴税款的目的，该公司通过虚开收购凭证等行为虚抵进项税额。

三、一般纳税人销项税额风险事项分析与控制

（一）未按照增值税纳税义务发生时间及时确认收入少缴增值税的风险

1. 风险特征描述

企业因增值税纳税义务发生时间的规定与会计确认收入时间的规定存在差异，特别是新收入准则对收入确认时间的规定与税法规定之间的差异，而导致纳税人未按照增值税纳税义务发生时间及时确认收入。

2. 风险分析识别

将增值税申报的销售额与企业所得税年度纳税申报表的营业收入进行比对，如果企业全年销售额小于营业收入，差异越大，少确认增值税应税收入、少缴纳增值税的风险越高。

3. 风险应对指引

（1）企业应审核"主营业务收入""其他业务收入"科目，与企业签订的销售业务合同或协议约定的服务提供时间对比，核实是否存在未及时确认服务款收入、结算相应科目的税收风险点。

（2）企业审核"主营业务收入""预收账款"等科目，比对企业内部营收账单及计价系统，核实企业生产经营各业务环节的收入确认情况。

案例 111

2023年12月，A医药制造企业，增值税一般纳税人，以分期收款方式销售给医药批发企业一批药品，合同约定不含增值税的总价款为4 500万元，增值税税款为585万元。2024年、2025年、2026年、2027年、2028年12月31日各支付20%的款项。2023年12月A企业将药品发送到医药批发企业。该批药品不含增值税现销

价为3 600万元,生产成本为3 200万元。

该业务存在着重大的融资成分,会计上按照现销价格3 600万元确认收入,而增值税的计税销售额仍为4 500万元,税收每年收款金额为900万元(4 500÷5),收款时开具增值税专用发票,计提销项税额117万元(900×13%)。如果在货物发出时,一次性全额开具发票,计提销项税额585万元(4 500×13%)。

账务处理如下:

(1)发出商品时:

　　借:长期应收款　　　　　　　　　　　　　　　　50 850 000
　　　贷:主营业务收入　　　　　　　　　　　　　　36 000 000
　　　　应交税费——待转销项税额　　　　　　　　 5 850 000
　　　　未实现融资收益　　　　　　　　　　　　　 9 000 000

同时结转成本:

　　借:主营业务成本　　　　　　　　　　　　　　　32 000 000
　　　贷:库存商品　　　　　　　　　　　　　　　　32 000 000

(2)分期收款期间分摊"未实现融资收益"按照实际利率法进行分摊计算各期应分摊金额:

　　借:未实现融资收益
　　　贷:财务费用

(3)分期收到款项(每年12月31日):

　　借:银行存款　　　　　　　　　　　　　　　　　 1 170 000
　　　贷:长期应收款　　　　　　　　　　　　　　　 1 170 000

(4)收款款项开具增值税发票:

　　借:应交税费——待转销项税额　　　　　　　　　 1 170 000
　　　贷:应交税费——应交增值税(销项税额)　　　　1 170 000

(二)往来款长期挂账,隐匿销售收入少缴增值税的风险

1. 风险特征描述

企业"预收账款""应收账款""其他应收款"等科目期末余额长期较大,可能存在将已实现收入长期挂账不确认收入或延迟确认收入,甚至账外循环,少缴增值税的风险。

2. 风险分析识别

计算往来账余额与当期销售额的比率、往来账余额变动率、销售额变动率等风险指标,进行综合分析比对识别。如果企业的往来账余额与当期销售额的比率高、往来账余额变动率逐年增长,且高于销售额变动率,则企业存在隐匿增值税应税收入,少缴纳增值税的风险较高。

3. 风险应对指引

(1)审核企业往来账款科目明细账、辅助核算账,根据"预收账款""应收账款""其他应收款",分析当期发生额和期末余额,确认以下事项:是否存在长时间挂账,没有发生变化或无对应单位业务往来的往来款项;是否存在期末金额逐年增加或金额较大的现象,核实确认贷方余额较大与长期挂账款项的原因;是否存在未按增值税政策规定确认收入的情况;是否存在隐瞒所得收入、长期投资及收益,将资金借给关联企业无偿使用未计利息收入等风险点;是否存在长期挂账,无须偿付的账款未转入营业外收入等情况。

(2)核实确认相关合同、协议、会计原始凭证,与往来账科目核对,重点核实是否存在预收收入,其收入是否完全入账;是否有合同到期末及时确认增值税应税收入;是否存在符合一般商品销售收入的确认而未确认增值税应税收入。

(3)审核出库单、发货单、核查库存商品明细账,核实销售收入确认时间是否符合税法规定要求。

(三)视同销售未确认收入少缴增值税的风险

将增值税应税产品用于集体福利或者个人消费、投资、分配给投资者、无偿赠送等行为未按政策规定视同销售确认收入的风险。

1. 风险特征描述

企业将增值税应税产品用于集体福利或者个人消费、投资、分配给投资者、无偿赠送等行为未做视同销售确认收入，未按政策规定申报纳税，存在少计收入，少缴增值税的风险。

2. 风险分析识别

计算企业收入结构比率，对企业销售收入进行结构分析，重点比对分析用于集体福利或者个人消费、投资、分配给投资者、无偿赠送等行为未做视同销售确认收入的比重及其变化是否合理，识别判断纳税人是否存在不计、少计收入的风险。

3. 风险应对指引

（1）重点审核"营业外支出""销售费用""应付职工薪酬"明细账科目，了解相关业务的实际操作方式。

（2）审核"库存商品""主营业务成本"明细账科目，核实企业库存商品出库情况，是否存在未列入主营业务成本直接列入费用的商品。

（3）审核"生产成本""库存商品""管理费用""销售费用""应付职工薪酬"等科目，核实企业是否存在集体福利或者个人消费使用自产产品的情况，确认企业是否存在未视同销售处理，未按规定进行视同销售业务申报纳税，少缴增值税的风险点，企业及时开展风险自查。

案例 112

A医药制造企业为增值税一般纳税人，2024年12月以自产的一批感冒颗粒冲剂发给本厂职工作为福利，同类产品市场售价不含增值税的金额为100万元，生产成本为80万元。

将自产产品用于职工福利执行《企业会计准则》均按照该产品的公允价值和相关税费确定职工薪酬金额，并计入当期损益或相关资产成本。相关收入的确认、销售成本的结转以及相关税费的处理，与企业正常商品销售的会计处理相同。《增值税暂行条例实施细则》第四条规定,单位或者个体工商户的下列行为,视同销售货物:将自产、委托加工的货物用于集体福利或者个人消费。

(1)企业账务处理:

  借:应付职工薪酬——非货币性福利   800 000
   贷:库存商品   800 000

(2)正确账务处理:

  借:应付职工薪酬——非货币性福利   1 130 000
   贷:主营业务收入   1 000 000
     应交税费——应交增值税(销项税额)   130 000

同时结转主营业务成本:

  借:主营业务成本   800 000
   贷:库存商品   800 000

(四)新产品试生产期间未计应税收入少缴增值税的风险

1. 风险特征描述

新产品试生产期间形成的产品出售时未计提销项税额,少缴增值税的风险。

2. 风险分析识别

重点比对分析新产品试生产期间形成的产品收入的比重及其变化是否合理,识别判断纳税人是否存在不计、少计新产品试生产期间形成的产品收入的风险。

3. 风险应对指引

重点审核"在产品""库存商品"等科目,核实试生产过程中领用的材料、产成品出入库情况,核实试生产过程中收取款项的情况,核实试生产过程中产生的收入是否冲减生产成本,未确认收入,未计提销项税。

(五)总分支机构已送存货用于销售未计应税收入少缴增值税的风险

1. 风险特征描述

企业将原辅料、包装物、产成品等存货在集团机构非同一县(市)的机构间相互移送,可能存在未确认应税销售收入,少缴增值税的风险。

2. 风险分析识别

审核企业"主营业务收入""其他业务收入"科目,与企业签订的销售合同提供货物的时间对比,核实是否存在集团内非同一县(市)机构间移送存货用于销售,未确认应税收入的风险。

3. 风险应对指引

(1)核查"库存商品"等存货类账户,核实机构间是否存在移送货物的情况,特别对摘要栏内注明"移库"字样的,应重点审核,查阅该笔业务相关附件等资料。

(2)核对机构间的往来明细账和银行资金往来凭据,审查销售部门的销售台账、仓库部门的实物账等情况。

(3)核查仓库明细账、仓库出库单等,以确定库存商品的流向和用途,分析判断是否存在将库存商品移送到统一核算的在其他县(市)的机构用于销售,未做销售处理确认收入,未计提销项税额,少缴增值税的风险点,企业及时开展风险自查。

(六)处置使用过的固定资产少计应税收入少缴增值税的风险

1. 风险特征描述

处置使用过的固定资产未按规定确认收入,少缴增值税;不符合依3%征收率减按2%征收增值税条件的,按照简易计税办法计税。

2. 风险分析识别

(1)《财政部 国家税务总局关于全国实施增值税转型改革若干问题的通知》(财税〔2008〕170号)第四条规定:"自2009年1月1日起,纳税人销售自己使用过的固定资产(以下简称已使用过的固定资产),应区分不同情形征收增值税:(1)销售自己使用过的2009年1月1日以后购进或者自制的固定资产,按照适用税率征收增值税;(2)2008年12月31日以前未纳入扩大增值税抵扣范围试点的纳税人,销售自己使用过的2008年12月31日以前购进或者自制的固定资产,按照4%征收率减半征收增值税。"

(2)《国家税务总局关于一般纳税人销售自己使用过的固定资产增值税有关问

题的公告》(国家税务总局公告 2012 年第 1 号)规定:"增值税一般纳税人销售自己使用过的固定资产,属于以下两种情形的,可按简易办法依 4%征收率减半征收增值税,同时不得开具增值税专用发票:①纳税人购进或者自制固定资产时为小规模纳税人,认定为一般纳税人后销售该固定资产。②增值税一般纳税人发生按简易办法征收增值税应税行为,销售其按照规定不得抵扣且未抵扣进项税额的固定资产。"《国家税务总局关于简并增值税征收率有关问题的公告》(国家税务总局公告 2014 年第 36 号)第五条对本文进行了修改:自 2014 年 7 月 1 日起,"可按简易办法依 4%征收率减半征收增值税"修改为"可按简易办法依 3%征收率减按 2%征收增值税"。

3. 风险应对指引

重点审核企业"固定资产清理""营业外收入"等科目,核实固定资产管理卡片,核查固定资产取得和处置日期,结合企业当期"应交税费——应交增值税(销项税额)"、《增值税及附加税费申报表主表(一般纳税人适用)》和《增值税及附加税费申报表附列资料(一)(本期销售情况明细)》,核实企业享受的优惠是否在税务机关备案,是否存在处置固定资产却未按规定税率或征收率缴纳增值税风险点,企业开展风险自查。

(七)处置废弃物下脚料等未计应税收入少缴增值税的风险

1. 风险特征描述

(1)企业对外销售下脚料和生产各环节产生的个别废品,未确认收入、未计提销项税额的风险。

(2)销售自己使用过的除固定资产外的废旧包装物、废旧材料等未按正常税率申报缴纳增值税的风险。

(3)企业以废弃物处置收入以抵减清理费用,造成少计销售收入,少缴增值税的风险。

(4)企业废弃物中仍有市场价值的商品,存在未按照市场价格确认收入并计提销项税额的风险。

(5)企业在处理废弃物过程中,替关联方支付相关费用,导致多抵扣进项税额或多列费用的风险。

2. 风险分析识别

(1)计算企业的投入产出合理比率,确认废弃物下脚料的合理比率。

(2)计算企业收入结构比率,对销售收入进行结构分析,重点比对分析废弃物下脚料收入占销售收入的比率及变化是否合理,识别判断纳税人是否存在不计、少计应税收入的风险。

3. 风险应对指引

(1)重点审核企业建立的关于残次废品和下脚料的管理制度,核实生产各环节废品及下脚料的称重计量手续,关注废品及下脚料的去向。

(2)审核分析"应收账款""其他应收款""其他业务收入""营业外收入""应收票据""预收账款""生产成本"科目明细,核实残次废品和下脚料的会计处理,是否存在未确认收入、未计提增值税或错按简易征收导致的少缴增值税的风险点,企业及时开展风险自查。

(八)经营租赁收入少计应税收入少缴增值税的风险

1. 风险特征描述

企业可能存在不签订租赁合同隐瞒租金收入,或以物抵租少报租金收入,或收到以实物、劳务及其他形式支付的租金未计收入,少缴增值税的风险。

2. 风险分析识别

《纳税人提供不动产经营租赁服务增值税征收管理暂行办法》(国家税务总局公告 2016 年第 16 号发布)第三条规定:一般纳税人出租不动产,按照以下规定缴纳增值税:"(1)一般纳税人出租其 2016 年 4 月 30 日前取得的不动产,可以选择适用简易计税方法,按照 5% 的征收率计算应纳税额。(2)一般纳税人出租其 2016 年 5 月 1 日后取得的不动产,适用一般计税方法计税。"

企业对营业收入进行结构分析,重点比对分析租金收入占其他业务收入的比重及其变化是否合理,识别是否存在不计、少计租金收入的风险。

3. 风险应对指引

重点审核企业固定资产中房屋建筑物台账,重点关注各项资产用途。核实是否存在不签订租赁合同的出租房屋行为。结合"应交税费""其他业务收入""其他应付款"等科目,分析是否存在隐瞒租金收入,或以物抵租少报租金收入,或未确认以实物、劳务及其他形式支付的租金收入的风险点,企业及时开展风险自查。

(九)价外费用未计应税收入少缴增值税的风险

1. 风险特征描述

企业提供货物、劳务和服务过程中,向购买方收取的品牌使用费、手续费、补贴、基金、集资费、返还利润、奖励费、违约金、滞纳金、延期付款利息、赔偿金、代收款项、代垫款项、包装费、包装物租金、储备费、优质费、运输装卸费,以及其他各种性质的价外收费,可能存在未全额申报缴纳增值税的风险。

2. 风险分析识别

企业应结合"其他应付款""银行存款""现金"科目明细账、银行对账单,识别判断企业是否存在利用相关科目隐匿价外费用和其他收入的风险点。

《中华人民共和国增值税暂行条例实施细则》(以下简称《增值税暂行条例》)第十二条规定,条例第六条第一款所称价外费用,包括价外向购买方收取的手续费、补贴、基金、集资费、返还利润、奖励费、违约金、滞纳金、延期付款利息、赔偿金、代收款项、代垫款项、包装费、包装物租金、储备费、优质费、运输装卸费以及其他各种性质的价外收费。

3. 风险应对指引

重点监控企业营销模式,结合企业销售广告等宣传资料,审核"其他应付款""银行存款""现金"科目明细账、银行对账单,核实确认是否存在利用该科目隐匿收入或资金挂账超过一个营业周期的风险点。

审核现金流量表、销售合同及销售明细表,比对土地增值税、企业所得税的申报的收入,核实企业是否存在未全额申报缴纳增值税的风险,企业及时开展风险自查。

(十)投资销售金融商品未计应税收入少缴增值税的风险

1. 风险特征描述

医药企业用多余资金用于购买股票、投资理财等,企业取得的投资收益未计应税收入,少计提销项税额少缴增值税的风险。

2. 风险分析识别

通过扫描企业的"交易性金融资产"和"投资收益"等财务数据和纳税申报数据进行比对,企业投资的金融商品,如买卖股票、投资理财产品取得的投资收益,是否计算缴纳增值税。

根据《营业税改征增值税试点实施办法》(财税〔2016〕36号附件1),金融商品转让主要是指转让外汇、有价证券、非货物期货和其他金融商品所有权的业务活动。其他金融商品转让包括基金、信托、理财产品等各类资产管理产品和各种金融衍生品的转让。各种占用、拆借资金取得的收入,包括金融商品持有期间(含到期)利息(保本收益、报酬、资金占用费、补偿金等)收入等业务取得的利息及利息性质的收入,按照贷款服务缴纳增值税。《营业税改征增值税试点有关事项的规定》(财税〔2016〕36号附件2)规定,纳税人从事金融商品转让的,纳税义务发生时间为金融商品所有权转移的当天。金融商品转让,不得开具增值税专用发票。

3. 风险应对指引

企业在实际业务中,如果存在该方面的业务,要重点审核财务报表和账务处理的"交易性金融资产""投资收益""财务费用——利息收入""应交税费——转让金融商品应交增值税"等科目,审核增值税纳税申报表是否存在此投资业务,是否申报缴纳增值税,做到及时自查。

案例 113

A医药制造企业,一般纳税人企业,2024年3月购入甲股票20万股200万元,每股市价8元;同年9月购入甲股票10万股100万元,每股市价10元。2025年2

月转让甲股票10万股,每股市价9元。2025年6月转让甲股票20万股,每股市价15元。计算该企业转让甲股票应缴纳的增值税。

1. 2025年2月转让时:

(1) 买入价=(200+100)÷30×10=100(万元)

(2) 卖出价=9×10=90(万元)

(3) 转让股票销售额=90-100=-10(万元)

2. 2025年6月转让时:

(1) 买入价=(200+100)÷30×20=200(万元)

(2) 卖出价=15×20=300(万元)

(3) 转让股票销售额=300-200-10=90(万元)

(4) 不含税销售额=900 000÷(1+6%)=849 056.60(元)

(5) 应纳税额=销项税额=849 056.60×6%=50 943.40(元)

(十一) 兼营免税、减税项目、简易计税项目及不同税率项目未分别核算少缴增值税的风险

1. 风险特征描述

制药生产企业生产销售的药品,既有不同税率的药品,如有的适用13%的税率,有的适用9%的税率,有的提供服务适用6%的税率;还有免税产品,如避孕药品和用具;还有适用简易计税药品适用3%的征收率,如从事生物制品经营的药品批发企业和药品零售企业销售生物制品、增值税一般纳税人生产销售和批发、零售抗癌药品等,是否分别核算兼营免税、减税、简易计税项目及不同税率项目,未分别核算存在从高适用税率,少计提销项税额的风险。

2. 风险分析识别

企业对"应收账款""主营业务收入"等相关科目进行审核分析,识别企业是否存在不同税率项目、免税、减税、简易计税项目业务。

《增值税暂行条例》第十六条规定和《营业税改征增值税试点实施办法》第四十

一条规定:"纳税人兼营免税、减税项目的,应当分别核算免税、减税项目的销售额;未分别核算销售额的,不得免税、减税。"《增值税暂行条例》第三条规定:"纳税人兼营不同税率的货物或者应税劳务,应当分别核算不同税率货物或者应税劳务的销售额;未分别核算销售额的,从高适用税率。"

《财政部 海关总署 税务总局 国家药品监督管理局关于抗癌药品增值税政策的通知》第一条规定:"自2018年5月1日起,增值税一般纳税人生产销售和批发、零售抗癌药品,可选择按照简易办法依照3%征收率计算缴纳增值税。"《国家税务总局关于药品经营企业销售生物制品有关增值税问题的公告》(国家税务总局公告2012年第20号)第一条规定:"属于增值税一般纳税人的药品经营企业销售生物制品,可以选择简易办法按照生物制品销售额和3%的征收率计算缴纳增值税。"

3. 风险应对指引

企业应重点检查企业"应收账款""主营业务收入""应交税费——应交增值税(销项税额)""应交税费——应交增值税"科目,确认是否存在上述业务,核算是否正确,是否按照兼营业务分别核算不同税率的货物和服务的销售额,分别适用不同税率或者征收率申报缴纳增值税,企业及时开展风险自查。

【知识链接】

《增值税法》第二十四条下列项目免征增值税:"(一)农业生产者销售的自产农产品,农业机耕、排灌、病虫害防治、植物保护、农牧保险以及相关技术培训业务,家禽、牲畜、水生动物的配种和疾病防治;(二)医疗机构提供的医疗服务;(三)古旧图书,自然人销售的自己使用过的物品;(四)直接用于科学研究、科学试验和教学的进口仪器、设备;(五)外国政府、国际组织无偿援助的进口物资和设备;(六)由残疾人的组织直接进口供残疾人专用的物品,残疾人个人提供的服务;(七)托儿所、幼儿园、养老机构、残疾人服务机构提供的育养服务,婚姻介绍服务,殡葬服务;(八)学校提供的学历教育服务,学生勤工俭学提供的服务;(九)纪念馆、博物馆、文化馆、文物保护单位管理机构、美术馆、展览馆、书画院、图书馆举办文化活动的门票收入,宗教场所举办文化、宗教活动的门票收入。"但是,取消了原《增值税暂行条例》中"避孕药品和用具"免征增值税,也就是《增值税法》2026年1月1日后,"避孕药品和用具"不再免征增值税。

《增值税法》第十二条规定:"纳税人发生两项以上应税交易涉及不同税率、征收率的,应当分别核算适用不同税率、征收率的销售额;未分别核算的,从高适用税率。"第十三条规定:"纳税人发生一项应税交易涉及两个以上税率、征收率的,按照应税交易的主要业务适用税率、征收率。"

(十二)取得政府补助计应税收入少缴增值税的风险

1. 风险特征描述

医药企业取得与收入或者数量直接挂钩的政府补助,可能存在少计营业收入,少缴增值税的风险。

2. 风险分析识别

按照《国家税务总局关于取消增值税扣税凭证认证确认期限等增值税征管问题的公告》(国家税务总局公告2019年第45号)第七条规定,纳税人取得的财政补贴收入,与其销售货物、劳务、服务、无形资产、不动产的收入或者数量直接挂钩的,应按规定计算缴纳增值税。纳税人取得的其他情形的财政补贴收入,不属于增值税应税收入,不征收增值税。

3. 风险应对指引

企业审核并正确判断政府补助的性质,是属于征税收入还是不征税收入等。审核计入"营业外收入"与收入或数量挂钩的政府补助,是否按照合同协议,应当计入"主营业务收入"依法确认增值税销售额,按照销售产品的适用税率计算销项税额,做到及时自查补缴增值税。

四、一般纳税人进项税额风险事项分析与控制

(一)混淆计税方法、应税项目和免税项目多抵扣进项税额的风险

1. 风险特征描述

适用一般计税方法的纳税人,兼营简易计税方法的计税项目、免税项目而未划

分清楚,将简易计税项目、免税项目取得的进项税额一并计入一般计税项目抵扣,多计进项税额,少缴增值税的风险。

2. 风险分析识别

(1)计算企业一般计税项目、简易计税项目、免税项目增值税税负率,如果一般计税项目增值税税负率低于同行业增值税税负率的预警值,而简易计税项目、免税项目增值税税负率高于同行业增值税税负率的预警值,风险指向企业可能存在混淆增值税一般计税方法和简易计税方法,将简易计税项目、免税项目取得的进项税额一并计入一般计税项目抵扣,存在多抵、虚抵进项税额,进而少缴增值税的风险。

(2)根据〔2016〕36号文件附件1:《营业税改征增值税试点实施办法》第二十七条第(一)项的规定,用于简易计税方法计税项目、免征增值税项目、集体福利或者个人消费的购进货物、加工修理修配劳务、服务、无形资产和不动产的进项税额不得从销项税额中抵扣。其中涉及的固定资产、无形资产、不动产,仅指专用于上述项目的固定资产、无形资产(不包括其他权益性无形资产)、不动产。

(3)企业无法划分一般计税项目和简易计税、免税项目,是否按照下列公式计算不得抵扣的进项税额,不得抵扣的进项税额是否进行进项转出。

不得抵扣的进项税额＝当期无法划分的全部进项税额×(当期简易计税方法计税项目销售额＋免征增值税项目销售额)÷当期全部销售额

3. 风险应对指引

(1)企业重点审核是否单独核算增值税简易计税方法计税项目、免征增值税项目收入,是否准确划分简易计税方法计税项目、免征增值税项目所对应进项税额。

(2)审核原始凭证和相关供货合同,与供货方信息、材料种类等比对,确认是否存在项目归属错误的材料成本费用,不得抵扣的进项税额是否进行进项转出。

案例 114

A医药制造企业,增值税一般纳税人,从事药品的生产销售。2024年8月,当月购进生产用原材料一批,取得增值税专用发票注明税款100万元,用于生产应税产品消炎药、简易计税方法的生物制品和免税避孕药三种药品。该企业申报应税收入500万元、简易计税收入100万元,免税收入80万元,进项税额转出额0,应纳税额68万元。

按照税法规定,用于免税项目的进项税额不得抵扣,而该企业有免税收入,却没有申报进项转出,可能存在少交增值税问题。该企业核实,当月购进生产用原材料一批,取得增值税专用发票注明税款100万元,用于生产应税产品消炎药、简易计税方法的生物制品和免税避孕药三种药品。这三种药品无法分清各自耗用原材料数额,当月所耗用原材料进项税额未作转出处理。

不得抵扣的进项税额=100×(100+80)÷(500+100+80)=26.47(万元)

当月销项税额=500×13%+100×3%=68(万元)

当月应抵扣进项税额=(100−26.47)=73.53(万元)

当月应补缴增值税=(73.53−68)=5.53(万元)

(二)购进农产品业务不实或单价不实多抵扣进项税额的风险

1. 风险特征描述

特别是中草药制造企业,在向农业生产者收购农产品自行填开农产品收购发票时,企业可能存在虚开收购单价,或者将装卸费计入农产品收购价格,多计农产品进项税额的风险;购进的主要农产品,购进的单价差异过大,可能存在农产品购进价格不实的风险。在日常农产品采购业务中,向小规模纳税人(个体工商户)或者一般纳税人购买,可能存在不能取得卖方开具的发票或者对方不愿开具发票,企业自行开具收购发票,甚至让他人为自己开具增值税专用发票,用于计算抵扣进项税额,少缴增值税的风险。

2. 风险分析识别

抵扣农产品凭证是否符合规定,购进农产品抵扣进项税额即时是否正确等,企业可能存在虚开收购农产品单价,进而虚抵进项税额,少缴增值税的风险。

按照简易计税方法依照3%征收率计算缴纳增值税的小规模纳税人开具的增值税普通发票，不得作为计算抵扣进项税额的凭证。

因为农业生产者销售自产农产品免征增值税，不能开具专用发票，所以农产品收购发票或者销售发票都是增值税普通发票。

农产品销售发票，是指农业生产者销售自产农产品适用免征增值税政策而开具的普通发票。农产品收购发票是收购方自己开给自己的，发票左上角自动打印"收购"字样，纳税人只能是向农业生产者个人购买自产农产品才能开具，向从事农业生产的自然人以外的单位和个人购进农产品，应索取发票，不能自行开具农产品收购发票。农产品销售发票和收购发票作为扣税凭证，仅限于纳税人从农业生产者购入的自产免税农产品。

3. 风险应对指引

鉴于中医药企业在收购环节容易出现税务风险，建议加强收购环节税务管理，依法规范开具发票，合规计算并抵扣进项税额。

加强收购环节管理，首先要做的是选择恰当的采购对象。对中医药企业来说，收购对象不同，相应的进项税额抵扣凭证及可抵扣的进项税额不同。如果是向农业生产者收购其自产的初级农产品，则可自行开具收购发票，并计算抵扣相应进项税额。如果需要向二手交易商收购药材，则建议中医药企业尽可能选择增值税一般纳税人，进而凭销售方开具的增值税专用发票，合规计算并抵扣相应进项税额。

同时，中医药企业还须事先做好采购计划。向二手交易商购进中药材，有时难以取得增值税专用发票，这将导致中医药企业面临进项税额抵扣难的问题。对此，企业可通过事先安排，采用委托收购的方式，委托二手交易商代其向农户采购。在采购过程中，注意采集销售人员完整身份信息，据实开具收购发票，相应的货款尽可能通过转账方式结算，使交易有迹可查，化解相应税务风险。

（三）企业非正常损失已抵扣对应的进项税额未按规定转出的风险

1. 风险特征描述

非正常损失是指因管理不善造成货物被盗、丢失、霉烂变质，以及因违反法律法规造成货物或者不动产被依法没收、销毁、拆除的情形。企业发生非正常损失的已抵扣的进项税额未转出,少缴增值税的风险。

2. 风险分析识别

非正常损失对应的进项税额应进行转出的四种情形:一是非正常损失的购进货物,以及相关的加工修理修配劳务和交通运输服务。二是非正常损失的在产品、产成品所耗用的购进货物(不包括固定资产)、加工修理修配劳务和交通运输服务。三是非正常损失的不动产,以及该不动产所耗用的购进货物、设计服务和建筑服务。四是非正常损失的不动产在建工程所耗用的购进货物、设计服务和建筑服务。

企业发生上述情形,是否对已抵扣对应的进项税额进行转出,少缴增值税。

3. 风险应对指引

企业应重点审核"固定资产""管理费用""营业外支出""在建工程""应交税费——应交增值税(进项税额转出)"等科目明细账,核实企业非正常损失的情况,是否存在以上情形未按规定转出进项税额,少缴增值税的,应及时自查补缴,实施有效的风险控制。

案例 115

甲医药生产企业,增值税一般纳税人。2024 年 10 月由于管理不善产成品厂库发生被盗,共损失药品账面价值 100 万元,当月的总生产成本为 78 万元,其中外购原材料价值 50 万元。

损失产品成本中所耗用外购货物的实际成本＝100×(50÷78)＝64.102 6(万元)

应转出的进项税额＝64.102 6×13％＝8.333 3(万元)

该企业在 2024 年 11 月申报期进行增值税纳税申报时,应转出进项税额 8.333 3万元。

(四)购进的固定资产、不动产不得抵扣的情形多抵扣进项税额的风险

1. 风险特征描述

企业购进的固定资产、不动产等已抵扣进项税额,发生非正常损失,或者改变用途,专用于简易计税方法计税项目、免征增值税项目、集体福利或者个人消费的进行抵扣进项税额,少缴增值税的风险。

2. 风险分析识别

企业购进的固定资产、不动产等已抵扣进项税额,发生非正常损失是否进项税额转出;专用于简易计税方法计税项目、免征增值税项目、集体福利或者个人消费的是否进行抵扣进项税额;改变用途如企业车间改成餐厅使用是否进行进项税额转出。

《营改增试点实施办法》第三十一条规定,已抵扣进项税额的固定资产、无形资产或者不动产,发生本办法第二十七条规定情形的,按照下列公式计算不得抵扣的进项税额:

$$不得抵扣的进项税额＝固定资产、无形资产或者不动产净值 \times 适用税率$$

《不动产进项税额分期抵扣暂行办法》第七条规定,已抵扣进项税额的不动产,发生非正常损失,或者改变用途,专用于简易计税方法计税项目、免征增值税项目、集体福利或者个人消费的,按照下列公式计算不得抵扣的进项税额,并从当期进项税额中扣减:

$$不得抵扣的进项税额＝已抵扣进项税额 \times 不动产净值率$$

$$不动产净值率＝(不动产净值 \div 不动产原值) \times 100\%$$

3. 风险应对指引

企业应重点核实购进的固定资产或不动产,根据固定资产卡片分类情况具体分析,到底用在哪些项目上。根据财务报表数据和纳税申报表的情况比对,是否进行了进项税额转出。

案例 116

甲医药生产企业，增值税一般纳税人，2024年6月购进一栋办公楼，取得增值税专用发票，发票金额5 000万元，税额450万元，于当期认证抵扣进项税额。2024年12月，将该办公楼专用于职工宿舍。企业计算折旧使用平均年限法，预计使用寿命20年，不考虑净残值率。

不动产净值＝5 000－(5 000÷20÷12×6)≈4 875(万元)

不动产净值率＝(4 875÷5 000)×100%＝97.5%

不得抵扣的进项税额＝已抵扣进项税额×不动产净值率
＝450×97.5%＝438.75(万元)

该企业应进项税额转出438.75万元。

(五)增值税留抵退税的风险分析与控制

1. 风险特征描述

企业未计或者少计销售收入，少提销项税额；或者因取得的增值税专用发票不符合抵扣条件未做进项税额转出、取得的虚开的增值税专用发票进项税额抵扣，造成增值税留抵退税的风险。

2. 风险分析识别

留抵税额，是当期销项税额小于当期进项税额不足抵扣的部分。销项税额和进项税额申报是否准确，直接关系到企业能否合规退还留抵税额。根据企业的增值税纳税申报数据的留抵退税数据进行风险扫描，发出留抵退税风险预警信息。企业是否存在少计提销项税额或多抵扣进项税额多申请留抵退税，是否存在骗取留抵退税的现象。

骗取留抵退税包括"假报留抵"和"其他欺骗手段"，其中"假报留抵"包括虚增进项税额(包括取得虚开发票等)和少计销项税额(包括隐匿收入等)，"其他欺骗手段"包括骗取留抵退税资格、虚假申报等。

3. 风险应对指引

企业根据申请留抵退税的数据，梳理销售是否应计税收入做账务处理进行纳税申报，审核取得的增值税专用发票是否符合抵扣政策，是否存在取得虚开的增值税专用发票等情况，及时自查，对已经申请退税的，及时做税款交回处理。

案例 117

甲医药企业有限责任公司成立于2013年，注册资本1 000万元，主营中药饮片生产销售、中药材贸易业务。2020年3月，该公司被认定为疫情防控重点保障物资生产企业。2020年5月，企业向主管税务机关提交《退(抵)税申请表》，申请退还增量留抵税额63.2万元，主管税务机关受理后按程序审核退还了增量留抵税额。

在后续的专项检查中，税务人员通过数据分析，发现该公司诸多异常，遂对其开展检查。通过检查，税务人员发现该公司通过虚开农产品收购发票、违规抵扣进项税额等手段虚增留抵税额，再通过申请退税骗取增量留抵退税。最终，63.2万元的增量留抵退税款被追缴入库，甲公司还被处以所退税款50%的罚款。

五、虚开、虚抵增值税发票风险事项分析与控制

从2024年12月1日开始，全国数电发票开始实施，税务机关应用全国增值税发票风险特征信息库、虚开发票风险指标模型和大数据运算技术，建立了红、黄、蓝风险预警机制，即时监控纳税人开具发票行为，同时对取得的增值税发票也进行了不同的标注。作为医药企业的财务人员应正视预警信息，学会分析与应对，财务要尽可能完善真实业务的证据链，防范虚开发票的风险。

(一)开具增值税发票的风险分析与控制

开具发票蓝色预警风险

(1)蓝色风险预警

①风险指标描述

蓝色预警风险等级:低级。法人、财务负责人、办税人、开票人任职风险企业(全国数据);"三员"(法人、财务负责人、办税人)一致;注册地或生产经营地存在风险;"六员"(在"三员"的基础上加上领票人、开票人和投资人)中的"两员"以上任职同一风险企业;自然人投资人存在风险关联;身份证号或手机号存在关联风险。

②风险分析识别

企业收到蓝色预警提示"您的行为已经触发开票风险预警机制(蓝色预警),请注意虚开增值税发票风险"时,系统会再次触发刷脸认证,完成刷脸认证后,可继续开票,需变更财务负责人。

③风险应对指引

蓝色预警是税务机关通过大数据预警指标对开票人和开票行为出现异常的管理,对首次大额开具发票给予提醒,但是没有证据证明企业有问题,实际上是税务方通过预警提醒方式,将税务方事后等企业出了问题再稽查的环节提前至企业开具发票的提醒,起到辅导纳税人遵从的作用和风险排除前移的效果,进入纳税人自行做到风险排除、风险确认、风险消除的良性循环。经常出现该提示的企业要高度重视,注意开具发票总金额制度的合理应用,进行风险排除。

(2)黄色风险预警

①风险指标描述

黄色预警风险等级:中级。黄色预警风险为中等,多数为企业法人名下其他公司有非正常户或上游公司为风险纳税人等或发票品名销项和进项有不符情形。税务对触发黄色预警级别的纳税人,将对其应开具的有风险疑点的增值税专用发票标记为疑点发票。

②风险分析识别

黄色预警是税务机关通过大数据预警指标对纳税人开具增值税专用发票的开票品名与经营范围以及企业法人名下其他公司有非正常户或上游公司为风险纳税人的情况,被系统标记为疑点发票。当企业收到"您的行为已经触发开票风险预警机制(黄色预警),请注意虚开增值税发票风险"提示时,系统会再次触发刷脸认证,完成刷脸认证后,可继续开票。如果遇到企业法人名下其他公司有非正常户或上游公司为风险纳税人的情况,需要处理完非正常户后才可自动恢复正常。

③风险应对指引

出现黄色预警开具发票需要再次触发刷脸认证,完成刷脸认证后,可继续开票的手段是一种提示,因此在数电发票时代增强了开票员的税务风险责任,开票员虽然不能保证此项业务的真实性,但应该审核所开具的发票是否有相关的证据支持。

由于黄色预警是税务方利用反洗票系统的穿透功能,对纳税人进项发票进行风险溯源分析和销项发票风险追踪分析,对于触发"黄色"风险预警的企业,一般会发生开出的发票品名项目超出公司经营范围,收到的发票与开出的发票不是同一类型的情况,建议核查企业本身的进销项商品名称与发票编码的大类是否一致,手动输入检验,或者作废重开。

(3)红色风险预警

①风险指标描述

红色预警风险等级:高风险。此情节较为严重,红色预警为高风险,增值税发票管理系统风险纳税人名单管理中的纳税人(含税控系统中全链条红色预警和机动车发票监控规则产生的风险纳税人)。税务方对于触发红色预警级别的纳税人,将其纳入增值税发票管理系统风险纳税人名单管理,并将其对应开具的涉嫌虚开的增值税专用发票认定异常增值税扣税凭证,同时形成增值税发票风险快速反应任务,推送至主管税务机关开展风险应对。

②风险分析识别

当纳税人收到"您的行为已经触发开票风险预警机制(红色预警),不能继续开具发票,请到主管税务机关进行处理"提示时,纳税人不能继续开票,只能到税务机关处理。

红色预警是为了加强对增值税一般纳税人的管理,防止出现零申报、负申报、控制税负偏低的纳税人而采取的提醒措施,是税务方的税负管理手段之一,是税务方将增值税一般纳税人的税负管理提前到发票管理环节,体现我国还是继续执行"以票控税"的管理思路。

③风险应对指引

税务机关发出了红色预警,需要纳税人到税务机关去处理风险预警指标,纳税人必须高度重视,认真自查是否虚开,并准备好相关资料包括但不限于合同或协议、银行回单、账务处理资料等,向主管税务机关提请核实风险事项,主管税务机关依据约谈、调查巡查结果对风险等级或预警级别调整、维持或解除。

(二)取得增值税发票风险分析与控制

1. 风险指标描述

当企业收到的增值税发票标注为黄色或红色的中、高风险预警,特别是标注红色预警信息的发票,可能存在对方开具的增值税发票为虚开等情形。

2. 风险分析识别

企业对收到的增值税专用发票,要进行风险识别,主要是这对红色和黄色疑点的发票,在勾选认证抵扣前一定要做综合判断,是否为列入"异常凭证"或"已证实虚开"的发票范围,特别是对高危项目的增值税发票如咨询费、会议费、广告费、策划费运输费等更要警醒。

《国家税务总局关于走逃(失联)企业开具增值税专用发票认定处理有关问题的公告》(国家税务总局公告 2016 年第 76 号)规定列入异常增值税扣税凭证的范围:"走逃(失联)企业存续经营期间发生下列情形之一的,所对应属期开具的增值税专用发票列入异常增值税扣税凭证范围。(1)商贸企业购进、销售货物名称严重背离的;生产企业无实际生产加工能力且无委托加工,或生产能耗与销售情况严重不符,或购进货物并不能直接生产其销售的货物且无委托加工的。(2)直接走逃失踪不纳税申报,或虽然申报但通过填列增值税纳税申报表相关栏次,规避税务机关审核比对,进行虚假申报的。"

《国家税务总局关于异常增值税扣税凭证管理等有关事项的公告》(国家税务总局公告2019年第38号)第一条规定:"一、符合下列情形之一的增值税专用发票,列入异常凭证范围:(一)纳税人丢失、被盗税控专用设备中未开具或已开具未上传的增值税专用发票;(二)非正常户纳税人未向税务机关申报或未按规定缴纳税款的增值税专用发票;(三)增值税发票管理系统稽核比对发现'比对不符''缺联''作废'的增值税专用发票;(四)经税务总局、省税务局大数据分析发现,纳税人开具的增值税专用发票存在涉嫌虚开、未按规定缴纳消费税等情形的;(五)属于《国家税务总局关于走逃(失联)企业开具增值税专用发票认定处理有关问题的公告》(国家税务总局公告2016年第76号)第二条第(一)项规定情形的增值税专用发票。"

《国家税务总局关于异常增值税扣税凭证管理等有关事项的公告》(国家税务总局公告2019年第38号)第一条规定:"增值税一般纳税人申报抵扣异常凭证,同时符合下列情形的,其对应开具的增值税专用发票列入异常凭证范围:(一)异常凭证进项税额累计占同期全部增值税专用发票进项税额70%(含)以上的;(二)异常凭证进项税额累计超过5万元的。"

3. 风险应对指引

(1)纳税人在增值税发票综合服务平台上,发现取得标记为红色异常凭证的,暂不允许抵扣进项税额。如该业务真实,企业可以联系开票方,由开票方向其主管税务机关申请风险事项核查,开票方主管税务机关排除风险后,可以继续勾选抵扣。

(2)纳税人在增值税发票综合服务平台上,发现取得标记为黄色疑点发票的,需要对其业务真实性进行承诺。

(3)根据《国家税务总局关于异常增值税扣税凭证管理等有关事项的公告》(国家税务总局公告2019年第38号)文件要求的采取下列具体应对措施:

一是尚未申报抵扣增值税进项税额的,暂不允许抵扣。已经申报抵扣增值税进项税额的,除另有规定外,一律做进项税额转出处理。

二是尚未申报出口退税或者已申报但尚未办理出口退税的,除另有规定外,暂不允许办理出口退税。适用增值税免抵退税办法的纳税人已经办理出口退税的,应根据列入异常凭证范围的增值税专用发票上注明的增值税额做进项税额转出处理;适用增值税免退税办法的纳税人已经办理出口退税的,税务机关应按照现行规定对列入异常凭证范围的增值税专用发票对应的已退税款追回。

纳税人因骗取出口退税停止出口退(免)税期间取得的增值税专用发票列入异常凭证范围的,按照本条第(一)项规定执行。

三是消费税纳税人以外购或委托加工收回的已税消费品为原料连续生产应税消费品,尚未申报扣除原料已纳消费税税款的,暂不允许抵扣;已经申报抵扣的,冲减当期允许抵扣的消费税税款,当期不足冲减的应当补缴税款。

四是纳税信用 A 级纳税人取得异常凭证且已经申报抵扣增值税、办理出口退税或抵扣消费税的,可以自接到税务机关通知之日起 10 个工作日内,向主管税务机关提出核实申请。经税务机关核实,符合现行增值税进项税额抵扣、出口退税或消费税抵扣相关规定的,可不做进项税额转出、追回已退税款、冲减当期允许抵扣的消费税税款等处理。纳税人逾期未提出核实申请的,应于期满后按照本条第(一)项、第(二)项、第(三)项规定做相关处理。

五是纳税人对税务机关认定的异常凭证存有异议,可以向主管税务机关提出核实申请。经税务机关核实,符合现行增值税进项税额抵扣或出口退税相关规定的,纳税人可继续申报抵扣或者重新申报出口退税;符合消费税抵扣规定且已缴纳消费税税款的,纳税人可继续申报抵扣消费税税款。

第四节 企业所得税风险控制指标

企业所得税具有较强的政策性、核算形式多样性、计算过程复杂性、政策更新快、优惠政策涉及面广等特点,企业所得税风险点特别多,企业如果不能有效控制存在的各种风险点,无疑会带来诸多税收风险隐患。

上一节增值税风险指标涉及的销售收入业务事项,同样涉及企业所得税收入的核算和风险,为避免增值税和企业所得税收入业务事项风险的重复,本节主要以企业所得税风险控制指标的角度,分析、评估税务风险点,加强企业税务风险管理的要点和方向,减少企业税务风险。

一、企业所得税风险控制指标概述

企业所得税风险控制指标是企业根据企业自身业务性质对涉及所得税的指标设置的风险值和税务机关对企业所得税风险预警设置的风险值进行控制的各类指标。企业所得税风险管理是企业对涉及企业所得税义务事项风险点进行管理的活动,是企业风险管理的重点税种之一。

企业所得税控制指标分为通用风险控制指标、综合业务事项风险控制指标,下面主要就这两种类型指标进行分析。

二、企业所得税通用风险指标分析与控制

企业所得税通用风险控制指标大致分为企业所得税贡献率异常指标、企业所得税贡献率变动异常指标、企业所得税税收负担率异常指标、企业所得税应纳税额变动率与主营业务收入变动率配比异常指标、应纳税所得额变动率与总资产变动率配比异常指标五类。

(一)企业所得税贡献率异常指标

1. 风险指标描述

企业所得税贡献率异常是指在正常业务情况下(不包括特殊业务),企业所得税贡献率与地区同行业、同类型企业所得税贡献率预警值对比明显偏低,显示风险预警。

计算公式如下:

$$企业所得税贡献率 = \frac{报告期缴纳的企业所得税}{报告期企业的营业收入} \times 100\% < 预警值$$

2. 风险分析识别

企业所得税贡献率低于预警值的幅度越大,税收风险越高。风险指向纳税人可能存在少计收入、多计成本费用、扩大税前扣除范围的涉税风险,或者可能存在非正常情况的亏损等。

3. 风险应对指引

(1)企业根据往年企业所得税申报纳税等情况综合研判,提高税收风险分析识别的精准性。

(2)对预警企业结合涉税财务指标和第三方信息,结合运用物耗、电耗、水耗等涉税信息,针对企业所得税的应纳税所得额及营业收入、成本费用项目等进一步深入分析核实。

(二)企业所得税贡献率变动异常指标

1. 风险指标描述

企业所得税贡献率的变动率与地区同行业同类型企业所得税贡献率变动率预警值对比明显偏低。

计算公式如下:

$$企业所得税贡献率变动率 = \frac{报告期缴纳的企业所得税贡献率 - 基期企业所得税贡献率}{基期企业所得税贡献率} \times 100\% < 预警值$$

2. 风险分析识别

企业所得税贡献率变动率低于预警值的幅度越大,税收风险越高。风险指向纳税人可能存在少计收入、多计成本费用、扩大税前扣除范围的税收遵从风险,或者可能存在非正常情况的亏损等。

3. 风险应对指引

(1)对企业所得税的应纳税所得额及有关收入、成本、费用项目进一步深入分析核实,排查是否存在扩大税前扣除范围、非正常情况的亏损等税收风险点。

(2)结合相关财务信息和第三方信息,结合运用物耗、电耗、水耗等涉税信息,针对企业所得税的应纳税所得额及有关营业收入、成本费用项目等进一步深入分析核实。

(三)企业所得税税收负担率异常指标

1. 风险指标描述

企业所得税税收负担率简称企业所得税税负率,主要是指在正常业务情况下(不包括特殊业务),企业所得税申报数据计算的税负率与地区同行业同类型企业税负指标预警值对比明显偏低,显示风险预警。

计算公式如下:

$$企业所得税税收负担率 = \frac{报告期缴纳的企业所得税}{报告期企业的利润总额} \times 100\% < 预警值$$

2. 风险分析识别

企业所得税税负率低于预警值的幅度越大,税收风险越高。风险指向纳税人可能存在少计收入、多计成本费用、扩大税前扣除范围的税收遵从风险,或者可能存在非正常情况的亏损等。

3. 风险应对指引

(1)企业要根据往年企业所得税申报纳税等情况,结合调整修正行业企业所得税纳税申报情况等,提高税收风险分析识别的准确性。

(2)结合相关财务信息和第三方信息,结合运用物耗、电耗、水耗等涉税信息针对企业所得税的应纳税所得额及有关营业收入、成本费用项目等进一步深入分析核实。

(四)企业所得税应纳税额变动率与主营业务收入变动率配比异常指标

1. 风险指标描述

企业所得税应纳税额变动率与主营业务收入变动率应保持同方向、同幅度增减变化,两者的配比指标又称企业所得税弹性系数。弹性系数趋近于1是合理的,0.8~1.2是相对合理区间,偏离合理区间显示风险预警。

计算公式如下：

$$企业所得税弹性系数 = \frac{应纳企业所得税额变动率}{主营业务收入变动率} \times 100\%$$

2. 风险分析识别

比值趋近于1是合理的，反映企业主营业务收入变动与企业所得税应纳税额变动之间是协调一致的，0.8~1.2是相对合理区间，偏离合理区间显示异常，偏离合理区间的幅度越大，税收风险越高。风险指向纳税人可能存在少计收入、多计成本费用、扩大税前扣除范围的税收遵从风险，或者可能存在非正常情况的亏损等。

3. 风险应对指引

(1) 结合纳税申报表与相关财务报表数据开展风险分析识别。当二者都为正，比值＜0.8，且与0.8偏差较大时，可能存在通过多计成本费用、扩大税前扣除范围，以少缴企业所得税风险，应重点分析。当二者都为负，比值＞1.2，且与1.2偏差较大时，可能存在通过多计成本费用、扩大税前扣除范围，以少缴企业所得税风险，应重点分析监控。当比值为负数，且前者为负后者为正时，可能存在通过多计成本费用、扩大税前扣除范围，以少缴企业所得税风险，应重点分析监控。

(2) 剔除影响应纳税额变动的税收优惠政策，与期初数据、平均库存水平生产能力、生产周期、行业平均价格等涉税数据综合比对分析。

(3) 结合财务指标数据、第三方涉税信息及物耗、电耗、水耗等发票数据，针对影响企业所得税应纳税所得额的营业收入成本费用及税前扣除等项目明细进一步深入分析核实。

(五) 应纳税所得额变动率与总资产变动率配比异常指标

1. 风险指标描述

在正常情况下，应纳税所得额变动率与总资产变动率应保持同方向、同幅度增减变化，配比的弹性系数趋近于1是合理的，0.8~1.2是相对合理区间，偏离合理区间显示风险预警。

计算公式如下：

$$企业所得税弹性系数 = \frac{应纳企业所得税额变动率}{总资产变动率} \times 100\%$$

2. 风险分析识别

偏离合理区间的幅度越大，税收风险越高。排除税收政策重大调整、税收优惠、减免税或经营环境发生重大变化等原因，风险指向纳税人可能存在少计收入、多计成本费用、扩大税前扣除范围的情况，造成少缴企业所得税的税收遵从风险。

3. 风险应对指引

(1) 结合纳税申报表与相关财务报表数据开展案头风险分析识别。当二者都为正，比值<0.8，且与0.8偏差较大时，可能存在通过多计成本费用、扩大税前扣除范围，以少缴企业所得税风险，应重点分析监控。当二者都为负，比值>1.2，且与1.2偏差较大时，可能存在通过多计成本费用、扩大税前扣除范围，以少缴企业所得税风险，应重点分析监控。当比值为负数，且前者为负后者为正时，可能存在通过多计成本费用、扩大税前扣除范围，以少缴企业所得税风险，应重点分析监控。

(2) 结合影响应纳税额的税收优惠政策因素，与期初数据、平均库存水平、生产能力、生产周期、行业平均价格等涉税数据综合比对分析。

(3) 结合财务指标数据、第三方涉税信息及物耗、电耗、水耗等发票数据，针对企业所得税应纳税所得额、资产状况、营业收入、成本费用项目及税前扣除项目等进一步深入分析核实。

三、企业所得税综合业务事项类型风险分析与控制

企业所得税综合业务事项类型风险指标分析，主要是通过企业财务报表数据与纳税申报数据相比对设置的预警指标或预警业务事项，主要对收入类风险指标、费用类风险指标、优惠类风险指标等高风险进行分析与控制。

(一)收入类风险指标分析与控制

1. 未按税法规定的时间确认收入的风险

(1)风险指标描述。企业"预收账款""应收账款""其他应收款"等科目期末金额较大,可能将实现收入长期挂账、不确认收入,造成企业所得税的风险。

(2)风险分析识别。企业是否存在长时间未发生变化或无业务往来的对应单位往来款项;是否存在期末金额逐年增加或金额较大的现象;是否存在未按增值税规定确认收入的情况;是否存在隐瞒所得收入、长期投资及收益、将资金借给关联企业无偿使用未计利息等问题;是否存在长期挂账无须偿付的预收账款未转入营业外收入的情况;是否有合同到期未确认增值税应税收入,是否符合一般销售收入的确认而未确认收入。

(3)风险应对指引。企业重点审核企业相关科目明细账、辅助核算账,根据"预收账款""应收账款""其他应收款",分析当期发生额和期末余额,关注贷方余额较大与长期挂账款项的原因。审核相关合同、协议、会计原始凭证,与往来账科目相核对。审核出库单、发货单,了解企业入库、发货流程,审查库存商品明细账,核实销售收入确认时间是否符合税法规定。企业及时做到自查,补缴税款。

2. 未按照纳税义务发生时间确认收入少缴税款的风险

(1)风险指标描述。企业发生销售行为,销售货物、劳务和应税服务不按规定开具发票,在申报时不做无票收入处理,少计提销项税,少确认所得税的应税收入,少缴企业所得税的风险。

(2)风险分析识别。企业在业务处理和事后审核各项业务,是否存在这些事项少缴企业所得税。

(3)风险应对指引。企业重点审核"库存商品"明细账,查看出入库手续,对产品进行盘库,查看期末数额是否账实相符,是否存在盘亏异常情况。企业及时做到自查,补缴税款。

3. 价外费用收入未依照规定计提销项税额的风险

(1)风险指标描述。企业将收取的手续费、补贴、基金、集资费、返还利润及其他各种性质的价外收费未并入销售额，少确认所得税的应税收入，少缴企业所得税的风险。

(2)风险分析识别。企业根据增值税纳税申报表的销售额与企业所得税年度申报表申报的营业收入进行差异比对，如果价外费用没有申报增值税，同时会存在未做企业所得税应税收入，少缴企业所得税。

(3)风险应对指引。企业重点审核"其他业务收入""营业外收入""营业外支出""其他应付款""财务费用""主营业务成本""应收账款""其他应收款""其他应付款"等收入、往来及费用明细账，核查收取款项的性质，查看"应交税费——应交增值税(销项税额)"明细账和增值税纳税申报表，核查收取的手续费、补贴、基金、集资费、返还利润及其他各种性质的价外收费是否计算缴纳增值税款。企业及时做到自查，补缴税款。

4. 企业销售货物少计或延迟确认收入的风险

(1)风险指标描述。企业增值税、企业所得税申报信息显示企业同期申报的增值税收入合计与企业所得税确认的收入总额差异较大，企业可能存在少计或晚计收入，少缴企业所得税的风险。

(2)风险分析识别。企业对同期申报的增值税收入合计与企业所得税确认的收入总额进行比较分析，存在差异较大的情况，分析其存在的原因，是否少计或晚计收入，少缴企业所得税。

(3)风险应对指引。企业重点审核"主营业务收入""库存商品"明细账和往来款项，核查企业销售合同，是否存在发出商品用于偿债、投资、捐赠或非应税项目而未计销售收入，是否存在分期付款或赊销业务，由于客户未付清货款、未结算等原因未记销售收入或未按合同约定时间确认收入。企业发现问题及时做到自查整改，补缴税款。

5. 视同销售未确认所得税收入的风险

(1)风险指标描述。企业发生了符合企业所得税视同销售行为的几种规定情形，未按税法规定将视同销售收入计入应纳税所得额，造成少缴企业所得税的风险。

(2)风险分析识别。企业根据处理的各项业务,是否发生资产用于市场推广或销售;用于交际应酬;用于职工奖励或福利;用于股息分配;用于对外捐赠;其他改变资产所有权属的用途等情形,是否按照资产的公允价值确定销售收入,造成少缴企业所得税。

(3)风险应对指引。企业重点审核"库存商品"对应借方相关科目"营业外支出""固定资产""长期股权投资""主营业务成本",审核企业货物出入库台账、出入库签收领用手续、货物领用情况以及企业所得税纳税申报表;核实企业货物、财产、劳务的用途,凡是用于市场推广或销售、交际应酬、股息分配及其他改变资产所有权属用途的资产,是否存在应做未做视同销售处理的情况。企业发现问题及时做到自查整改,补缴税款。

案例 118

A 医药制造企业,增值税一般纳税人,2024 年 2 月,通过具有税前扣除资格的某公益性组织捐赠了一批防疫药品,并取得公益性捐赠票据,该批药品的生产成本 60 万元(假设对应进项税为 5 万元),不含增值税的市场价格为 80 万元(假设不考虑企业会计利润影响的扣除限额)。

企业的账务处理如下:

借:营业外支出　　　　　　　　　　　　　　　600 000
　　贷:库存商品——××药品　　　　　　　　　　　600 000

【解析】

1. 通过公益性组织无偿捐赠的防疫药品,免征增值税,但是,其对应的进项税额 5 万元应转出,应补缴增值税 5 万元。

借:营业外支出　　　　　　　　　　　　　　　650 000
　　贷:库存商品——××药品　　　　　　　　　　　600 000
　　　　应交税费——应交增值税(进行税额转出)　　　50 000

2. 捐赠货物视同销售收入、同时结转销售成本，该企业所得税纳税申报显示，未做企业所得税应税收入纳税申报。

企业所得税应按照市场价格为 80 万元确认收入，做纳税调增金额＝80－60－5＝15（万元）。

应补缴企业所得税＝15×25%＝3.75（万元）。

6. 企业将无法支付的应付账款长期挂账，未按税法规定确认应税收入

（1）风险指标描述。企业将无法支付的应付账款长期挂账，未按税法规定确认应税收入。

（2）风险分析识别。企业取得的其他收入，包括企业资产溢余收入、逾期未退包装物押金收入、确实无法偿付的应付款项、已做坏账损失处理后又收回的应收款项、债务重组收入、补贴收入、违约金收入、汇兑收益等，是否全部计入应税收入，是否少缴企业所得税。

（3）风险应对指引。企业重点审核"应付账款""其他应付款"科目，查看审计报告、相关购销合同和对账单据，进行账龄分析，对确实无法偿付的应付款项及时结转收入。企业发现问题及时做到自查整改，补缴税款。

7. 利用返利冲减当期销售收入的风险

（1）风险指标描述。利用给予代理商或经销商的现金返利、广告返利或实物返利，将返利计入市场营销费用、销售成本或"坐支"冲减当期销售收入，造成少计提增值税销项税，少缴企业所得税的风险。

（2）风险分析识别。企业结合自身的业务处理和纳税申报情况，分析是否存在现金返利、广告返利或实物返利等行为，是否少缴企业所得税的情形。

（3）风险应对指引。企业重点审核"主营业务收入""主营业务成本""库存商品"等科目，查看有关合同协议，审查产品出库手续、付款凭证，核查现金返利是否存在违规支出计入费用报销，给予代理商或经销商的现金返利、广告返利直接冲减销售收入，购料返利是否冲减了进项税额，是否在材料成本、产品成本和已售商品成本之

间合理分配。企业发现问题及时做到自查整改,补缴税款。

8. 资产处置未按政策规定申报缴纳企业所得税的风险

(1)风险指标描述。企业通过变卖、报废等方式处置自己使用过的固定资产或其他资产,直接计入所有者权益,未按规定确认收入,存在不计或少计应税收入,少缴企业所得税的风险。

(2)风险分析识别。关联比对"固定资产清理""待处理财产损溢""管理费用"以及"原材料""固定资产""营业外收入(或资产处置损益)"等科目明细,与企业资产损失(专项或清单申报)等申报数据进行比对分析,核实确认企业是否存在处置存货、使用过的固定资产等事项,是否未按规定确认收入,并计算、申报缴纳税款。

(3)风险应对指引。企业重点审核"管理费用""在建工程"等科目负数冲减项目,确认是否为处置资产收入冲减项,是否确认收入申报缴纳税款。企业发现问题及时做到自查整改,补缴税款。

(二)费用风险分析与控制

1. 三项费用变动率异常

(1)风险指标描述。三项费用是指企业的管理费用、销售费用和财务费用,三项费用变动率和单项费用变动率异常,如果三项费用率为正值,且远远大于设定的预警值,企业可能存在多计费用、扩大税前扣除等风险。

计算公式如下:

三项费用变动率=(本期三项费用总额—基期三项费用总额)÷基期三项费用总额×100%

销售(管理、财务)费用变动率={[本期销售(管理、财务)费用—基期销售(管理、财务)费用]÷基期销售(管理、财务)费用}×100%

(2)风险分析识别。企业通过三项费用变动率指标与前三年平均情况对比分析,了解企业本期费用变动情况。一般情况下,企业的三项费用出现增长状态是正常的,但是如果增长过多过快,则视为异常。如三项费用变动率为正值,且远远大于预警值,可能存在多计费用、扩大税前扣除等问题。

(3) 风险应对指引。企业根据财务报表和纳税申报数据，重点审核管理费用、销售费用和财务费用列支是否符合税法规定，详细分析构成比率，识别各项费用的变动趋势和占比情况，深入分析其合理性和合法性。如存在不合理的费用支出，应及时进行纳税调整，补缴企业所得税。

案例 119

某企业 2024 年度纳税申报数据中销售费用为 75 万元、管理费用为 50 万元、财务费用为 45 万元。该企业 2023 年度三项费用分别为 50 万元、40 万元、40 万元。税务机关根据本地区该行业具体情况所设置的预警值相应为 20%～30%、10%～20%、10%～20%。

销售费用变动率＝[(75－50)÷50]×100%＝50%＞30%

管理费用变动率＝[(50－40)÷40]×100%＝25%＞20%

财务费用变动率＝[(45－40)÷40]×100%＝12.5%＜20%

以上结果表明，该企业 2022 年度可能存在税前多列支销售费用和管理费用的问题，财务费用基本正常。

2. 未取得合法有效凭证支出税前风险

(1) 风险指标描述。企业发生支出应取得合法有效的税前扣除凭证，作为计算企业所得税应纳税所得额时扣除相关支出的依据。在实际业务中，企业可能存在未取得真实、合法、有效凭证而税前扣除，且未做纳税调整，虚列成本费用，少缴企业所得税的风险。

(2) 风险分析识别。企业发生支出取得的税前扣除凭证，是否符合《企业所得税税前扣除凭证管理办法》(国家税务总局公告 2018 年 28 号) 文件规定要求，存在虚列成本费用，少缴企业所得税的风险。

(3) 风险应对指引。企业审核核实其原始凭证，确认原始凭证是否真实合法有效,是否存在扣除凭证不符合规定而未作纳税调整;特别是审核申报数据和财务报表,分析比对企业的"管理费用""销售费用"科目下是否有业务招待费、差旅费、会议费等项目,并核实其原始凭证,确认原始凭证是否真实合法有效等。企业及时开展自查,存在少缴企业所得税情形,应及时进行补缴。

3. 业务招待费未按税法规定税前扣除的风险

(1)风险指标描述。在实际业务中,企业可能存在:招待费支出超过规定标准税前扣除;将营业外收入和投资收益等项目计入扣除限额计算基数;将应归入业务招待费的项目计入其他费用等税收风险,少缴企业所得税的风险。

(2)风险分析识别。企业发生的与生产经营活动有关的业务招待费支出,按照发生额的60%扣除,但最高不得超过当年销售(营业)收入的5‰。综合分析识别企业是否存在虚列业务招待费支出,少缴企业所得税。

(3)风险应对指引。企业重点审核关注企业"管理费用——业务招待费"科目明细账和列入其他费用账户的招待费发生额;审核《纳税调整项目明细表》(A105000),核实确认纳税申报的归集是否完整、正确;核实企业"销售收入"等科目明细,确认计算扣除限额的基数是否合规;核实确认企业是否存在未按规定计算业务招待费扣除限额的风险点。企业及时开展自查,存在少缴企业所得税情形,应及时进行补缴。

案例 120

某企业2024年销售收入为20 000万元,当年实际发生业务招待费为80万元。计算税前可扣除的业务招待费。

【解析】

实际发生额的60%:80×60%=48(万元)

扣除限额的5‰:20 000×5‰=100(万元)

100万元>48万元,可在税前扣除48万元,应纳税调增52万元。

4. 广告费和业务宣传费未按税法规定税前扣除的风险

(1)风险指标描述。在实际业务中,企业可能存在发生的广告费和业务宣传费不符合税法规定的条件,却未做纳税调整,支出超过规定标准税前扣除;将营业外收入和投资收益等项目计入扣除限额计算基数;将广告费和业务宣传费项目计入"其他费用"科目;特殊企业,如化妆品制造与销售企业、医药制造企业、饮料制造企业、烟草企业等,未按税法规定进行税务处理等税收风险点。

(2)风险分析识别。结合企业所得税法规定,与销售收入比对计算,风险识别企业是否超过政策规定的标准;关联企业分摊计算是否正确;广告费支出与赞助支出是否混淆;是否存在与生产经营无关的赞助支出在税前扣除等。综合分析识别企业是否存在虚列广告费和业务宣传费支出,少缴企业所得税的风险。

(3)风险应对指引。企业重点审核关注企业的"管理费用——广告费与业务宣传费"科目明细账和列入其他费用账户的广告费与业务宣传费。

①核实企业《广告费和业务宣传费跨年度纳税调整明细表》(A105060),核实确认企业纳税申报的归集是否完整、正确。

②核实企业的"销售收入"等科目明细,确认计算扣除限额的基数是否合规。

③核实确认企业是否存在未按规定计算广告费与业务宣传费扣除限额的风险点。

④核实确认存在分摊协议的企业是否按规定税前扣除。

⑤核实医药制造企业是否存在超过当年销售(营业)收入30%的部分列支广告费与业务宣传费,超过部分是否结转以后年度扣除。非医药制造企业是否存在超过当年销售(营业)收入15%的部分列支广告费与业务宣传费,超过部分是否结转以后年度扣除。

案例 121

A公司属于医药生产企业,其生产出来的药品主要通过关联企业B公司(医药经销企业)销售,但由 A 公司统一进行生产药品的广告业务宣传。双方签订了广告费和业务宣传费分摊协议,约定 A 公司发生的广告费和业务宣传费的 50% 分摊至 B 公司。2022 年 A 公司销售额合计 4 000 万元,发生的广告费和业务宣传费 1 000 万元;B 公司销售额合计 3 000 万元,发生的产品广告费和业务宣传费 500 万元(不含 A 公司分摊部分)。2022 年度,A、B 两公司可税前扣除的广告业务宣传费金额各为多少万元?

【解析】

1. A 公司

(1)A 公司属于医药生产企业,发生的广告费和业务宣传费支出,不超过当年销售(营业)收入 30% 的部分,准予扣除。因此,A 公司可税前扣除的广告费和业务宣传费限额为 1 200 万元(4 000×30%);实际发生额 1 000 万元,没有超过扣除限额。当年准予扣除额为 1 000 万元。

(2)约定分摊至 B 公司为发生额的 50%=1 000×50%=500(万元),没有超过扣除限额,可全额分摊至 B 企业扣除。

(3)A 公司 2022 年度税前扣除额=1 000−500=500(万元)。

2. B 公司

(1)B 公司属于医药销售企业,广告和业务宣传费不超过当年销售(营业)收入 15% 的部分,准予扣除,则可扣除的广告费和业务宣传费限额为 450 万元(3 000×15%)。实际发生 500 万元,大于限额,本公司准予税前扣除 450 万元。

(2)A 公司当年分摊过来的广告费和业务宣传费为 500 万元,则 B 公司本年度实际扣除的广告费和业务宣传费为 950 万元(500+450)。

(3)结转以后年度扣除的广告费和业务宣传费为 50 万元(500−450)。

5. 会议费、市场推广费等未按规定税前扣除的风险

(1)风险指标描述。会议费、市场推广费等报销凭据不符合发票管理办法的要求,相关材料不能证明业务真实发生,将医药销售公司返利、医药代表提成、医院好

处费,以组织终端客户开产品推广会或组织医院专家召开研讨会的形式,虚列会务费增加费用并进行税前扣除,违规列支不符合规定的会议费。

(2)风险分析识别。企业取得的会议费发票要慎重识别其真实性、相关性和合理性,是否存在违规虚列会议费或取得虚开的会议费发票进行税前扣除等,少缴企业所得税。

(3)风险应对指引。企业重点审核"管理费用/销售费用——会议费(市场推广费等)"明细科目,查看会议费报销原始凭证和票据,重点关注发生会议费的真实性、合理性和取得票据的合法性。

一是查看原始凭证关于会议的相关资料是否齐全,如:会议召开的时间、地点、出席人员、内容、目的、费用标准、支付凭证等证明材料。是否存在原始资料不全,人为编造会议签到表,无会议证明资料,同一参会人员在相同的时间、不同的地点开会等逻辑错误。

二是审核"现金""银行存款""其他应收款"科目明细账,分析发票金额与接收的会议服务是否匹配,资金支付与实际发生业务是否一致。

三是审核会议是否真实发生。是否存在将医药销售公司返利、医药代表提成、医院好处费,以组织终端客户开产品推广会或组织医院专家召开研讨会的形式,虚列会务费增加费用并进行税前扣除的问题。不能够提供证明其真实性的合法凭证的会议费不得在税前扣除。

案例 122

2021年,财政部对19家药企开出了罚单,这些企业大部分都涉及使用虚假发票、票据套取资金,虚构业务事项套取资金。本次被处罚的19家医药企业,涉及恒瑞医药、步长制药、上海医药、复星医药、华润三九等多家A股上市公司,以及翰森制药等港股公司,此外,还涉及长白山制药等知名药企。

财政部在检查中发现,江苏恒瑞医药股份有限公司是药企一哥,市值超过4 500

亿元,被称为"药中茅台"。根据财政部公告,恒瑞医药 2019 年存在以下问题:2019 年销售费用为 85.25 亿元,学术推广费用为 75.26 亿元,差旅费为 9.09 亿元。具体来看:2019 年全年,组织院内会议 18 万场,药房培训 5.7 万场,两项加起来就接近 24 万场,平均每天举办 650 场,此外公司还参加各种活动会议。2020 年上半年,恒瑞医药活动费用和差旅费不减反增。上半年学术推广等费用为 35.59 亿元,增长了 10.22%,差旅费为 4.46 亿元,增长了 19.25%。

财政部在检查中发现,山东步长制药股份有限公司以咨询费、市场推广费名义向医药推广公司支付资金,再由医药推广公司转付给该公司的代理商,涉及金额 5 122.39 万元。2018 年,步长制药销售费用为 80.36 亿元,当年该公司营业收入为 136.65 亿元,销售费用占比高达 58.81%。步长制药还列出了自己与竞争对手的比较,通过比较,步长制药销售费用占营收比例是最高的。在 80 亿元销售费用中,市场和学术推广等费用为 74.86 亿元。2018 年公司组织的各类活动超过 6 万场,其中市场活动 1.9 万场,花费 31.24 亿元;市场调研 2.3 万场,花费 15.16 亿元;学术交流活动 2 万场,花费 17.88 亿元。平均下来,步长制药每天要举办 170 场活动!

资料来源:财政部网站。

案例 123

2024 年,甘肃省税务局稽查局指导兰州市税务局稽查局联合公安经侦部门依法查处一起向医药企业虚开增值税专用发票案件,抓获犯罪嫌疑人 12 人。

经查,犯罪团伙控制某医疗科技有限责任公司,利用上游互联网平台企业虚构业务,向医药生产企业虚开品目为信息服务、市场推广费等增值税专用发票 3 872 份,价税合计金额 3.53 亿元。目前,公安机关已将该案移送检察机关审查起诉。

资料来源:国家税务总局网站。

（三）优惠类风险分析与控制

1. 违规享受高新技术优惠政策的风险

（1）风险特征描述。高新技术产品（服务）收入占企业当年总收入比例未达到标准，企业主要产品（服务）收入占高新技术产品（服务）收入比例未达到标准；企业科技人员占职工总数未达到规定比例等，企业可能存在高新技术企业认定不符合规定的风险。

（2）风险分析识别。与政府科技及相关部门认定的高新技术企业涉税大数据进行关联比对分析，结合企业的所得税年度纳税申报表《A107012研发费用加计扣除优惠明细表》和《A107041高新技术企业优惠情况及明细表》比对，高新技术产品（服务）收入占企业当年总收入比率、企业科技人员占职工总数比率、研发费用构成比率等指标，分析识别高新技术企业认定不符合规定，享受高新技术企业所得税15%的税收优惠。

《高新技术企业认定管理工作指引》（国科发火〔2016〕195号修订印发）第三条第（六）项；《高新技术企业认定管理办法》（国科发火〔2016〕32号修订印发）第十一条第（五）项；《国家税务总局关于实施高新技术企业所得税优惠政策有关问题的公告》（国家税务总局公告2017年第24号）规定等。

①科技人员占企业当年职工总数的比例不低于10%。

（a）科技人员：直接从事研发和相关技术创新活动，累计实际工作时间在183天以上的人员。

（b）职工总数：企业在职、兼职和临时聘用人员。

（c）当年人数：按照全年月平均数计算（期初＋期末）。

②近三个会计年度的研发费用总额占同期销售收入总额的比例。

（a）销售收入小于5 000万元（含），比例≥5%。

（b）销售收入在5 000万元至2亿元（含），比例≥4%。

（c）销售收入在2亿元以上的，比例≥3%。

③近一年高新技术产品（服务）收入占企业同期总收入的比例不低于60%。

(3)风险应对指引。结合企业提供产权证、职工人员及学历清单、收入明细、研发费用明细等资料综合分析判断,重点根据法规要求,审核分析企业"生产成本""管理费用""研发费用""库存商品""主营业务收入"等科目明细,核实确认所属行业及其主营业务收入是否属于国家重点支持的高新技术领域,企业是否拥有自主知识产权,人员构成、收入构成、研发费用构成、企业成立时间等是否符合相关规定,是否存在高新技术企业认定不符合规定的风险点,企业及时开展风险自查。

案例 124

《广东省科学技术厅 广东省财政厅 国家税务总局 广东省税务局关于取消广东华银医药科技有限公司等22家企业高新技术企业资格的通知》(粤科函高字〔2019〕791号)含以下内容:近期,广东省高新技术企业认定管理工作领导小组办公室(以下简称"省高企认定办")接到有关部门提请复核广东华银医药科技有限公司等22家企业高新技术企业资格的材料。按照《科技部 财政部 国家税务总局关于修订印发〈高新技术企业认定管理办法〉的通知》(国科发火〔2016〕32号)有关要求,省高企认定办组织专家对这些企业进行了复核。根据专家组复核意见,省高企认定办研究决定取消广东华银医药科技有限公司等22家企业高新技术企业资格,并由税务机关追缴其不符合认定条件年度起已享受的税收优惠。

资料来源:高新技术认定管理工作网。

2. 研发费用加计扣除不符合税法规定的风险

(1)风险特征描述。企业研发支出核算不准确,将生产领用的材料计入研发费;发生委托外部研发的费用全额计入研发费进行加计扣除(按规定只能加计80%),存在擅自扩大研发费用归集口径,多享受加计扣除优惠政策问题。企业在归集研究开发费相关资料不齐全或不规范,缺少研发项目立项书、项目预算、项目进行度情况说明和效用说明等情况,违规享受研发加计扣除优惠政策。

（2）风险分析识别。综合分析识别企业研发费用是否符合税法规定，是否存在多计加计扣除研发费，少缴企业所得税的风险。

（3）风险应对指引。企业重点审核"原材料""研发支出""银行存款""应付职工薪酬"等科目，审查企业研发项目立项文件、专利技术、研发活动、预算、研发人员明细、材料领用明细、研发设备折旧明细分摊方法、研发台账及提供的备案资料是否符合加计扣除规定。审核企业提供的备案资料与账目数据是否相符，记账凭证与明细账数据是否相符，所附原始单据与记账凭证是否相符，是否符合税法规定；区分费用化支出与资本化支出，审核是否存在将达到无形资产确认标准的支出作为费用化支出一次性扣除的情形；审核是否属于因专门用于研发活动的软件、专利权、非专利技术等所发生的费用摊销。

检查"库存商品""原材料""研发支出""其他业务收入""营业外收入""主营业务收入""管理费用"等科目，检查是否有下脚料、残次品、中间试制品等特殊收入，按规定冲减研发费用。自查研发项目立项文件，核实是否有直接形成产品或作为组成部分形成产品直接对外销售的，材料费用是否加计扣除。

案例 125

国家税务总局上海市税务局第五稽查局根据精准分析线索，依法查处上海同腾生物科技有限公司虚报研发费用加计扣除偷税案件。

经查，该公司通过虚构委托外包研发项目等手段，虚报研发费用加计扣除，偷税206万元。上海市税务局第五稽查局依据《中华人民共和国企业所得税法》《中华人民共和国税收征收管理法》等相关规定，依法追缴税款、加收滞纳金并处罚款，共计376万元。

资料来源：国家税务总局网站。

3. 购进固定资产违规一次性计入成本费用或未进行纳税调整的风险

(1) 风险特征描述。企业新购进的设备、器具,单位价值不超过 500 万元的,一次性计入当期成本费用在计算应纳税所得额时扣除,通过前后年度企业所得税年度纳税申报表比对,以往年度一次性计入当期成本费用,在以后年度计提折旧未进行纳税调增,少缴企业所得税的风险。

(2) 风险分析识别。对单位价值不超过 500 万元的新购进的设备、器具增值税发票和申报数据进行关联比对,分析识别企业以后年度未有计提的折旧进行纳税调增,是否存在少缴企业所得税。

《财政部 税务总局关于设备器具扣除有关企业所得税政策的通知》(财税〔2018〕54 号)和《国家税务总局关于设备器具扣除有关企业所得税政策执行问题的公告》(国家税务总局公告 2018 年第 46 号)规定,企业在 2018 年 1 月 1 日至 2020 年 12 月 31 日期间新购进的设备、器具,单位价值不超过 500 万元的,允许一次性计入当期成本费用在计算应纳税所得额时扣除,不再分年度计算折旧;《关于延长部分税收优惠政策执行期限的公告》(财政部税务总局公告 2021 年第 6 号)规定,执行期限延长至 2023 年 12 月 31 日;《财政部 税务总局关于设备、器具扣除有关企业所得税政策的公告》(财政部税务总局公告 2023 年第 37 号)企业在 2024 年 1 月 1 日至 2027 年 12 月 31 日期间新购进的设备、器具,单位价值不超过 500 万元的,允许一次性计入当期成本费用在计算应纳税所得额时扣除,不再分年度计算折旧。

①"购进"包括企业以货币形式购进或自行建造两种形式,是购进设备、器具,不包括除房屋、建筑物以外的固定资产。

②"新购进"中"新"字,是指以货币形式购进的固定资产包括企业购进的使用过的固定资产。

③"当期"是指固定资产在投入使用月份的次月所属的年度。

④"计入当期的成本费用"是指企业享受一次性税前扣除政策,并不是一次性计入成本费用,该计提折旧仍然计提折旧,只是当年度享受一次性税前扣除,而以后年度要进行纳税调整,这一点是企业普遍存在的误区。

(3)风险应对指引。企业重点审核"固定资产"等科目明细,结合固定资产的原始凭证,核实确认是否存在购置时间不符合规定的、在一次性税前扣除年度的以后年度,对固定资产计提的折旧是否按折旧年限分别进行纳税调增。

案例 126

甲医药制造企业,增值税一般纳税人,执行《企业会计准则》,2023 年 12 月 18 日支付银行存款购买一台不需要安装的机器设备,取得增值税专用发票注明不含税价 360 万元,进项税额 46.8 万元,该设备当月已投入使用,会计核算时预计该设备的使用年限为 10 年(税法折旧年限 10 年),直线法计提折旧,预计净残值为 0,享受一次性扣除优惠政策。假设企业所得税税率为 25%,不考虑其他纳税调整因素。(单位:万元)

【解析】

(1)2023 年 12 月购进设备并投入使用:

借:固定资产 3 600 000

　　应交税费——应交增值税(进项税额) 468 000

　贷:银行存款 406 800

(2)从取得、使用的次月起开始计提折旧,即 2024 年 1 月开始计提折旧,每月计提折旧 3 万元(360/10/12),2024 年共计提折旧 36 万元(360/10)。

每月计提折旧:

借:制造费用 30 000

　贷:累计折旧 30 000

(3)该设备在 2023 年 12 月投入使用,投入使用月份的次月所属的年度(2024 年度)一次性税前扣除,2025 年进行汇算清缴纳税申报。

(4)2024 年度会计处理:

①计税基础=0(万元);

②账面价值＝360－36＝324（万元）；

③形成应纳税暂时性差异为 324 万元；

④应确认递延所得税负债 81 万元(324×25％)。

借：所得税费用——递延所得税　　　　　　　810 000
　　　贷：递延所得税负债　　　　　　　　　　　　810 000

(5)2025 年汇算清缴纳税申报：

①会计核算年折旧额为 36 万元；

②税前扣除折旧额为 360 万元；

③税会差异为 324 万元；

④汇算清缴时进行纳税调减 324 万元。

(6)2026—2034 年汇算清缴纳税申报，每年都要进行纳税调增 36 万元：

①会计核算年折旧额：36 万元；

②税法规定：纳税调增 36 万元。

需要注意的两点：一是 2023 年 12 月购进，汇算清缴年度应为 2024 年，2025 年汇算清缴纳税申报一次性税前扣除。二是在以后的 2026—2034 年汇算清缴纳税申报，每年都要进行纳税调增 36 万元。

4. 不征税收入政府补助对应的成本费用税前扣除的风险

(1)风险特征描述。企业取得作为不征税收入处理的财政性资金用于研发活动所形成的费用或无形资产，不得扣除或者计算对应的折旧、摊销等，也不得享受研发费用加计扣除；未作为不征税收入处理的财政性资金用于研发活动所形成的费用或无形资产，可按规定计算加计扣除。

在实际业务中，软件行业作为国家重点扶持行业，软件企业可能存在将政府补助，既按照不征税收入处理，同时又将对应研发费用进行加计扣除，少缴企业所得税的风险。

(2)风险分析识别。与政府相关部门的财政性专项资金涉税大数据进行关联比对,结合企业不征税收入处理的财政性资金,综合分析识别纳税人是否存在对应的研发费用进行了加计扣除,少缴企业所得税的风险。

(3)风险应对指引。①审核确认企业取得的各项财政性资金是否符合不征税收入的条件。②如果企业取得符合不征税收入条件的政府补助,重点审核关注企业与不征税收入相关的资产类和费用类科目明细账及相关凭证。

结合企业所得税纳税申报表分析识别,企业是否将不征税收入对应的费用、资产折旧在企业所得税税前扣除而未做纳税调整,是否将其作为研发费用并加计扣除,存在少缴企业所得税的风险点,提醒并辅导企业及时开展风险自查。

案例 127

甲医药制造企业(非小型微利企业),增值税一般纳税人,高新技术企业。2024年从政府部门取得200万元研发专项拨款,当年全部用于新产品设计费支出,在"管理费用——研发费用"科目单独核算归集,与之相匹配的研发成本为160万元。同年,该企业征税收入为1 200万元,相关成本为900万元。

【解析】

(1)企业选择按不征税收入处理。《国家税务总局关于企业研究开发费用税前加计扣除政策有关问题的公告》(国家税务总局公告2015年第97号)第二条第五款规定,企业取得作为不征税收入处理的财政性资金用于研发活动所形成的费用或无形资产,不得计算加计扣除或摊销。

应纳税所得额＝1 200－900＝300(万元)

应交企业所得税＝300×25％＝75(万元)

(2)企业选择按征税收入处理。研发成本160万元可以加计扣除100％,即可税前扣除320万元(160×200％)。

应纳税所得额＝1 200＋200－900－320＝180(万元)

应交企业所得税＝180×25％＝45(万元)

（3）结论。从本案例可以看出，在存在研发费用等享受加计扣除的税收优惠的情况下，如果企业没有详细测算，对财政补助按不征税收入处理，会多缴 30 万元的税款。

5. 购置节能节水、环境保护、安全生产设备，不符合抵免企业所得税条件少缴纳企业所得税的风险

（1）风险特征描述。企业购置节能节水、环境保护、安全生产设备未进行减免税备案、履行备案手续不符合税法规定或抵免设备不属于目录规定，少缴纳企业所得税的风险。

（2）风险分析识别。企业根据《企业所得税》及有关关于节能节水、环境保护、安全生产设备文件规定，购进适用的这些设备，是否符合规定，是否少缴纳企业所得税。

（3）风险应对指引。企业应核实是否按规定备案，核查购置资产的原始凭证、发票、相关合同或协议，核对发票中设备名称、型号、功能是否与《环境保护专用设备企业所得税优惠目录》《节能节水专用设备企业所得税优惠目录》和《安全生产专用设备企业所得税优惠目录》一致，必要时要求企业提供产品说明书或其他证明材料。核查企业购置上述专用设备是否有 5 年内转让、出租情况，如有应当停止享受企业所得税优惠，并补缴已经抵免的企业所得税税款。

四、增值税收入与企业所得税收入差异风险分析与控制

一般情况下，增值税申报的收入口径和企业所得税申报的收入口径大部分时候是一致的。但是，增值税销售收入与企业所得税收入存在一定的关联度和差异，特别是企业的主营业务收入和其他业务收入既要缴纳增值税，也要申报缴纳企业所得税；理论上，企业所得税收入总额应大于增值税的应税销售额，如果出现企业所得税申报收入小于增值税申报但其收入大于预警，则确实隐含很大的税收风险。

(一)风险特征描述

预警信息显示增值税申报的年度收入与所得税汇算清缴申报的年度收入不一致,可能存在不计收入或少计收入,少缴增值税或者少缴企业所得税的风险。

(二)风险分析识别

增值税申报收入数据提取自企业12月增值税纳税申报表累计数,其中包括:按项目包括按适用税率计税销售额、简易办法计税销售额、免抵退办法销售额和免税销售额四项收入。企业所得税申报收入数据提取企业所得税年度纳税申报表主表第1行营业收入金额,包括主营业务收入和其他业务收入,有一些计入增值税收入的项目并没有反映在所得税的营业收入中,而是反应在投资收益、财务费用、营业外收入、营业外支出等栏目中。营业外收入一般不体现,不过有时与企业开票金额比对,也会将营业外收入涵盖进来。

增值税收入与企业所得税收入差异包括正常差异和非正常差异,正常差异存在的原因主要是两者收入确认原则不同、视同销售政策不同、资产处置方式不一致和不征税收入与免税收入核算方式不一致等原因造成的,这种差异只要账务处理正确,税收收入确认正确,就不会存在税收风险。非正常差异主要是应计增值税收入或应计企业所得税收入而企业未计、少计存在的差异,这种情形差异,就会存在少缴增值税、少缴企业所得税的风险。

1. 收入确认原则不同形成的差异分析

《中华人民共和国增值税暂行条例》规定的增值税纳税义务发生时间为发生应税销售行为,为收讫销售款项或者取得索取销售款项凭据的当天;先开具发票的,为开具发票的当天;进口货物,为报关进口的当天。《营业税改征增值税试点实施办法》(财税〔2016〕36号附件1)进一步明确:纳税人销售服务、无形资产、不动产过程中或者完成后取得索取销售款项凭据的当天,为书面合同确定的付款日期;未签订书面合同或者书面合同未确定付款日期的,为服务、无形资产转让完成当天或者不动产权属变更当天。

《中华人民共和国企业所得税法》及其实施条例规定,企业所得税的收入总额为企业以货币形式和非货币形式从各种来源取得的收入总额,包括:销售货物收入、提供劳务收入、转让财产收入、权益性投资收益、利息收入、租金收入、特许权使用费收入、接受捐赠收入、其他收入。《国家税务总局关于确认企业所得税收入若干问题的通知》(国税函〔2008〕875号)进一步明确:企业的销售收入遵循权责发生制原则和实质重于形式原则;企业提供劳务收入采用完工进度(完工百分比)法确认。

相关政策表明,增值税与企业所得税都是以收入为起点计算应纳税额,在收入确认上既有相同之处,也存在差异。增值税倾向于收款及开票时间确认收入;企业所得税遵循权责发生制原则确认收入。上述差异对二者申报收入造成一定的影响。

2. 视同销售政策不同形成的差异分析

增值税和企业所得税税收政策对"视同销售"的规定不同,有的业务需要"视同销售"计算缴纳增值税,而不必"视同销售"计算缴纳企业所得税,这种政策上的不同也会导致增值税申报收入大于企业所得税申报收入。

(1)纳税人将货物在实行统一核算的跨县(市)内部机构间移送用于销售。此种行为在会计核算与企业所得税政策规定上,均属于企业内部转移资产行为,既不计入营业收入,也不计算缴纳企业所得税。

(2)纳税人将自产或委托加工货物用于集体福利。此种情况下货物并没有离开本企业,所有权并没有发生转移,也没有相关经济利益流入,会计核算上只结转成本,不确认收入,也不计入企业所得税应纳税所得额。

(3)纳税人受托代销货物。受托销售代销货物有视同买断和收取手续费两种方式。受托方以视同买断方式销售代销货物与销售本企业货物性质相同,计入主营业务收入核算,不存在"视同销售"问题。受托方以收取手续费方式销售代销货物,代销货物销售额不作为本企业营业收入核算,也不涉及企业所得税。但因为收取了购买方货款并开具增值税发票,实质已构成增值税收入实现,即需要"视同销售"计提销项税金,交付代销清单并取得委托方增值税发票时再作进项税额核算。受托方向委托方收取的手续费计入其他业务收入,属于佣金性质,应按规定计算缴纳增值税和企业所得税。

3. 资产处置方式不一致形成的差异分析

纳税人在生产经营中发生固定资产、无形资产处置转让行为，均应按照出售价格和适用税率或征收率计算申报缴纳增值税，但在会计处理和企业所得税纳税申报上，则是将资产处置收入扣除账面价值和相关税费后的金额计入营业外收入或营业外支出，很明显，这会造成增值税申报收入大于企业所得税申报收入。

金融商品转让，是指转让外汇、有价证券、非货物期货和其他金融商品所有权的业务活动。其他金融商品转让包括基金、信托、理财产品等各类资产管理产品和各种金融衍生品的转让。全面营改增以后，按照财税〔2016〕36号规定，纳税人转让金融商品按照卖出价扣除买入价后的余额为销售额计算缴纳增值税。纳税申报时，按照扣除之前的不含税销售额填入纳税申报表主表销售额相关栏次。而金融资产转让的会计处理和企业所得税申报则是通过投资收益体现在当期损益及应纳税所得额中。两相对比，增值税申报收入要大于企业所得税收入。

4. 政府补助核算方式不同形成的差异分析

按照国家税务总局公告2019年第45号规定，纳税人取得的财政补贴，与其销售货物、劳务、服务、无形资产、不动产的收入或者数量直接挂钩的，应按规定计算缴纳增值税。而纳税人取得的各种财政补贴，在会计核算和企业所得税纳税申报上则是体现在营业外收入或补贴收入等项目中。如果纳税人取得了上述性质的财政补贴，也会形成增值税申报收入大于企业所得税申报收入的情况。

（三）风险应对指引

企业根据自身的业务实质梳理分析哪些是正常的差异，哪些是非正常的差异，对正常的差异分析业务形式两税差异的具体原因，不存在税收风险。对非正常的差异，如未计或少计收入形成的差异，应及时开展自查，补缴税款。

第九章　税务争议的税务风险管理

第一节　税务争议的税务风险分析

一、税务争议的产生及类型

（一）税务争议概述

税务争议，是指纳税人与税务机关在税款征收等过程中，对税收法律、法规和规章制度理解、执行和适用等方面产生的分歧和异议。

（二）税务争议的特征

(1)税务争议的前提是税务争议的存在。

(2)税务争议的主体是有关国家机关。

(3)税务争议的客体是税务行政相对人认为侵犯其合法权益的税务具体行政行为。

(4)税务争议须由不服税务行政处理决定的当事人提起。

(5)税务争议活动要以当事人全面履行税务处理决定为必要条件。

（三）税务争议的产生

1. 法律法规不完善

税收法律法规体系庞大而复杂，存在法律空白、与法律法规相脱节、模糊地带和歧义等问题，容易导致纳税人和税务机关在理解和执行上存在争议。

2. 税收政策调整

税收政策不断调整，新旧政策衔接不畅或解读不明确，可能引发税务争议。

3.纳税人自身原因

纳税人对税法政策掌握不够、理解不足、财务管理不规范、故意偷逃税等问题，导致与税务机关产生争议。

4.税务机关执法不当

税务机关在执法过程中，可能存在程序不合法、事实认定不清、适用法律错误等问题，从而引发税务争议。

5.其他当事人的原因

纳税人在破产清算后，其他债权人对于债权提出的主张权利的要求而引起的争议。这类争议主要产生的原因是对于不同债权在行使权力时清偿顺序的争议。作为税务机关为追缴税款而行使代位权而与纳税人的债务人引起的争议，产生争议的主要原因是如何判断作为债权人的纳税人怠于行使其债权威胁到税款征收，涉及民事担保的其他债权人关于清偿顺序和债权的最终行使问题。

(四)税务争议的类型

按照发生税收争议的不同范畴可以将税收争议划分为以下几类：

(1)税收管理争议是指纳税人、扣缴义务人与税务机关就税务登记、征收方式、税收管辖、定税信息和其他涉及税收管理的问题与税务机关产生的争议。

(2)税务违法案件争议是指税务机关的税源管理部门或税务稽查机关对纳税人、扣缴义务人和其他涉及税收违法案件的当事人就对其违法案件进行检查、税务处理、处罚结果和其他事项产生的争议。

(3)涉及债务的税收争议是指税务机关与纳税人、扣缴义务人的债权债务人，因能够引起债权债务消灭的行为涉及税收问题时所引起的争议。这类争议不仅仅涉及税收行政法律关系还涉及民事法律关系，比较复杂，而且在我国市场经济活动日益活跃的今天将会日益增加。

(五)税务争议解决的途径

1.协商解决

这种解决方式是最被提倡的一种解决方式，也是成本耗费最低的一种解决方式。争议双方当事人通过协商解决问题不需要通过上级税务行政机关和司法机关，如果问题能够得到协商解决可以减少争议双方的矛盾，缩短争议解决的时间，减少争议解决的环节。但如果问题不能够协商解决或是当事人在达成协议后又反悔的，不得不诉诸其他途径来解决争议。因此协商解决争议是解决方式中法律效力最低，不确定因素最多的一个。

2. 行政复议解决

这种争议解决方式的法律效率力高于协商解决方式。此种方式是行政机关行使内部监督权的一种表现，但也容易引起行政相对人的质疑，公信力、公正性相对于协商解决和诉讼较低，而且它不能涵盖所有的税收争议，管辖范围有限。

3. 诉讼解决

这种解决方式是最具法律效力、最公平的一种，也是今后的一个发展方向。随着我国社会主义法治建设的深入，人们的法治观念日益成熟，在产生争端时越来越多的人会倾向于通过诉讼方式解决争端，这也是近几年税务行政诉讼案件增多的原因。但是由于当前行政诉讼法将抽象行政行为排除在诉讼范围之外，使行政诉讼的效率大打折扣，而且行政机关对于行政诉讼有着不正确的认识，致使税务行政机关在诉讼过程中处于不利地位。在涉税的民事案件中，由于缺乏此类案件的经验和保障体制也经常败诉或是放弃对税款的追缴。

4. 其他方式

对于体制上或是立法层面的问题通过国家权力机关、行政机关本身行使其立法权、监督权以及作为公民、法人和其他组织和可以行使其检举、监督、建议权来解决。

二、税务争议引发的税务行政法律风险

(一)税务行政法律风险概述

税务行政法律风险是指税务机关与纳税人、扣缴义务人以及其他税务行政相对人在税收征收、管理、监督等过程中形成的法律关系以及在遵守税收法律、行政法规等规范性文件过程中，违反《税收征收管理法》(以下简称《税收征收管理法》)和《发

票管理办法》(以下简称《发票管理办法》)等面临被处罚的风险后果。

(二)税务行政法律风险特征

1. 不对等性

税务机关和纳税人、扣缴义务人之间的权利和义务具有不对等性,税务机关代表国家行使税收征管权,处于主导地位。

2. 法定性

税务行政法律关系的内容、主体和客体等均由法律、行政法规等规范性文件所规定,具有法定性。

3. 强制性

税务行政法律关系具有强制性,纳税人、扣缴义务人必须依法履行纳税义务,否则将承担相应的法律责任。

(三)税务行政法律风险种类

1. 违反税务登记类风险

(1)纳税人未按照规定的期限申报办理税务登记、变更或者注销登记;

(2)纳税人未按照规定将其全部银行账号向税务机关报告;

(3)纳税人未按规定使用税务登记证件,或者转借、涂改、损毁、买卖、伪造税务登记证件;

(4)纳税人未按照规定办理税务登记证件验证或者换证手续;

(5)银行和其他金融机构未依照规定在从事生产、经营的纳税人的账户中登录税务登记证件号码,或者未按规定在税务登记证件中登录从事生产、经营的纳税人的账户账号;

(6)纳税人通过提供虚假的证明资料等手段,骗取税务登记证;

(7)扣缴义务人未按照规定办理扣缴税款登记;

(8)境内机构或个人发包工程作业或劳务项目,未按规定向主管税务机关报告有关事项。

2. 违反账簿凭证类风险

（1）未按照规定设置、保管账簿或者保管记账凭证和有关资料；

（2）未按照规定将财务、会计制度或者财务、会计处理办法和会计核算软件报送税务机关备查；

（3）未按照规定安装、使用税控装置；

（4）损毁或者擅自改动税控装置；

（5）扣缴义务人未按照规定设置、保管代扣代缴、代收代缴税款账簿或者保管代扣代缴、代收代缴税款记账凭证及有关资料；

（6）非法印制、转借、倒卖、变造或者伪造完税凭证。

3. 违反纳税申报管理类风险

（1）纳税人未按照规定的期限办理纳税申报和报送纳税资料的，或者扣缴义务人未按照规定的期限向税务机关报送代扣代缴、代收代缴税款报告表和有关资料；

（2）纳税人、扣缴义务人编造虚假计税依据。

4. 违反税收征收类风险

（1）纳税人伪造、变造、隐匿、擅自销毁账簿、记账凭证，或者在账簿上多列支出或者不列、少列收入，或者经税务机关通知申报而拒不申报或者进行虚假的纳税申报，不缴或者少缴应纳税款；

（2）扣缴义务人伪造、变造、隐匿、擅自销毁账簿、记账凭证，或者在账簿上多列支出或者不列、少列收入，或者经税务机关通知申报而拒不申报或者进行虚假的纳税申报，不缴或者少缴已扣已收税款；

（3）纳税人不进行纳税申报，不缴或者少缴应纳税款；

（4）纳税人欠缴应纳税款，采取转移或者隐匿财产的手段，妨碍税务机关追缴欠缴的税款；

（5）以假报出口或者其他欺骗手段，骗取国家出口退税款；

（6）以暴力、威胁方法拒不缴纳税款；

（7）纳税人、扣缴义务人在规定期限内不缴或者少缴应纳或者应解缴的税款，经

税务机关责令限期缴纳,逾期仍未缴纳;

(8)扣缴义务人应扣未扣、应收而不收税款;

(9)为纳税人、扣缴义务人非法提供银行账户、发票、证明或者其他方便,导致未缴、少缴税款或者骗取国家出口退税款;

(10)纳税人拒绝代扣、代收税款,扣缴义务人向税务机关报告后,税务机关直接向纳税人追缴税款、滞纳金,纳税人拒绝缴纳;

(11)税务代理人违反税收法律、行政法规,造成纳税人未缴或者少缴税款。

5. 违反税务检查类风险

(1)纳税人、扣缴义务人逃避、拒绝或者以其他方式阻挠税务机关检查;

(2)纳税人、扣缴义务人的开户银行或者其他金融机构拒绝接受税务机关依法检查纳税人、扣缴义务人存款账户,或者拒绝执行税务机关做出的冻结存款或者扣缴税款的决定,或者在接到税务机关的书面通知后帮助纳税人、扣缴义务人转移存款,造成税款流失;

(3)车站、码头、机场、邮政等有关单位拒绝协助税务检查。

6. 违反发票及票证管理类风险

(1)未经有权机关指定,非法印制发票;

(2)应当开具而未开具发票或者未按照规定的时限、顺序、栏目,全部联次一次性开具发票;

(3)未加盖发票专用章;

(4)使用税控装置开具发票,未按期向主管税务机关报送开具发票的数据的;

(5)使用非税控电子器具开具发票,未将非税控电子器具使用的软件程序说明资料报主管税务机关备案的;

(6)使用非税控电子器具开具发票,未按照规定保存、报送开具发票的数据的;

(7)拆本使用发票;

(8)扩大发票使用范围;

(9)以其他凭证代替发票使用;

(10)跨规定区域开具发票；

(11)未按照规定缴销发票；

(12)未按照规定存放和保管发票；

(13)跨规定的使用区域携带、邮寄、运输空白发票，以及携带、邮寄或者运输空白发票出入境；

(14)丢失发票或擅自损毁发票；

(15)虚开发票；

(16)非法代开发票；

(17)私自印制、伪造、变造发票，非法制造发票防伪专用品，伪造发票监制章；

(18)转借、转让、介绍他人转让发票、发票监制章和发票防伪专用品；

(19)知道或者应当知道是私自印制、伪造、变造、非法取得或者废止的发票而受让、开具、存放、携带、邮寄、运输的；

(20)违反发票管理法规，导致其他单位或者个人未缴、少缴或者骗取税款；

(21)扣缴义务人未按照规定开具税收票证；

(22)自行填开税收票证的纳税人未按照规定开具税收票证。

7. 违反纳税担保管理类风险

(1)纳税人、纳税担保人采取欺骗、隐瞒等手段提供担保；

(2)非法为纳税人、纳税担保人实施虚假纳税担保提供方便；

(3)纳税人采取欺骗、隐瞒等手段提供担保，造成应缴税款损失。

(四)税务行政处罚裁量权

实践中税务机关主要依靠政策、经验与咨询专家相结合的方式制定裁量基准，欠缺科学性。在智能化时代应积极借助科技手段以主观动机、客观结果、涉案金额、行为手段等因素为标准，设置税务执法裁量基准挡位，构建精确的税务执法裁量基准，加强对税务执法自由裁量权的制约。

纳税人和缴费人出现税务违法行为在受到税务机关的行政处罚时，对照所在地区域税务行政处罚基准，监督税务机关对自身的税务违法行为的行政处罚是否合法、合理、公平公正、公开和程序正当的原则和标准,保障自身的知情权、参与权和救济权,享受各项法定权利。

1. 国家税务总局制定发布的《税务行政处罚裁量权行使规则》

为全面贯彻《中华人民共和国行政处罚法》《税收征收管理法》及其实施细则等有关法律法规及《法治政府建设实施纲要(2015—2020年)》精神,按照《国家税务总局关于规范税务行政裁量权工作的指导意见》(国税发〔2012〕65号)要求,国家税务总局制定了《税务行政处罚裁量权行使规则》,现予以发布,自2017年1月1日起施行。

2. 区域化税务行政处罚裁量基准

为深入贯彻习近平法治思想,全面落实中共中央办公厅、国务院办公厅《关于进一步深化税收征管改革的意见》和《国务院办公厅关于进一步规范行政裁量权基准制定和管理工作的意见》(国办发〔2022〕27号),进一步规范税务行政处罚裁量权行使,切实保障税务行政相对人合法权益,推进区域执法标准统一,根据《中华人民共和国行政处罚法》《中华人民共和国税收征收管理法》及其实施细则、《中华人民共和国发票管理办法》及其实施细则、《税务登记管理办法》(国家税务总局令第7号公布,第36号、第44号、第48号修改)等法律、法规和规章的规定,结合区域税务执法实际,制定了多个区域化行政处罚裁量基准。

截至目前,已有多个区域化处罚裁量基准向社会公开并生效执行,包括:《京津冀税务行政处罚裁量基准》(北京市税务局、天津市税务局、河北省税务局)、《长江三角洲区域登记、账证、征收、检查类税务违法行为行政处罚裁量基准》(国家税务总局上海市税务局、江苏省税务局、浙江省税务局、安徽省税务局、宁波市税务局)、《西北五省(区)税务行政处罚裁量基准》(国家税务总局陕西省税务局、甘肃省税务局、青海省税务局、宁夏回族自治区税务局、新疆维吾尔自治区税务局)、《东北区域税务行政处罚裁量基准》(国家税务总局辽宁省税务局、吉林省税务局、黑龙江省税务局、大连市税务局)、《西南区域税务行政处罚裁量基准》(国家税务总局重庆市税务局、四川省税务局贵州省税务局、云南省税务局、西藏自治区税务局)、《中南区域税务行政处罚裁量基准》（国家税务总局广东省税务局、河南省税务局、湖北省税务局、湖南省税务局、广西壮族自治区税务局、海南省税务局、深圳市税务局）、《华东区域税务行政处罚裁量基准》（国家税务总局上海市税务局、江苏省税务局、浙江省税务局、安徽省税务局、福建省税务局、江西省税务局、山东省税务局、宁波市税务局、厦门市税务局、青岛市税务局）。

(五)税务行政法律典型案例解析

案例 128

上海市税务局第五稽查局依法查处一起虚报研发费用加计扣除偷税案件

1. 基本案情

国家税务总局上海市税务局第五稽查局根据精准分析线索，依法查处上海同腾生物科技有限公司虚报研发费用加计扣除偷税案件。

经查，该公司通过虚构委托外包研发项目等手段，虚报研发费用加计扣除，偷税206万元。

2. 处理结果

上海市税务局第五稽查局依据《中华人民共和国企业所得税法》《税收征收管理法》等相关规定，依法追缴税款、加收滞纳金并处罚款，共计376万元。

资料来源：上海市税务局。

三、税务刑事法律风险

税务刑事法律风险是指涉税犯罪的法律风险，指依照《刑法》规定应受刑罚处罚的与国家税收有关的犯罪行为的统称。在《刑法》中，主要指危害税收征管罪。

(一)危害税收征管罪概述

危害税收征管罪，是指违反国家税收征收管理法律、法规，采取各种方式、方法，逃避缴纳税款、逃避缴纳欠税、骗取出口退税、抗税以及虚开、出售发票，破坏国家税收征管制度，扰乱市场经济秩序，情节严重的一类犯罪的总称。

2024年1月8日最高人民法院审判委员会第1911次会议、2024年2月22日最高人民检察院第十四届检察委员会第二十五次会议通过，自2024年3月20日起施行的《最高人民法院 最高人民检察院关于办理危害税收征管刑事案件适用法律若干问题的解释》（法释〔2024〕4号）对危害税收征管罪适用法律若干问题进行了阐明。

(二)危害税收征管罪特征

(1)犯罪侵犯的客体是国家的税收征管制度。

(2)犯罪在客观方面表现为行为人采取各种方式、方法，逃避缴纳税款、逃避缴纳欠税、骗取出口退税、抗税以及虚开、出售发票，情节严重的行为。

(3)犯罪的主体是一般主体或特殊主体，既包括单位，也包括个人。

(4)犯罪在主观方面存在故意，过失不构成危害税收征管罪。

(三)危害税收征管罪的种类

根据《刑法》分则第三章"破坏社会主义市场经济秩序罪"中第六节"危害税收征管罪"，以及《中华人民共和国刑法修正案(七)》[以下简称《刑法修正案(七)》]和《刑法修正案(八)》的规定，危害税收征管罪包括：逃税罪，抗税罪，逃避追缴欠税罪，骗取出口退税罪，虚开增值税专用发票罪，虚开用于骗取出口退税、抵扣税款发票罪，伪造、出售伪造的增值税专用发票罪，非法出售增值税专用发票罪，非法购买增值税专用发票罪、购买伪造增值税专用发票罪，非法制造、出售非法制造的用于骗取出口退税、抵扣税款发票罪，非法制造、出售非法制造的发票罪，非法出售用于骗取出口退税、抵扣税款发票罪，非法出售发票罪，虚开发票罪，持有伪造的发票罪。

1. 逃税罪

(1)逃税罪的概念。逃税罪，是指纳税人采取欺骗、隐瞒手段进行虚假纳税申报或者不申报，逃避缴纳税款，使国家税收受到侵害，数额较大的一种犯罪。逃税罪包括两种情形：一是纳税人逃避应当缴纳税款达到一定数额并占应纳税额的一定比例

(数额＋比例);二是扣缴义务人不缴或者少缴已扣、已收税款达到一定数额(单一数额)。

(2)逃税罪的构成。

①逃税罪侵犯的客体是我国税收征收管理制度。

②逃税罪客观方面表现为采取欺骗、隐瞒手段进行虚假纳税申报或者不申报,不缴或者少缴税款行为。

最高人民法院、最高人民检察院联合发布的《关于办理危害税收征管刑事案件适用法律若干问题的解释》(法释〔2024〕4号,以下简称《两高解释》)第一条第一款规定,纳税人进行虚假纳税申报,具有下列情形之一的,应当认定为《刑法》第二百零一条第一款规定的"欺骗、隐瞒手段":伪造、变造、转移、隐匿、擅自销毁账簿、记账凭证或者其他涉税资料的;以签订"阴阳合同"等形式隐匿或者以他人名义分解收入、财产的;虚列支出、虚抵进项税额或者虚报专项附加扣除的;提供虚假材料,骗取税收优惠的;编造虚假计税依据的;为不缴、少缴税款而采取的其他欺骗、隐瞒手段。

《两高解释》第一条第二款规定,具有下列情形之一的,应当认定为《刑法》第二百零一条第一款规定的"不申报":依法在登记机关办理设立登记的纳税人,发生应税行为而不申报纳税的;依法不需要在登记机关办理设立登记或者未依法办理设立登记的纳税人,发生应税行为,经税务机关依法通知其申报而不申报纳税的;其他明知应当依法申报纳税而不申报纳税的。

2022年4月,最高人民检察院、公安部联合发布的修订后的《关于公安机关管辖的刑事案件立案追诉标准的规定(二)》〔以下简称《立案追诉标准(二)》〕规定,逃避缴纳税款,涉嫌下列情形之一的,应予立案追诉:纳税人采取欺骗、隐瞒手段进行虚假纳税申报或者不申报,逃避缴纳税款,数额在10万元以上并且占各税种应纳税总额10％以上,经税务机关依法下达追缴通知后,不补缴应纳税款、不缴纳滞纳金或者不接受行政处罚的;纳税人5年内因逃避缴纳税款受过刑事处罚或者被税务机关给予2次以上行政处罚,又逃避缴纳税款,数额在10万元以上并且占各税种应纳税总额10％以上的;扣缴义务人采取欺骗、隐瞒手段不缴或者少缴已扣、已收税款,数额在 10 万元以上的。

纳税人在公安机关立案后再补缴应纳税款、缴纳滞纳金或者接受行政处罚的，不影响刑事责任的追究。

③逃税罪犯罪主体为特殊主体，既可以是个人，也可以是单位，包括纳税人和扣缴义务人。不负有纳税义务和扣缴义务的单位和个人，不能独立成为逃税罪主体，但可以成为逃税罪的共犯。

④逃税罪主观方面必须是出于直接故意。虚假纳税申报行为是在故意的心理状态下进行的。不进行纳税申报一般也是故意行为，有时存在过失的可能。对于确因疏忽而没有纳税申报，属于漏税，依法补缴即可，其行为不构成犯罪。

(3)企业被认定逃税罪应当注意的问题。

①区分逃税罪与非罪的界限。

按照《刑法》第二百零一条、《刑法修正案(七)》和《立案追诉标准(二)》的规定，是否构成逃税罪可从两个方面加以界定：一是从逃税额看，凡逃税额不足各税种应纳税总额 10% 的，或者逃税额不足 10 万元的，或者逃税额超过 10 万元但不足各税种应纳税总额 10% 的，或者逃税额不足 10 万元但超过各税种应纳税总额 10% 的，均属于一般逃税违法行为，不构成逃税罪。只有逃税额占各税种应纳税总额 10% 以上且逃税额在 10 万元以上的，才能构成逃税罪。二是凡 5 年内因逃避缴纳税款受过刑事处罚或者被税务机关给予 2 次以上行政处罚，又逃避缴纳税款，数额在 10 万元以上并且占各税种应纳税总额 10% 以上的，则构成逃税罪。5 年内因逃避缴纳税款而被税务机关处 2 次以下行政处罚，或者虽经 2 次税务行政处罚但再未逃税的，或者 2 次处罚后又逃税且逃税额在 10 万元以下的，属于一般税收违法行为。

②逃税罪与徇私舞弊不征、少征税款罪的区别。

一般而言，逃税罪与徇私舞弊不征、少征税款罪在犯罪主体、犯罪的客体表现、犯罪的主观方面等，都有着很大的区别。但当出现逃税罪的共犯时，则有可能造成相互混淆的现象。税务机关的工作人员，如果与逃税人相互勾结，故意不履行其依法征税的职责，不征或少征应征税款的，应该将其作为逃税罪的共犯来论处。如果行为人知道了某人在逃税,出于某种私利而佯装不知,对逃税行为采取放任态度,因此不征或少征应征税款,致使国家税收遭受重大损失的,则只能认定构成徇私舞弊不征、少征税款罪。

(4)逃税罪的处罚。

①《刑法》第二百零一条规定。

《刑法》第二百零一条第一款规定,纳税人采取欺骗、隐瞒手段进行虚假纳税申报或者不申报,逃避缴纳税款数额较大并且占应纳税额10%以上的,处3年以下有期徒刑或者拘役,并处罚金;数额巨大并且占应纳税额30%以上的,处3年以上7年以下有期徒刑,并处罚金。

《刑法》第二百零一条第二款规定,扣缴义务人采取第二百零一条第一款所列手段,不缴或者少缴已扣、已收税款,数额较大的,依照第二百零一条第一款的规定处罚。

《刑法》第二百零一条第三款规定,对多次实施第二百零一条第一款、第二款行为,未经处理的,按照累计数额计算。

《刑法》第二百零一条第四款规定,有第二百零一条第一款行为,经税务机关依法下达追缴通知后,补缴应纳税款、缴纳滞纳金,已受行政处罚的,不予追究刑事责任;但是,5年内因逃避缴纳税款受过刑事处罚或者被税务机关给予2次以上行政处罚的除外。

②《两高解释》。

《两高解释》第四条第一款规定,《刑法》第二百零一条第一款规定的"逃避缴纳税款数额"是指在确定的纳税期间,不缴或者少缴税务机关负责征收的各税种税款的总额。《两高解释》第二条规定,"数额较大",是指10万元以上;"数额巨大",是指50万元以上。至于扣缴义务人不缴或者少缴已扣、已收税款,数额较大和税额巨大的认定标准,与纳税人的相同。扣缴义务人承诺为纳税人代付税款,在其向纳税人支付税后所得时,应当认定扣缴义务人"已扣、已收税款"。

《两高解释》第四条第二款规定,《刑法》第二百零一条第一款规定的"应纳税额",是指应税行为发生年度内依照税收法律、行政法规规定应当缴纳的税额,不包括海关代征的增值税、关税等及纳税人依法预缴的税额。

《两高解释》第四条第三款规定,《刑法》第二百零一条第一款规定的"逃避缴纳税款数额占应纳税额的百分比",是指行为人在一个纳税年度中的各税种逃税总额与该纳税年度应纳税总额的比例;不按纳税年度确定纳税期的,按照最后一次逃税行为发生之日前一年中各税种逃税总额与该年应纳税总额的比例确定。纳税义务存续期间不足一个纳税年度的,按照各税种逃税总额与实际发生纳税义务期间应纳税总额的比例确定。

《两高解释》第四条第四款规定,逃税行为跨越若干个纳税年度,只要其中一个纳税年度的逃税数额及百分比达到《刑法》第二百零一条第一款规定的标准,即构成逃税罪。各纳税年度的逃税数额应当累计计算,逃税额占应纳税额百分比应当按照各逃税年度百分比的最高值确定。

《两高解释》第四条第五款规定,《刑法》第二百零一条第三款规定的"未经处理",包括未经行政处理和刑事处理。

《两高解释》第三条规定,纳税人有《刑法》第二百零一条第一款规定的逃避缴纳税款行为,在公安机关立案前,经税务机关依法下达追缴通知后,在规定的期限或者批准延缓、分期缴纳的期限内足额补缴应纳税款,缴纳滞纳金,并全部履行税务机关做出的行政处罚决定的,不予追究刑事责任。但是,5年内因逃避缴纳税款受过刑事处罚或者被税务机关给予2次以上行政处罚的除外。纳税人有逃避缴纳税款行为,税务机关没有依法下达追缴通知的,依法不予追究刑事责任。

③《刑法》其他规定。

纳税人、扣缴义务人因同一偷税犯罪行为受到行政处罚,又被移送起诉的,人民法院应当依法受理。依法定罪并判处罚金的,行政罚款折抵罚金。

《刑法》第二百一十二条规定,被判处罚金、没收财产的,在执行前,应当先由税务机关追缴不缴、少缴的税款。

《刑法》第二百一十一条规定,单位犯本罪的,实行双罚制。对单位判处罚金,对单位直接负责的主管人员和其他责任人员依照《刑法》第二百零一条规定处罚。司法实践中，一般只判主刑，不再并处罚金。

2. 抗税罪

（1）抗税罪的概念。抗税罪，是指纳税人、扣缴义务人故意违反税收法规，以暴力、威胁方法拒不缴纳税款的一种犯罪。

（2）抗税罪的构成。

①抗税罪侵犯的客体是复杂客体，既侵犯了国家税收征管制度，妨害了税务机关依法征税活动，也侵犯了依法执行征税职务活动的税务人员的人身权利。

抗税罪的犯罪对象是依法应缴纳的税款和依法征税的税务人员。这里的"税款"不包括关税，这是区别于走私罪和其他犯罪的重要标志。

②抗税罪客观方面表现为以暴力、威胁方法拒不缴纳税款的行为。《立案追诉标准（二）》规定，下列四种情形属于"以暴力、威胁方法拒不缴纳税款"，应予立案追诉：造成税务工作人员轻微伤以上的；以给税务工作人员及其亲友的生命、健康、财产等造成损害为威胁，抗拒缴纳税款的；聚众抗拒缴纳税款的；以其他暴力、威胁方法拒不缴纳税款的。

这里的"拒不缴纳税款"，是指纳税人或扣缴义务人应当并有能力缴税而公然拒不缴税的行为。行为人没有采取暴力、威胁方法抗拒缴纳税款，而是寻找借口，软磨硬泡，拖欠税款的，不能以抗税罪论处。在此需要注意的是，构成抗税罪的关键，在于对税务人员实施了暴力、威胁的抗拒手段，而没有数额和比例的规定。

按抗税罪处罚的暴力最大限度只能是造成轻伤害，如果超过这一限度致人重伤或者死亡，应当按故意伤害罪、故意杀人罪定罪处罚，并处罚金。

③抗税罪犯罪主体是纳税人或者扣缴义务人。抗税罪只能由自然人实施，单位不能成为抗税罪的主体。纳税人或者扣缴义务人以外的其他人不能独立成为抗税罪的主体，但可以成为抗税罪的共犯。单独实施以暴力威胁方法阻碍税务人员依法执行公务的行为，应当按妨碍公务罪定罪处罚。

④抗税罪主观方面表现为直接故意，即明知应当纳税而故意采用暴力、威胁手

段抗拒缴纳税款,目的是将应缴税款非法占为己有。

(3)企业被认定抗税罪应当注意的问题。

①区分抗税罪与税收争议的界限。

税收争议一般有两种情况。一是由纳税人过错引起的争议。对于这种争议要准确把握行为人的主观方面:有的出于对税收法律政策不清楚或者曲解,在应纳税所得额、税率等纳税问题上与征税人发生歧义,并不具有抗税的故意,即使出现一些暴力或者威胁行为,也不宜认定为抗税罪。如果造成伤害,可考虑按伤害罪论处。如果是无理取闹、扩大事态,主观上具备了抗税故意,在客观要件具备的情况下,可以认定为抗税罪。二是由征税人过错导致的争议。构成抗税罪的前提是行为人应当缴纳税款,而错征税款是因税务人员疏忽或者不熟悉税法等原因搞错征税对象、征税项目和应税数额,造成税额计算错误、多征或者重复征税等情况引起纳税人拒缴税款,这种情况下,不应以抗税罪论处,如果造成税务人员伤亡的,应以伤害罪或者杀人罪追究其刑事责任。

②区分抗税罪与妨害公务罪的界限。

抗税罪与妨害公务罪在客观方面都表现为以暴力、威胁方法,主观上都是出于故意。二者不同之处在于:一是主体要件不同。妨害公务罪的主体是一般主体,凡是达到刑事责任年龄且具有刑事责任能力的自然人都可以构成;抗税罪的主体是特殊主体,只有纳税人或者扣缴义务人才可以构成。二是主观目的不同。妨害公务罪的目的在于使国家工作人员不能依法执行职务,抗税罪的目的在于逃避缴纳税款非法获利。三是犯罪对象的范围不同。妨害公务罪侵害的对象是执行职务的国家工作人员,其范围大于逃税罪的侵害对象——执行税收征管任务的税务人员。四是侵犯的客体不同。妨害公务罪侵犯的是国家机关的公务活动,抗税罪侵犯的是国家税收征收管理制度。

《刑法》第二百零二条规定,以暴力、威胁方法拒不缴纳税款的,处3年以下有期徒刑或者拘役,并处拒缴税款1倍以上5倍以下罚金;情节严重的,处3年以上7年以下有期徒刑,并处拒缴税款1倍以上5倍以下罚金。

这里的"情节严重",是指以暴力、威胁方法拒不缴纳税款,具有以下情形之一的:聚众抗税的首要分子;故意伤害致人轻伤的;其他情节严重的情形。

实施抗税行为致人重伤、死亡的,则一个行为既构成了抗税罪,又构成了故意伤害罪、故意杀人罪,属于一个行为触犯数个罪名,符合想象竞合犯的行为特征,应按照刑罚较重的罪名定罪处罚,即应分别依照《刑法》第二百三十四条、第二百三十二条的规定以故意伤害罪或者故意杀人罪定罪处罚。与纳税人或者扣缴义务人共同实施抗税行为的,以抗税罪的共犯依法处罚。

《刑法》第二百一十二条规定,在对判处罚金的犯罪分子执行罚金前,应当先由税务机关追缴拒缴税款。对依法免予刑事处罚的,除由税务机关追缴拒缴的税款外,处拒缴的税款5倍以下的罚款。

3. 逃避追缴欠税罪

(1)逃避追缴欠税罪的概念。逃避追缴欠税罪,是指纳税人欠缴应纳税款,采取转移或者隐匿财产的手段,致使税务机关无法追缴欠缴的税款,且数额较大的一种犯罪。

(2)逃避追缴欠税罪的构成。

①逃避追缴欠税罪侵犯的客体是国家税收征管制度和国家财产所有权。逃避追缴欠税罪的犯罪对象为应纳税款,即纳税人按照税法规定应当缴纳的税款。

②逃避追缴欠税罪客观方面表现为纳税人在欠缴应纳税款情况下,采取转移或者隐匿财产手段,致使税务机关无法追缴欠缴的税款,数额在1万元以上的行为。

③欠缴税款是逃避追缴欠税罪成立的前提。构成逃避追缴欠税罪必须具备以下四个条件:一是有欠税事实的存在,即行为人没有按照规定的期限纳税。二是行为人为了不缴纳欠缴的税款,实施了转移或者隐匿财产的行为。如放弃到期债权、无偿转让财产、以明显不合理的价格进行交易、隐匿财产、不履行税收义务并脱离税务机关监管、以其他手段转移或者隐匿财产等。如果仅是公开拖欠、消极地不予缴纳应缴税款,或者自身逃匿以躲避追缴欠税的,不构成逃避追缴欠税罪。三是行为人转移或者隐匿财产的行为致使税务机关无法追缴到其欠缴的税款。"无法追缴",

是指转移或者隐匿财产的行为达到了足以使行为人逃税的程度。四是税务机关无法追缴的欠缴税款数额必须在1万元以上。需注意的是，这里的"数额"，是指因纳税人的逃避行为而使税务机关无法追缴的欠缴税款数额，而不是纳税人转移或者隐匿的财产数额或者纳税人实际欠缴的税款数额。

④逃避追缴欠税罪犯罪主体是纳税人，扣缴义务人不构成逃避追缴欠税罪主体。

⑤逃避追缴欠税罪主观方面必须是出于直接故意，明知自己有补缴所欠税款的义务，为逃避税务机关追缴欠税而故意隐瞒转移财产，以达到非法获利目的。因财力不足，客观上无力缴纳税款，致使税务机关无从收缴欠缴税款，或者对纳税期限不清楚，过失引起欠缴税款的，由于行为人主观上不是出于逃避缴纳税款的故意，则不构成逃避追缴欠税罪。

(3) 企业被认定逃避追缴欠税罪应当注意的问题。

①区分逃避追缴欠税罪与非罪的界限。

一是逃避追缴欠税罪与欠税。两者都是明知没有缴纳税款而不予缴纳，区别在于逃避追缴欠税罪中行为人采取了转移或者隐匿财产的手段致使税务机关无法追缴欠缴的税款，而欠税的行为人则没有采取上述手段，只是暂时拖欠，无逃避缴纳税款的故意。

二是逃避追缴欠税罪与一般逃避缴纳欠税违法行为。两者的区别在于行为人采取转移或者隐匿财产的手段致使税务机关无法追缴欠缴的税款数额是否较大。逃避追缴欠税数额在1万元以上的才构成犯罪，没有达到这一数额，则由税务机关依照《税收征管法》规定处理，而不能以犯罪论处。

②区分逃避追缴欠税罪与逃税罪的界限。

一是主体不同。逃避追缴欠税罪的主体只能是纳税人，而逃税罪的主体，除纳税人外还包括扣缴义务人。

二是犯罪目的不同。逃避追缴欠税罪意图是达到逃避税务机关追缴其所欠缴的应纳税款的目的，而逃税罪意图则是通过欺骗、隐瞒手段，达到不缴或者少缴应纳税款的目的。

三是犯罪客观要件不同。逃避追缴欠税罪表现为行为人采取转移或者隐匿财产的手段致使税务机关无法追缴其所欠缴的应纳税款的行为,逃税罪则表现为行为人采取伪造、变造、隐匿、擅自销毁账簿记账凭证,在账簿上多列支出或者不列、少列收入,经税务机关通知申报而拒不申报或者采取虚假申报手段,不缴或者少缴应纳税款的行为。

四是逃避追缴欠税罪要求数额较大才构成犯罪,逃税罪要求情节严重才构成犯罪。情节严重既包括因逃税被二次行政处罚又逃税的情况,也包括逃税数额较大的情况。同样是税额较大才构成犯罪,逃避追缴欠税罪只要求数额在1万元以上即可,逃税罪则还要求逃税数额须占应纳税额的10%以上。

③区分逃避追缴欠税罪与抗税罪的界限。

一是客体不同。逃避追缴欠税罪侵犯的是国家税收征收管理制度,而抗税罪的客体则为复杂客体,不仅侵犯了国家税收征收管理制度,还侵犯了依法从事税收征管工作税务人员的人身权利。

二是犯罪客观要件不同。逃避追缴欠税罪表现为行为人采取转移或者隐匿财产的手段致使税务机关无法追缴其所欠缴的应纳税款的行为,抗税罪则表现为行为人以暴力、威胁方法拒不缴纳税款的行为。

三是逃避追缴欠税罪要求数额较大才构成犯罪,而抗税罪不要求数额较大,只要以暴力、威胁方法拒不缴纳税款,就构成犯罪。

④逃避追缴欠税罪的处罚。

《刑法》第二百零三条规定,纳税人欠缴应纳税款,采取转移或者隐匿财产的手段,致使税务机关无法追缴欠缴的税款,数额在1万元以上不满10万元的,处3年以下有期徒刑或者拘役,并处或者单处欠缴税款1倍以上5倍以下罚金;数额在10万元以上的,处3年以上7年以下有期徒刑,并处欠缴税款1倍以上5倍以下罚金。

《刑法》第二百一十一条规定,单位犯逃避追缴欠税罪的,对单位判处罚金,并对其直接负责的主管人员和其他直接责任人员依照规定处罚。

《刑法》第二百一十二条规定,在对判处罚金的犯罪分子执行罚金前,应当先由税务机关追缴所欠缴的税款。对依法免予刑事处罚的,除由税务机关追缴欠缴的税款外,处欠缴的税款5倍以下的罚款。

4. 骗取出口退税罪

(1)骗取出口退税罪的概念。骗取出口退税罪,是指采取假报出口或者其他欺骗手段,骗取国家出口退款,数额较大的一种犯罪。

(2)骗取出口退税罪的构成。

①骗取出口退税罪侵犯的客体是复杂客体,即国家出口退税管理制度和公共财产所有权。出口退税制度,是国家为了使出口商品以不含税价格参与国际市场竞争,对出口属于应征增值税、消费税的货物,除明确规定不予退税的货物和出口企业从小规模纳税人购进并持普通发票的部分货物以外,在货物出口报关后,予以退还已征的增值税、消费税的制度。

办理出口退税的货物,必须同时具备四个条件:一是属于增值税、消费税的征税范围;二是报关离境;三是在财务上做销售处理;四是出口收汇并已核销。

②骗取出口退税罪客观方面表现为利用国家出口退税制度,以假报出口或者其他欺骗手段,骗取国家出口退税款,数额在10万元以上的行为。

假报出口,是指以虚构已税货物出口事实为目的,具有下列情形之一的行为:一是伪造或者签订虚假的买卖合同;二是以伪造、变造或者其他欺骗手段取得出口货物报关单、出口收汇核销单、出口货物专用缴款书等有关出口退税单据、凭证;三是虚开、伪造、非法购买增值税专用发票或者其他可以用于出口退税的发票;四是其他虚构已税货物出口事实的行为。

《两高解释》第七条规定,具有下列情形之一的,属于"假报出口或者其他欺骗手段":一是使用虚开、非法购买或者以其他非法手段取得的增值税专用发票或者其他可以用于出口退税的发票申报出口退税的;二是将未负税或者免税的出口业务申报为已税的出口业务的;三是冒用他人出口业务申报出口退税的;四是虽有出口,但虚构应退税出口业务的品名、数量、单价等要素,以虚增出口退税额申报出口退税的;

五是伪造、签订虚假的销售合同,或者以伪造、变造等非法手段取得出口报关单、运输单据等出口业务相关单据、凭证,虚构出口事实申报出口退税的;六是在货物出口后,又转入境内或者将境外同种货物转入境内循环进出口并申报出口退税的;七是虚报出口产品的功能、用途等,将不享受退税政策的产品申报为退税产品的;八是以其他欺骗手段骗取出口退税款的。

③骗取出口退税罪犯罪主体是一般主体。既可以是纳税人,也可以是非纳税人;既可以是个人,也可以是单位,且单位不限于是否具有进出口经营权。

④骗取出口退税罪主观方面必须是出于故意,且具有骗取国家出口退税款的目的。

(3)企业被认定骗取出口退税罪应当注意的问题。

①区分骗取出口退税罪与一般骗取出口退税的界限。

一是数额。骗取出口退税数额没有达到"较大"标准的,是一般骗取出口退税行为。达到"较大"标准的,构成骗取出口退税罪。这里的"较大"的标准是骗税金额不低于10万元。

二是处罚。一般骗取出口退税行为,由税务机关依照《税收征管法》《行政处罚法》等法律规定处罚,构成犯罪的,依照《刑法》定罪量刑。

三是结果。骗取出口退税罪,是结果犯,必须达到法定结果(行为+数额),罪名才能成立。

②区分骗取出口退税罪与善意取得虚开增值税专用发票的关系。

构成善意取得虚开增值税专用发票,需要具备三个条件:一是发票记载事项与客观实际完全相符;二是购货方不知道发票为虚开,且没有能力知道发票为虚开;三是发票经过税务机关认证为真发票。如果没有证据表明购货方知道销货方提供的专用发票是以非法手段获得的,则对购货方不以骗取出口退税罪论处。

(4)骗取出口退税罪的处罚。《刑法》第二百零四条第一款规定,以假报出口或者其他欺骗手段,骗取国家出口退税,数额较大的,处5年以下有期徒刑或者拘役,并处骗取税款1倍以上5倍以下罚金;数额巨大或者有其他严重情节的,处5年以上10年以下有期徒刑,并处骗取税款1倍以上5倍以下罚金;数额特别巨大或者有其他特别严重情节的,处10年以上有期徒刑或者无期徒刑,并处骗取税款1倍以上5倍以下罚金或者没收财产。

其中,骗取国家出口退税款10万元以上的,为数额较大;骗取国家出口退税款50万元以上的,为数额巨大;骗取国家出口退税款500万元以上的,为数额特别巨大。

《两高解释》第八条第二款规定,具有下列情形之一的,属于"其他严重情节":一是2年内实施虚假申报出口退税行为3次以上,且骗取国家税款30万元以上的;二是5年内因骗取国家出口退税受过刑事处罚或者2次以上行政处罚,又实施骗取国家出口退税行为,数额在30万元以上的;三是致使国家税款被骗取30万元以上并且在提起公诉前无法追回的;四是其他情节严重的情形。

《两高解释》第八条第三款规定,具有下列情形之一的,属于"其他特别严重情节":一是2年内实施虚假申报出口退税行为5次以上,或者以骗取出口退税为主要业务,且骗取国家税款300万元以上的;二是5年内因骗取国家出口退税受过刑事处罚或者2次以上行政处罚,又实施骗取国家出口退税行为,数额在300万元以上的;三是致使国家税款被骗取300万元以上并且在提起公诉前无法追回的;四是其他情节特别严重的情形。

被判处罚金、没收财产的,在执行前,应当先由税务机关追缴所骗取的出口退税款。对依法免予刑事处罚的,除由税务机关追缴骗取的税款外,处骗取的税款5倍以下的罚款。

(5)企业被处罚需注意的问题。对纳税人实施假报出口或者其他欺骗手段,骗取出口退税的,应当分别情况定罪处罚。

纳税人缴纳税款后,采取上述欺骗方法,骗取所缴税款的,按逃税罪处罚;骗取税款超过所缴纳的税款部分,以骗取出口退税罪论处;实施骗取国家出口退税行为,没有实际取得出口退税款的,可以比照既遂犯从轻或者减轻处罚。

从事货物运输代理、报关、会计、税务、外贸综合服务等中介组织及其人员违反国家有关进出口经营规定,为他人提供虚假证明文件,致使他人骗取国家出口退税款,情节严重的,依照《刑法》第二百二十九条的规定追究刑事责任。

5. 虚开增值税专用发票或者虚开用于骗取出口退税、抵扣税款发票罪

虚开增值税专用发票或者虚开用于骗取出口退税、抵扣税款发票罪,是指违反发票管理法规,在没有真实交易情况下故意虚开增值税专用发票或者虚开用于骗取出口退税、抵扣税款的其他发票的一种犯罪。

本罪包括虚开增值税专用发票、用于骗取出口退税发票和抵扣税款发票三类情形。犯罪人只虚开了其中一类发票,则定罪时根据相应的罪名做出选择确定。如只虚开增值税专用发票,应认定为虚开增值税专用发票罪;虚开农产品收购发票,应认定为虚开抵扣税款发票罪。

(1)虚开增值税专用发票或者虚开用于骗取出口退税、抵扣税款发票罪的构成。

虚开增值税专用发票或者虚开用于骗取出口退税、抵扣税款发票罪侵犯的客体,《刑法》条文没有明确列示。长期以来,主流观点认为虚开增值税专用发票或者虚开用于骗取出口退税、抵扣税款发票罪侵犯的客体是复杂客体,即侵犯了国家税收征管制度和国家税收制度。实践中,理论界、实务界还有一种观点,认为虚开增值税专用发票或者虚开用于骗取出口退税、抵扣税款发票罪侵犯的客体是单一客体,即侵犯了国家税收制度。虚开增值税专用发票作为具体手段和方法,不能作为犯罪客体。

虚开增值税专用发票或者虚开用于骗取出口退税、抵扣税款发票罪客观方面表现为实施了虚开增值税专用发票或者虚开用于骗取出口退税、抵扣税款的其他发票的行为。

这里的"虚开增值税专用发票或者虚开用于骗取出口退税、抵扣税款的其他发票",是指有为他人虚开、为自己虚开、让他人为自己虚开、介绍他人虚开行为之一的。

《两高解释》第十条规定,具有下列情形之一的,应当认定为《刑法》第二百零五条第一款规定的"虚开增值税专用发票或者虚开用于骗取出口退税、抵扣税款的其

他发票"：一是没有实际业务,开具增值税专用发票、用于骗取出口退税、抵扣税款的其他发票的;二是有实际应抵扣业务,但开具超过实际应抵扣业务对应税款的增值税专用发票、用于骗取出口退税、抵扣税款的其他发票的;三是对依法不能抵扣税款的业务,通过虚构交易主体开具增值税专用发票、用于骗取出口退税、抵扣税款的其他发票的;四是非法篡改增值税专用发票或者用于骗取出口退税、抵扣税款的其他发票相关电子信息的;五是违反规定以其他手段虚开的。

这里的"骗取出口退税、抵扣税款的其他发票",是指除增值税专用发票以外的,具有出口退税、抵扣税款功能的收付款凭证或者完税凭证,如海关完税凭证、农产品收购凭证(含农业生产者开具的普通发票)等。

虚开增值税专用发票或者虚开用于骗取出口退税、抵扣税款发票罪犯罪主体是一般主体。单位和个人均可构成。单位只有具有一般纳税人资格才可能成为虚开增值税专用发票或者虚开用于骗取出口退税、抵扣税款发票罪的犯罪主体。

虚开增值税专用发票或者虚开用于骗取出口退税、抵扣税款发票罪主观方面表现为故意,而且一般都具有牟利的目的。司法实践中,为他人虚开增值税专用发票或者虚开用于骗取出口退税、抵扣税款的其他发票的单位和个人,一般都是以收取手续费为目的;为自己虚开、让他人为自己虚开的单位和个人,一般都以骗取出口退税款、抵扣税款为目的;介绍他人虚开的单位和个人,一般是以收取中介费、信息费为目的。

(2)企业被认定虚开增值税专用发票或者虚开用于骗取出口退税、抵扣税款发票罪应当注意的问题。

①要注意区分虚开增值税专用发票或者虚开用于骗取出口退税、抵扣税款发票罪与骗取出口退税罪。司法实践中,对于虚开发票又骗取出口退税的犯罪人,如果骗取出口退税已完成,通常以骗取出口退税罪定罪;如果骗取出口退税未遂,或者虚开发票数额特别巨大,给国家造成特别重大损失的,应认定为虚开增值税专用发票或者虚开用于骗取出口退税、抵扣税款发票罪。

②要注意把握一般涉税违法行为与以骗取国家税款为目的的涉税犯罪的界限。

对于有实际生产经营活动的企业为虚增业绩、融资、贷款等不以骗抵税款为目的，没有因抵扣造成税款被骗损失的，不以虚开增值税专用发票或者虚开用于骗取出口退税、抵扣税款发票罪定性处理，构成其他犯罪的，依法以其他犯罪追究刑事责任。依法做出不起诉决定的，移送税务机关给予行政处罚。

(3) 虚开增值税专用发票或者虚开用于骗取出口退税、抵扣税款发票罪的处罚。

《刑法》第二百零五条第一款规定，虚开增值税专用发票或者虚开用于骗取出口退税、抵扣税款的其他发票的，处 3 年以下有期徒刑或者拘役，并处 2 万元以上 20 万元以下罚金；虚开的税款数额较大或者有其他严重情节的，处 3 年以上 10 年以下有期徒刑，并处 5 万元以上 50 万元以下罚金；虚开的税款数额巨大或者有其他特别严重情节的，处 10 年以上有期徒刑或者无期徒刑，并处 5 万元以上 50 万元以下罚金或者没收财产。

虚开增值税专用发票、用于骗取出口退税、抵扣税款的其他发票，税款数额在 10 万元以上的，应当依照《刑法》第二百零五条的规定定罪处罚；虚开税款数额在 50 万元以上、500 万元以上的，应当分别认定为"数额较大""数额巨大"。

"其他严重情节"是指具有下列情形之一的：一是在提起公诉前，无法追回的税款数额达到 30 万元以上的；二是 5 年内因虚开发票受过刑事处罚或者 2 次以上行政处罚，又虚开增值税专用发票或者虚开用于骗取出口退税、抵扣税款的其他发票，虚开税款数额在 30 万元以上的；三是其他情节严重的情形。

"其他特别严重情节"是指具有下列情形之一的：一是在提起公诉前，无法追回的税款数额达到 300 万元以上的；二是 5 年内因虚开发票受过刑事处罚或者 2 次以上行政处罚，又虚开增值税专用发票或者虚开用于骗取出口退税、抵扣税款的其他发票，虚开税款数额在 300 万元以上的；三是其他情节特别严重的情形。

《刑法》第二百零五条第二款规定，单位犯虚开增值税专用发票、用于骗取出口退税、抵扣税款的其他发票罪的，对单位判处罚金，并对其直接负责的主管人员和其他直接责任人员，处 3 年以下有期徒刑或者拘役；虚开的税款数额较大或者有其他严重情节的，处 3 年以上 10 年以下有期徒刑；虚开的税款数额巨大或者有其他特别严重情节的,处 10 年以上有期徒刑或者无期徒刑。

(4)企业被处罚需注意的问题。

①虚开增值税专用发票或者虚开用于骗取出口退税、抵扣税款发票罪不仅应当追究开票人的刑事责任,受票人和介绍人也可构成本罪,应依法追究刑事责任。以单位名义实施,但属于个人行为,且违法所得归个人所有,应认定为自然人犯罪而非单位犯罪。

②以同一购销业务名义,既虚开进项增值税专用发票、用于骗取出口退税、抵扣税款的其他发票,又虚开销项的,以其中较大的数额计算。

③以伪造的增值税专用发票进行虚开,达到《刑法》第二百零五条规定标准的,应当以虚开增值税专用发票罪追究刑事责任。

④根据《刑法》第二百一十二条规定,犯虚开增值税专用发票或者虚开用于骗取出口退税、抵扣税款发票罪,被判处罚金、没收财产的,在执行前,应当先由税务机关追缴税款和所骗取的出口退税款。

⑤根据《刑法》第二百一十条规定,盗窃增值税专用发票或者可以用于骗取出口退税、抵扣税款的其他发票的,依照《刑法》第二百六十四条的规定按盗窃罪定罪处罚。使用欺骗手段骗取增值税专用发票或者可以用于骗取出口退税、抵扣税款的其他发票的,依照《刑法》第二百六十六条的规定按诈骗罪定罪处罚。

⑥盗窃、诈骗增值税专用发票或者其他发票后,又实施《全国人民代表大会常务委员会关于惩治虚开、伪造和非法出售增值税专用发票犯罪的决定》规定的虚开、出售等犯罪的,按照其中的重罪定罪处罚,不实行数罪并罚。

6. 伪造、出售伪造的增值税专用发票罪

伪造、出售伪造的增值税专用发票罪,是指个人或者单位以营利为目的,非法印制或者出售非法印制的增值税专用发票的一种犯罪。

(1)伪造、出售伪造的增值税专用发票罪的构成。

①伪造、出售伪造的增值税专用发票罪侵犯的客体是国家对增值税专用发票的管理规定和国家税收征管秩序。犯罪对象为伪造的增值税专用发票。

②伪造、出售伪造的增值税专用发票罪客观方面表现为行为人违反增值税专用发票管理规定,伪造增值税专用发票,或者明知自己所持有的是伪造的增值税专用发票,而仍然出售。

《立案追诉标准(二)》规定,伪造或者出售伪造的增值税专用发票,涉嫌下列情形之一的,应予立案追诉:一是票面税额累计在10万元以上的;二是伪造或者出售伪造的增值税专用发票10份以上且票面税额在6万元以上的;三是非法获利数额在1万元以上的。

增值税专用发票由国家税务总局指定的企业印制,其他单位或者个人私自印制的,即构成伪造。伪造,是指仿照增值税专用发票的基本内容、专用纸、形状等样式,使用印刷、复印、描绘、拓印等制作方法,非法制造假增值税专用发票,冒充真增值税专用发票的行为。

③伪造、出售伪造的增值税专用发票罪犯罪主体是一般主体。任何单位和个人均可构成。

④伪造、出售伪造的增值税专用发票罪主观方面必须是直接故意,且具有营利目的。

(2)伪造、出售伪造的增值税专用发票罪的处罚。

根据《刑法》第二百零六条第一款规定,伪造或者出售伪造的增值税专用发票的,处3年以下有期徒刑、拘役或者管制,并处2万元以上20万元以下罚金;数量较大或者有其他严重情节的,处3年以上10年以下有期徒刑,并处5万元以上50万元以下罚金;数量巨大或者有其他特别严重情节的,处10年以上有期徒刑或者无期徒刑,并处5万元以上50万元以下罚金或者没收财产。

《两高解释》第十四条规定,伪造或者出售伪造的增值税专用发票,具有下列情形之一的,应当依照《刑法》第二百零六条的规定定罪处罚:一是票面税额10万元以上的;二是伪造或者出售伪造的增值税专用发票10份以上且票面税额6万元以上的;三是违法所得1万元以上的。

伪造或者出售伪造的增值税专用发票票面税额50万元以上的,或者50份以上且票面税额 30 万元以上的,应当认定为《刑法》第二百零六条第一款规定的"数量较大"。

5 年内因伪造或者出售伪造的增值税专用发票受过刑事处罚或者 2 次以上行政处罚,又实施伪造或者出售伪造的增值税专用发票行为,票面税额达到规定的"数量较大"标准 60% 以上的,或者违法所得 5 万元以上的,应当认定为《刑法》第二百零六条第一款规定的"其他严重情节"。

伪造或者出售伪造的增值税专用发票票面税额 500 万元以上的,或者 500 份以上且票面税额 300 万元以上的,应当认定为《刑法》第二百零六条第一款规定的"数量巨大"。

5 年内因伪造或者出售伪造的增值税专用发票受过刑事处罚或者 2 次以上行政处罚,又实施伪造或者出售伪造的增值税专用发票行为,票面税额达到规定的"数量巨大"标准 60% 以上的,或者违法所得 50 万元以上的,应当认定为《刑法》第二百零六条第一款规定的"其他特别严重情节"。

伪造并出售同一增值税专用发票的,以伪造、出售伪造的增值税专用发票罪论处,数量不重复计算。

变造增值税专用发票的,按照伪造增值税专用发票论处。

《刑法》第二百零六条第二款规定,单位犯伪造或者出售伪造的增值税专用发票罪的,对单位判处罚金,并对其直接负责的主管人员和其他直接责任人员,处 3 年以下有期徒刑、拘役或者管制;数量较大或者有其他严重情节的,处 3 年以上 10 年以下有期徒刑;数量巨大或者有其他特别严重情节的,处 10 年以上有期徒刑或者无期徒刑。

7. 非法出售增值税专用发票罪

非法出售增值税专用发票罪,是指无权出售增值税专用发票的单位或者个人,违反国家发票管理法规,将增值税专用发票非法出售给他人的一种犯罪。

(1)非法出售增值税专用发票罪的构成。

①非法出售增值税专用发票罪侵犯的客体是国家对增值税专用发票的管理制

度和国家税收征管秩序。犯罪对象必须是增值税专用发票。

②非法出售增值税专用发票罪客观方面表现为行为人违反增值税专用发票管理规定，无权出售增值税专用发票而非法出售，或者有权出售增值税专用发票的税务人员，违法出售增值税专用发票。

只有税务机关才有权出售增值税专用发票，且只收取工本费。纳税人从税务机关领购的增值税专用发票只能自己使用。没有使用或者有剩余的，应如数交回或者以旧换新，不能出售。非法出售，是指行为人将增值税专用发票提供给他人，并收取一定价款的行为。

《立案追诉标准（二）》规定，非法出售增值税专用发票，涉嫌下列情形之一的，应予立案追诉：一是票面税额累计在10万元以上的；二是非法出售增值税专用发票10份以上且票面税额在6万元以上的；三是非法获利数额在1万元以上的。

③非法出售增值税专用发票罪犯罪主体是持有增值税专用发票的单位或者个人。这里的"持有"，是指通过各种方式或手段取得增值税专用发票。出售增值税专用发票的税务机关工作人员，也可以成为非法出售增值税专用发票罪主体。

④非法出售增值税专用发票罪主观方面是直接故意，且以营利为目的。间接故意或者过失，不构成非法出售增值税专用发票罪。

(2) 非法出售增值税专用发票罪的处罚。

《刑法》第二百零七条规定，非法出售增值税专用发票的，处3年以下有期徒刑、拘役或者管制，并处2万元以上20万元以下罚金；数量较大的，处3年以上10年以下有期徒刑，并处5万元以上50万元以下罚金；数量巨大的，处10年以上有期徒刑或者无期徒刑，并处5万元以上50万元以下罚金或者没收财产。

《两高解释》第十五条规定，非法出售增值税专用发票的，依照该解释第十四条有关伪造或者出售伪造的增值税专用发票的定罪量刑标准定罪处罚。一是票面税额10万元以上的；二是非法出售增值税专用发票10份以上且票面税额6万元以上的；三是违法所得1万元以上的。

非法出售增值税专用发票票面税额50万元以上的，或者50份以上且票面税额

30万元以上的,应当认定为"数量较大"。5年内因非法出售增值税专用发票受过刑事处罚或者2次以上行政处罚,又实施非法出售增值税专用发票行为,票面税额达到规定的"数量较大"标准60%以上的,或者违法所得5万元以上的,应当认定为"其他严重情节"。

非法出售增值税专用发票票面税额500万元以上的,或者500份以上且票面税额300万元以上的,应当认定为"数量巨大"。5年内因非法出售增值税专用发票受过刑事处罚或者2次以上行政处罚,又实施非法出售增值税专用发票行为,票面税额达到规定的"数量巨大"标准60%以上的,或者违法所得50万元以上的,应当认定为"其他特别严重情节"。

《刑法》第二百一十一条规定,单位犯非法出售增值税专用发票罪的,对单位判处罚金,并对其直接负责的主管人员和其他直接责任人员,依照《刑法》第二百零七条的规定处罚。

(3)企业被处罚需注意的问题。

出售的专用发票,必须是真发票,否则构成出售伪造的增值税专用发票罪。出售的专用发票,必须是空白发票,如果出售填好的专用发票,则应按虚开增值税专用发票罪论处。

8. 非法购买增值税专用发票或者购买伪造的增值税专用发票罪

非法购买增值税专用发票或者购买伪造的增值税专用发票罪,是指单位或者个人通过非法方式购买增值税专用发票,或者明知是伪造的增值税专用发票而购买的一种犯罪。

(1)非法购买增值税专用发票或者购买伪造的增值税专用发票罪的构成。

①非法购买增值税专用发票或者购买伪造的增值税专用发票罪侵犯的客体是国家对增值税专用发票的管理制度和国家税收征管秩序。犯罪对象必须是增值税专用发票。

②非法购买增值税专用发票或者购买伪造的增值税专用发票罪客观方面表现为行为人违反增值税专用发票管理规定,从合法或者非法拥有真增值税专用发票的

单位或者个人手中购买增值税专用发票或者购买伪造的增值税专用发票。

对增值税专用发票实施严格管理是保障国家税收收入的重要手段。我国有关法规对增值税专用发票的领购、使用主体、程序等作了明确规定。只有增值税一般纳税人可以领购、使用增值税专用发票,非增值税纳税人和增值税小规模纳税人不得领购、使用。

《立案追诉标准(二)》规定,非法购买增值税专用发票或者购买伪造的增值税专用发票,涉嫌下列情形之一的,应予立案追诉:一是非法购买增值税专用发票或者购买伪造的增值税专用发票20份以上且票面税额在10万元以上的;二是票面税额累计在20万元以上的。

③非法购买增值税专用发票或者购买伪造的增值税专用发票罪犯罪主体是任何单位或者个人。

④非法购买增值税专用发票或者购买伪造的增值税专用发票罪主观方面是故意,且以营利为目的。

(2)非法购买增值税专用发票或者购买伪造的增值税专用发票罪的处罚。

《刑法》第二百零八条第一款和第二百一十一条的规定,非法购买增值税专用发票或者购买伪造的增值税专用发票的,处5年以下有期徒刑或者拘役,并处或者单处2万元以上20万元以下罚金。单位犯非法购买增值税专用发票或者购买伪造的增值税专用发票罪的,对单位判处罚金,并对其直接负责的主管人员和其他直接责任人员,依照规定处罚。

《两高解释》第十六条规定,非法购买增值税专用发票或者购买伪造的增值税专用发票票面税额20万元以上的,或者20份以上且票面税额10万元以上的,应当依照《刑法》第二百零八条第一款的规定定罪处罚。

《全国人民代表大会常务委员会关于惩治虚开、伪造和非法出售增值税专用发票犯罪的决定》第四条第二款规定,对非法购买增值税专用发票或者购买伪造的增值税专用发票又虚开或者出售的,应分别依照《刑法》第二百零五条规定的虚开增值税专用发票罪、第二百零六条规定的出售伪造的增值税专用发票罪、第二百零七条规定的非法出售增值税专用发票罪的标准,定罪处罚。

《两高解释》第十六条规定,购买伪造的增值税专用发票又出售的,以出售伪造的增值税专用发票罪定罪处罚;非法购买增值税专用发票用于骗取抵扣税款或者骗取出口退税款,同时构成非法购买增值税专用发票罪与虚开增值税专用发票罪、骗取出口退税罪的,依照处罚较重的规定定罪处罚。非法购买真、伪两种增值税专用发票的,数量累计计算,不实行数罪并罚。

9. 非法制造、出售非法制造的用于骗取出口退税、抵扣税款发票罪

非法制造、出售非法制造的用于骗取出口退税、抵扣税款发票罪,是指单位或者个人违反国家发票管理规定,伪造、擅自制造或者出售伪造、擅自制造的可以用于骗取出口退税、抵扣税款的其他发票的一种犯罪。

(1)非法制造、出售非法制造的用于骗取出口退税、抵扣税款发票罪的构成。

①非法制造、出售非法制造的用于骗取出口退税、抵扣税款发票罪侵犯的客体是国家发票管理制度和国家税收征管秩序。

②非法制造、出售非法制造的用于骗取出口退税、抵扣税款发票罪客观方面表现为行为人伪造、擅自制造或者出售伪造、擅自制造的可以用于骗取出口退税、抵扣税款的其他发票。

其他发票包括:海关代征的增值税专用缴款书、农产品收购发票。

"伪造",是指没有印制权的单位或者个人印制足以使一般人误认为是可以用于出口退税、抵扣税款的发票;"擅自制造",是指发票印制的指定企业,超出税务机关批准的范围私自印制上述发票。

《立案追诉标准(二)》规定,伪造、擅自制造或者出售伪造、擅自制造的用于骗取出口退税、抵扣税款的其他发票,涉嫌下列情形之一的,应予立案追诉:一是票面可以退税、抵扣税额累计在10万元以上的;二是伪造、擅自制造或者出售伪造、擅自制造的发票10份以上且票面可以退税、抵扣税额在6万元以上的;三是非法获利数额在1万元以上的。

③非法制造、出售非法制造的用于骗取出口退税、抵扣税款发票罪犯罪主体是

任何单位或者个人。

④非法制造、出售非法制造的用于骗取出口退税、抵扣税款发票罪主观方面是直接故意,且以营利为目的,间接故意和过失均不构成非法制造、出售非法制造的用于骗取出口退税、抵扣税款发票罪。

(2)非法制造、出售非法制造的用于骗取出口退税、抵扣税款发票罪的处罚。

《刑法》第二百零九条第一款规定,伪造、擅自制造或者出售伪造、擅自制造的可以用于骗取出口退税、抵扣税款的其他发票的,处 3 年以下有期徒刑、拘役或者管制,并处 2 万元以上 20 万元以下罚金;数量巨大的,处 3 年以上 7 年以下有期徒刑,并处 5 万元以上 50 万元以下罚金;数量特别巨大的,处 7 年以上有期徒刑,并处 5 万元以上 50 万元以下罚金或者没收财产。

《两高解释》第十七条第一款规定,伪造、擅自制造或者出售伪造、擅自制造的用于骗取出口退税、抵扣税款的其他发票,具有下列情形之一的,应当依照《刑法》第二百零九条第一款的规定定罪处罚:一是票面可以退税、抵扣税额 10 万元以上的;二是伪造、擅自制造或者出售伪造、擅自制造的发票 10 份以上且票面可以退税、抵扣税额 6 万元以上的;三是违法所得 1 万元以上的。

《两高解释》第十七条第二款规定,伪造、擅自制造或者出售伪造、擅自制造的可以用于骗取出口退税、抵扣税款的其他发票票面可以退税、抵扣税额 50 万元以上的,或者 50 份以上且票面可以退税、抵扣税额 30 元以上的,应当认定为《刑法》第二百零九条第一款规定的"数量巨大";伪造、擅自制造或者出售伪造、擅自制造的可以用于骗取出口退税、抵扣税款的其他发票票面可以退税、抵扣税额 500 万元以上的,或者 500 份以上且票面可以退税、抵扣税额 300 万元以上的,应当认定为《刑法》第二百零九条第一款规定的"数量特别巨大"。

《刑法》第二百一十一条规定,单位犯非法制造、出售非法制造的用于骗取出口退税、抵扣税款发票罪的,对单位判处罚金,并对其直接负责的主管人员和其他直接责任人员,依照非法制造、出售非法制造的用于骗取出口退税、抵扣税款发票罪的规定处罚。

10. 非法制造、出售非法制造的发票罪

非法制造、出售非法制造的发票罪，是指违反国家发票管理规定，伪造、擅自制造或者出售伪造、擅自制造的不具有骗取出口退税、抵扣税款功能的普通发票的一种犯罪。

(1)非法制造、出售非法制造的发票罪的构成。

①非法制造、出售非法制造的发票罪侵犯的客体是国家发票管理制度和国家税收征管秩序。犯罪对象是普通发票，即除增值税专用发票和具有出口退税、抵扣税款功能的非增值税专用发票外的一般普通发票，如建安发票、货物销售发票等。

②非法制造、出售非法制造的发票罪客观方面表现为行为人为达到营利目的，非法制造或者出售非法制造的不具有骗取出口退税、抵扣税款功能的普通发票的行为。

《立案追诉标准(二)》规定，伪造、擅自制造或者出售伪造、擅自制造的不具有骗取出口退税、抵扣税款功能的其他发票，涉嫌下列情形之一的，应予立案追诉：伪造、擅自制造或者出售伪造、擅自制造的不具有骗取出口退税、抵扣税款功能的其他发票100份以上且票面金额累计在30万元以上的；票面金额累计在50万元以上的；非法获利数额在1万元以上的。

"非法制造"包括伪造、擅自制造两个方面。"伪造普通发票"，是指无权印制普通发票的单位或者个人仿照真实的普通发票，印制用以冒充真发票的假发票的行为。"擅自制造普通发票"，是指印制发票的企业未经有关主管税务机关批准，私自印制普通发票，或虽经批准，但私自超量加印普通发票。

③非法制造、出售非法制造的发票罪犯罪主体是任何单位或者个人。

④非法制造、出售非法制造的发票罪主观方面是直接故意，且以营利为目的，间接故意和过失均不构成非法制造、出售非法制造的发票罪。

非法制造、出售非法制造的发票罪的处罚：

《刑法》第二百零九条第二款规定，伪造、擅自制造或者出售伪造、擅自制造的《刑法》第二百零九条第一款规定以外的其他发票的，处2年以下有期徒刑、拘役或者管制,并处或者单处 1 万元以上 5 万元以下罚金;情节严重的,处 2 年以上 7 年以下有期徒刑,并处 5 万元以上 50 万元以下罚金。

《两高解释》第十七条第三款规定,伪造、擅自制造或者出售伪造、擅自制造《刑法》第二百零九条第二款规定的发票,具有下列情形之一的,应当依照该款的规定定罪处罚:一是票面金额 50 万元以上的;二是伪造、擅自制造或者出售伪造、擅自制造发票 100 份以上且票面金额 30 万元以上的;三是违法所得 1 万元以上的。

《两高解释》第十七条第四款规定,伪造、擅自制造或者出售伪造、擅自制造《刑法》第二百零九条第二款规定的发票,具有下列情形之一的,应当认定为"情节严重":一是票面金额 250 万元以上的;二是伪造、擅自制造或者出售伪造、擅自制造发票 500 份以上且票面金额 150 万元以上的;三是违法所得 5 万元以上的。

《刑法》第二百一十一条规定,单位犯非法制造、出售非法制造的发票罪的,对单位判处罚金,并对其直接负责的主管人员和其他直接责任人员,依照非法制造、出售非法制造的发票罪的规定处罚。

11. 非法出售用于骗取出口退税、抵扣税款发票罪

非法出售用于骗取出口退税、抵扣税款发票罪,是指违反国家发票管理规定,非法出售经税务机关监制的具有出口退税、抵扣税款功能的非增值税专用发票,用于骗取出口退税、抵扣税款的一种犯罪。

(1)非法出售用于骗取出口退税、抵扣税款发票罪的构成。

①非法出售用于骗取出口退税、抵扣税款发票罪侵犯的客体是国家发票管理制度和国家税收征管秩序。

②非法出售用于骗取出口退税、抵扣税款发票罪客观方面表现为行为人为达到营利目的,非法出售用于骗取出口退税、抵扣税款的经税务机关监制的具有出口退税、抵扣税款功能的非增值税专用发票的行为。

全国人民代表大会常务委员会《关于〈中华人民共和国刑法〉有关出口退税、抵扣税款的其他发票规定的解释》规定,"出口退税、抵扣税款的其他发票",是指除增值税专用发票以外的,具有出口退税、抵扣税款功能的收付款凭证或者完税凭证。

《立案追诉标准(二)》规定,非法出售可以用于骗取出口退税、抵扣税款的其他发票,涉嫌下列情形之一的,应予立案追诉:一定票面可以退税、抵扣税额累计在10万元以上的;二是非法出售用于骗取出口退税、抵扣税款的其他发票10份以上且票面可以退税、抵扣税额在6万元以上的;三是非法获利数额在1万元以上的。

③非法出售用于骗取出口退税、抵扣税款发票罪犯罪主体是任何单位或者个人。

④非法出售用于骗取出口退税、抵扣税款发票罪主观方面是直接故意,且以营利为目的,间接故意和过失均不构成非法出售用于骗取出口退税、抵扣税款发票罪。

(2)非法出售用于骗取出口退税、抵扣税款发票罪的处罚。

《刑法》第二百零九条第三款规定,非法出售可以用于骗取出口退税、抵扣税款的其他发票的,处3年以下有期徒刑、拘役或者管制,并处2万元以上20万元以下罚金;数量巨大的,处3年以上7年以下有期徒刑,并处5万元以上50万元以下罚金;数量特别巨大的,处7年以上有期徒刑,并处5万元以上50万元以下罚金或者没收财产。

非法出售用于骗取出口退税、抵扣税款的其他发票的,定罪量刑标准依照《两高解释》第十七条第一款和第二款有关伪造、擅自制造或者出售伪造、擅自制造的可以用于骗取出口退税、抵扣税款的其他发票的规定执行。

①非法出售用于骗取出口退税、抵扣税款的其他发票,具有下列情形之一的,应当依照《刑法》第二百零九条第一款的规定定罪处罚:一是票面可以退税、抵扣税额10万元以上的;二是非法出售用于骗取出口退税、抵扣税款的其他发票10份以上且票面可以退税、抵扣税额6万元以上的;三是违法所得1万元以上的。

②非法出售用于骗取出口退税、抵扣税款的其他发票票面可以退税、抵扣税额50万元以上的,或者50份以上且票面可以退税、抵扣税额30万元以上的,应当认定为《刑法》第二百零九条第一款规定的"数量巨大";非法出售用于骗取出口退税、抵扣税款的其他发票票面可以退税、抵扣税额500万元以上的,或者500份以上且票面可以退税、抵扣税额300万元以上的,应当认定为《刑法》第二百零九条第一款规

定的"数量特别巨大"。

《刑法》第二百一十一条规定，单位犯非法出售用于骗取出口退税、抵扣税款发票罪的，对单位判处罚金，并对其直接负责的主管人员和其他直接责任人员，依照非法出售用于骗取出口退税、抵扣税款发票罪的规定处罚。

12. 非法出售发票罪

非法出售发票罪，是指违反国家发票管理规定，非法出售税务机关监制的，增值税专用发票、用于骗取出口退税、抵扣税款的其他发票以外的发票的一种犯罪。

(1)非法出售发票罪的构成。

①非法出售发票罪侵犯的客体是国家发票管理制度和国家税收征管秩序。

②非法出售发票罪客观方面表现为行为人为达到营利目的，非法出售普通发票的行为。

《立案追诉标准(二)》规定，非法出售增值税专用发票、用于骗取出口退税、抵扣税款的其他发票以外的发票，涉嫌下列情形之一的，应予立案追诉：一是非法出售增值税专用发票、用于骗取出口退税、抵扣税款的其他发票以外的发票 100 份以上且票面金额累计在 30 万元以上的；二是票面金额累计在 50 万元以上的；三是非法获利数额在 1 万元以上的。

根据发票管理规定，出售和管理发票是税务机关的职能。纳税人根据经营需要，可以向税务机关申请购买所需发票，并按规定自己使用。除税务机关外，任何单位或者个人出售自己具有的真发票的行为都是非法的。

③非法出售发票罪犯罪主体是任何单位或者个人。

④非法出售发票罪主观方面是直接故意，且以营利为目的，间接故意和过失均不构成非法出售发票罪。

(2)非法出售发票罪的处罚。

《刑法》第二百零九条第四款规定，非法出售增值税专用发票、用于骗取出口退税、抵扣税款的其他发票以外的发票的，处 2 年以下有期徒刑、拘役或者管制，并处或者单处 1 万元以上 5 万元以下罚金；情节严重的，处 2 年以上 7 年以下有期徒刑，并处 5 万元以上 50 万元以下罚金。

非法出售增值税专用发票、用于骗取出口退税、抵扣税款的其他发票以外的发票的,定罪量刑标准依照《两高解释》第十七条第三款和第四款有关伪造、擅自制造或者出售伪造、擅自制造的可以用于骗取出口退税、抵扣税款的其他发票的规定执行。即:

①非法出售增值税专用发票、用于骗取出口退税、抵扣税款的其他发票以外的发票,具有下列情形之一的,应当依照规定定罪处罚:一是票面金额 50 万元以上的;二是非法出售增值税专用发票、用于骗取出口退税、抵扣税款的其他发票以外的发票 100 份以上且票面金额 30 万元以上的;三是违法所得 1 万元以上的。

②非法出售增值税专用发票、用于骗取出口退税、抵扣税款的其他发票以外的发票具有下列情形之一的,应当认定为"情节严重":一是票面金额 250 万元以上的;非法出售增值税专用发票、用于骗取出口退税、抵扣税款的其他发票以外的发票 500 份以上且票面金额 150 万元以上的;二是违法所得 5 万元以上的。

《刑法》第二百一十一条规定,单位犯非法出售发票罪的,对单位判处罚金,并对其直接负责的主管人员和其他直接责任人员,依照非法出售发票罪的规定处罚。

13. 虚开发票罪

虚开发票罪,是指为了牟取非法经济利益,违反国家发票管理规定,虚开增值税专用发票和用于骗取出口退税、抵扣税款发票以外的其他发票,情节严重的一种犯罪。

(1)虚开发票罪的构成。

①虚开发票罪侵犯的客体为国家发票管理制度,犯罪对象是增值税专用发票和用于骗取出口退税、抵扣税款发票以外的其他发票。

②虚开发票罪客观方面表现为虚开增值税专用发票和用于骗取出口退税、抵扣税款发票以外的其他发票,情节严重的行为。

《两高解释》第十二条规定,具有下列情形之一的,应当认定为"虚开增值税专用发票和用于骗取出口退税、抵扣税款发票以外的其他发票":一是没有实际业务而为他人、为自己、让他人为自己、介绍他人开具发票的;二是有实际业务,但为他人、为自己、让他人为自己、介绍他人开具与实际业务的货物品名、服务名称、货物数量、金额等不符的发票的;三是非法篡改发票相关电子信息的;四是违反规定以其他手段虚开的。

《立案追诉标准(二)》规定,虚开增值税专用发票和用于骗取出口退税、抵扣税款发票以外的其他发票,涉嫌下列情形之一的,应予立案追诉:一是虚开发票金额累计在 50 万元以上的;二是虚开发票 100 份以上且票面金额在 30 万元以上的;三是 5 年内因虚开发票受过刑事处罚或者 2 次以上行政处罚,又虚开发票,数额达到上述第一、二项标准 60% 以上的。

③虚开发票罪犯罪主体为一般主体,即自然人和单位都可以构成虚开发票罪的主体,包括:为了谋取"手续费"等非法利益,开具虚假或者不实的发票的单位和个人;通过获取虚开发票获得非法经济利益或者掩盖自己违法行为的单位和个人;虚开发票和购买虚开发票的中介者。对于介绍他人虚开发票的行为人,可以将其作为虚开发票罪的共犯处罚。

④虚开发票罪主观方面为直接故意,间接故意和过失不能构成虚开发票罪。一般来说,行为人主观上都具有营利的目的,但这并非法定要件。如果以其他目的虚开普通发票的,也构成虚开发票罪。

(2)企业被认定虚开发票罪应当注意的问题。

第一,要注意区分罪与非罪的界限。依照《刑法》第二百零五条之一的规定,虚开普通发票必须达到情节严重的程度才构成虚开发票罪。这类行为首先违反的是国家发票管理制度,是一种行政违法行为,主要通过行政制裁的方式处理。只有情节严重的虚开普通发票行为,才构成犯罪。

实践中,"情节严重"可以从以下几个方面来分析认定:一是虚开普通发票的数额或者数量;二是虚开普通发票的次数;三是虚开普通发票造成的后果;四是是否因虚开普通发票的行为受到过行政处罚或者刑事处罚;五是有无其他恶劣情节等。

第二,要注意区分虚开发票罪与虚开增值税专用发票罪、逃税罪的界限。虚开普通发票罪与虚开增值税专用发票罪主要区别是犯罪对象不同,前者是普通发票,后者是增值税专用发票。与逃税罪的主要区别是犯罪的客观方面不同,前者是虚开普通发票的行为,后者是逃税的行为。

利用虚开普通发票的手段逃税的,包括两个犯罪行为,即虚开发票的犯罪行为和虚列成本偷逃税款的犯罪行为,而且这两个行为之间没有包容关系,即逃税罪不必然是通过虚开发票的行为才能实现,也可以通过少列收入等形式来实现;而虚开发票不必然是为了逃税的目的,虚开发票还可以用于贪污公款等其他非法目的。因此,应属于刑法理论中的牵连关系。对该行为可以按照处理牵连犯的原则,"择一重罪从重处罚",即不实行数罪并罚,按照其触犯的数罪中处罚较重的罪名所规定的刑罚从重处罚。

定罪时具体适用哪个罪名,主要根据其手段行为(虚开发票)和目的行为(逃税)的情节所适用的法定刑幅度中较重的确定。如果两个行为中有一个行为适用的是较高的量刑档次,另一个行为适用的是较低的量刑档次,则以适用较高量刑档次的行为触犯的罪名来定罪;如果两个行为均适用较高或者较低的量刑档次,因逃税罪的法定刑略重,应以逃税罪来定罪。考虑到以虚开发票方式偷逃税款的行为触犯了两个罪名,其社会危害性较之一个罪名更大,应当在确定适用法定刑较重的罪名的基础上从重处罚。

第三,以伪造的发票进行虚开,达到虚开发票罪规定的标准的,应当以虚开发票罪追究刑事责任。

(3)虚开发票罪的处罚。

《刑法》第二百零五条之一规定,虚开《刑法》第二百零五条规定以外的其他发票,情节严重的,处2年以下有期徒刑、拘役或者管制,并处罚金;情节特别严重的,处2年以上7年以下有期徒刑,并处罚金。单位犯虚开发票罪的,对单位判处罚金,并对其直接负责的主管人员和其他直接责任人员,依照自然人犯罪的规定处罚。

虚开发票罪只规定对犯罪的自然人和单位应并处罚金,对罚金的数额没有做具体的规定。与虚开发票罪一同规定于《刑法》第二百零五条的虚开增值税专用发票、用于骗取出口退税、抵扣税款发票罪,规定了罚金刑的具体数额,虚开发票罪在适用罚金刑时可根据相应档次参照适用,即情节严重的,并处 2 万元以上 20 万元以下罚金;情节特别严重的,处 5 万元以上 50 万元以下罚金。

《两高解释》第十三条第一款规定,具有下列情形之一的,应当认定为《刑法》第二百零五条之一第一款规定的"情节严重":一是虚开发票票面金额 50 万元以上的;二是虚开发票 100 份以上且票面金额 30 万元以上的;三是 5 年内因虚开发票受过刑事处罚或者 2 次以上行政处罚,又虚开发票,票面金额达到上述第一、二项标准 60% 以上的。

《两高解释》第十三条第二款规定,具有下列情形之一的,应当认定为《刑法》第二百零五条之一第一款规定的"情节特别严重":一是虚开发票票面金额 250 万元以上的;二是虚开发票 500 份以上且票面金额 150 万元以上的;三是 5 年内因虚开发票受过刑事处罚或者 2 次以上行政处罚,又虚开发票,票面金额达到上述第一、二项标准 60% 以上的。

《两高解释》第十三条第三款规定,以伪造的发票进行虚开,达到《两高解释》第十三条第一款规定的标准的,应当以虚开发票罪追究刑事责任。

《刑法》第二百一十二条规定,犯虚开发票罪,被判处罚金、没收财产的,在执行前,应当先由税务机关追缴税款。

14. 持有伪造的发票罪

持有伪造的发票罪,是指违反国家发票管理规定,明知是伪造的发票而持有,数量较大,依法应受刑法处罚的一种犯罪。

此处的"发票",指所有发票,包括增值税专用发票,用于骗取出口退税、抵扣税款的其他发票以及除上述两种以外的其他发票。

(1)持有伪造的发票罪的构成。

①持有伪造的发票罪侵犯的客体为一般客体,即国家税收征管制度。

税务机关负责发票管理制度的制定和组织实施,并负责对一切印制、使用发票的单位和个人进行监督和管理。违法购买、持有和使用置于税务机关监管以外的伪造发票，侵犯了国家对发票的管理制度；通过购买假发票虚列成本，达到逃税的目的，从而侵犯了税收征管制度。明知是伪造的发票而持有的行为，滋长了假发票的泛滥，扰乱了发票管理和税收征管的正常秩序，还为其他违法犯罪行为提供了条件，败坏了社会风气，社会影响恶劣。特别需要注意的是，持有伪造的发票罪中伪造的发票，不仅包括伪造的普通发票，还包括伪造的增值税专用发票和其他具有出口退税、抵扣税款功能的收付款凭证或者完税凭证。

②持有伪造的发票罪客观方面表现为明知是伪造的发票而持有，数量较大的行为。

"持有"，是指行为人对伪造的发票处于占有、支配、控制的一种状态。这种"持有"是广义上的，既可以随身携带、放置或藏匿在某一地点，也可以委托他人保管，只要在行为人控制之下即可。"持有"表现在多个方面，如因伪造发票而持有；因购买伪造的发票而持有；因运输伪造的发票而持有，即行为人既未制造假发票，也未购买假发票，其所持有的假发票是替他人运输或携带的。只要行为人明知所持有的是伪造的发票，不论其运输行为是否收取了费用，均可能构成持有伪造的发票罪。

"伪造的发票"，是指仿造发票的内容、纸张、油墨、形状、图案、色彩、版式等，使用印刷、制作、变造等非法手段制造的假发票。

从"持有伪造的发票"行为的手段、方法看，实务中常见的大致可分为四类：

一是利用伪造的发票逃避缴纳税款。为了获取更多利润，部分企业通过从地下市场购买伪造的发票来虚列企业开支，以逃避缴纳企业所得税等相关税款。如果购买伪造的发票的数额较大，又没有构成逃税罪，就构成了持有伪造的发票罪。

二是利用伪造的发票列支非法支出。一些单位对日常活动中存在的商业贿赂等无法取得发票的非法支出，通过购买伪造的发票的方式在会计核算中列支，以实现账目平衡。

三是利用伪造的发票挪用、侵占单位资金。部分人员通过购买伪造的发票，向单位虚报支出，骗取、侵占单位资金。此种情况下应注意：利用伪造发票是诈骗或贪污的手段，罪名应该倾向于结果行为即诈骗罪、贪污罪或职务侵占罪。

四是利用伪造发票套取财政资金。一些单位通过购买伪造的发票入账等方式套取财政资金,私设"小金库",用于单位职工福利等违法违纪活动。如果是国家机关、国有公司、企业、事业单位、人民团体,将套取的财政资金以单位名义集体私分给个人的行为,罪名应该倾向于私分国有资产罪。对于个人利用伪造的发票套取财政资金行为,可参照"利用伪造的发票挪用、侵占单位资金"处理。

《刑法修正案(八)》将"数额较大"作为持有伪造的发票罪的构成要件之一。根据这一规定,持有伪造的发票的行为,并不是都要追究刑事责任,只有达到"数额较大"的程度,才可以作为犯罪处理;对于持有数额较小的违法行为,可由税务机关依法给予行政处罚。

《立案追诉标准(二)》第六十五条规定,明知是伪造的发票而持有,涉嫌下列情形之一的,应予立案追诉:一是持有伪造的增值税专用发票或者可以用于骗取出口退税、抵扣税款的其他发票50份以上且票面税额累计在25万元以上的;二是持有伪造的增值税专用发票或者可以用于骗取出口退税、抵扣税款的其他发票票面税额累计在50万元以上的;三是持有伪造的增值税专用发票或者可以用于骗取出口退税、抵扣税款的其他发票以外的其他发票100份以上且票面税额累计在50万元以上的;四是持有伪造的增值税专用发票或者可以用于骗取出口退税、抵扣税款的其他发票以外的其他发票票面税额累计在100万元以上的。

③持有伪造的发票罪犯罪主体为一般主体,即自然人和单位都可以成为持有伪造的发票罪的主体。若单位犯持有伪造的发票罪的,实行双罚制,即对单位判处罚金的同时,对其直接负责的主管人员和其他责任人员依照规定处罚。

④持有伪造的发票罪主观方面表现为直接故意,即行为人明知是伪造的发票而持有。间接故意和过失不能构成持有伪造的发票罪。如果行为人主观上不知道是伪造的发票,而是受欺骗、蒙蔽,误以为是真发票而持有的,不能认定为犯罪。

至于持有伪造发票的犯罪是否必须以牟利为目的,有不同的意见。一种意见认为,《刑法》条文没有规定以非法牟利为目的,因此,持有伪造的发票罪不以非法牟利目的为构成要件,只要持有行为达到情节严重,就应定罪处罚。另一种意见认为,不能一概而论。持有伪造的发票不是违法者的最终目的,往往是作为出售或者实施逃税等其他非法牟利犯罪的桥梁和中介,而最终是以牟取非法经济利益为目的。由于持有伪造的发票罪主要侵害的是国家税收征管秩序,如果没有牟利的目的,那么持有伪造发票的行为对国家税款的征收就没有威胁,也不会对国家税收征管秩序造成大的影响,其社会危害性不大。因此,虽然《刑法修正案(八)》没有将"以营利为目的"或者"为牟取非法经济利益"作为持有伪造的发票罪的主观要件,但是不以牟利为目的的持有伪造发票行为是否能认定为持有伪造的发票罪需要审慎认定。

(2)持有伪造的发票罪与相关罪名的区分。

①持有伪造的发票罪与非法出售发票罪。

持有伪造的发票罪为持有型犯罪,行为方式强调持有,犯罪对象为伪造的发票。根据《发票管理办法》规定,增值税专用发票由国务院税务主管部门确定的企业印制。其他发票,按照国务院税务主管部门的规定,由省、自治区、直辖市税务机关确定的企业印制。印制发票应当使用国务院税务主管部门确定的全国统一的发票防伪专用品。因此,无论任何人用仿制的底纹版、非专用纸张、非专印油墨印制的发票都属于伪造的发票。而非法出售发票罪的行为方式强调出售,犯罪对象并不是伪造的发票,必须是真的发票,即只要税务部门以外的其他部门出售发票,情节严重的均构成非法出售发票罪。

②持有伪造的发票罪与伪造、出售伪造的增值税专用发票罪。

两罪的区别主要在于行为方式不同,前者为持有,后者为伪造或出售。持有伪造的发票,包括各种类型的伪造发票,如普通发票、增值税专用发票等。实践中,对增值税专用发票而言,如果有伪造、出售伪造等行为的,首先应以伪造、出售伪造等行为认定。只有当相关证据确实无法获取的情况下,即无法以其他犯罪行为认定时,才应以"持有"这一状态认定,按持有伪造的发票罪定罪移送处理相关嫌疑人。这样既不至于放纵犯罪分子,也符合持有伪造的发票罪的立法宗旨。

③持有伪造的发票罪与非法制造、出售非法制造的发票罪。

两罪的区别主要在于犯罪对象不同,前者的犯罪对象是伪造的假发票,不包括非法制造的真发票；后者的犯罪对象既包括伪造的发票，又包括其他非法制造的发票。伪造的发票属于非法制造的发票；但非法制造的发票不仅指伪造的发票，还包括税务机关指定的企业超额私自加印的发票、税务机关以外的部门私自决定印制的发票、没有印制发票决定权的地方税务部门决定印制的发票等。这几种非法制造的发票与合法的发票很难区别，对国家税收危害更大。

（3）持有伪造的发票罪的处罚。

《刑法》第二百一十条之一规定，明知是伪造的发票而持有，数量较大的，处2年以下有期徒刑、拘役或者管制，并处罚金；数量巨大的，处2年以上7年以下有期徒刑，并处罚金。单位犯持有伪造的发票罪的，对单位判处罚金，并对其直接负责的主管人员和其他直接责任人员，依照自然人犯罪的规定处罚。

《两高解释》第十八条第一款规定，具有下列情形之一的，应当认定为《刑法》第二百一十条之一第一款规定的"数量较大"：一是持有伪造的增值税专用发票或者可以用于骗取出口退税、抵扣税款的其他发票票面税额50万元以上的，或者50份以上且票面税额25万元以上的；二是持有伪造的第一项规定以外的其他发票票面金额100万元以上的，或者100份以上且票面金额50万元以上的。

持有的伪造发票数量、票面税额或者票面金额达到《两高解释》第十八条第一款规定的标准5倍以上的，应当认定为《刑法》第二百一十条之一第一款规定的"数量巨大"。

《两高解释》第十九条规定，明知他人实施危害税收征管犯罪而仍为其提供账号、资信证明或者其他帮助的，以相应犯罪的共犯论处。

《两高解释》第二十一条规定，实施危害税收征管犯罪，造成国家税款损失，行为人补缴税款、挽回税收损失，有效合规整改的，可以从宽处罚；犯罪情节轻微不需要判处刑罚的，可以不起诉或者免予刑事处罚；情节显著轻微危害不大的，不作为犯罪处理。对于实施本解释规定的相关行为被不起诉或者免予刑事处罚，需要给予行政处罚、政务处分或者其他处分的，依法移送有关主管机关处理。

(四)税务刑事法律风险案例

案例 129

湖北康进药业有限责任公司、李坤虚开增值税专用发票,用于骗取出口退税、抵扣税款发票、虚开发票一审刑事判决。

通山县人民检察院于 2019 年 11 月 4 日以通检公诉刑诉〔2019〕272 号起诉书指控被告单位湖北康某药业有限责任公司(以下简称湖北康某公司)、被告人李坤犯虚开增值税专用发票罪、虚开发票罪,王应龙、王丽、被告单位内蒙古华源立洪医药有限公司(以下简称内蒙古立洪公司)、被告人王修林犯虚开增值税专用发票罪,提起公诉。

通山县人民检察院指控:2016 年年初至 2018 年 8 月期间,被告人李坤伙同刘某 2(在逃),自己联系或者通过被告人王应龙、王丽、甘某(在逃)、李某 2(在逃)、万某(在逃)等人介绍,在没有真实货物交易的情况下,以被告单位湖北康某公司名义同湖北天康健医药有限公司等十余家公司签订虚假购销合同,共计向上述公司虚开进项增值税专用发票 7 288 份,税额超 1.5 亿元,价税合计超 13.7 亿元。被告单位湖北康某公司,被告人李坤、王应龙、王丽、甘某、李某等人通过收取开票费形式非法获利,共计 5 000 余万元。

检察机关就指控的上述事实,提交了书证、证人证言、被告人的供述与辩解、辨认笔录、视听资料等证据,从而认为应以虚开增值税专用发票罪、虚开发票罪追究被告单位湖北康某公司、被告人李坤的刑事责任;应以虚开增值税专用发票罪追究被告人王应龙、王丽、被告单位内蒙古立洪公司、被告人王修林的刑事责任。

通山县人民检察院经过审理,最终判决如下:

一、被告单位湖北康进药业有限责任公司犯虚开增值税专用发票罪,判处罚金人民币 50 万元;犯虚开发票罪,判处罚金人民币 40 万元;决定执行罚金人民币 90 万元。

二、被告人李坤犯虚开增值税专用发票罪,判处有期徒刑12年;犯虚开发票罪,判处有期徒刑三年六个月,并处罚金人民币30万元;决定执行有期徒刑15年,并处罚金人民币30万元。

三、被告人王应龙犯虚开增值税专用发票罪,判处有期徒刑6年,并处罚金人民币15万元。

四、被告人王丽犯虚开增值税专用发票罪,判处有期徒刑5年,并处罚金人民币15万元;犯诈骗罪没有执行的刑罚3年9个月;决定执行有期徒刑8年,并处罚金人民币15万元。

五、被告单位内蒙古华源立洪医药有限公司犯虚开增值税专用发票罪,判处罚金人民币50万元。

六、被告人王修林犯虚开增值税专用发票罪,判处有期徒刑3年,缓刑3年。

七、对被告单位湖北康进药业有限责任公司的违法所得3 000万元、王丽的违法所得8万元,予以追缴。

该案后经湖北省咸宁市中级人民法院二审(也是终审判决),判决维持原判。

资料来源:中国裁判文书网。

案例 130

四川省绵阳市警税联合依法查处一起医药企业虚开增值税发票案件

国家税务总局绵阳市税务局第三稽查局依据精准分析线索,联合公安经侦部门依法查处四川云亳堂药业有限公司虚开增值税专用发票案件。经查,犯罪团伙控制四川云亳堂药业有限公司,通过编造虚假中药材购进业务、支付"开票费"等方式,在没有真实业务交易的情况下,从上游医药行业公司和农业专业合作社取得虚开的增值税专用发票和农产品收购发票1 300余份并违规抵扣。

目前,四川云亳堂药业有限公司因犯虚开增值税专用发票、用于抵扣税款发票罪,被判处罚金40万元,夏燕、魏云龙、张磊、谢先堂4名犯罪分子因犯虚开增值税专用发票、用于抵扣税款发票罪,分别被判处 3 至 11 年不等有期徒刑,并处罚金合计 10 万元,没收违法所得 50 万元。对上游虚开发票违法行为,税务部门已另案处理。

资料来源:国家税务总局网站。

案例 131

医药企业特大虚开发票案,涉案金额高达 60 亿元!

2024 年 11 月 4 日,央视一套今日说法播出的《被隐匿的真相》节目中,解密了由内蒙古乌兰浩特警方侦查的 60 亿元虚开发票大案。2021 年年底,一条由公安部提供的线索转至内蒙古乌兰浩特市公安局,有证据显示乌兰浩特当地的几家公司暴力虚开发票,涉及金额巨大。警方调查发现,这些是非常典型的空壳公司,开具发票的业务涉及全国各地,并主要针对医药企业,全国范围内涉案金额高达 60 亿元。最终,在公安部的统一部署下,全国 22 个省份警方发起集群战役,案件得以全面告破。

2024 年 1 月,在内蒙古乌兰浩特警方的要求下,当地多家医院的多名医生前往办案单位,协助一起案件的调查工作,故事就从这里开始,揭开了一个跨越全国的医药领域犯罪网络。

2021 年年底,一条由公安部提供的线索转至内蒙古乌兰浩特市公安局,有证据显示,乌兰浩特当地的几家公司暴力虚开发票,涉及金额巨大。"就像抽丝剥茧一样。"专案组民警介绍,最初只是发现本地几家公司存在异常开票,"除了开发票,这些公司连个人影都看不到。"循着这条线索深挖,竟查出 6 家空壳公司,名称相近,背后控制的都是同一批人,涉案金额也迅速从几百万上升到 3 000 万元。据警方介绍,这些空壳公司都是利用车库、地下车位等作为企业的登记地址,从税务部门查询发现,这些公司除了开发票,没有其他任何的进项。让警方感到蹊跷的是,这些发票全部指向医药企业,而且开具的都是"医药推广服务费"。"一个小县城,怎么可能给这么多药企提供咨询服务?"带着疑问,专案组扩大侦查范围,一个遍布全国的"发票链条"浮出水面。

调查显示,2018年到2021年年初,仅乌兰浩特本地的40多家空壳公司就为全国多个药企开出1.6亿余元发票。以这些空壳公司的业务为线索,警察又在全国范围内关联查询了4 000多家类似的公司,这些公司都是冒用他人身份注册,没有实际经营的业务,暴力虚开发票,也没有进项冲抵,全国范围内这超过4 000家类似的空壳公司,累计下来涉案金额惊人——累计流水60余亿元。为什么虚开呢?警方有了进一步的发现,对此举例,一款市面常见的头孢类药品,生产成本仅22元,却以92.13元的价格销售。这70元的差价去了哪里?原来,2018年国家实行医药"两票制"后,一些药企和经销商"另辟蹊径":药企先定虚高售价,再通过空壳公司虚开发票套取利润,最终以回扣形式层层分配。在这个利益链条中,设立空壳公司的安徽药品经销商沈某和乌兰浩特医药公司聂某是关键人物,警方调查发现,从2018年开始,他们联手在呼和浩特设立了多家空壳公司,主要为全国22个制药企业以医药推广服务等项目开具大量发票,所谓的服务费都是编造的,推广费、调研费、拜访费用也都是假的。随着调查的深入,谜团慢慢解开,原来和两票制有关系。办案人员理清了这种非法获利的新的销售模式,主要是这样的:(1)药企以虚高价格向经销商出售药品,这个价格包括回扣部分;(2)经销商通过空壳公司向药企开具虚假医药推广服务发票;(3)药企将利润打入空壳公司账户,返回经销商;(4)经销商将部分利润以回扣形式输送给医院相关人员。

目前,主要嫌疑人沈某、聂某已被批捕,警方在其支付宝账户中查获2 000多万元。涉案药企被责令补交税款,相关医疗机构也在自查退赃。警方表示,目前这个案件仍在深入查办中。

第二节 税务争议的税务风险控制

一、税务争议的法律救济

税务法律救济是国家机关为排除税务具体行政行为对税收相对人合法权益的侵害,通过解决税收争议,制止和矫正违法或不当的税收行政侵权行为,从而使税收相对人的合法权益获得补救的法律制度的总称。

税收法律救济的方式包括首违不罚、税务听证、税务行政复议、税务行政诉讼和税务行政赔偿等。纳税人法律救济权,即税务当事人认为自身合法权益受到侵害时,享有通过以上途径要求国家机关进行救济的权利。

纳税人与税务机关发生税务争议,要及时正确地掌握和运用各种法律救济途径,来保障自身的合法权益不受侵害。

二、首违不罚

当事人出现税务违法行为在受到税务机关的行政处罚时,对照"首违不罚"清单的事项,满足条件的,及时纠正自身的税务违法行为,免除税务机关的行政处罚。

《中华人民共和国行政处罚法》第三十三条规定,违法行为轻微并及时改正,没有造成危害后果的,不予行政处罚。初次违法且危害后果轻微并及时改正的,可以不予行政处罚。

《国家税务总局关于发布〈税务行政处罚裁量权行使规则〉公告》(国家税务总局公告 2016 年第 78 号)第十一条规定,法律、法规、规章规定可以给予行政处罚,当事人首次违反且情节轻微,并在税务机关发现前主动改正的或者在税务机关责令限期改正的期限内改正的,不予行政处罚。

(一)第一批税务行政处罚"首违不罚"事项清单

2021 年 7 月 15 日起施行的新修订的《中华人民共和国行政处罚法》第三十三条

规定,违法行为轻微并及时改正,没有造成危害后果的,不予行政处罚。初次违法且危害后果轻微并及时改正的,可以不予行政处罚。当事人有证据足以证明没有主观过错的,不予行政处罚。法律、行政法规另有规定的,从其规定。对当事人的违法行为依法不予行政处罚的,行政机关应当对当事人进行教育。

为贯彻落实中共中央办公厅、国务院办公厅《关于进一步深化税收征管改革的意见》、国务院常务会有关部署,深入开展2021年"我为纳税人缴费人办实事暨便民办税春风行动",推进税务领域"放管服"改革,更好服务市场主体,根据《中华人民共和国行政处罚法》《税收征收管理法》及其实施细则等法律法规,国家税务总局制定了《税务行政处罚"首违不罚"事项清单》。对于首次发生清单中所列事项且危害后果轻微,在税务机关发现前主动改正或者在税务机关责令限期改正的期限内改正的,不予行政处罚。税务机关应当对当事人加强税法宣传和辅导。自2021年4月1日起施行(见表9—1)。

表9—1　　　　　　　　《第一批税务行政处罚"首违不罚"事项清单》

序号	事项
1	纳税人未按照《税收征收管理法》及实施细则等有关规定将其全部银行账号向税务机关报送
2	纳税人未按照《税收征收管理法》及实施细则等有关规定设置、保管账簿或者保管记账凭证和有关资料
3	纳税人未按照《税收征收管理法》及实施细则等有关规定的期限办理纳税申报和报送纳税资料
4	纳税人使用税控装置开具发票,未按照《税收征收管理法》及实施细则、发票管理办法等有关规定的期限向主管税务机关报送开具发票的数据且没有违法所得
5	纳税人未按照《税收征收管理法》及实施细则、发票管理办法等有关规定取得发票,以其他凭证代替发票使用且没有违法所得
6	纳税人未按照《税收征收管理法》及实施细则、发票管理办法等有关规定缴销发票且没有违法所得
7	扣缴义务人未按照《税收征收管理法》及实施细则等有关规定设置、保管代扣代缴、代收代缴税款账簿或者保管代扣代缴、代收代缴税款记账凭证及有关资料
8	扣缴义务人未按照《税收征收管理法》及实施细则等有关规定的期限报送代扣代缴、代收代缴税款有关资料
9	扣缴义务人未按照《税收票证管理办法》的规定开具税收票证

续表

序号	事项
10	境内机构或个人向非居民发包工程作业或劳务项目,未按照《非居民承包工程作业和提供劳务税收管理暂行办法》的规定向主管税务机关报告有关事项

(二)第二批税务行政处罚"首违不罚"事项清单

为进一步贯彻落实中共中央办公厅、国务院办公厅《关于进一步深化税收征管改革的意见》,持续推进税务领域"放管服"改革,根据《中华人民共和国行政处罚法》《税收征收管理法》及实施细则等法律法规,国家税务总局制定《第二批税务行政处罚"首违不罚"事项清单》,自2022年1月1日起施行(见表9—2)。

表9—2　　　　　　　《第二批税务行政处罚"首违不罚"事项清单》

序号	事项
1	纳税人使用非税控电子器具开具发票,未按照《税收征收管理法》及实施细则、发票管理办法等有关规定将非税控电子器具使用的软件程序说明资料报主管税务机关备案且没有违法所得
2	纳税人未按照《税收征收管理法》及实施细则、税务登记管理办法等有关规定办理税务登记证件验证或者换证手续
3	纳税人未按照《税收征收管理法》及实施细则、发票管理办法等有关规定加盖发票专用章且没有违法所得
4	纳税人未按照《税收征收管理法》及实施细则等有关规定将财务、会计制度或者财务、会计处理办法和会计核算软件报送税务机关备查

1."首违不罚"税务违法行为需要同时具备的三个条件

适用税务行政处罚"首违不罚"必须同时满足下列三个条件:一是纳税人、扣缴义务人首次发生清单中所列事项,二是危害后果轻微,三是在税务机关发现前主动改正或者在税务机关责令限期改正的期限内改正。

违法行为是法律法规明确规定"可处罚"行为,不是"应处罚"或"并处罚"行为税务违法行为如何处罚,主要依据《税收征收管理法》及实施细则"法律责任"章节。可以首违不罚的违法行为,在《税收征收管理法》中应当是明确规定"可处罚"的行为,而不是"应处罚"或"并处罚"行为。《税务行政处罚"首违不罚"事项清单》列举的行为，都是如此。

"危害后果轻微"是指当事人的违法行为带来的危害情况很轻微，判定危害后果是否轻微，一般需要从三个角度综合判定。

一是从行为形式上看，违法行为简单、单一，一般没有同时违反多项法律法规，不是复杂的违法行为。

二是从主观过错程度上看，当事人发生违法行为不是故意的行为，而是因为从未经历过或是很长时间没有经历过，对法律法规不甚了解而发生的行为。

三是从危害程度上看，违法行为带来的危害后果无论是影响面、影响力都比较小，违法行为易于纠正，没有造成较大损失，不会产生较大的社会影响。如纳税人首次发生未按规定办理纳税申报行为，可能只是因为不了解税法的申报规定造成的，仅仅只是违反依法申报一项法律规定，且只对纳税人自己产生危害后果，补办申报后也不会对国家税款产生危害，所以可以"首违不罚"。

2. 在行政机关发现前主动改正的或者在行政机关责令限期改正的期限内改正

"首违不罚"的违法行为不仅仅具有典型的过失性，还需要当事人能够及时认知自己的行为违法并主动予以纠正。主动纠正违法行为是"首违不罚"的必要条件，当事人认识到行为违法但拒不改正的，就不再满足"危害后果轻微"的条件，其带有强烈的主观故意性，应当依法予以处罚。当事人的纠正违法行为，可以是自行发现并纠正，也可以在收到税务机关责令改正通知后，在规定的期限内纠正。

案例 132

未按纳税期限办理纳税申报和报送纳税资料，免于税务行政处罚

某省 A 公司为私营有限责任公司，2023 年 12 月未按照税收征收管理法及实施细则等规定的纳税期限办理纳税申报和报送纳税资料。该行为违反了《税收征收管理法》第二十五条的规定，即"纳税人必须依照法律、行政法规规定或者税务机关依照法律、行政法规的规定确定的申报期限、申报内容如实办理纳税申报，报送纳税申报表、财务会计报表以及税务机关根据实际需要要求纳税人报送的其他纳税资料"。

1. 处理结果

该公司未按照税收征收管理法及实施细则等有关规定的期限办理纳税申报和报送纳税资料的违法行为，依据《山东省税务行政处罚裁量基准》的规定，经主管税务机关核实，该违法行为属 2023 年度首次违法且危害后果轻微，并在责令限期内改正，未造成不可挽回的税费损失或者较大社会影响，属于《国家税务总局关于发布〈税务行政处罚"首违不罚"事项清单〉的公告》《国家税务总局公告 2021 年第 6 号》列明的事项，2023 年 12 月某市税务局依法做出不予行政处罚的决定。

2. 案件解析

纳税申报是指纳税人按照税法规定的内容向税务机关提交有关纳税事项书面报告的法律行为，是纳税人履行纳税义务、承担法律责任的主要依据，是税务机关税收管理信息的主要来源和税务管理的一项重要制度。按时进行纳税申报是纳税人最基本的义务。此案中该公司应于 2023 年 12 月 15 日前对税款所属期 2023 年 11 月 1—30 日的应纳税款进行纳税申报，报送纳税申报表。该公司未在期限内进行纳税申报，属于违反税收管理的违法行为。

税务行政处罚"首违不罚"事项清单的设立依据是《中华人民共和国行政处罚法》第三十三条，目前国家税务总局发布了两批"首违不罚"事项清单，山东省税务局通过《山东省税务行政处罚裁量基准》对总局的清单内容进一步明确，适用"首违不罚"要同时符合以下三个条件：一是违法行为系一个公历年度内首次违法，以违法行为发生日期为准，以前年度违法不适用"首违不罚"。二是危害后果轻微，逾期未报的违法若有金额较大的税款和滞纳金则不予适用。由于丢失发票的后果不可预估，发票丢失不适用首违不罚，因未开具发票被投诉的违法也不适用。三是在税务机关发现前主动改正或者在税务机关责令限期改正的期限内改正，超过责令期后再改正的不适用"首违不罚"。

三、税务听证

当事人行使税务行政处罚听证的权利,享有陈述权和申辩权,通过听证,主要是纠正税务机关作出的行政处罚决定对事实认定有错误或者偏差,改变对行政处罚决定,保护当事人的合法权益不受侵害。

《中华人民共和国行政处罚法》第六十三条规定,行政机关拟做出下列行政处罚决定,应当告知当事人有要求听证的权利,当事人要求听证的,行政机关应当组织听证:(1)较大数额罚款;(2)没收较大数额违法所得、没收较大价值非法财物;(3)降低资质等级、吊销许可证件;(4)责令停产停业、责令关闭、限制从业;(5)其他较重的行政处罚;(6)法律、法规、规章规定的其他情形。

《中华人民共和国行政复议法》第五十条规定,审理重大、疑难、复杂的行政复议案件,行政复议机构应当组织听证。

行政复议机构认为有必要听证,或者申请人请求听证的,行政复议机构可以组织听证。

(一)税务听证的适用情形

《国家税务总局关于印发〈税务行政处罚听证程序实施办法(试行)〉》(国税发〔1996〕190号)第三条规定,税务机关对公民作出2 000元以上(含本数)罚款或者对法人或者其他组织作出1万元以上(含本数)罚款的行政处罚之前,应当向当事人送达《税务行政处罚事项告知书》,告知当事人已经查明的违法事实、证据、行政处罚的法律依据和拟将给予的行政处罚,并告知有要求举行听证的权利。

(二)提出听证申请的时限

《国家税务总局关于印发〈税务行政处罚听证程序实施办法(试行)〉》(国税发〔1996〕190号)第四条规定,要求听证的当事人,应当在《税务行政处罚事项告知书》送达后3日内向税务机关书面提出听证;逾期不提出的,视为放弃听证权利。

当事人要求听证的,税务机关应当组织听证。

当事人由于不可抗力或者其他特殊情况而耽误提出听证期限的,在障碍消除后

5日以内,可以申请延长期限。申请是否准许,由组织听证的税务机关决定。

案例 133

申请税务听证,免于税务行政处罚

2019年10月,A市税务局稽查局检查发现,甲公司2018年度"职工福利费"虽未超支,但其中支付2018年度离退休人员医疗费、房屋补贴超出预提统筹外费用2 800万元,此项费用列支了职工福利费。该项支出按规定应作为"与企业取得收入无关"的支出,不予进行税前扣除。稽查局认为,离退休人员已不在企业工作,不能够给企业带来任何收益,对其支付的任何费用都与企业收入无关,根据《中华人民共和国企业所得税法》第十条第八项规定,应调增应纳税所得额2 800万元,依法补缴企业所得税700万元,并向甲公司做出行政处罚,罚350万元。

1. 争议焦点

甲公司于2019年10月23日,依法向A市税务局提出行政处罚听证申请。听证会上,双方围绕企业该项行为是否定性为偷税并罚款问题,展开了激烈辩论。

税务稽查人员认为:第一,企业有能力知道该项支出应当缴纳税款。第二,企业将该项超支预提费用作为职工福利费予以税前扣除,也不能排除依法缴纳税款的责任。第三,企业能够知道税法规定不予税前扣除而仍进行税前列支并申报扣除,显然是"虚假的纳税申报"行为,按照相关规定应当构成偷税并处以少缴税款50%以上5倍以下的罚款。

秦某代表甲公司从法学理论和相关法律规定上进行了深入论述,提出了三点辩驳意见:第一,甲公司该项少缴税款行为,不属于虚假的纳税申报行为。第二,甲公司没有少缴税款的主观故意。第三,该项目应属于税务机关告知申报事项。

2. 经听证,免于处罚

经听证,A市税务局充分听取当事人陈述和申辩,并对相关事实、理由和依据认真复核,认为企业提出的事实、理由、依据成立,决定依法责令企业按规定补缴税款,不予进行行政处罚。A市税务局认为,企业该项少缴税款的法律征收依据属于概括性表述,适用该规定确定具体征税事项时,应当由征管部门依法做出明确性征税表示后,企业才可能依"明示"内容申报纳税。该项少缴税款,既没有法律明确规定应当缴纳,也没有证据表明企业已从税务机关获知该项业务应当缴纳税款的明示证据,企业是因缺乏明确法定计税依据未调增应纳税所得额而造成的少缴税款。企业按财务规定记账,纳税申报据实、合法。在纳税上,甲公司该项少缴税款既未采取虚假的纳税申报手段,也不属于在账簿上多列支出及其他法定偷税手段,因此不具有不缴少缴应纳税款的主观故意,不构成偷税。

四、税务行政复议

(一)行政复议概述

《中华人民共和国行政复议法》(以下简称《行政复议法》,2023年9月1日第十四届全国人民代表大会常务委员会第五次会议修订,自2024年1月1日起施行)规定,行政复议,是指行政相对人(公民、法人或其他组织)认为行政主体的行政行为侵害其合法权益,依法向行政复议机关提出复查该行政行为的申请,行政复议机关依照法定程序对原行政行为是否合法、适当审查并做出行政复议决定的活动。行政复议在性质上是一种行政的权利救济手段,同时它本身也是一种准司法的行政行为。行政复议的直接目的是监督和保障行政主体的行政活动,防止和纠正行政主体做出的违法或者不当的行政行为,保护行政相对人的合法权益。

作为一种监督救济方式和准司法程序,行政复议具有以下特征:(1)行政复议以当事人提出复议申请为前提。(2)行政复议权只能由法定行政机关行使。(3)行政复议的审查对象是行政主体作出的行政行为,复议机关同时可以一并审查部分规范性文件。

(二)税务行政复议概述

《税务行政复议规则》(以下简称《复议规则》,2018年6月15日国家税务总局令第44号修正)规定,税务行政复议是我国行政复议制度的重要组成部分,具体是指纳税人、扣缴义务人、纳税担保人等税务当事人或者其他行政相对人认为税务机关及其工作人员做出的税务行政行为侵犯其合法权益，依法向上一级税务机关提出复查该税务行政行为的申请，由复议机关对该税务行政行为的合法性和适当性进行审查并做出裁决的制度和活动。

税务行政复议具有以下特征：(1)税务行政复议是税务行政复议机关对税务行政争议的裁决活动，具有准司法性质。(2)税务行政复议以申请人不服税务机关做出的税务行政行为为前提，税务行政复议以税务行政行为为审查对象。申请人认为做出税务行政行为的依据即有关税务规范性文件不合法的，不能单独提起税务行政复议。(3)税务行政复议因当事人不服税务行政行为提出申请而发生。"不告不理"的原则也同样适用于税务行政复议。没有申请人的申请，就启动不了税务行政复议程序。(4)税务行政复议不仅审查税务行政行为的合法性，而且审查其适当性。(5)税务行政复议与税务行政诉讼在程序方面相互衔接。申请人向税务行政复议机关申请行政复议，税务行政复议机关已经受理的，在法定行政复议期限内申请人不得再向人民法院提起税务行政诉讼；申请人向人民法院提起税务行政诉讼，人民法院已经依法受理的，不得申请税务行政复议。

(三)税务行政复议范围

1. 行政复议机关受理申请人对税务机关下列行政行为不服提出的行政复议申请。(1)征税行为，包括确认纳税主体、征税对象、征税范围、减税、免税、退税、抵扣税款、适用税率、计税依据、纳税环节、纳税期限、纳税地点和税款征收方式等具体行政行为，征收税款、加收滞纳金，扣缴义务人、受税务机关委托的单位和个人做出的代扣代缴、代收代缴、代征行为等。(2)行政许可、行政审批行为。(3)发票管理行为，包括发售、收缴、代开发票等。(4)税收保全措施、强制执行措施。(5)行政处罚行为：①罚款；②没收财物和违法所得；③停止出口退税权。(6)不依法履行下列职责的行为：①颁发税务登记；②开具、出具完税凭证、外出经营活动税收管理证明；③行政赔偿；④行政奖励；⑤其他不依法履行职责的行为。(7)资格认定行为。(8)不依法确认纳税担保行为。(9)政府信息公开工作中的具体行政行为。(10)纳税信用等级评定行为。(11)通知出入境管理机关阻止出境行为。(12)其他行政行为。

2. 申请人认为税务机关做出的行政行为所依据的下列规范性文件不合法,对行政行为申请行政复议时,可以一并向行政复议机关提出对该规范性文件的审查申请;申请人对行政行为提出行政复议申请时不知道该行政行为所依据的规范性文件的,可以在行政复议机关做出行政复议决定前提出对该规范性文件的审查申请:(1)国家税务总局和国务院其他部门的规范性文件;(2)其他各级税务机关的规范性文件;(3)县级以上地方各级人民政府的规范性文件;(4)县级以上地方人民政府工作部门的规范性文件。

值得注意的是,这里的"规范性文件"不包括税务部门规章和其他规章。规章的审查依照法律、行政法规办理。

(四)税务行政复议的管辖

《行政复议法》第二十七条规定,对海关、金融、外汇管理等实行垂直领导的行政机关、税务和国家安全机关的行政行为不服的,向上一级主管部门申请行政复议。

1. 向上级税务机关申请复议

对各级税务局的具体行政行为不服的,向其上一级税务局申请行政复议。

对计划单列市税务局的具体行政行为不服的,向国家税务总局申请行政复议。

2. 向所属税务机关申请复议

对税务所(分局)、各级税务局的稽查局的具体行政行为不服的,向其所属税务局申请行政复议。

3. 对国家税务总局申请复议

对国家税务总局的具体行政行为不服的,向国家税务总局申请行政复议。对行政复议决定不服,申请人可以向人民法院提起行政诉讼,也可以向国务院申请裁决。国务院的裁决为最终裁决。

4. 特殊情形下的复议

对下列税务机关的具体行政行为不服的,按照下列规定申请行政复议:(1)对两个以上税务机关以共同的名义做出的具体行政行为不服的,向共同上一级税务机关申请行政复议;对税务机关与其他行政机关以共同的名义做出的具体行政行为不服的,向其共同上一级行政机关申请行政复议。(2)对被撤销的税务机关在撤销以前所做出的具体行政行为不服的,向继续行使其职权的税务机关的上一级税务机关申请行政复议。(3)对税务机关做出逾期不缴纳罚款加处罚款的决定不服的,向做出行政处罚决定的税务机关申请行政复议。但是对已处罚款和加处罚款都不服的,一并向做出行政处罚决定的税务机关的上一级税务机关申请行政复议。

申请人向具体行政行为发生地的县级地方人民政府提交行政复议申请的,由接受申请的县级地方人民政府依照行政复议法的相关规定予以转送。

(五)税务行政复议的期限

(1)申请人可以在知道税务机关做出具体行政行为之日起60日内提出行政复议申请。因不可抗力或者被申请人设置障碍等原因耽误法定申请期限的,申请期限的计算应当扣除被耽误时间。

(2)申请人按规定申请行政复议的,必须依照税务机关根据法律、法规确定的税额、期限,先行缴纳或者解缴税款和滞纳金,或者提供担保,才可以在缴清税款和滞纳金后,或者所提供的担保得到做出具体行政行为的税务机关确认之日起60日内提出行政复议申请。

(3)申请人可以在知道税务机关做出具体行政行为之日起60日内提出行政复议申请,申请期限的计算,依照下列规定办理:①当场做出具体行政行为的,自具体行政行为做出之日起计算。②载明具体行政行为的法律文书直接送达的,自受送达人签收之日起计算。③载明具体行政行为的法律文书邮寄送达的,自受送达人在邮件签收单上签收之日起计算;没有邮件签收单的,自受送达人在送达回执上签名之日起计算。④具体行政行为依法通过公告形式告知受送达人的,自公告规定的期限届满之日起计算。⑤税务机关做出具体行政行为时未告知申请人,事后补充告知的,自该申请人收到税务机关补充告知的通知之日起计算。⑥被申请人能够证明申请人知道具体行政行为的,自证据材料证明其知道具体行政行为之日起计算。

税务机关做出具体行政行为,依法应当向申请人送达法律文书而未送达的,视为该申请人不知道该具体行政行为。

(4)申请人依照《行政复议法》第六条第(八)项、第(九)项、第(十)项的规定申请税务机关履行法定职责,税务机关未履行的,行政复议申请期限依照下列规定计算:①有履行期限规定的,自履行期限届满之日起计算。②没有履行期限规定的,自税务机关收到申请满 60 日起计算。

(六)税务行政复议申请

(1)税务机关做出的具体行政行为对申请人的权利、义务可能产生不利影响的,应当告知其申请行政复议的权利、行政复议机关和行政复议申请期限。

(2)申请人申请行政复议可以口头申请,也可以书面申请。①申请人口头申请行政复议的,行政复议机构应当依照上述第八项规定的事项,当场制作行政复议申请笔录,交申请人核对或者向申请人宣读,并由申请人确认。②申请人书面申请行政复议的,可以采取当面递交、邮寄或者传真等方式提出行政复议申请。

有条件的行政复议机关可以接受以电子邮件形式提出的行政复议申请。对以传真、电子邮件形式提出行政复议申请的,行政复议机关应当审核确认申请人的身份、复议事项。

申请人书面申请行政复议的,应当在行政复议申请书中载明下列事项:①申请人的基本情况,包括公民的姓名、性别、出生年月、身份证件号码、工作单位、住所、邮政编码、联系电话;法人或者其他组织的名称、住所、邮政编码、联系电话和法定代表人或者主要负责人的姓名、职务。②被申请人的名称。③行政复议请求、申请行政复议的主要事实和理由。④申请人的签名或者盖章。⑤申请行政复议的日期。

(3)申请人应当提供证明材料:①认为被申请人不履行法定职责的,提供要求被申请人履行法定职责而被申请人未履行的证明材料。②申请行政复议时一并提出行政赔偿请求的,提供受具体行政行为侵害而造成损害的证明材料。③法律、法规规定需要申请人提供证据材料的其他情形。

(4)申请人提出行政复议申请时错列被申请人的,行政复议机关应当告知申请人变更被申请人。申请人不变更被申请人的,行政复议机关不予受理,或者驳回行政复议申请。

(5)申请人向行政复议机关申请行政复议,行政复议机关已经受理的,在法定行政复议期限内申请人不得向人民法院提起行政诉讼;申请人向人民法院提起行政诉讼,人民法院已经依法受理的,不得申请行政复议。

(七)税务行政复议和税务行政诉讼的衔接

1. 先复议再诉讼

《税收征收管理法》第八十八条规定,纳税人、扣缴义务人、纳税担保人同税务机关在纳税上发生争议时,必须先依照税务机关的纳税决定缴纳或者解缴税款及滞纳金或者提供相应的担保,然后可以依法申请行政复议;对行政复议决定不服的,可以依法向人民法院起诉。当事人对税务机关的处罚决定、强制执行措施或者税收保全措施不服的,可以依法申请行政复议,也可以依法向人民法院起诉。

《复议规则》第三十三条规定,申请人对征税行为不服的,应当先向行政复议机关申请行政复议;对行政复议决定不服的,可以向人民法院提起行政诉讼。

《中华人民共和国行政诉讼法》第四十四条规定,对属于人民法院受案范围的行政案件,公民、法人或者其他组织可以先向行政机关申请复议,对复议决定不服的,再向人民法院提起诉讼;也可以直接向人民法院提起诉讼。

法律、法规规定应当先向行政机关申请复议,对复议决定不服再向人民法院提起诉讼的,依照法律、法规的规定。

2. 复议和诉讼的选择

《税收征收管理法》第八十八条规定,当事人对税务机关的处罚决定、强制执行措施或者税收保全措施不服的,可以依法申请行政复议,也可以依法向人民法院起诉。

《复议规则》第三十四条规定,申请人对征税行为以外的其他具体行政行为不服,可以申请行政复议,也可以直接向人民法院提起行政诉讼。

(八)行政复议和解与调解

2024年1月1日起施行的新修订的行政复议法第五条第一款规定:"行政复议机关办理行政复议案件,可以进行调解。"税务部门要坚持和发展新时代"枫桥经验",充分调动税务行政复议人员开展调解的积极性、主动性、创造性,将调解贯穿于税务行政复议案前、案中、案后全过程。同时,在调解中融入情理法相融的"说理式执法",推动实质性化解税务行政争议。在税收征管实践中,各地税务部门近年来持续推进新时代"枫桥式"税务所(分局、办税服务厅)建设,及时响应纳税人缴费人的诉求,有效为其解决实际问题,拉近了征纳之间的距离,提高了税法遵从度。应总结经验,进一步丰富有关建设内容,促进税务行政争议实质性化解。

1. 税务行政复议和解与调解的适用范围

对下列税务行政复议事项,按照合法、自愿的原则,申请人和被申请人在税务行政复议机关做出行政复议决定以前可以达成和解,税务行政复议机关也可以调解:行使自由裁量权做出的税务行政行为,如行政处罚、核定税额、确定应税所得率等;行政赔偿;行政奖励;存在其他合理性问题的行政行为。

2. 税务行政复议和解制度

申请人和被申请人达成和解的,应当向税务行政复议机构提交书面和解协议。和解内容不损害国家利益、社会公共利益和他人合法权益,不违反法律、法规的强制性规定的,税务行政复议机构应当准许。经税务行政复议机构准许和解、行政复议机关决定终止行政复议的,申请人原则上不得以同一事实和理由再次申请行政复议。

3. 税务行政复议调解制度

调解应当符合四个要求:尊重申请人和被申请人的意愿;在查明案件事实的基础上进行;遵循客观、公正和合理原则;不得损害国家利益、社会公共利益和他人合法权益,不得违反法律、法规的强制性规定。

税务行政复议机关按照下列程序调解:(1)征得申请人和被申请人同意;(2)听取申请人和被申请人的意见;(3)提出调解方案;(4)达成调解协议;(5)制作行政复

议调解书。

行政复议调解书应当载明行政复议请求、事实、理由和调解结果,经各方当事人签字或者签章,并加盖行政复议机关印章,即具有法律效力。

4. 运用和解与调解,及时化解税务争议

企业与税务机关在行政复议过程中,采用和解与调解方式化解税务行政复议过程的矛盾,来维护自身的合法权益。调解协议是纳税人与税务机关双方合意、平等协商的产物,充分体现了双方当事人的意志,更有利于实质性地化解纠纷、定分止争。其次,调解结案的过程无须争议双方就法律的适用、举证责任的分配以及证据的三性(即客观性、合法性和关联性)进行对抗性争辩,从而避免了在化解争议的过程中进一步激化矛盾,也避免陷入长时间的税务行政复议过程影响企业的正常经营发展。

五、税务行政诉讼

(一)行政诉讼概述

行政诉讼是人民法院处理行政纠纷、解决行政争议的法律制度,与刑事诉讼、民事诉讼一起,共同构筑起现代国家的诉讼制度。具体来讲,行政诉讼是指公民、法人和其他组织认为行政机关及其工作人员的具体行政行为侵犯其合法权益,依照《行政诉讼法》向人民法院提起诉讼,由人民法院进行审理并做出裁决的诉讼制度和诉讼活动。《中华人民共和国行政诉讼法》(以下简称《行政诉讼法》)颁布实施后,人民法院审理行政案件以及公民、法人和其他组织与行政机关进行行政诉讼进入有法可依的新阶段。税务行政诉讼作为行政诉讼的一个重要组成部分,也必须遵循《行政诉讼法》所确立的基本原则和普遍程序;同时,税务行政诉讼又不可避免地具有本部门的特点。

(二)税务行政诉讼概述

税务行政诉讼,是指公民、法人和其他组织认为税务机关及其工作人员的具体税务行政行为违法或者不当,侵犯了其合法权益,依法向人民法院提起行政诉讼,由人民法院对具体税务行政行为的合法性和适当性进行审理并做出裁决的司法活动。

其目的是保证人民法院正确、及时审理税务行政案件,保护纳税人、扣缴义务人等当事人的合法权益,维护和监督税务机关依法行使行政职权。

从税务行政诉讼与税务行政复议及其他行政诉讼活动的比较中可以看出,税务行政诉讼具有以下特殊性:

(1)税务行政诉讼是由人民法院进行审理并做出裁决的一种诉讼活动。这是税务行政诉讼与税务行政复议的根本区别。税务行政复议和税务行政诉讼是解决税务行政争议的两条重要途径。由于税务行政争议范围广、数量多、专业性强,大量税务行政争议由税务机关以税务复议方式解决,只有由人民法院对税务案件进行审理并做出裁决的活动,才是税务行政诉讼。

(2)税务行政诉讼以解决税务行政争议为前提,这是税务行政诉讼与其他行政诉讼活动的根本区别,具体体现在:①被告必须是税务机关,或经法律、法规授权的行使税务行政管理权的组织,而不是其他行政机关或组织。②税务行政诉讼解决的争议发生在税务行政管理过程中。③因税款征纳问题发生的争议,当事人在向人民法院提起行政诉讼前,必须先经过税务行政复议程序,即复议前置。

(三)税务行政诉讼的原则

除共有原则外(如人民法院独立行使审判权,实行合议、回避、公开、辩论、两审、终审等),税务行政诉讼还必须和其他行政诉讼一样,遵循以下几个特有原则:

(1)人民法院特定主管原则。即人民法院对税务行政案件只有部分管辖权。根据《行政诉讼法》第十一条的规定,人民法院只能受理因具体行政行为引起的税务行政争议案。

(2)合法性审查原则。除审查税务机关是否滥用权力、税务行政处罚是否显失公正外,人民法院只对具体税务行为是否合法予以审查。与此相适应,人民法院原则上不直接判决变更。

(3)不适用调解原则。税收行政管理权是国家权力的重要组成部分,税务机关无权依自己的意愿进行处置,因此,人民法院也不能对税务行政诉讼法律关系的双方当事人进行调解。但是,行政赔偿、补偿以及行政机关行使法律、法规规定的自由裁量权的案件可以调解。

（4）起诉不停止执行原则。即当事人不能以起诉为理由而停止执行税务机关所做出的具体行政行为，如税收保全措施和税收强制执行措施。

（5）税务机关负举证责任原则。由于税务行政行为是税务机关单方依一定事实和法律做出的，只有税务机关最了解做出该行为的证据。如果税务机关不提供或不能提供证据，就可能败诉。

（6）有税务机关负责赔偿的原则。依据《中华人民共和国国家赔偿法》（以下简称《国家赔偿法》）的有关规定，税务机关及其工作人员因执行职务不当，给当事人造成人身及财产损害，应负担赔偿责任。

（四）税务行政诉讼的范围

税务行政诉讼的受案范围，是指人民法院对税务机关的哪些行为拥有司法审查权。换言之，公民、法人或者其他组织对税务机关的哪些行为不服，可以向人民法院提起税务行政诉讼。在实际生活中，税务行政争议种类多、涉及面广，不可能也没有必要都诉诸人民法院通过诉讼程序解决。界定税务行政诉讼的受案范围，便于明确人民法院、税务机关及其他国家机关间在解决税务行政争议方面的分工和权限。

税务行政诉讼案件的受案范围除受《行政诉讼法》有关规定的限制外，也受《税收征收管理法》及其他相关法律、法规的调整和制约。具体地说，税务行政诉讼的受案范围与税务行政复议的受案范围基本一致，包括：

（1）税务机关做出的征税行为：一是征收税款、加收滞纳金；二是扣缴义务人、受税务机关委托的单位做出代扣代缴、代收代缴行为及代征行为。

（2）税务机关做出的责令纳税人提交纳税保证金或者纳税担保行为。

（3）税务机关做出的行政处罚行为：一是罚款；二是没收违法所得；三是停止出口退税权；四是收缴发票和暂停供应发票。

（4）税务机关做出的通知出境管理机关阻止出境行为。

（5）税务机关做出的税收保全措施：一是书面通知银行或者其他金融机构冻结存款；二是扣押、查封商品、货物或者其他财产。

(6)税务机关做出的税收强制执行措施：一是书面通知银行或者其他金融机构扣缴税款；二是拍卖所扣押、查封的商品、货物或者其他财产抵缴税款。

(7)认为符合法定条件申请税务机关颁发税务登记证和发售发票，税务机关拒绝颁发发售或者不予答复的行为。

(8)税务机关的复议行为：一是复议机关改变了原具体行政行为；二是期限届满，税务机关不予答复。

(五)税务行政诉讼管辖

税务行政诉讼管辖，是指人民法院受理第一审税务案件的职权分工。《行政诉讼法》第十四条至第二十四条具体规定了行政诉讼管辖的种类和内容。这对税务行政诉讼当然也是适用的。

具体来讲，税务行政诉讼的管辖分为级别管辖、地域管辖和裁定管辖。

1. 级别管辖

级别管辖是上下级人民法院之间受理第一审税务案件的分工和权限。

(1)基层人民法院管辖除上级法院管辖的第一审税务行政案件以外的所有第一审税务行政案件，即一般的税务行政案件。

(2)中级人民法院管辖：一是对国务院部门或者县级以上地方人民政府所作的行政行为提起诉讼的案件；二是海关处理的案件；三是本辖区内重大、复杂的案件；四是其他法律规定由中级人民法院管辖的案件。

(3)高级人民法院管辖本辖区内重大、复杂的第一审税务行政案件。

(4)最高人民法院管辖全国范围内重大、复杂的第一审税务行政案件。

2. 地域管辖

地域管辖是同级人民法院之间受理第一审行政案件的分工和权限，分一般地域管辖和特殊地域管辖两种。

(1)一般地域管辖，是指按照最初做出具体行政行为的行政机关所在地来确定管辖法院。凡是未经复议直接向人民法院提起诉讼的，或者经过复议，复议裁决维持原具体行政行为，当事人不服向人民法院提起诉讼的，根据《行政诉讼法》第十八条的规定,均由最初做出具体行政行为的税务机关所在地人民法院管辖。

(2)特殊地域管辖,是指根据特殊行政法律关系或特殊行政法律关系所指的对象来确定管辖法院。税务行政案件的特殊地域管辖主要是指:经过复议的案件,复议机关改变原具体行政行为的,由原告选择最初做出具体行政行为的税务机关所在地的人民法院或者复议机关所在地人民法院管辖。原告可以向任何一个有管辖权的人民法院起诉,最先收到起诉状的人民法院为第一审法院。

经复议的案件,也可以由复议机关所在地人民法院管辖。经最高人民法院批准,高级人民法院可以根据审判工作的实际情况,确定若干人民法院跨行政区域管辖行政案件。

3. 裁定管辖

裁定管辖,是指人民法院依法自行裁定的管辖,包括移送管辖、指定管辖及管辖权的转移三种情况。

移送管辖,是指人民法院将已经受理的案件,移送给有管辖权的人民法院审理,受移送的人民法院应当受理。受移送的人民法院认为受移送的案件按照规定不属于本院管辖的,应当报请上级人民法院指定管辖,不得再自行移送。根据《行政诉讼法》第二十二条的规定,移送管辖必须具备三个条件:一是移送人民法院已经受理了该案件;二是移送人民法院发现自己对该案件没有管辖权;三是接受移送的人民法院必须对该案件确有管辖权。

指定管辖,是指上级人民法院以裁定的方式,指定某下一级人民法院管辖某一案件。根据《行政诉讼法》第二十三条的规定,有管辖权的人民法院因特殊原因不能行使对行政诉讼的管辖权的,由其上级人民法院指定管辖;人民法院对管辖权发生争议且协商不成的,由它们共同的上级人民法院指定管辖。

管辖权的转移。根据《行政诉讼法》第二十四条的规定,上级人民法院有权审理下级人民法院管辖的第一审税务行政案件,也可以将自己管辖的第一审行政案件移交下级人民法院审判。下级人民法院对其管辖的第一审税务行政案件,认为需要由上级人民法院审判的,可以报请上级人民法院决定。

(六)税务行政诉讼的起诉、期限和受理

1. 税务行政案件的起诉

税务行政诉讼的起诉,是指公民、法人或者其他组织认为自己的合法权益受到税务机关行政行为的侵害,而向人民法院提出诉讼请求,要求人民法院行使审判权,依法予以保护的诉讼行为。起诉,是法律赋予税务行政管理相对人及其他与行政行为有利害关系的公民、法人或者其他组织用以保护其合法权益的权利和手段。在税务行政诉讼等行政诉讼中,起诉权是单向性的权利,税务机关不享有起诉权,只有应诉权,即税务机关只能作为被告;与民事诉讼不同,作为被告的税务机关不能反诉。

纳税人、扣缴义务人等税务管理相对人在提起税务行政诉讼时,必须符合下列条件:(1)原告是认为具体行政行为侵犯其合法权益的公民、法人或者其他组织。(2)有明确的被告。(3)有具体的诉讼请求和事实、法律根据。(4)属于人民法院的受案范围和受诉人民法院管辖。

2. 税务行政诉讼的期限

(1)《税收征收管理法》规定。

《税收征收管理法》第八十八条及其他相关规定,对税务机关的征税行为提起诉讼,必须先经过复议;对复议决定不服的,可以在接到复议决定书之日起 15 日内向人民法院起诉。对其他具体行政行为不服的,当事人可以在接到通知或者知道之日起 15 日内直接向人民法院起诉。

税务机关做出具体行政行为时,未告知公民、法人或者其他组织起诉期限的,起诉期限从公民、法人或者其他组织知道或者应该知道起诉期限之日起计算,但从知道或者应当知道行政行为内容之日起最长不得超过 1 年。

(2)《行政诉讼法》规定。

《行政诉讼法》第四十五条规定,公民、法人或者其他组织不服复议决定的,可以在收到复议决定书之日起 15 日内向人民法院提起诉讼。复议机关逾期不做决定的,申请人可以在复议期满之日起 15 日内向人民法院提起诉讼。法律另有规定的除外。

《中华人民共和国行政诉讼法》第四十六条规定,公民、法人或者其他组织直接向人民法院提起诉讼的,应当自知道或者应当知道做出行政行为之日起 6 个月内提出。法律另有规定的除外。

《行政诉讼法》第四十七条规定,公民、法人或者其他组织申请行政机关履行保护其人身权、财产权等合法权益的法定职责,行政机关在接到申请之日起两个月内不履行的,公民、法人或者其他组织可以向人民法院提起诉讼。法律、法规对行政机关履行职责的期限另有规定的,从其规定。

《行政诉讼法》第四十八条规定,公民、法人或者其他组织因不可抗力或者其他不属于其自身的原因耽误起诉期限的,被耽误的时间不计算在起诉期限内。

公民、法人或者其他组织因其他特殊情况耽误起诉期限的,在障碍消除后 10 日内,可以申请延长期限,是否准许由人民法院决定。

3. 税务行政诉讼的受理

原告起诉,经人民法院审查,认为符合起诉条件并立案审理的行为,称为受理。对当事人的起诉,人民法院一般从以下几个方面审查并做出是否受理的决定:一是审查是否属于法定的诉讼受案范围;二是审查是否具备法定的起诉条件;三是审查是否已经受理或者正在受理;四是审查是否有管辖权;五是审查是否符合法定的期限;六是审查是否经过必经复议程序。

根据《行政诉讼法》第五十一条和第五十二条的规定,人民法院在接到起诉状时对符合规定的起诉条件的,应当登记立案。

对当场不能判定是否符合规定的起诉条件的,应当接收起诉状,出具注明收到日期的书面凭证,并在 7 日内决定是否立案。不符合起诉条件的,做出不予立案的裁定。裁定书应当载明不予立案的理由。原告对裁定不服的,可以提起上诉。

起诉状内容欠缺或者有其他错误的,应当给予指导和释明,并一次性告知当事人需要补正的内容。不得未经指导和释明即以起诉不符合条件为由不接收起诉状。

对于不接收起诉状、接收起诉状后不出具书面凭证,以及不一次性告知当事人需要补正的起诉状内容的,当事人可以向上级人民法院投诉,上级人民法院应当责令改正,并对直接负责的主管人员和其他直接责任人员依法给予处分。

人民法院既不立案,又不做出不予立案裁定的,当事人可以向上一级人民法院起诉。上一级人民法院认为符合起诉条件的,应当立案、审理,也可以指定其他下级人民法院立案、审理。

(七)税务行政复议和税务行政诉讼的衔接

1. 先复议再诉讼

《税收征收管理法》第八十八条规定,纳税人、扣缴义务人、纳税担保人同税务机关在纳税上发生争议时,必须先依照税务机关的纳税决定缴纳或者解缴税款及滞纳金或者提供相应的担保,然后可以依法申请行政复议;对行政复议决定不服的,可以依法向人民法院起诉。当事人对税务机关的处罚决定、强制执行措施或者税收保全措施不服的,可以依法申请行政复议,也可以依法向人民法院起诉。

《复议规则》第三十三条规定,申请人对征税行为不服的,应当先向行政复议机关申请行政复议;对行政复议决定不服的,可以向人民法院提起行政诉讼。

《中华人民共和国行政诉讼法》第四十四条规定,对属于人民法院受案范围的行政案件,公民、法人或者其他组织可以先向行政机关申请复议,对复议决定不服的,再向人民法院提起诉讼;也可以直接向人民法院提起诉讼。

法律、法规规定应当先向行政机关申请复议,对复议决定不服再向人民法院提起诉讼的,依照法律、法规的规定。

2. 复议和诉讼的选择

《税收征收管理法》第八十八条规定,当事人对税务机关的处罚决定、强制执行措施或者税收保全措施不服的,可以依法申请行政复议,也可以依法向人民法院起诉。

《复议规则》第三十四条规定,申请人对征税行为以外的其他具体行政行为不服,可以申请行政复议,也可以直接向人民法院提起行政诉讼。

(八)税务行政诉讼的审理和判决

1. 税务行政诉讼的审理

人民法院审理行政案件实行合议、回避、公开审判和两审终审的审判制度。审理的核心是审查被诉具体行政行为是否合法,即做出该行为的税务机关是否依法享有该税务行政管理权;该行为是否依据一定的事实和法律做出;税务机关做出该行为是否遵照必备的程序等。

根据《行政诉讼法》第六十三条的规定,人民法院审查具体行政行为是否合法,依据法律、行政法规和地方性法规(民族自治地方的自治条例和单行条例),参照部门规章和地方性规章。

2014年国家税务总局发布《重大税务案件审理办法》(以下简称《办法》),已于2015年2月1日起施行。2021年6月7日,国家税务总局对该办法进行了修改,并于2021年8月1日施行。《办法》的推出是为贯彻落实中共中央办公厅、国务院办公厅印发的《关于进一步深化税收征管改革的意见》,推进税务机关科学民主决策、强化内部权力制约、严格规范执法行为,推进科学精确执法,保护纳税人、缴费人等税务行政相对人合法权益。

重大税务案件的审理范围是:(1)重大税务行政处罚案件。(2)根据《重大税收违法案件督办管理暂行办法》督办的案件。(3)应监察、司法机关要求出具认定意见的案件。(4)拟移送公安机关处理的案件。(5)审理委员会成员单位认为案情重大、复杂、需要审理的案件。(6)其他需要审理委员会审理的案件。

有下列情形之一的案件,不属于重大税务案件审理范围:(1)公安机关已就税收违法行为立案的。(2)公安机关尚未就税收违法行为立案,但被查对象为走逃(失联)企业,并且涉嫌犯罪的。(3)国家税务总局规定的其他情形。

2. 税务行政诉讼的判决

人民法院对受理的税务行政案件,经过调查、收集证据、开庭审理之后,分别做出如下判决:

(1)维持判决。适用于具体行政行为证据确凿,适用法律、法规正确,符合法定程序的案件。

(2)撤销判决。行政行为有下列情形之一的,人民法院判决撤销或者部分撤销,并可以判决被告重新做出行政行为:主要证据不足的;适用法律、法规错误的;违反法定程序的;超越职权的;滥用职权的;明显不当的。

(3)履行判决。人民法院经过审理,查明被告不履行法定职责的,判决被告在一定期限内履行。

(4)判决。税务行政处罚明显不当或显失公正的,可以判决变更。

(九)税务行政诉讼案件的上诉

公民、法人或者其他组织对一审人民法院的判决不服,当事人可以上诉。对发生法律效力的判决,当事人必须执行,否则人民法院有权依对方当事人的申请予以强制执行。

《行政诉讼法》第八十五条规定,当事人不服人民法院第一审判决的,有权在判决书送达之日起15日内向上一级人民法院提起上诉。当事人不服人民法院第一审裁定的,有权在裁定书送达之日起10日内向上一级人民法院提起上诉。逾期不提起上诉的,人民法院的第一审判决或者裁定发生法律效力。

(十)税务行政诉讼案件的再审

《行政诉讼法》第九十条规定,当事人对已经发生法律效力的判决、裁定,认为确有错误的,可以向上一级人民法院申请再审,但判决、裁定不停止执行。

当事人的申请符合下列情形之一的,人民法院应当再审:(1)不予立案或者驳回起诉确有错误的;(2)有新的证据,足以推翻原判决、裁定的;(3)原判决、裁定认定事实的主要证据不足、未经质证或者系伪造的;(4)原判决、裁定适用法律、法规确有错误的;(5)违反法律规定的诉讼程序,可能影响公正审判的;(6)原判决、裁定遗漏诉讼请求的;(7)据以做出原判决、裁定的法律文书被撤销或者变更的;(8)审判人员在审理该案件时有贪污受贿、徇私舞弊、枉法裁判行为的。

《行政诉讼法》第九十二条规定,最高人民法院对地方各级人民法院已经发生法律效力的判决、裁定,上级人民法院对下级人民法院已经发生法律效力的判决、裁定,发现有《行政诉讼法》第九十一条规定情形之一,或者发现调解违反自愿原则或者调解书内容违法的,有权提审或者指令下级人民法院再审。

六、税务行政赔偿

(一)税务行政赔偿概述

税务行政赔偿,是指税务机关和税务机关工作人员违法行使税收征管职权,对公民、法人和其他组织的合法权益造成损害的。按照《国家赔偿法》的规定,由国家承担赔偿责任,并由税务机关具体履行义务的一项法律制度。

(二)税务行政赔偿特征

1. 税务行政赔偿的前提是税务机关及其税务人员的职务侵权行为

这一特征包括以下几层含义:一是侵权行为的主体是税务机关及其税务人员;二是侵权行为发生在行使职权过程中,而不是税务机关及其税务人员从事与职权无关的活动中;三是税务机关及其税务人员的职务行为具有违法性;四是违法的职务行为导致公民、法人或其他组织合法权益受到损害。

2. 税务行政赔偿的赔偿义务机关是税务机关

税务行政赔偿是国家赔偿的一种,所有的国家赔偿责任主体都是国家。税务机关及其税务人员代表国家行使税收征收管理等法定职权,其法律后果归于国家,但侵权的实施者是税务机关及其税务人员,因此以税务机关为赔偿义务机关。

3. 税务行政赔偿的请求人是合法权益受到损害的公民、法人和其他组织

这里的合法权益包括人身权和财产权。人身权与财产权是两类基本民事权利。人身权是指与公民人身相联系或不可分离的没有直接财产内容的权利,包括人格权和身份权。财产权是指以财产利益为内容、以金钱计算价值的民事权利,包括物权、债权、继承权等。税务行政赔偿制度是税收法律救济制度的一部分,主要是为了弥补受害人的损失。因此,只有合法权益受到损害的公民、法人和其他组织才能成为税务行政赔偿的请求人。

4. 税务行政赔偿期限

赔偿请求人请求税务行政赔偿的时效为两年,自税务行政人员行使职权时的行为被依法确认为违法之日起计算。

赔偿请求人在赔偿请求时效的最后 6 个月内,因不可抗力或者其他障碍不能行使请求权的,时效中止。从中止时效的原因消除之日起,赔偿请求时效期间继续计算。

赔偿义务机关应当自收到申请之日起两个月内依照法律规定给予赔偿;逾期不予赔偿或者赔偿请求人对赔偿数额有异议的,赔偿请求人可以自期间届满之日起三个月内向人民法院提起诉讼。

5. 税务行政赔偿方式

赔偿方式是指国家承担赔偿责任的各种形式。依据《国家赔偿法》规定,国家赔偿以支付赔偿金为主要方式,赔偿义务机关能够通过返还财产或者恢复原状实施国家赔偿的,应当返还财产或者恢复原状。

(1)支付赔偿金。这是最主要的赔偿形式。支付赔偿金简便易行,适用范围广,它可以使受害人的赔偿要求迅速得到满足。

(2)返还财产。这是对财产所有权造成损害后的赔偿方式。返还财产要求财产或者原物存在,只有这样才谈得上返还财产。返还财产所指的财产一般是特定物,但也可以是种类物,如罚款所收缴的货币。

(3)恢复原状。这是指对受到损害的财产进行修复,使之恢复到受损前的形状或者性能。使用这种赔偿方式必须是受损害的财产确能恢复原状且易行。

案例 134

行政强制行为违法,税务局被判归还划款并赔偿同期利息

经审理查明,X 房地产开发有限公司是依法登记的企业法人。2013 年 10 月 30 日,经工商行政管理部门批准,注销了企业法人工商登记。原告王志新、杨桂芝、王

杨、孙成远,系 X 房地产开发有限公司出资人。

2014 年 9 月 3 日,被告鸡西市鸡冠区地方税务局以 X 房地产开发有限公司于 2008 年至 2011 年经营期间欠缴土地增值税 6 716 952 元、滞纳金 2 686 780.80 元为由,向黑龙江省 X 信用社(X 营业部)下达了编号为 X 的扣划通知书,分别从 X 房地产开发有限公司在该金融机构活期存款账户资金中扣划 2 686 780.80 元和 6 716 952 元,并于次日向 X 房地产开发有限公司送达了《关于税务强制执行的通知》。

四名原告不服,提出行政复议申请,行政复议机关正式受理前组织双方协商。经协商,四名原告将申请行政复议材料撤回,并继续与鸡西市鸡冠区地方税务局及其上级主管部门协商。经多次协商未果,遂诉至法院,请求法院判决撤销被诉扣划行为,同时一并提出行政赔偿诉讼。

经审理,法院依照《中华人民共和国行政强制法》第四十一条、《中华人民共和国国家赔偿法》第三十二条、第三十六条第八项的规定,判决如下:

(1)被告鸡西市鸡冠区地方税务局于本判决生效之日起一个月内向原告王志新、杨桂芝、王杨、孙成远返还 2014 年 9 月 3 日扣划的存款 9 403 732.80 元。

(2)被告鸡西市鸡冠区地方税务局于本判决生效之日起一个月内赔偿原告王志新、杨桂芝、王杨、孙成远因违法扣划存款造成的利息损失,按人民银行同期活期存款利率计算,从 2014 年 9 月 3 日至 2016 年 11 月 18 日止,共计 72 769.43 元。如逾期给付,按人民银行同期活期存款利率继续计算利息至给付时止。

资料来源:中国裁判文书网。

七、税务法律风险应对措施

(一)树立风险防范意识

企业应依法诚信纳税,建立健全内部会计核算系统,完整、真实、及时地反映经济活动,准确计算税金并按时申报、足额缴纳。

（二）调高涉税人员的业务素质

财务、业务等涉税人员应加强税收法律、法规及各项税收业务政策的学习，提高工作的专业性和准确性。

（三）关注税法政策变动

企业应时刻关注税法的政策变动，全面了解税法政策最新的动态，以确保纳税行为的合规性。

（四）进行税务规划

在依法纳税的前提下开展税务规划，合理降低税负，提高企业经济效益。

（五）严禁触碰税法红线

企业应严格执行国家的税收法律法规等政策文件，提高自身的纳税遵从度，严禁触碰税法红线，避免和杜绝税收法律风险发生。

八、医药企业税务合规的建议

2024年4月，国务院发布了《关于加强监管防范风险推动资本市场高质量发展的若干意见》，其中强调监管部门应进一步加强对上市审核的全面监管，严格控制资本市场准入，防止"带病闯关"的情况发生。

2024年5月，国家卫健委等14部委印发《2024年纠正医药购销领域和医疗服务中不正之风工作要点的通知》（国卫医急函〔2024〕101号）文件，其中强调"加大医药购销领域商业贿赂治理力度……聚焦虚开发票、虚假交易、虚设活动等形式违规套取资金用于实施不法行为，保持打击高压态势"。未来几年，医药行业仍是税务重点稽查对象，对于存在违法违规行为、意图利用当前法律法规漏洞牟利、减轻自身税负的医药企业来说，税务风险将会始终处于高发状态。

（一）加强企业管理防控发票风险

1. 通过加强合同风险管理防控虚开发票风险

对于医药企业而言，加强企业涉药交易合同管理可以有效管控虚开发票风险。具体而言就是要在合同洽谈、签订、履行等各个合同环节采取针对性的措施，防控虚开发票等涉税风险。比如在签约之前要审核交易相对方的资信情况，审核是否被列入重大税收违法案件的"黑名单"等基本资信情况。在合同条款的约定方面，要明确约定开具发票的类型、项目、税率、开票时间、税款承担主体、价外费用、违约责任等涉税条款。交易完成后需要保存相关的合同、发票、运输单证、汇款单等任何与交易相关的资料和证据，一旦发生纳税争议，这些都是证据都可以说明交易的真实性，从而避免被税务机关认定为虚开增值税专用发票。

2. 及时处理已有高风险发票

医药企业应对已有发票建立完善的发票管理制度，加强对供应商的合规审查和员工的税务合规培训。全面检查已有发票的风险等级，对 CSP、CPO 等风险较高的上游企业开具的发票，应首先核实发票的状态，在发现上游供应商走逃失联的情况下，与税务局沟通实际情况，换开发票，及时止损。对于确认属于违法违规开具的发票，应尽快自行审查和补缴税款。另外，应定期进行自查和外部审计，确保税务管理的透明度和合法性，从而有效降低税务风险，保障企业运营稳定。

3. 避免虚开发票和不真实农产品收购发票

医药行业普遍存在高卖高开的现象，一些经销商和药企可能利用虚开专用发票来抵扣增值税，从而降低税负成本。部分经营范围包括中药材、中成药、中药饮片的药企为弥补进项不足，可能通过虚构农产品收购凭证来虚增进项，从而增加应享有的进项税额。在医药企业正常运营且产品市场相对稳定的情况下，药材的采购也应当是相对稳定的。税务机关可能会通过分析农产品收购的进项税额在总进项税额中所占比例，来判断制药企业是否存在虚开农产品收购发票、夸大进项税额的问题。为避免虚开和税务机关不认可农产品收购价格的风险，医药企业应合规经营，真实填报发生的实际成本，有效防范潜在的税务违规行为。

4. 规范发票及凭证的审核与管理

对于医药行业而言，两票制下最需要解决的就是销售费用的合规管理问题，具体而言可以从规范企业的发票管理和凭证管理入手，企业财务人员要加强对相关凭证的收集和管理。另外，对于制药企业采购药品原材料的，一是要加强对采购人员及财务人员的培训,让其熟悉药品原材料的采购流程和发票使用、索取和开具等相关知识;二是要规范直接向农户采购后的开票行为,妥善登记售货人姓名、身份证号码、联系电话和地址等基本信息。

(二)改造风险业务模式

"两票制"彻底改变了过去医药分销的多级经销模式,迫使许多药品经销商不得不调整经营策略,其中一些医药企业开始转向依赖 CSO、CSP 等外包服务公司。近年来,各地纷纷将这类 CSO、CSP 公司定性为"过票洗钱"的空壳公司,导致大量 CSO、CSP 受到严格的税务审查。许多医药企业作为受票公司,容易被卷入其中。大多数 CSO 和 CSP 通常注册于税收优惠地区,依赖财政和税收返还来维持长期的虚开模式。然而,一旦税收返还政策改变或者这些公司本身就是为了虚开而设立的,其面临走逃失联的风险极高。

为了规避以上风险,医药企业应尽量避免与刚刚成立或没有明确业务记录的 CSO 和 CSP 进行商业交易,避免与专门为暴力虚开而设的企业交易。并且在与 CSO 和 CSP 进行业务合作之前,应确认其业务实体是否真实存在、经营活动是否合法合规,并核实其税务状况。另外,与 CSO、CSP 交易时应做好证据留存,在上游爆发虚开风险时,以详尽的可证明业务真实性的证据主张善意受票,避免处罚。同时应避免与 CSO、CSP 串通取得发票的情况。

(三)做好业务真实性留痕

尽管有些企业可能确实发生了高额的销售费用,但由于合规建设存在漏洞,销售活动的留痕不足,例如仅凭活动合同和发票等,这使得税务机关往往难以完全认可这些费用的合法性。为了避免医药企业因税务问题而遭遇不必要的麻烦,企业在经营过程中必须重视业务的真实性留痕。因此,为确保销售活动的真实性,建议医药企业在推广过程中采取切实有效的措施。例如,在业务推广过程中,对于会议费用,除了保留发票外,还应当留存会议召开时间、地点、参会人员名单、议程内容、现场照片以及签到表等反映会议真实性的相关证明文件,以此来明确活动的实际发生和有效性。这些详细的证据留存不仅有助于内部管理和监督,也能在面对税务稽查时提供充分的合法证明,减少可能引发的税务风险和争议。

(四)积极主动开展自查,避免税务行政处罚风险

医药企业在处理税务事务时,首先应进行全面的税务健康检查,以确保所有涉税业务的合规性和透明度。税务自查有助于及早发现并解决可能存在的税务问题。例如,如果企业在自查中发现虚开发票的情况,应立即采取措施进行进项转出,避免被税务机关稽查后受到行政处罚。

(五)积极应对税务稽查,及时化解风险

如果医药企业已经接到税务机关稽查立案通知,应当积极配合税务机关的检查工作,提供关于被查业务真实性、合法性、合理性的资料,例如合同、资金流、会议照片、签到表等,必要时可以商请医药代表、专家学者接受税务机关的询问,说明情况。如果税务机关拟做出行政处罚,下达了税务行政处罚事项告知书,企业应当及时提起处罚听证,发表陈述申辩意见,以维护自己的合法权益。如果企业对税务机关做出的税务处理决定、税务处罚决定不服,可以依法在规定的时间内提起复议、诉讼,通过法律途径解决。对于那些涉及刑事风险的更为严重的虚开、逃税犯罪行为,医药企业则需寻求专业的刑事辩护律师协助处理,以最大限度地减少企业可能面临的法律后果和负面影响。

案例 135

和田维吾尔药业股份有限公司主动积极开展自查补缴税款、滞纳金,并主动公开

和田维吾尔药业股份有限公司关于收到《税务事项通知书》的公告

本公司董事会及全体董事保证本公告内容不存在任何虚假记载、误导性陈述或者重大遗漏,并对其内容的真实性、准确性和完整性依法承担法律责任。

和田维吾尔药业股份有限公司(以下简称"公司")近期根据国家税务总局和田地区税务局第一税务分局出具的《税务事项通知书》(和税通〔2024〕027 号)的要求,

对2021年1月1日至2023年12月31日期间的纳税义务履行情况进行了自查,现将有关情况公告如下：

一、税收自查情况

经自查,公司需补缴2021年至2023年期间增值税、企业所得税等相关各项税费3 896 676.92元,需缴纳滞纳金共计810 205.80元,合计需缴纳4 706 882.72元。

二、补缴税款情况

截至本公告披露日,公司已按要求将上述税款及滞纳金缴纳完毕,主管税务部门未对该事项给予处罚。

三、对公司的影响

根据《企业会计准则第28号——会计政策、会计估计变更和差错更正》相关规定,上述补缴税款及滞纳金事项不属于前期会计差错,不涉及前期财务数据追溯调整。公司补缴上述税款及滞纳金将计入公司2024年当期损益,预计将影响公司2024年度归属于上市公司股东的净利润约4 706 882.72元,最终以2024年度经审计的财务报表为准。敬请广大投资者注意投资风险。

特此公告。

和田维吾尔药业股份有限公司董事会

2024年9月25日

资料来源：同花顺财经。

第十章 医药行业典型税务稽查案例

案例一 Q制药有限公司违规适用税收优惠案

一、案件基本情况

通过大数据筛查发现，Q制药有限公司近三年毛利润为9.12%、6.32%、2.11%，在市场行情下行、企业盈利渐趋下降的趋势下，Q制药有限公司研发费用从最开始的3 800万元上升到了8 200万元。同时Q制药有限公司取得部分个人代开大额咨询费发票，且从研发费用支出结构看，人员费用、折旧等支出在研发总费用中占比均超过了60%，存在利用研发费用加计扣除优惠政策逃避缴纳税款的嫌疑。

Y局针对上述疑点，成立检查组，明确人员人工费用、其他费用列支和特殊收入扣减3个核查要点。通过约谈相关人员、查看企业留存备查资料、实地查看研发项目实施过程等方式，证实企业存在违规适用研发费用加计扣除优惠税收政策情况。经审理，该企业应调减研发费用加计扣除3 776万元，应补缴企业所得税567万元，补缴税款、滞纳金合计747万元。

二、案件主要问题及成因剖析

1. 人员混同

研发费用辅助账显示该公司W总、C总和Q总分别负责三种新药的研发，且每个研发团队研发人员在50人左右。但检查组询问该公司人事、研发部门负责人，C总和Q总分别为销售副总和行政副总，两人不负责研发活动，且两人不具备新药研发的医学或药学经历。经查,2020—2021年间Q制药有限公司不直接参与研发活动的管理人员的人工费用698万元,纳入产品研发成本进行加计扣除。

2. 其他相关费用混同

财税〔2015〕119号中规定,其他费用指技术图书资料费、资料翻译费、专家咨询费、高新科技研发保险费,研发成果的检索、分析、评议、论证、鉴定、评审、评估、验收费用,知识产权的申请费、注册费、代理费,差旅费、会议费,职工福利费、补充养老保险费、补充医疗保险费。

Q制药有限公司将研发人员的高温补贴、交通补助和餐费补贴等职工福利费列入人员人工费用,未准确分类至其他相关费用。Q制药有限公司聘请了某教授进行专业指导,某教授代开了咨询费发票,财务人员计入人员人工费用,未准确分类至其他相关费用。经查,2020—2021年间Q制药有限公司应调减研发费用加计扣除525万元。

3. 研发材料未正确使用

Q制药有限公司将部分研发领用安瓿瓶和西林瓶移送给生产车间使用。检查组通过比对Q制药有限公司产成品数量与灌装车间领用安瓿瓶和西林瓶的数量,发现两者之间存在较大的差额,通过调取相关移送单据和仓库保管单据,证实Q制药有限公司将研发材料与生产材料混同使用。经查,2020—2021年间Q制药有限公司应调减研发费用加计扣除13万元。

4. 研发设施未准确划分

Q制药有限公司设立了千万级生物实验室,账面显示用于研发新型药物的毒理检测和生物实验。但走访药监部门和询问生产工人后得知,该公司生产每批次药品均需要检验方可出厂销售,该生物实验室也用于日常生产经营。经核对该生物实验室进出人员登记和实验记录,Q制药有限公司应调减研发费用加计扣除2 520万元。

三、案件手法及特点

(一)违规扩大研发费用归集范围

在适用研发加计扣除过程中,企业将不属于研发项目参与的人、料、固定资产等因素均归集为研发费用,特别是违规扩大研发人员数量和工资薪金支出的归集范围,不符合研发费用加计扣除相关政策。

(二)具有很强的隐蔽性

企业的研发项目一般具有专业性强、技术壁垒高等特点,且研发项目深度参与企业生产经营过程,相关技术人员既参与研发活动也参与具体生产经营,在未进行严格登记管理的情况下,检查人员很难核实清楚人、料、物参与研发活动的具体工作量,因此具有较强的隐蔽性。

四、检查方法

(一)分析研判,明确检查方向

Y 局针对上述疑点,对 Q 制药有限公司进行驻厂检查。检查组在细分企业研发费用项目后,确定人员人工费用、其他费用列支和特殊收入扣减三个核查要点。

(二)突击检查,发现"蛛丝马迹"

检查组约谈人事、研发部门负责人和相关业务主管,了解企业研发业务状况和人员等情况。同时调阅企业相关年度的账簿、凭证和研发费用辅助账等核算资料。

五、以查促管建议

(一)加强风险分析

针对大型制药企业推出"一户一策"政策,按户准确归集并及时更新纳税人的基础信息、发票信息、纳税信息、风险信息等。检查人员通过票流和资金流进行大数据分析,重点筛选医药企业取得的技术咨询费等费用,重点核实大额发票的业务真实性,尤其注意其他佐证证据,比如咨询事项、咨询合同、产生的技术增加值佐证资料等。

(二)加强税务宣传

对大型集团化医药企业进行"一对一"税务政策辅导,强化网格服务、个性化辅导、税收顾问等功能,依托电子税务局等线上平台,打通服务"最后一公里",加强与企业实时沟通,加大政策宣传,针对行业特点问题进行送政策上门,力求企业与税务机关政策同步。

(三)强化企业所得税事前事中管理

1. 进一步明确研发费用归集标准及范围

企业在享受研发费用加计扣除优惠政策时存在的一个明显的涉税风险点是不能准确归集研发费用。总局前期也发布了部分案例作为指导在企业间有较好的反响,建议税务机关特别是总局用好案例这个工具,丰富案例类型、数量,增加案例内容翔实度,针对不同行业、不同类型的企业制作定制性案例,对企业起到更好的指引作用。

2. 优化后续管理

随着适用加计扣除政策的企业越来越多,按照20%的比例对适用研发费用加计扣除的企业进行抽查核实已经越来越难以跟上征管形势的变化,应按照放管服政策方针要求,适时调整抽查比例。建议结合行业、企业规模、地区企业数量等动态调整抽查比例,比如对类似负面清单行业的企业,提高抽查比例,对财务核算规范、具备一定规模、企业数量多且具有明显技术研发属性的行业适当降低抽查比例,以达到减轻税务机关负担,提高事后管理质效的目的。

(四)找准稽查检查切入口

1. 关注形式上是否符合文件要求

按照《企业所得税优惠政策事项办理办法》中的规定,适用研发费用加计扣除政策留存备查资料包括研究开发项目立项的决议文件、研究开发专门机构或项目组的编制情况和研发人员名单、经科技行政主管部门登记的委托和合作研究开发项目的合同、从事研发活动的人员和用于研发活动的仪器和设备以及无形资产的费用分配说明、"研发支出"辅助账及汇总表七类内容,特别需要关注委托和合作研究开发项目的合同是否经过科技行政主管部门登记,若留存备查资料不完备,一方面是企业管理粗放导致,另一方面是企业没有开展相关研发活动,无法提供相关详细佐证资料。

2. 关注实质上是否符合研发活动定义

是否为研发活动决定了该项目能否享受研发费用加计扣除政策,因此研发活动的判断成为适用研发费用加计扣除政策的核心与基础。

研发活动通常具有以下三个特征:有明确创新目标、有系统组织形式、研发结果不确定。检查人员可结合三个特征的判断要件判定研发活动属性。

明确创新目标的判断要件一般可以概况为"六新":获得新知识、新技术、新工艺、新材料、新产品、新标准,以上"六新"特征只要符合其一即可。检查人员可通过比对以下5方面内容来验证该项目是否具备"六新"特征。(1)项目立项书包含以下内容:此类研发项目的国内外现状、预期研发成果、预期实现的技术指标、预期应用价值等;项目实施过程中的技术难点或拟解决的关键技术问题、创新点、技术路线等;(2)研发项目实施过程中参与人员的技术背景,比如学历和专业;(3)项目实施过程依托的设备技术含量,是否具备高精尖特征;(4)研发过程与生产经营边界是否清晰;(5)研发成果,比如知识产权成果、研发成果先进性、关键技术突破点、失败原因分析、技术测试报告等内容。

有系统组织形式的判断要件一般要有以下条件:围绕明确的研发目标,有相对确定的人、财、物等支持,经过立项、实施、结题的组织过程,因此是有边界的和可度量的。检查人员可通过研发费用支出明细账、研发人员名单、使用设备记录情况来判断是否具备相对明晰的研发组织边界。

研发结果不确定是指研发过程会有反复,研发结果不能提前预知。若企业的研发总是成功的,可能存在将正常业务包装成研发项目的嫌疑;若企业的研发总是半途而废又没有充足的理由而终止研发项目,则可能存在虚假研发的嫌疑。

案例二 ZC 药业有限公司违规适用增值税优惠政策偷税案

一、案件基本情况

2019 年 12 月 3 日，J 市税务局稽查局收到实名举报，ZC 药业有限公司涉嫌隐匿销售收入、逃避缴纳税款。市稽查局按照规定程序，对该公司 2014 年至 2019 年涉税情况进行立案检查，通过向下游 151 户医院、诊所、药店等销售对象外调（协查）取证、向药监部门函证生物制品界定范围、全面核查发票及销货清单开具明细等手段，确定 ZC 药业有限公司通过变造发票销货清单，将非生物制品药品以生物制品销售申报，违规适用增值税优惠政策少缴增值税；通过销售药品未开具发票且未申报销售收入，逃避缴纳税款等违法事实，共计查补税款 3.09 亿元，并加处罚款 1.25 亿元。

二、案件主要问题及成因剖析

（一）主要问题

（1）将非生物制品药品销售收入（适用 17%、16%、13% 等高税率征收）以生物制品销售收入（3% 征收率）进行申报纳税，造成少缴增值税。ZC 药业通过向下游不需要抵扣进项、税前扣除的医院、诊所、药店等单位销售非生物制品药品，以"生物化学药品""药品一批"等模糊品名开具普通发票（3% 征收率），记账联销售清单开具品名为各种生物制品药品，而实际销售则按真实销售的药品另开具销售清单给予医院、药店等单位结账，纳税申报统一按"生物制品"收入进行简易办法缴税。经查，2014 年 1 月至 2019 年 8 月间 ZC 药业向 146 户受票单位销售药品共应补缴增值税 2.36 亿元。

（2）隐匿销售收入未申报纳税，少缴增值税。经核实，ZC 药业向泰和县放心大药房等 5 户单位销售药品未开具发票和申报销售收入，合计应补增值税 109.94 万元。

(二)问题成因剖析

1. 发票开具方监管失位

一是随意自制变造销货清单现象普遍存在。增值税纸质发票受票面可开具商品名称或经营项目行数的限制,按照《增值税专用发票使用规定》第十二条规定,一般纳税人销售货物或者提供应税劳务可汇总开具专用发票,汇总开具专用发票的,同时使用防伪税控系统开具《销售货物或者提供应税劳务清单》,并加盖财务专用章或者发票专用章。而增值税普通发票无相关明确规定,销货清单无需从开票系统中同步开具,且实务中随意自制清单现象较为普遍,此现象很大程度上脱离税务部门监管。

二是针对适用税收优惠政策的经营项目及行业领域缺乏有效日常监管。尤其针对医药及医疗器械行业,主管税务机关缺乏对其经营资质的核查核验,对一般纳税人生产销售和批发零售生物制品、抗癌药品、罕见病药品,选择按照简易办法计征增值税的,抗艾滋病药品免征增值税的,销售用于残疾人的医疗器械免征增值税的,缺乏对其产、销、存情况风险筛查,对享受税收优惠政策的药品缺乏定期抽查,造成企业相关违法行为脱管失管长达六年。

三是企业查账征收形同虚设,税种联动管理缺失。ZC药业企业所得税实行查账征收,但检查组核查企业现有账簿凭证和询问会计人员发现,企业存在销售成本结转不实,部分费用支出凭据不全,未取得合法凭证入账,财务制度不建全等现象,对其涉及调整企业所得税的相关问题只能按照有关规定进行核定征收(核定应税所得率为6%)追缴税款,查账征收形同虚设,税源管理部门巡查巡管力度不足。且2014至2019年企业仅缴纳企业所得税169.69万元,税负率低至0.05%;同期增值税申报销售收入和简易征收金额多达35.49亿元,风险管理及相关税种管理部门对企业异常数据情形日常监管存在不足。

2. 发票接收方监管失灵

一是对于医疗机构的税收监管缺乏有力抓手。不管是本案中变造药品销货清单或是不开具发票隐匿收入的问题,还是更为泛滥的医疗器械销往医疗机构套打发票的问题,根源都在于非营利性医疗机构除从事非医疗服务取得的收入外,大部分收入享受免税政策,其取得发票及时查验信息的主动性不足,甚至部分社区医院、乡镇诊所并不必须要求对方开具发票,从而滋生部分不法企业钻其漏洞、偷逃税款的行为。

二是部门联合监管手段不足,数据共享机制有待优化。为确保药品质量可控及公众用药安全,药品实行产品溯源,医疗机构按照卫健、药监等有关部门及"两票制"等管理规定,一般严格控制追溯药品来源。税务部门如能及时获取相关药品溯源数据,对于比对企业进销数据、发现企业隐匿销售收入风险等将提供有力数据支撑。特别是针对有批号有清单的生物制品、抗癌药品、罕见病药品、抗艾滋药品等享受税收优惠政策的药品,可优先探索。

三、检查方法

(一)前期主动作为,开拓取证新思路

该案涉及下游企业多为医院、诊所、药店等,其中不乏一些记账不规范的单位,外调取证耗时耗力、难度较大。对此检查组兵分内外两路,一组外调协查取证,一组深挖既有资料。企业开具普通发票时会根据下游需求详细注明药品信息或模糊开具,且比对批发进销药品种类差异即可发现部分药品同时适用一般征收和简易征收,内外两组双向研判、分类组证,推动问题较快定性。

(二)中期加强合作,创建协作新模式

该案检查过程中,税企之间就适用简易办法征收的生物制品药品范围如何界定产生争议。例如部分生化药品是否适用生物制品优惠政策等问题,与生物制品材料工艺等标准进行区分界定对于税务部门而言有一定专业壁垒,经协调药监部门进行问题函证、积极研讨,最终解决争议问题,实现部门之间资源的优势叠加和良性互动。

(三)后期提高效率,探寻挽损新方法

针对对外协查中发现 ZC 药业向部分药店销售药品未开具发票、未申报销售收入的问题,由于案件检查属期跨度长,为提高检查效率,检查组约谈督促企业采取自查方式比对销售软件、药监系统及申报数据差异,一定程度实现新增挽损。

四、以查促管建议

(一)探索部门共治,强化医疗机构主体责任

(1)监管引领。依托纠正医疗购销领域和医疗服务中不正之风工作的相关机制和要求,联合审计、卫健、医保等部门通过医疗机构倒查医药及医疗器械企业套打发票、变造清单等问题。必要时,建议提请联合开展全国范围内的核查整治,压实医疗机构主体责任,提供一定存量属期内的全部发票数据,统一清分处理。

(2)引导并重。主动融入"天使白",多部门联合开展法律知识宣传辅导。通过税法知识宣讲、典型案例释法等方式宣贯解读相关法律法规及行业风险问题,引导规范内控机制及法律遵从,补齐行业链条终端的监管短板,共同促进医药行业健康规范有序发展。

(二)深化以数治税,丰富行业监管有效手段

建立部门数据交换机制,释放综合治税效能。探索与市场监管部门建立协作机制,市监部门依托已运转成熟的向税务部门实时推送新办企业及企业信息变更等数据交互时点及数据共享端口,推送医药、医疗器械经营许可等资质许可信息及相关企业名单;药监部门定期推送新上市药品批准文号及药品目录;税务部门定期推送企业超许可范围生产销售或违规挂靠经营等风险企业名单及疑点线索,促进行业监管同向发力。同时探索将药品批号列为发票商品名称必录项目,实现在发票管理链条的产品溯源。依托药监部门传递数据,在开票环节校验开具药品批号是否属于批号 S 开头的生物制品,是否属于特定药品清单的抗癌药品、罕见病药品等,实现违规享受税收优惠政策等风险的提前阻断。

(三)做实日常监管,建强税收风险管理闭环

严格收紧核定征收政策范围,督促医药行业全面实行查账征收,坚决禁止"明查暗核"等衍生风险发生。对实行查账征收但建账建制、财务核算仍不健全的企业责

令限时整改,对所得税税负率偏低企业纳入中高风险企业名单,定期抽查检查,开展风险应对。健全风险管理闭环机制,对基层监管部门既要"加担子"定责,更要"铺路子"保障。向基层风险管理部门进一步开放数据提取权限,破解其日常监管工作取数用数受限的困境;整合各条线同质风险应对任务,优化应对结果在各税种监管部门反馈共享的路径和方式,提升风险管理以点带面的效能。

案例三 医药代表刘某某少缴税款案

一、案件基本情况

刘某某,未办理税务登记,增值税小规模纳税人,征收率3%;城市维护建设税税率7%。曾任A市KX药房有限公司法人,2018年9月10日税务注销。2023年5月,区监察委员会在案件检查过程中发现刘某某存在涉税违法问题,并将线索移交给市税务局稽查局。根据移交资料,刘某某承认其存在偷逃税款的情况。

二、案件主要问题及成因剖析

(一)主要问题

1. 取得利息收入未按规定申报缴纳相应税款

刘某某2018年6月至2022年年底向张某、高某、谢某、骆某等人出借资金并收取利息1 917 518.00元,属于贷款服务,未申报缴纳增值税,未按利息所得缴纳个人所得税。

2. 取得租金收入未按规定申报缴纳相应税款

刘某某2018年6月至2022年年底将其所拥有的房产对外出租,并取得租金收入360 316.00元,未缴纳增值税、印花税、房产税、土地使用税、个人所得税。

3. 取得劳务报酬未按规定申报缴纳相应税款

刘某某以个人名义挂靠多家医药公司,协助其在医院设立供应商账户,张某、唐某、骆某等人通过此账户向医院销售药品，刘某某根据销售额提取10%的佣金。累计取得佣金收入等劳务报酬10 236 180.38元。

4. 取得公司注销后清算后剩余财产未按规定足额申报缴纳相应税款

A市KX药房有限公司2018年9月10日已税务注销，账面未分配利润1 130 676.34元，刘某某应按"利息、股息、红利所得"申报缴纳个人所得税226 135.27元，已缴纳862.04元，应补缴225 273.23元。

5. 伪造变造销售发票

从相关医院调取医药公司向其开具的增值税普通发票，经增值税防伪税控系统比对发现其中54张发票与系统数据比对不符（开票单位、开票金额、开票时间不符），发票金额合计为2 737 388.01元、税额合计为465 355.99元，价税合计为3 202 744.00元，发票开具时间为2008—2009年，医院入账时间为2008—2010年。刘某某承认上述发票为其伪造。由于区监委已将本案线索移交给市经侦支队，针对伪造发票事项，由于超过追诉期，经侦支队对此不再追诉。

（二）问题成因剖析

医药领域风险突出、药价高悬、腐败难止的根本原因在于医药分销领域固有难题与利益分配格局未改变。治疗疾病的药物除个别特效药外并不唯一，医生可以根据病人的情况更换药物，且大多数医药企业生产的药品高度同质化，可替代性强，因此药品购销市场总体呈现"买方市场"，大量医药企业并没有话语权，采购和使用药品的主导权被医疗机构和医生掌握。在这种情况下，医药代表作为药品的专业推销、推广人员，能够为医药企业打开销售的渠道，因此也需要支付高额佣金给医药代表。医药代表为了说服医疗机构和医生采用药品，也会采取返利、回扣乃至贿赂等手段。该成本也会转嫁至流通环节，从而将成本压力层层传导。虽然最终药品的价格很高，但主要利润以贿赂、回扣的方式支付给医药代表、医疗机构及医生，生产环节的医药企业及经销环节的药品经销商利润较薄，需要通过一些手段化解、分担回扣、返利、贿赂等无法入账的成本。因此，医药行业持续存在虚开发票、隐匿收入等现象。

三、检查方法

(一)部门协作提高办案效率

该案的成功查处与监委提供资金交易数据等案件资料、公安经侦部门查实刘某某伪造发票事实、卫健部门协助医院外调取证密切相关,极大程度提高办案效率,降低取证难度。

(二)多案并查实现最大挽损

刘某某案件中涉及 A 市 KX 药房有限公司注销清算事项,2023 年 10 月,因该药店涉嫌偷税,主管税务机关恢复其税务登记,检查组同步立案查处。发现该药店将库存药品、账面所有的固定资产以及药房的药品经营许可证、医保定点资格等作价 200 万元转让,直接转入法人刘某某个人账户,均未缴纳增值税、企业所得税等相关税款,偷税事实成立。

(三)多点调查还原案件全貌

检查组对刘某某妻子制作的记账账簿进行汇总,分类收入组成并询问,确定账簿数据的真实性;对刘某某挂靠、合作的医药公司以及相关医院进行外调取证,确定佣金提取方式;对取得收入相关个人询问,确定佣金支付方式。

四、以查促管建议

(一)持续加强部门协作形成监管合力

依托纠正医疗购销领域和医疗服务中不正之风工作的相关机制和要求,建议继续加强与纪委监委的合作,及时取得医疗腐败中的涉税违法行为线索;加强与公安、药监、卫健等部门协作,形成合力共同促进医药行业健康规范有序发展。

(二)持续做好重点行业注销登记管理

日常监管中既要注重源头管理,更要严管注销清算。建议强化"金税三期"系统内部注销清算申报表与财务报表的数据比对,以便及时发现并推送疑点。该案中药房 2018 年 8 月申请注销,且未申报 2018 年 7 月、8 月财务报表。该单位未如实申报注销清算,经比对,其清算所得税申报表与 2018 年 6 月资产负债表项目有很大差异,账面资产处置、未分配利润均未在注销申报表体现,注销清算环节漏洞较大。

(三)探索构建一体化联动监管制度

将医药行业综合治理与全面推行智慧办税平台、实施发票分类分级管理、加强增值税日常申报管理、完善风险分析及快速反应机制、实现多税种联动、健全税收执法行政制度、深入推进信用评价及联合惩戒治理机制、加大执法监督及责任追究力度等各环节各方面工作有机结合,构建一体化联动监管制度。